老年宜居环境　医养服务业

——中国老年学和老年医学学会 2015 年年会论文集

中国老年学和老年医学学会　编

中国社会出版社

国家一级出版社·全国百佳图书出版单位

图书在版编目（CIP）数据

老年宜居环境　医养服务业：中国老年学和老年医学学会2015年年会论文集／中国老年学和老年医学学会编．—北京：中国社会出版社，2015.9

ISBN 978－7－5087－5149－8

Ⅰ．①老…　Ⅱ．①中…　Ⅲ．①养老—社会服务—中国—文集　Ⅳ．①D669.6－53

中国版本图书馆CIP数据核字（2015）第213506号

书　　名：老年宜居环境　医养服务业——中国老年学和老年医学学会2015年年会论文集

编　　者：中国老年学和老年医学学会

出 版 人：浦善新

终 审 人：王　前　　**责任校对：**王　璐

责任编辑：杨建萍　　**策划编辑：**浦晓晶

出版发行：中国社会出版社　**邮政编码：**100032

通联方法：北京市西城区二龙路甲33号

电　　话：编辑室：（010）58124838

销售部：（010）58124837

（010）58124836

网　　址：www.shcbs.com.cn

经　　销：各地新华书店

中国社会出版社天猫旗舰店

印刷装订：中国电影出版社印刷厂

开　　本：185mm×260mm　1/16

印　　张：26.5

字　　数：460千字

版　　次：2015年9月第1版

印　　次：2015年9月第1次印刷

定　　价：68.00元

中国社会出版社微信公众号

用发展和改革的思想推进
老年宜居环境建设和医养服务业发展

我国自21世纪进入老龄社会以后，如何应对人口老龄化就成为政府思考和决策的重要方面，也成为学术研究的重点和社会关注的热点。历经十几年国家发展和人口老龄化实践，我国应对人口老龄化的对策思路日益成熟。特别是党的十八大明确提出了“积极应对人口老龄化，大力发展老龄服务事业和产业”的战略方针，为我国成功应对人口老龄化指明方向。目前国家大力推进的老年宜居环境建设和各地蓬勃开展的医养结合服务，就是对这一战略方针的具体实践。

老年宜居环境是指适宜老年人居住生活的公共环境、社区环境和家庭环境的总称。医养结合是指有病治病，无病疗养，医疗和养老有机结合的养老服务模式。这两者之间，形式上有所不同，实质上存在着内在的有机联系。老年宜居环境中最重要的是养老环境，而养老环境离不开医和养。满足了老年人的医养问题，就解决了老年宜居环境建设中最重要的部分。同理，发展医养结合也需要一个和谐的整体老年宜居环境的支持。公共环境、社区环境和家庭环境正是实现医养结合目标的重要基础和条件。因此，我们不能将老年宜居环境和医养结合割裂开来，而应该从整体的系统的角度统筹考虑和协同推进。

建设老年宜居环境和医养结合模式，没有成熟的经验和现成的模式，需要进行很多具体尝试。但最重要的是，必须以发展和改革的思想为指导。有了发展和改革思想的指导，就有了方向和基本路径，就能保证老年宜居环境和医养结合模式的顺利推进。

用发展和改革的思想指导老年宜居环境和医养结合模式建设，就是要坚持老年宜居环境和医养结合模式建设融入国家和地方的发展大局。我国改革开放的历程告诉我们，“坚持发展仍然是解决我国所有问题的关键”。人口老龄化问题包括发展问题和老年人问题两个部分。虽然社会和家庭目之所及的大多数是老年人问题，但究其实质，还是发展问题。发展问题解决了，老年人问题不过是顺水行舟；发展问题解决不好，老年人问题只能岸边搁浅。老年宜居环境建设融入发展大局，可以与美丽中国和生态文明建设有机结合；医养结合融入发展大局，可以与社会建设、经济转型、第三产业发展有机结合。因此，推进老年宜居环境建设和发展医养结合服务，既能满足老年人养老的需要，也是国家发展大局的需要。

用发展和改革思想指导老年宜居环境和医养结合模式建设，就是要坚持改革创新，不断摸索新做法新经验，在理论、实践和方法等方面有所作为、有所发现、有所突破。对于我国来说，地域广、差异大、发展不平衡，加之老年宜居环境和医养结合建设都是新事物，没有现成经验可以照搬，需要因地制宜，积极地能动地创造出符合本地特点的经验和模式，丰富有中国特色的发展内涵，真正实现习近平总书记所要求的变中求新、变中求进、变中突破。

用发展和改革思想指导老年宜居环境和医养结合模式建设，就是要以人为本，保障和改善民生，强化人民主体和人民民主地位。在建设过程中，要充分听取民众特别是老年人的意见，以老年人的满意度为衡量标准，不搞包办代替，不搞长官意志，不是想当然，而是真正体现为人民、依靠人民的社会治理原则。老年宜居环境建设要能够满足老年人生活安全、方便、舒适、宜居、宜游的多方面需求，医养结合服务要能够满足老年人养老、医疗、护理、保健、康复的需求，既有医养结合的机构服务，也有医养结合的社区服务，更有医养结合的居家服务。

用发展和改革思想指导老年宜居环境和医养结合模式建设，就是要科学规划、科学管理，将科学方法贯彻工作的始终。具体来说，一是要充分调查研究。无论是老年宜居环境建设，还是推进医养结合模式实践，都要对本地区的基本情况、老年人的基本需求进行充分摸底和调查，搞清楚需要做什么、能够做什么、做到什么程度、如何去做等问题。在具体实践中，除了要有改革的信念和勇气外，还要特别注意因地制宜，不贪大，不求洋，不攀比，从自身条件出发，从点点滴滴做起，脚踏实地地做好老年宜居环境建设和医养结合服务发展的每一步。二是充分运用现代科学管理方法，努力做到规范化、标准化、连锁化、专业化。从建设之始，就要采取现代科学管理方法，将建设的全过程、服务的全过程纳入科学管理的系统。服务的规范化，设施的标准化，机构的连锁化，人员的专业化，这些都是要注意并应该做到的。三是充分利用先进科学技术。社会在发展，科技在创新，新的科学成果不断涌现。老年宜居环境建设和发展医养结合服务需要吸纳先进的科技成果。互联网、物联网、智慧养老、科技助老等先进科技代表了未来社会服务的发展方向。先进科学技术融入养老服务领域，既提高了服务水平，更提高了服务质量。可以说，依靠这些先进的科学技术，才能真正实现老年宜居和医养结合服务的目标。

对于我国来说，老年宜居环境和医养结合服务模式建设还处于初始阶段，还有大量的问题需要探索，有很长的路要走。中国老年学和老年医学学会以“老年宜居环境和医养服务业”为主题召开 2015 年年会，选题准，立意高，反映了学会的智库眼光和专家视野。年会收到了大量论文，涉及老年宜居环境和医养结合模式建设的方方面面，既有理论阐释，也有实践总结，还有对国外做法的介绍，更有对老年宜居环境和医养结合模式建设的建言建策。可以预见，众多专家学者、政府决策者、基层工作者汇聚一堂，利用年会这个平台，共同探讨老年宜居环境和医养结合模式的建设问题，一定能够涌现出新思想新观点，为政府决策提供智力支持，为学术研究提供创新思维，为基层工作提供经验做法。

预祝我国老年宜居环境和医养结合建设有新的推动和更长足的发展！

中国老年学和老年医学学会会长 李本公

2015 年 8 月 3 日

作者简介

李本公，现任中华慈善总会会长，中国老年学和老年医学学会会长，曾任国家民政部党组成员，全国老龄办常务副主任，中国老龄协会会长。第十一届全国人大代表、全国人大财政经济委员会委员。

目 录

CONTENTS

宏观思维篇

宏观思维是指整体的系统的思维。推进老年宜居环境建设和医养结合，需要大局意识，需要将其自觉纳入国家和地区发展的大盘之中。一方面，坚持健康老龄化和医学改革的大视野、大背景，才能充分运用发展的资源，确保建设的质量和可持续性；另一方面，老年宜居环境建设和医养结合也是促发展、调结构的新平台与切入点。充分利用这个平台，有利于实现经济效益和社会效益的双丰收。

健康老龄化：低成本应对人口老龄化的战略举措

吴玉韶[1]　伍小兰[2]　沈　励[3]
（1. 全国老龄办；2. 中国老龄科研中心；3. 中国老龄科研中心　北京　100011）

摘　要： 老年人的健康和照护问题是人口老龄化过程中最为突出的问题。在快速人口老龄化进程中，我国老年人口面临慢性病患病率高，失能老年人口规模庞大，精神卫生问题日益突出，老年人整体健康素养水平较低等突出健康问题。文章认为大力推进健康老龄化是低成本、高效益应对人口老龄化的战略举措，具有重大意义，应基于中国国情，采取适合的健康老龄化实施路径，包括提升全民健康素养，构建全民健康管理服务网络，普及科学适度治疗理念，逐步建立长期护理保障制度以及大力建设老年宜居环境。

关键词： 健康老龄化　低成本应对　人口老龄化

我国已经进入人口老龄化快速发展阶段。至2013年底，我国60岁及以上老年人口已经达到2.02亿，占总人口的14.9%。到2020年，我国老年人口将增加到2.55亿，2030年将达到3.71亿，2050年则将进一步增加到4.83亿，届时每三个人中就有一个老年人。与此同时，新时期我国人口老龄化又呈现出高龄化、失能化、空巢化“三化并发”的显著特点。

老年人的健康和照护问题是人口老龄化过程中最为突出的问题。老年群体是我国最大的“健康脆弱”群体，慢性病患病率高，损伤发生率高，且常罹患多种疾病。积极应对人口老龄化，需要着力提高全体公民晚年期的健康预期寿命和生活自理能力，最大限度地减少人口老龄化带来的负面效应，在提升老年人生活质量的同时保持经济社会发展的活力。健康老龄化是低成本、高效益应对人口老龄化的战略举措，具有重大意义。

一、我国老年人口健康形势严峻

据世界卫生组织（WHO）的统计，全球49个高收入国家人均健康寿命为70岁，而中国只有66岁；发达国家60岁以上老年人口中身体健康的比例超过60%，而中国只有43%左右。《2014年世界卫生统计》显示，2012年中国总人口平均预期寿命已经达到75岁，但是全人口的健康预期寿命仅为68岁。由于各种疾病、伤残和功能障碍的累积，我国老年群体总体上长寿不健康。

（一）慢性病患病率高，失能老年人口规模庞大

老年人是慢性病的高发群体。中国老龄科研中心“2010年中国城乡老年人口状况追踪调查”（以下简称“2010年调查”）的结果显示，经由看病诊断或体检获知，我国老年人自报慢性病患病率为64.0%，其中城市为72.3%，农村为57.5%。慢性病也是老年人死亡的主要原因。65岁及以上老年人因心脏病、脑血管病、恶性肿瘤而死亡的危险性远远高于65岁以下人群。

慢性病还是造成老年人失能和残疾的重要原因。随着人口老龄化以及老年人口高龄化的快速发展，我国失能老年人的绝对规模在迅速增加。目前，我国完全失能老年人口数量接近1400万，这意味着老年人口的延续性医疗服务和康复护理需求将急剧增加。

我国已经进入慢性病的高负担期，具有“患病人数多、医疗成本高、患病时间长、服务需求大”的特点。在人口老龄化背景下，如不能成功遏制慢性病发展态势，可能会造成医疗费用的快速上涨，给基本医疗保险制度带来财务可持续性上的巨大压力。

（二）感官躯体功能障碍较为严重

中国老年人当中存在听力、视力障碍的比例较高，这对老年人的生活质量影响较大，易造成沮丧情绪和社会隔离。“2010年调查”显示，两成（20.0%）老年人存在听力障碍（包括不太听得清楚和完全听不清），存在视力障碍的老年人比例（包括不太看得清楚和完全看不清）则超过了三成（31.9%）。2009年一年内发生过失禁的老年人比例为8.8%。

中国老年人口腔健康同样不容乐观。第三次全国口腔流行病学抽样调查（2005）的结果显示，我国65—74岁老年人牙周健康率仅为14.1%。2011年“中国老年健康影响因素跟踪调查”的结果显示，我国65—79岁、80—89岁和90—99岁老年人的牙齿平均留存数分别约为15颗、8颗和5颗，与WHO提出的“80 20”目标，即“80岁的老年人至少应该有20颗能够正常咀嚼食物、不松动的牙”相距甚远。不良的口腔健

康状况不仅影响老年人的形象，更会引起其他系统的健康问题，影响老年群体的生活质量。

（三）老年人精神卫生问题日益突出

增龄是阿尔兹海默病最广为人知的一个风险因素。随着人口老龄化和高龄化，患有阿尔兹海默病的老年人呈现快速增加的趋势。2014 年一项针对我国 65 岁及以上老年人群、样本量为 10276 人的研究显示，我国 65 岁及以上老年人的阿尔兹海默病患病率为 3.21%，随着年龄增加，患病率呈上升趋势；女性患病率高于男性，城市女性患病率为 3.54%，男性为 1.27%，农村女性为 6.3%，男性为 1.95%；农村患病率（4.25%）高于城市（2.44%）。老年人的心理健康已成为一个不可忽视的问题，我国老年人当中抑郁症状的发生率是比较高的，尤其是在农村地区。“2010 年调查”显示，农村老年人抑郁症状发生率（59.1%）显著高于城镇（36.5%）。精神卫生问题易导致自杀等严重后果，会对老年人个人、家庭及社会产生严重的不良影响。老龄社会精神卫生问题日益突出，须引起社会高度关切。

（四）老年人整体健康素养水平不容乐观

“健康素养”是指个人获取和理解健康信息，并运用这些信息维护和促进自身健康的能力。“中国居民健康素养调查”表明，我国老年人的健康素养是最低的，每 100 位 65—69 岁以上的老年人，健康素养达标者不到 4 人。吸烟对人体健康的危害巨大，对老年人尤甚。然而我国中老年男性吸烟的比例是比较高的。《2010 全球成人烟草调查中国报告》显示，我国 45—64 岁的男性现在吸烟率达到 63.0%。可在社会上，“中老年人戒烟弊大于利”“老年人戒烟可致早死”的说法仍有一定的市场。老年人“吃”的问题也很突出。广大农村老年人、受教育程度较低的老年人普遍缺少饮食营养知识。

此外，不仅老年人，全社会对康复护理的认知和了解都非常少。理念、知识和技能的缺乏带来的可能是健康和功能的永久性丧失。老人一旦失能，人们往往存在“放弃”的观念，没有认识到很多躯体功能障碍可以通过日常的康复手段得到部分恢复，且越早介入，效果越好。

老年群体渴望健康又不知道如何保持健康，健康理念滞后，甚至存在误区，导致过度治疗、上当受骗、盲目养生现象普遍存在，既造成浪费，又严重影响老年人的生活质量，成为一个社会问题。有鉴于此，2013 年，全国老龄办、国家卫计委共同组织编写了《中国老年人健康指南》，旨在以通俗易懂的方式在广大老年人群中宣传基本的健康知识和理念，有效提高老年人的健康素养，进而提升老年人的健康水平。

二、健康老龄化是低成本应对人口老龄化的战略举措

世界卫生组织驻华代表蓝睿明博士指出："全球的人口趋势正在发生前所未有的变化，但我们可以未雨绸缪。通过强调健康而积极的老龄化，促进整个生命历程的健康。"健康老龄化的核心理念就是以生命历程的视角来看待健康，即在人生各个阶段，对能够影响到老年期健康长寿和生活质量的有利因素和不利因素都要重视和采取措施干预，即防止和减轻危险因素，推进和增加保障因素。因此，在健康老龄化的视野里，疾病预防、康复护理、心理健康不仅与疾病治疗置于同等位置，而且重点更在健康促进、预防疾病、人人享有高质量的初级保健和长期保健上。

从个体层面来看，实施健康老龄化可以使老年人在老年期尽可能长地保持健康和独立生活，保障老年人及其家庭享有较高的生活质量。对老年人来讲，虽然大部分慢性病并不会对老年人的日常生活产生很大限制，但有的慢性病会伴有持续性的疼痛或不适，不仅降低老年人的生活自理能力，影响他们的生活质量，也大大限制了他们参与社会的能力。特别是那些患有严重慢性病并造成重度残疾的老年人，疾病不仅使他们本人生活质量严重降低，慢性疾病需要的长时间高负荷的陪护照料及其导致的骤然加重的经济负担，对家人和整个家庭来说也是一场严重的危机和考验。

从社会层面来看，实施健康老龄化能够提升全体国民的健康水平，从源头上最大限度地降低患病率和失能发生率，减轻人口老龄化给国家和社会在医疗卫生、社会照护等方面带来的负担。人口老龄化大幅增加了健康保障和医疗服务的需求，带来了整个社会疾病风险的快速放大、医疗服务利用与疾病负担的快速增长、长期护理成本的增加。美国的数据显示，一个人一生中有一半的医疗费用发生在65岁以后。老年人的平均医疗花费大约是非老年人的4倍，是年龄低于19岁的年轻人的7倍。在老年人口中，最老那部分老年人的医疗费用也大大高于相对年轻的那部分人。随着人口老龄化进程的加速，我国的老年人口疾病负担也在快速增加。以60岁以上老年人就诊、住院、自我医疗、残障照顾四个方面的费用测算，我国老年人口疾病经济负担在1993年为704亿元，至2008年达9211亿元，年均增长17.8%；其中治疗相关费用从1993年的542亿元增加至2008年的5551亿元，年均增长16.8%。按可比价格计算，2011年我国归因于60岁以上老年人口的卫生总费用为5845亿元；到2050年为15.7万亿元；将比2011年增加26倍。

实施健康老龄化战略是投资全民终身健康，提高全体公民老年期的健康水平。当慢性病和机能下降的风险因素降低，而保护性因素增加时，老年人口对昂贵的医疗和照护服务的需求就会降低，同时还可以继续参与社会而为社会作贡献。因此，大力推进健康老龄化是低成本、高效益应对人口老龄化的战略举措。以最小的资源投入，获得最大的健康产出，最大限度地减低人口老龄化给经济社会带来的负面影响，有效保持和提升老龄社会的发展活力。作为世界上老年人口最多的发展中大国，中国的经验和探索也将对世界应对人口老龄化产生积极影响。

三、基于中国国情的健康老龄化实施路径

（一）实施全民健康素养提升计划

人们对健康知识的了解和认同是形成健康生活方式的基础，具备合格的健康素养是个体积极主动维护自身健康的必要条件。老年人的健康不是到老年时期才来应对，而是从青少年、壮年各阶段就应该加以应对和重视。因此，健康素养的提升也应面向全体公民持续深入地开展，覆盖公民的整个生命历程。

应通过中长期的健康素养促进计划，动员多方力量，加大投入，创新方式，做到人群全覆盖，地域无死角，努力在全人群中提升健康素养，提高全民健康意识和健康生活方式行为能力。2013 年，国家卫生计生委已经在全国范围内开展“健康中国行——全民健康素养促进活动”，每年选择一个严重威胁群众健康的公共卫生问题作为主题，围绕活动主题开展健康教育、促进和科普宣传活动。

针对当前老年人家庭普遍缺乏老年疾病早期识别和康复护理知识的情况，应该特别加大对老年人家庭照料者的健康教育和护理知识培训，更好地帮助老年人维护自身健康。目前，我国老年痴呆的就诊率非常低，如果家人能及时意识到老人可能罹患老年痴呆，尽早带老人去做检查，而不是想当然地认为“人老了，犯糊涂是正常的”，那么老人就可能获得早期的诊断和治疗，减缓病情的恶化。对于需要照顾痴呆老人及失能老人的家庭照料者来说，具备一定的康复护理基础知识，不仅有利于老人的健康维护和促进，同时也能改善自己的生活质量。

保持精神健康是健康老龄化过程中不可忽视的一个重要方面。针对老年人精神心理问题比较突出，而又普遍缺乏精神卫生保健知识的情况，在健康素养促进活动中，还应特别注意以有效的方式在老年人人群中普及精神卫生保健知识，让老年人保持积极乐观的心理状态。

（二）构建全民健康管理服务网络

健康管理理念的核心是对个人及人群的各种健康危险因素进行全面监测、分析、评估、预测并进行计划、预防和控制，旨在调动个人、集体和社会的积极性，有效地利用有限的卫生资源来满足健康需求，以达到最大的健康效果。从经济学的角度来看，健康管理是从“注重疾病诊治”到“对生命全过程的健康监测、疾病控制”的模式转换，实际上是通过较低花费的干预获取非常丰厚的健康和经济回报，最终降低医疗费用，达到全民健康持续保障的目的。美国健康管理20多年的实践经验表明，90%的个人和企业通过健康管理后，医疗费用降低到原来的10%。

因此，健康管理应该成为老年健康支持体系的基石。令人欣慰的是，我国《国家基本公共卫生服务规范（2011）》（以下简称《规范》）提出的11项基本公共卫生服务内容中与“健康管理”相关的内容至少包括5项，即健康教育、城乡居民健康档案管理、老年人健康管理、高血压和2型糖尿病患者的健康管理。这些服务主要由乡镇卫生院和社区卫生服务中心负责组织实施。然而事实上，在目前情形下，社区医生即使不从事任何临床诊疗工作，要有效完成这些基本公共卫生服务也是不可能的。

构建全民健康管理服务网络，最重要的是大力培养和使用全科医生，建立起健康管理专业人员队伍。自2005年起，我国劳动保障部门、卫生部门分别启动了“健康管理师”培训项目。但在制度规范、培训机构和培训人员的资质、培训对象的基本条件、培训的理论知识和技术内容等方面，均有待完善。国务院于2011年7月发布了《关于建立全科医生制度的指导意见》，明确指出，全科医生主要在基层承担预防保健、常见病多发病诊疗和转诊、病人康复和慢性病管理、健康管理等一体化服务，是居民健康的“守门人”。

全科医生与个人及家庭签约，形成相对固定的医患关系，可以为服务对象提供全生命周期的健康管理服务，开展预约和转诊服务，变坐诊为巡诊，最终能够真正落实健康管理“提升健康水平、提高医疗效率”的目的。今后需要在新医改进程中，一方面逐步完善全科医生的制度设计，改变全科医生地位待遇低、工作负担重，人难留、事难做的局面；另一方面要全面提升全科医生的服务能力，改变群众不相信基层医疗、不愿意利用基层医疗的局面，充分发挥全科医生“守门人”的角色。

（三）普及科学适度治疗理念

过度治疗危害病人健康，浪费医疗资源的情况已经引起了社会关注。随着人口年龄结构的转变、疾病谱的转变，特别需要大力提倡科学适度的治疗理念和模式，让老年人享有更好的生活质量，让社会医疗资源发挥最高的综合效益。人口老龄化引起医疗费用增高可能只是问题的表象，更重要和更深层次的原因在于医学的神话，企图通过高精尖医疗手段达到疾病治愈和健康维持的目的。

老年人是慢性病的高发人群，现实生活中，有的老人患病后便消极悲观，充满担心恐惧。一方面把自己当作病人甚至“废人”，常有抑郁、焦虑等消极体验；另一方面开始过度医疗，抱有一种非要“战胜”疾患的心态。事实上，过度治疗并不会带来预想的效果，反而会带来更坏的结果。因此，需要在全社会提倡“带疾病的健康”（Health within illness）这样一种理念和心态，学会“与疾病和谐共处”，虽然年老及慢性病给自身带来了不适、失落和生活的变化，但依然能通过与环境的互动和自我认识的提高而重新认识生命的意义，达到一种新的“健康状态”。

医学在其长期发展过程中形成的“救死扶伤”“防病治病”是至今仍在驱动医学为人类社会造福的目的，然而其对于“死亡”的关照却很不够。中国人普遍忌讳谈“死”，老人更是如此。在强调科学适度治疗的同时，我们应该更多地关注临终关怀问题，“以人为本”而不是“以病为本”，让每一个人有尊严、安详地离去，这才是健康老龄化的终点。

（四）逐步建立长期护理保障制度

失能是老人面临的最大健康风险。为有长期护理需求的老年人提供长期护理服务是健康老龄化的应有之义，也可以减少医疗卫生资源的滥用，降低医疗卫生支出。我国新修订的《中华人民共和国老年人权益保障法》已经明确“国家逐步开展长期护理保障工作，保障老年人的护理需求”。逐步建立长期护理保障制度需要抓紧启动一系列的基础性工作。

一是要逐步开展制度性探索。研究建立可持续的长期护理筹资机制，评估我国未来长期护理发展采用“税收制”“独立保险制”“与医保合并”这三种方式的财务可行性；研究建立养老服务资源与医疗卫生资源的整合机制，建立急性医疗、急性后期照顾及长期照顾三者间的衔接机制；研究如何将预防性照顾纳为长期护理体系，积极发展综合性的疾病管理策略。

二是要积极总结实践经验。地方实践和试点是开展全国性制度建设的必要步骤和有效模式。北京、上海、黑龙江等地已经建立了失能老年人护理补贴制度，青岛市率先探索建立了长期护理保险。苏州市通过政策创新、部门合作，大力加强为老年人提供长期护理的能力。目前已有护理院 44 家，初步形成了以社会力量为主体的护理产业。不仅有效满足了社会刚需，还节约了医保资金，取得了良好的社会经济效果。这些地方实践的宝贵经验需要进行系统化的总结和提炼。

三是要密切关注海外经验。放宽视野，关注不同国家和地区不同类型的长期护理保障制度。值得一提的是，我国台湾长期照护保险制度将在2016年正式实施。中国台湾在长期照护制度实施过程中遇到的问题在祖国大陆也具有很大的普遍性，今后应密切关注其实施情况，总结借鉴有益经验。

（五）大力建设老年宜居环境

健康老龄化离不开支持性的环境保障。老年人不是一个同质性的群体，而且随着年龄的增加，个体差异有加大趋势。人的功能在进入成人期时达到高峰，以后开始下降，下降的速度不仅取决于生活方式，而且受到外部社会、环境和经济因素的影响。从个人和社会的角度看，下降的速度是可以施加影响的，且在任何年龄都可以通过个人和公共政策措施加以减缓。

长期以来，我国的城市规划、居住区规划乃至家庭内部装修设计大多是按照年轻社会的要求、年轻人的需求来进行的，对老年人的特殊需求考虑不够，甚至完全忽略。随着老龄化的快速发展，暴露出的问题也越来越突出，不利于老年人健康独立地生活，甚至造成安全隐患。老年宜居正是顺应国际发展潮流，顺应我国人口老龄化形势的发展提出来的一个新理念。老年宜居环境建设关系到全体公民老年期的生活和生命质量。新修订的《中华人民共和国老年人权益保障法》专门新增加了“宜居环境”一章，明确“国家采取措施，推进宜居环境建设，为老年人提供安全、便利和舒适的环境”。

老年宜居环境与老年人的健康密切相关。以居室环境为例，居室是老年人最主要的活动空间，如果老年人能够生活在适老化的居室环境，空间规划简单，光照适合，起居室和浴室有防滑的地板，走道、卫生间及楼梯有稳固的扶手，等等，仅仅是一些低成本的简单改造，就会极大地提升老年人独立生活的能力，有效预防老人跌倒和损伤的发生，而老年人跌倒是引起老年人伤残和死亡的重要原因。

今后，应在全社会大力宣传和树立老年宜居的理念，加强老年宜居环境的建设，为老年人的健康维护和促进提供良好的支持性环境。需要强调的是，老年宜居环境是一个终身福利的概念，面向的是人的整个生命历程。也就是说，老年宜居环境不仅适合于老年群体，也应适合其他年龄群体，核心理念是实现不同时代的共居、共享和共健。

参考文献

[1] 吴玉韶. 老龄工作实践与思考 [M]. 北京：华龄出版社，2014.

[2] 穆光宗. 将“全面健康老龄化”上升为国家战略 [J]. 中国经济报告，2014 (04)：81-83.

[3] World-Health-Organization. 2014 World Health Statistics [EB/OL]. http：//www. who. int/gho/publications/world_ health_ statistics/en/.

[4] He J，Gu D，Wu X，et al. Major causes of death among men and women in China [J]. N Engl J Med，2005，353 (11)：1124-1134.

[5] 郑灵巧. 第三次全国口腔健康流行病学调查结果显示“老掉牙”状况依然严重 [N]. 健康报，(综合新闻). 健康报时间. 2008 年 6 月 27 日.

[6] 郑真真，周云. 中国老年人的健康行为与口腔健康 [J]. 人口研究，2014 (02)：83-91.

[7] Jia J，Wang F，Wei C，et al. The prevalence of dementia in urban and rural areas of China [J]. Alzheimers Dement，2014，10 (1)：1-9.

[8] 中国疾病预防控制中心. 2010 全球成人烟草调查中国报告 [M]. 北京：中国三峡出版社，2011.

[9] 世界卫生组织中国代表处. 中国的健康老龄化 [EB/OL]. [2014-05-26]. http：//www. wpro. who. int/china/mediacentre/releases/2012/20120407/zh/.

[10] 邬沧萍. 积极应对人口老龄化理论诠释 [J]. 老龄科学研究，2013 (01)：4-13.

[11] 詹姆斯·亨德森. 人口老龄化 [M] // [美国] 詹姆斯·亨德森著，向运华，钟建威，等译. 健康经济学. 北京：人民邮电出版社，2008：252-266.

[12] 鲍学全. 人口老龄化对健康保障和服务的影响及战略应对 [R]. 2013.

[13] 黄建始. 美国的健康管理：源自无法遏制的医疗费用增长 [J]. 中华医学，2006，86 (15)：1011-1013.

[14] 赵惠芬，李红. 老年人健康管理现状及发展方向 [J]. 国外医学（老年医学分册），2008 (04)：187-189.

[15] 吴海云. 健康管理，谁来管理 [J]. 中华健康管理学，2014，2 (8)：79-81.

[16] 伍小兰，沈励. 老龄健康学研究探析 [J]. 老龄科学研究，2014 (06)：3-10.

[17] WHO. Global age - friendly cities: a guide [M/OL].

http://www.who.int/ageing/publications/Global_ age_ friendly_ cities_ Guide_ English.pdf.

作者简介:

吴玉韶,男,1962年8月出生,福建省三明市人。曾就读于厦门大学、首都经济贸易大学和北京师范大学,获得管理学博士学位。参加工作后,分别担任民政部团委书记、人事处长,民政部管理干部学院党委副书记、副院长、民政部培训中心副主任。现任全国老龄委办公室党组成员、副主任,中国老龄科学研究中心主任,参与我国老龄工作重要法规、规划、政策的制定。除从事行政管理工作外,对社会保障、社会福利、社会工作、老龄工作等领域有一定研究,发表专著《老龄工作的实践与思考》,发表论文50多篇;主编《老龄工作年鉴》《2010年中国城乡老年人口状况追踪调查数据分析》《老龄工作调查与研究》《中国老年人健康指南》《中国老龄事业发展报告(2013)》和《中国老龄产业发展报告(2014)》等10多部著作;主持"中国居家养老服务研究""中国老年人思想状况研究""中国基层老年协会建设研究""中国老年教育研究""中国养老机构发展研究"等20多个研究课题。被北京大学、北京师范大学、中央财经大学等10多所高校聘为客座教授。

伍小兰,女,湖南邵阳人,博士,中国老龄科学研究中心副研究员。

沈励,博士,中国老龄科学研究中心实习研究员。

我国老年宜居环境建设的现状及对策

朱 勇

（全国老龄委办公室 北京 100011）

摘 要：老年宜居环境，是指适合老年人居住、生活和参与社会生活的城乡环境、社区环境和家庭环境。2005年国务院批复的《北京城市总体规划》中首次出现“宜居城市”概念。2009年，全国老龄办开始在全国进行“老年友好型城市”和“老年宜居社区”试点推广工作。2013年，新修订的《中华人民共和国老年人权益保障法》单设“宜居环境”专章，标志着我国老年宜居环境建设走上了有法可依的发展轨道。在这个发展过程中，随着老龄事业发展“十二五”规划和老年人权益保障法的颁布实施，我国老年宜居环境建设取得了长足的发展。但也存在着一些问题，比如，公共环境建设缺乏长远的、战略性规划指导，基础公共设施和建筑针对的群体主要为中青年人和健全人，没有充分考虑老年群体的特殊要求，老年宜居环境建设明显滞后于老龄社会的需要，等等。因此，为了加强老年宜居环境建设，必须充分认识老年宜居环境建设的重大意义，进一步调整和完善城乡建设规划，健全完善老年宜居环境建设政策标准体系，统筹推进城乡老年宜居环境建设，注重推动老年宜居产业健康发展。

关键词：老年人 老年宜居环境 对策

老年宜居环境，是指适合老年人居住、生活和参与社会生活的城乡环境、社区环境和家庭环境。老年宜居环境建设有宏观、中观、微观三个层面的含义。从宏观看，老年宜居环境是老龄社会应该具备的良好的城市大环境，包括自然生态环境、社会人文环境、人工建筑设施环境，是一个庞大复杂的系统工程；从中观看，老年宜居环境应当结合老年人身心特点，在城镇建设或改造过程中整体规划设计合理、老龄服务设施齐备、环境优美、敬老氛围浓厚，代际关系和谐的社区环境；从微观看，养老服务机构和老年住宅具备单体建筑内部良好的居室环境，并符合无障碍设计的标准规范等。

在我国，老年宜居环境建设则着重于上述三个层面的硬件设施环境的改善，旨在增强环境对老年人生理和心理的适应性，提高老年群体的生活质量和社会参与度，促进人口老龄化条件下的经济社会可持续发展。

一、老年宜居环境建设的发展历程

老年宜居环境建设是与人口老龄化进程相伴随的。1996 年，随着全球人口老龄化进程的加快，联合国第二次人居环境大会提出了城市应当是适宜人类居住地的概念。此概念一经提出就在国际社会达成了广泛共识，成为 21 世纪新的城市发展观。

在我国，2005 年国务院批复的《北京城市总体规划》中首次出现“宜居城市”概念。宜居城市是指经济、社会、文化、环境协调发展，人居环境良好，能够满足居民物质和精神生活需求，适宜人类工作、生活和居住的城市。

老年宜居环境的概念是从世界卫生组织的《全球老年人友好城市指南》中老年友好城市衍化而来。2005 年，世界卫生组织在巴西里约热内卢召开的第十八届老年学和老年医学会议上，首次提出在全球范围内开展老年友好型城市建设项目，并于 2007 年 10 月发布了《全球老年友好城市建设指南》。指南明确提出了建设老年友好型城市涉及的 8 个主题：室外空间和建筑、交通、住所、社会参与、尊重和社会包容、社区参与和就业、信息交流以及社区支持与健康服务。

2009 年，全国老龄工作委员会办公室开始在全国进行“老年友好型城市”和“老年宜居社区”试点推广工作，并取得了初步的阶段性成果。2011 年 9 月，国务院颁布的《中国老龄事业发展“十二五”规划》首次提出了老年宜居环境建设的任务，要求在城乡规划建设中，充分考虑老年人需求，加快老年活动场所和便利化设施建设，着力改善老年人的生活环境；完善涉老工程建设技术标准体系和实施监督制度，按照适应老龄化的要求，对现行老龄设施工程建设技术标准规范进行全面修订和完善，加强技术标准的实施与监督，形成有效规范的约束机制；加快推进无障碍设施建设，推进养老服务设施、居住小区、园林绿地、道路、建筑物等设施环境的无障碍改造，方便老年人出行和参与社会生活。推动老年友好型城市和老年宜居社区建设，研究编制建设老年友好型城市、老年宜居社区指南，发挥典型示范作用。同年，齐齐哈尔市获得联合国颁发的“国际老年友好城市”，对老年宜居环境建设全面推开起到了很好的典型示范作用。

2013 年，新修订的《中华人民共和国老年人权益保障法》单设“宜居环境”专章，共5条，从城乡规划、标准规范、无障碍环境、宜居社区和宜居家庭建设方面作出了原则性规定，标志着我国老年宜居环境建设走上了有法可依的发展轨道。

二、我国老年宜居环境建设发展现状

随着老龄事业发展“十二五”规划和老年人权益保障法的颁布实施，我国老年宜居环境建设取得了长足的发展。

（一）国家相关政策标准不断完善

从满足老年人不断增长的物质文化服务等多元化需求出发，近年来国家制定出台了一系列政策措施，其中很多涉及了老年宜居环境建设方面的内容。在养老服务设施建设方面，国务院出台了《关于加快发展养老服务业的若干意见》，要求各地在制订城市总体规划、控制性详细规划中，必须按照人均用地不少于0.1平方米的标准，分区分级规划设置养老服务设施。各相关部委围绕《关于加快发展养老服务业的若干意见》的贯彻落实，在规划、用地、实施等方面全方位推进养老服务设施建设；在促进社会力量参与养老服务业发展方面，民政部、发展改革委等部门相继发布《关于鼓励民间资本参与养老服务业发展的实施意见》和《关于规范养老机构服务收费管理促进养老服务业健康发展的指导意见》，充分发挥市场在资源配置中的决定性作用；针对新型城镇化建设和养老地产行业的快速发展，全国老龄办联合住房城乡建设部，编制了《绿色适老住区建设指南》；在老年宜居标准制定方面，全国老龄办会同住房城乡建设部等部门编制并修订了《老年人居住建筑设计规范》《城市老年人设施规划规范》《养老设施建筑设计规范》等行业标准。此外，国家积极推动老年宜居环境建设立法。新修订的老年人权益保障法由原来的6章增加到9章，其中新增的一章就是“宜居环境”，这意味着打造老年宜居环境已经上升为国家行动、提高到法律保障层面。

（二）老年人安居保障工作稳步实施

国家实施了保障性安居工程，并加快推进棚户区改造，为加快解决包括老年人在内的群众住房困难问题奠定了坚实基础。住房城乡建设部会同财政部、国家发展改革委，进一步优化了住房保障制度体系，有助于老龄人群更快捷、方便地获得住房保障。同时，国家积极实施农村老年人危房改造。仅2013年和2014年两年，中央共安排460多亿元补助资金，支持全国500多万户贫困农户进行危房改造。补助对象重点是居住在危房中的农村分散供养五保户、低保户、贫困残疾人家庭以及其他贫困户。各地在推进农村危房改造过程中，优先将符合条件的农村贫困老年人纳入补助对象范围，并针对农村留守老年人住房危险、生活无人照顾的实际情况，探索相对集中居住、互助养老等模式，解决农村留守老人的安全住房及养老问题。

（三）无障碍环境建设持续推进

我国无障碍设施建设自20世纪80年代开始起步，经历了从无到有、从点到面，在实践中不断摸索、逐步规范、持续提高的过程。1990年，我国颁布了《中华人民共和国残疾人保障法》，并于2008年进行了修订，修订后的法律对无障碍环境、无障碍设施的建设和改造从宏观层面上提出了明确要求。2012年，我国颁布《无障碍环境建设条例》，对科学、规范、系统推动我国无障碍建设工作，依法推进无障碍建设具有重要意义。在颁布法律法规的基础上，住房城乡建设部、民政部、中国残联、全国老龄办等部门先后共同编制修订了《方便残疾人使用的城市道路和建筑物设计规范（试行）》《城市道路和建筑物无障碍设计规范》和《无障碍设计规范》等国家标准和行业标准，印发了《关于加强村镇无障碍环境建设的指导意见》和《关于加强老年人家庭及相关公共设施无障碍改造工作的通知》等政策文件。这一系列法规政策标准的创制，为老年宜居环境建设的深入发展提供了重要的依据和遵循。同时，为探索我国无障碍建设工作的模式，自2002年起，住房城乡建设部等4部门共同开展了创建全国无障碍设施建设示范城市工作，促进了各地无障碍建设取得较大进展。在开展城市无障碍建设的同时，有关部门还开展了残疾人家庭无障碍改造试点工作。无障碍建设，完善提升了城市功能，大大方便了残疾人、老年人及全社会成员出行、参与社会生活，推动了社会文明进步。

（四）老年宜居产业蓬勃发展

近年来，受益于国家政策支持力度的加大，社会力量和民间资本参与养老服务业的热情不断高涨，老年宜居产业也得到快速发展。据不完全统计，2012年我国民间资本投资养老服务业达145亿元，全国民办养老机构（在民政部门或工商部门登记注册的）为2.7万家，床位数246万张，年末职工人数为19.5万人。随着土地、税费等优惠政策的出台，包括万科、保利、绿地等知名房企在内的全国几十家房企纷纷进军老年宜居市场，老年宜居项目开发数量急速上升。截至2014年上半年，共有8家保险机构投资18个养老社区项目，预计总投资296亿元。另外，随着健康休闲、养生养老逐步成为一种生活方式和社会趋势，打造健康养生养老目的地已经成为一些城市的主动战略选择。如浙江省丽水市制定发布了《丽水市生态休闲养生（养老）经济发展规划》，挖掘地域文化特色，大力发展生态休闲养生（养老）产业。广西梧州市也正在开展《梧州市生态养生养老服务业发展战略规划研究》，旨在全力打造老年宜居环境，以生态养生养老服务业为切入点，将梧州市建成区域性生态养生养老中心，健康产业和现代服务业发展创新城市。

（五）老年友好型城市、老年宜居社区建设试点工作取得初步成效

2009年，全国老龄办借鉴世界卫生组织老年友好型城市的理念，顺应我国人口老龄化形势新变化和老龄事业发展新要求，启动了老年友好型城市、老年宜居社区建设试点工作。综合各方面情况，初步选取了经济较发达、老龄工作基础较好的东部沿海和东北老工业基地7个省份的15个城市（城区）进行了试点。试点城市（城区）以提高老年人保障水平，改善老年人生活环境，营造浓厚的尊老敬老氛围作为工作的出发点和落脚点，积极探索，大胆创新，积累了许多好的经验做法，为此项工作在全国的全面展开奠定了良好的基础。黑龙江省齐齐哈尔市打造“孝亲敬老之城”，全面推动老龄事业科学发展的经验得到世界卫生组织和国际社会的高度评价和普遍认可，成为我国第一个全球老年友好型城市网络成员。在试点过程中，各地注重从解决老年人最直接、最现实、最迫切的问题出发，实施了一系列的重大工程和项目。像南京市玄武区实施了适老环境建设工程，齐齐哈尔实施了“青春助老‘鸟还巢’工程”，上海市长宁区开展了“五项关爱”和“百企助百老”活动，湖州市实施了“五水共治”工程和“空巢关爱工程”，实施的这些项目和活动受到了老年人的普遍欢迎，获得了良好的社会反响。

三、我国老年宜居环境建设存在的问题

我国已经进入人口老龄化和城镇化快速发展阶段，老年人对生活环境舒适性的要求越来越凸显。但是过去的30年，我国公共环境建设缺乏长远的、战略性规划指导，基础公共设施和建筑针对的群体主要为中青年人和健全人，没有充分考虑老年群体的特殊要求，老年宜居环境建设明显滞后老龄社会的需要。

（一）老年宜居环境建设理念相对滞后

老年宜居环境建设在国家顶层设计层面已经实现了突破，但全社会对老年宜居环境建设的理念认知与认同还处于一个初级阶段。在城乡规划建设管理上，普遍缺乏人口老龄化发展的长远考虑，缺乏对区域整体发展的思考，没有把老年人作为城市发展中的特殊群体，充分考虑到他们的出行、生活、休闲、养老的需求。城市中老年人设施、养老机构、老年人活动中心及老年大学等配套设施的规划随意性较大，没有切实

考虑老年人生活与交流的便利性；在政策实施过程中，缺乏老年人参与，工作和制度设计中容易对老年人真实需求的判断出现偏差，没有真正把握老年人的有效需求，导致人力物力财力浪费；在社会认知上，还存在将老年宜居环境视同养老服务环境，将老年宜居环境建设当作一项创建活动，将老年宜居环境建设当作超现实行动等看法，没有认识到老年宜居环境建设的重要现实和长远意义。

（二）适老性公共环境还未形成

当前我国公共环境适老性方面还存在较多问题，不同程度地影响了包括老年人在内的社会公众正常的工作生活。主要表现为城乡交通障碍较多，存在不少安全隐患。城市整体步行环境欠佳，步行交通设施较为落后，社区内人车分流还未全面实现，造成老年人过马路难、过天桥难、过地下通道难。城市公共空间便民设施配置不足、品质不高等问题较为突出，无法较好满足老年人锻炼身体、社会交往等方面需求。此外，公共环境中无障碍问题较为突出。许多公共建筑物出入口缺乏无障碍坡道和扶手，道路和建筑物标识标志字体小、颜色对比不明显，信息无障碍交流服务基础薄弱。

（三）老年宜居环境建设不平衡问题突出

在老年宜居环境建设上，东部地区起步较早，工作基础较好，发展较为快速，而中西部地区则相对落后。即使在同一城市，不同地域也存在较大差异，城市中心区发展较好，而远郊区县则存在较多问题。在城乡发展上，大多数农村地区，特别是中西部农村地区，缺乏科学规划和财政投入，农村人居环境和老年宜居环境建设明显滞后。由于长期形成的城乡及地域发展不平衡，在农村加强老年宜居环境建设，为广大农村老年人提供更好的居住生活环境，将是中国老年宜居环境建设的重中之重。

（四）老年宜居环境建设相关标准有待完善

我国虽然颁布了一些针对老年人和无障碍设施建设的规范和标准，但这些标准还相对比较零散，缺乏有效衔接，尚未形成一个完整的体系。具体表现为各行业标准协调性较弱，术语界定不一致，相互间难以对应；标准编制上没有基于老龄化社会的需求来确定规划布局和规划治疗；标准的具体技术内容还不尽完善，部分关键技术内容仍存在显著缺失，部分技术要点陈旧过时，部分标准要求尚需细化完善。

四、我国老年宜居环境建设的对策思考

老年宜居环境建设直接关系到老年人晚年生活的幸福和尊严，对增进老年社会参与，提高老年人生活质量，促进社会和谐都具有十分重要的意义。随着我国城镇化的

不断推进，坚持以人为本，统筹兼顾城镇与乡村的协调发展，进一步加强老年宜居环境的硬件建设，完善相关政策法规，不断适应人口老龄化发展趋势，逐步满足广大老年群体日益增长的各种需求，为老年人创造良好的生活环境是国家和社会的共同责任。

（一）充分认识老年宜居环境建设的重大意义

老年宜居环境建设可以说是新生事物，要使全社会共同参与进来，必须促进全社会在理念上的认同，理解老年宜居环境建设的重大意义和自身的特殊性和复杂性。一要充分认识老年宜居环境建设的重大现实意义和长远战略意义。首先，老年宜居环境建设是积极应对人口老龄化的战略举措。当前我国应对人口老龄化的多数工作还是停留在解决养老问题的角度，做的多是应急的、补课的工作，没有更多战略的、超前的工作策略。老年宜居环境建设从保障、健康、参与的积极老龄观入手，围绕城乡规划建设环境、居住环境、交通出行环境、公共服务环境、社会参与环境和社会文化环境等的全面提升和改善，促进包括老年人在内的所有社会群体生活居住环境的安全、便利、舒适，这也正是积极应对人口老龄化的题中应有之义。其次，老年宜居环境是提升老年人生命生活质量的重要行动，是重大的民生工程。老年宜居环境建设注重从宏观着眼，从微观入手，突出解决老年人最关心、最直接、最现实的困难，促进老年人生活独立、社会融入和功能维持，提高老年人晚年幸福指数，这与全面建成小康社会的奋斗目标是相契合的。最后，老年宜居环境建设是贯彻实施老年人权益保障法，创新老龄工作的重要抓手。老年宜居环境建设是修订的老年人权益保障法新增的一章，被赋予了法律地位。老龄工作部门推动老年宜居环境建设，正是贯彻落实老年人权益保障法的积极行动，也正是充分发挥老龄委统筹协调职能，创新工作手段、搭建工作平台的有效抓手。全国老龄系统如果能以此为契机，汇聚各方资源，将老年宜居环境建设抓紧抓好抓出成效，将是功德无量的。二要充分认识老年宜居环境建设的特殊性和复杂性。老年宜居环境建设的特殊性和复杂性突出表现在它是一个综合性、组合性、连续性、长远性的系统工程，是跨领域、跨部门、跨学科的一项综合性工作，既是理念的也是实践的，既是物质的也是精神的，既是宏观的也是微观的，既是长期的又是阶段性的，既有共性又有个性，既有事业又有产业。正因为有其特殊性和复杂性，老年宜居环境建设更需要认真研究，稳步推进，把握好建设原则，避免一哄而上、敷衍了事。

（二）进一步调整和完善城乡建设规划

在国家城乡建设规划过程中，要结合人口老龄化发展的形势，按照建筑设施的生命周期，适度超前制定城乡建设整体规划，坚持长远谋划，总体设计，统筹安排老年宜居环境建设，使其适应各个年龄群体的需求，特别是老年人的基本需求，确保老年人与社会融合为一体，共享社会发展成果；建议在城乡规划建设中，兼顾老年人的身心特点，加强街道、社区“老年人生活圈”配套设施建设，为老年人居住、出行、就餐、就医、学习、健身、购物、休闲娱乐提供安全、便利和舒适的环境。

（三）健全完善老年宜居环境建设政策标准体系

老年宜居环境建设具有开创性、复杂性和系统性，需要科学完善的工程技术标准作为指导。结合新型城镇化建设，应从战略的高度对现行的规划建设标准体系进行完善，尽快形成一套架构健全、内容呼应的标准规范体系，在新型城镇化进程中有效指导老年宜居环境的规划建设。加快对现行涉老相关标准规范的全面修订和完善工作，理顺从国家政策法规到标准的落实思路；编制有关无障碍改造、居住区室外适老环境的相关规范标准；对现行标准内容中不协调不一致的条文进行修正和统一；加快针对新技术、新设施的标准制定。

（四）统筹推进城乡老年宜居环境建设

老年宜居环境建设是个宏大系统工程，国家层面要加强顶层设计，尽快推动全国老年宜居环境建设全面开展。在老年宜居环境建设中，应特别注重东中西部协同推进，发挥东部地区示范效应，推广先进经验。对中西部地区建设工作注重纵向评价，提高建设积极性。此外，还应特别注重农村地区老年宜居环境建设，加强农村宜居环境建设规划，继续推进农村危房改造工作，建立健全农村基本住房安全保障长效机制，探索农村地区老年人住房适老化改造。将无障碍建设纳入新农村和城镇化建设的内容，从源头上把好关，避免造成新的历史欠账。

（五）注重推动老年宜居产业健康发展

老年宜居产业已经引起市场的关注和参与，但对于初期发展阶段，亟须厘清思路，立足需求，开拓市场，不断取得市场认可，避免建设浪费和发展停滞。要重视社区型养老设施及居住产品的开发，积极利用国家支持政策，引导市场开发老年住宅、老年公寓，推动基于社区的以中端为主、部分高端的中小型养老设施的快速发展。要以满足老年人养老护理、旅游休闲等多元化需求为落脚点，不断丰富老年宜居产品类型，促进市场繁荣。积极推动老年宜居建筑向绿色节能方向转型，鼓励绿色适老住区建设发展，最大限度地节约资源、保护环境和减少污染。

作者简介：

朱勇，博士，现任全国老龄工作委员会办公室巡视员，兼任中国老年学和老年医学学会副会长，中国老龄产业协会副会长，华龄智能养老产业发展中心理事长，中央财经大学客座教授。长期从事社会保障和老龄问题研究，主持或参与国家应对人口老龄化战略研究等多项重大课题研究，参与《中华人民共和国老年人权益保障法》修订，出版《中国社会保障制度改革》《中国社会福利体制改革》《中国农村社区工作手册》《智能养老》等多部专著。

中国老年宜居环境建设：现状与发展

杜　鹏　王雪辉

（中国人民大学老年学研究所　100872）

摘　要：开展老年宜居环境建设是积极应对人口老龄化的重要措施。近几年来，我国在一些沿海及发达城市和地区试点建设“老年友好型城市”和“老年宜居社区”，并取得一定的成绩。国家和地方也不断出台相关法律法规和政策大力推进老年宜居环境建设，积极打造老年宜居的硬环境和软环境。但需要认识到的是，我国现阶段在老年宜居环境建设方面仍旧面临诸多问题和挑战，本文在分析老年宜居环境建设地方实践和现有不足的基础上，尝试提出进一步促进老年宜居环境建设方面的对策建议。

关键词：老年宜居环境　老年友好型城市　对策建议

引　言

中国是世界上第一个将老年宜居环境写入法律的国家，老年宜居环境建设已经被提上政府的重要议事日程，近几年在不断推进法律的落实与总结实践的经验。随着中国老年人口逐渐呈现高龄化趋势，老年群体内部的年龄特征和脆弱的身体状况要求为老年人提供住、行方面的便利设施和条件，从而减少失能程度的进一步加剧和对家庭带来的照料负担，为老年人参与社会发展创造便利的条件。2010 年中国老龄科研中心的调查数据显示，城市老年人认为公共设施完善的仅占约 40%，认为社区服务设施完善的不足 35%，7 成以上老年人居住在没有安装电梯的楼房中，高龄和失能老年人的出行极为不便（金晶等，2014）。囿于相对较低的社会经济发展水平，农村地区在推进老年宜居环境建设方面尤为滞后。现阶段，老年宜居环境建设亟待加强。随着人口老龄化的快速发展，国家和政府也逐渐重视老年宜居环境建设的发展。2012 年底新修订的《中华人民共和国老年人权益保障法》明确提出推进老年宜居环境建设，为老年人提供安全、便利和舒适的环境。由全国老龄委于2009年启动的“老年宜居社区”和“老年友好型城市”试点工作也正在有序推进。可见，中国在老年宜居环境建设的政策法律出台和实践探索方面已取得一些成绩，本文将在梳理老年宜居环境建设现状的基础上，探讨未来中国老年宜居环境建设的发展方向。

一、老年宜居环境的内涵及指标体系

（一）老年宜居环境内涵界定

针对老年宜居环境内涵，不同学科领域的专家学者从不同维度给出概念内涵的界定。全国老龄办副主任朱勇提出，老年宜居环境是指适宜老年人居住生活的公共环境、社区环境和家庭环境（朱勇，2014）。

张帆认为，老年人宜居环境可分解为不同物理空间范畴的层面，即宜老居住环境、宜老社区环境、宜老居住小区环境和老年宜居社会环境（张帆、石文，2010）。

李珊认为，人本主义视野下的“宜居环境”是经济、社会、文化、环境协调发展的体现，理想的老年宜居社区应当具备安全、健康、便捷、舒适、服务完善和情感归属等特质（李珊、杨忠振，2012）。

黄加成认为，老年宜居环境建设是老年宜居社区建设的基础工程。他认为，老年宜居环境建设应从老年人的实际需求出发，注重整体性、实用性、生态性、安全性、方便性、艺术性和趣味性的结合（黄加成，2012）。

综合上述几位学者的界定，本文将老年宜居环境分为硬件环境和软件环境的建设，其中硬件环境建设包括各类基础设施、活动场所、无障碍设备等，软件环境包括良好的社区氛围、互助和志愿服务、尊老敬老文化等。

（二）老年宜居评价指标体系构建

老年宜居环境建设评价指标体系是促进老年友好城市建设和创建老年宜居社区的重要评估工具，科学健全的指标体系有利于促进老年宜居环境建设的规范发展。近年来，不少学者结合相关学科知识和模型探索老年宜居环境评价指标体系的构建，以对现有开展的老年宜居城市和老年宜居社区建设状况进行评估。

有学者从公共指标和专项指标进行老年宜居环境的评价，其中，公共指标包括生态环境、经济环境和社会环境，专项指标包括敬老优待政策保障、老年经济保障、老年医疗保障、老年照护保障、老年文化与社会参与（戴俊骋等，2011）。该指标体系基本涵盖了与老年人日常生活相关的所有内容，总体上可以反映老年宜居环境建设情况。

赵东霞等利用统一建模语言（UML）方法构建了我国城市老年人宜居环境评价指标体系，包括5项一级指标，即生态宜居、健康宜居、生活宜居、精神文化宜居和安全宜居，每项一级指标又包括若干项具体的二级指标（赵东霞、孙俊龄，2013）。该指标体系的构建利用了科学的理论模型，相对较为规范，具体指标详细全面，能够更加客观和深入地评估老年宜居环境建设状况。

于文彬等几位学者将物联网技术与老年人健康服务系统相结合，通过健康管理平台和防病监测专家系统平台的支持，联合社区、医务卫生机构，建立老年人宜居环境体系（于文彬等，2011）。该体系充分利用了现代科技智能系统，将老年宜居环境打造与现代化的社区智能服务系统进行有机结合，体现了信息化社会创建老年宜居环境的发展趋势。

李珊等依据宜居环境相关理论和遵循系统分类方法构建了老年宜居社区评价指标体系，包括客观实体指标体系和主观评价指标体系两个子体系（李珊、杨忠振，2012）。作者通过计算指数得出两个子体系的评价情况，客观实体指标包括社区安全度、社区舒适度、社区服务度、社区便捷度、社区健康度，主观评价指标包括安全度评价、舒适度评价、服务度评价、便捷度评价、健康度评价和情感度评价。

结合上述对老年宜居环境内涵的界定和相关学者构建的老年宜居环境指标体系，在此基础上，本文从政府、社会和社区承担的责任角度，拟梳理中国老年宜居环境指标体系，如图1－1所示。

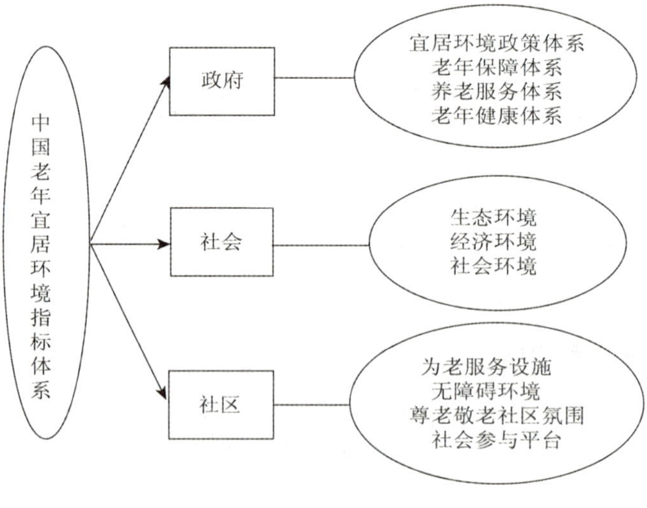

图1－1　中国老年宜居环境指标体系图

二、中国老年宜居环境政策发展历程

（一）老年宜居环境之法律规定

《中华人民共和国老年人权益保障法》（以下简称老年人权益保障法）是国家用来规范老年人权益保障的最高形式，其实施有国家强制力保障。2012 年 12 月，我国首次对老年人权益保障法进行修订，将“宜居环境”作为专门一章给出了详细规定。

在硬环境建设方面，新老年人权益保障法明确提出四个方面的具体要求：①各地区的城乡规划须统筹考虑适合老年人的公共基础设施、生活服务设施、医疗卫生设施和文化体育设施建设；②国家要制定和完善涉老工程建设标准体系，在规划、设计、施工、监理、验收、运行、维护、管理等环节加强相关标准的实施与监督；③规定道路、公共交通设施、建筑物、居住区等应符合无障碍设施标准；④推进老年宜居社区建设和家庭无障碍设施改造。可以看出，针对老年宜居环境建设，法律中已给出系统的规定和要求，如何有效落实和加强监管是依法行政的重要任务。

在软环境建设方面，新老年人权益保障法中对基本养老保障制度、基本医疗保障制度、长期护理制度、社区养老服务、医疗卫生服务等都作出相应的规定。此外，新老年人权益保障法中也提出要增强全社会积极应对人口老龄化意识，在全社会广泛开展敬老、养老、助老宣传教育活动，树立尊重、关心、帮助老年人的社会风尚。同时积极促进老年人的社会参与，发挥老年人的专长和作用，保障老年人参与经济、政治、文化和社会生活。

除了老年人权益保障法，我国近年来也发布了促进老年宜居环境建设的其他法规及条例。1999 年，我国发布《老年人建筑设计规范》，对老年人使用的居住建筑和公共建筑作出明确规定。2003 年，住建部发布《老年人居住建筑设计标准》，对老年人住宅、老年人公寓及养老院、护理院、托老所等作出明确要求。2008 年，住建部出台《城镇老年人设施规划规范》，要求老年人设施的建设应从老年人需求出发，实现以人为本。2011 年，我国颁布《无障碍环境建设条例》，该条例对出行道路、公共交通工具、信息获取等作出了具体的规定，方便老人出行和生活便利。

（二）国家老年宜居相关政策状况

近几年，国家出台的涉老政策及规划中均有老年宜居环境建设方面的内容。《社会养老服务体系“十二五”规划》提出在居家养老层面，支持有需求的老年人实施家庭无障碍设施改造。《中国老龄事业发展“十二五”规划》中提出加强老年生活环境建设，共包括三方面的内容，即加快老龄事业基础设施建设并纳入城乡社区发展规划，加快推进方便老年人出行和参与社会生活的无障碍环境建设和设施改造，开展“老年友好型城市”“老年宜居社区”创建活动。该规划较早对老年宜居环境建设作出详细规定和安排，它对于“十二五”期间老年宜居环境建设提供了政策指导和发展方向。

2013 年 9 月，国务院出台的《国务院关于加快发展养老服务业的若干意见》中明确提出，实施社区无障碍环境改造。提出各地区要按照无障碍设施工程建设相关标准和规范，推动和扶持老年人家庭无障碍设施的改造，加快推进坡道、电梯等与老年人日常生活密切相关的公共设施改造。这也是我国首次由最高政府部门文件提出老年宜居环境建设的要求，并且要求重点在社区层面实施。

2014 年 7 月，住建部、民政部、财政部、残联和全国老龄办联合发布《关于加强老年人家庭及居住区公共设施无障碍改造工作的通知》，该通知提出，各级政府首先要提高对老年人家庭及居住区公共设施无障碍改造工作重要性的认识，并切实推进老年人家庭无障碍改造和居住区公共设施无障碍改造，同时做好家庭及各类公共设施无障碍改造工作的监督检查、协作和宣传工作。

从现有国家层面出台的政策不难看出，老年宜居环境建设已被提上政府的重要议事日程，相关政府部门已明确意识到开展老年宜居环境建设对老人、家庭及社会的重要性。但同时我们也应该清醒地认识到，目前我国尚未发布全国统一的老年宜居环境建设指南或者标准，这将不利于指导各地区科学有效地推进老年宜居环境建设。

（三）地方出台老年宜居相关政策现状

2009 年，全国老龄办试点建设“老年友好型城市”和“老年宜居社区”，第一批试点单位包括南京市玄武区，上海市杨浦区、黄浦区、长宁区、浦东新区，黑龙江省齐齐哈尔市，辽宁省营口市鲅鱼圈区，山东省青岛市，浙江省湖州市共东部沿海和东北老工业基地 9 个试点地区。后来又增加了南京市鼓楼区、苏州市金阊区、山东省新泰市等试点单位，截至 2011 年底共有 13 个国家级试点单位，天津、深圳、西安等城市也积极提出试点申请。自老年宜居环境建设试点开展以来，不少试点地区积极出台老年宜居环境相关政策和标准。

从 2008 年开始，上海市长宁区就开始在全区实施涵盖基本生活、医疗卫生、生活服务、社会参与、维权服务、工作网络 6 大保障体系、15 个指标项、53 个目标值的“幸福养老”指标体系，并在此基础上制定了《关于创建全国“老年友好型城区”试点的实施意见》。2013年9月，上海市印发《老年友好城市建设导则（试行）》，导则从户外环境和设施、公共交通和出行、住房建设和安全、社会保障和援助、社会服务和健康、文化教育和体育、社会参与和奉献、社会尊重和优待8个方面作出具体的规定和要求。这也是我国第一部针对老年友好城市建设的指南。2014年8月，上海市印发《关于推进老年宜居社区建设试点的指导意见》，该意见要求到2015年底，上海全市开展80—100家老年宜居社区建设试点。

2010年，青岛市印发《全国老年友好城市试点工作实施方案》和《全国老年友好城市建设及评价性指标体系（试行）》，将指标体系涉及的100项目标责任落实到67个责任部门。

2012年，杭州市发布《关于开展“老年人友好型城市”和“老年宜居社区”建设的通知》，该通知要求，在“十二五”期间，杭州市至少创建4个“老年友好型城区”和300个“老年宜居社区”。通知提出，老年友好型城市建设坚持“四友好”（友好设施、友好环境、友好服务和友好政策）和“八化”（公共空间和建筑无障碍化、交通出行便利化、住房设施适老化、养老服务人性化、卫生服务可及化、文化服务多样化、社会参与个性化和社会环境包容化）的基本要求和目标。老年宜居社区建设要以社区为基础，落实各项老龄法规政策，持续改善社区环境、养老设施和服务站点等硬件环境，同时提高社区管理和服务水平，形成尊老敬老助老的社会氛围，代际关系、邻里关系和睦，加强老年宜居社区软环境建设，使老人有较强的社区认同感和归属感。

齐齐哈尔市把老年友好型城市建设与“三优两提升”文明城市工程建设结合起来，制定了老年宜居城市和社区的《实施方案》和《评估办法》；湖州市在深入调查论证和听取专家建议的基础上，制定了《试点工作实施方案》《评定标准》《考核标准》和《评估细则》等文件，按照组织领导、生活环境、社会环境、社会保障、社会参与、社会氛围6个方面，设定了26大项96条具体指标，落实到30个责任部门；南京市玄武区在全国率先制定出台《老年宜居社区标准》，并以居家养老服务中心建设为抓手，使全区社区居家养老服务中心全部达到AA级标准。

作为推进老年宜居环境建设的试点地区，上海、青岛、杭州和齐齐哈尔等地不断在政策法规层面作出努力，出台相关指导意见和标准，有利于老年宜居环境建设有序规范推进。创建老年宜居社区和老年友好型城市是老年宜居环境建设的基础工程和重要工程，这既是顺应人口老龄化快速发展形势的新要求，同时也关系到老年人及其家庭的切身利益。由上述可知，我国部分地区已经先行先试积极开展老年宜居环境建设，并逐步形成相对完善的政策和标准体系，这为其他地区创建老年宜居环境奠定了实践基础。

三、中国老年宜居环境建设实践——以上海、浙江为例

中国老年宜居环境建设除了在政策方面取得重大进展外，部分地区在实践探索领域也表现突出。本部分将重点介绍上海和浙江两个地区在推进老年宜居环境建设方面采取的措施和取得的成绩，总结其经验和存在的不足。

（一）上海——打造全面系统服务型老年宜居社区

2014 年，上海市民政部门要在全市范围内建设老年宜居社区。与其他地区不同的是，在打造老年宜居社区前，上海市民政部门要求每个社区摸清“五个清单”，即社区老年人需求、服务项目、服务设施、组织队伍、政策机制，准确掌握本社区老年人口、结构以及需求等基本情况，重点关注独居、高龄、失智失能等老年人的需求。上海市将在老年宜居社区中建立为老服务综合平台，形成居家养老服务网络。

上海市老年宜居社区将具备四项功能：①提供一站式综合服务，如生活照料、医疗护理、精神慰藉、文体娱乐和紧急援助服务等；②整合社区资源，培育为老服务社会组织和队伍，提供专业服务技能培训；③提供一站式评估受理平台，方便老年人养老服务咨询、申请、评估、服务质量投诉与建议等；④开展社区信息管理服务，整合老年人需求和为老服务信息，促进供需对接。

同时，上海还推进居家养老服务设施建设，合理布局社区老年人日间照料中心和助餐点设施，升级改造老年活动设施，推动养老服务设施与医疗卫生服务设施综合设置或邻近设置，实现医养结合。此外，上海推动养老服务智能化建设，全市将建立统一的养老服务信息平台，建立养老服务信息数据库，利用大数据实现分析决策功能，推进养老服务网络化，提高服务效率。

目前，上海市已经形成不少老年宜居样板社区。如静安寺老年宜居社区已建立了 6 家“乐龄家园”、2 个“老年人日间服务中心”、1 个助餐点、3 个助老服务社网点，同时还配备了乐龄站点、卫生服务站点、老年活动室等设施；欧阳社区打造网上敬老院，依据老年人需求，提供生活照料、医疗保健、紧急援助、精神慰藉四大类 60 多项为老服务；浦东康桥镇社区，引入餐饮配送、家政服务等优质社会资源，提供多功能的服务信息平台，此外，该社区还将推出“银龄无忧一卡通”项目，将加盟商公益服

务和居家养老服务整合在一起，为老年人提供多元化的养老服务。

（二）浙江——立足基层创建标准化老年宜居环境

从2013年开始，浙江省老龄办联合省建设厅等相关部门在全省探索开展“老年友好城市”创建活动，并明确了生活环境和设施、社会保障和援助、社会服务和健康、文化教育和体育、社会参与和优待五个方面的主要任务。

在标准化和规范建设方面，浙江省制定了“老年友好城市”测评体系，成立老年宜居环境建设专家委员会，建立老年宜居环境建设专家决策咨询机制，推进老年宜居环境建设规范化和专业化发展。浙江省在“老年友好型城市”考评细则中，对环境质量指标提出严格要求，规定城区绿地率不低于35%，人均公园绿地面积不低于11平方米，环境空气质量优良率达70%以上，无障碍环境设施建设达到2013年新的国家标准。

在营造老年宜居软环境方面，浙江省要求相关单位在全省范围内积极支持和参与老年宜居环境建设，以“孝贤之星”评选、孝亲敬老助老主题教育活动以及孝文化进学校、进社区、进家庭等多种载体，弘扬尊老敬老的传统文化，形成爱老敬老的良好社会氛围。

湖州市作为浙江省第一批“老年友好型城市”建设试点，在创建老年友好型城市基础上，积极开展老年友好基层单位创建活动，着力于老年友好家庭、老年友好社区、老年友好组织、老年友好场馆、老年友好公交、老年友好医院六大基层先进单位创建活动，建立老年友好城市的基层细胞培育机制。嘉兴市通过推进市区老旧小区改造、推进社区居家照料中心建设、推进楼道凳安装工作、推进老年人家庭适老化改造和推进老旧小区电梯改造五大举措力推老年宜居环境建设。

（三）小结

可以看出，上海和浙江两地在推进老年宜居环境建设方面走在全国的前列，在老年宜居硬件设施和软件环境的塑造方面均取得了一定的成绩，并在发展过程中体现出当地的特色，但两地区在老年宜居社区细节的打造方面仍有提升的空间，如有学者在对上海试点区域进行调研后，指出试点社区在“人行道应当有良好的维修和照明”“应提供友好的个人化服务和信息，而不是自动化的应答服务”等方面还存在差距。另外，从两地的实践来看，两个地区对农村老年宜居环境建设的关注明显不足，这样会导致本已较为落后的农村地区在老年宜居环境建设方面与城市地区的差距更大，从而导致城乡老人在享受公共福利方面不公平现象进一步加剧。因此，无论是试点地区或是非试点地区，政府相关部门在未来推进老年宜居环境建设过程中需要给予农村更多的关注和财政投入，出台更加有利农村的政策，逐步缩小城乡之间的差距和不公平。

四、中国老年宜居环境建设未来发展方向

在人口快速老龄化的社会背景下，推进老年宜居环境建设具有重要的意义。从实践层面看，中国老年宜居环境建设才开始短短的5年多时间，各方面均处于初步探索和起步阶段，仍存在许多亟待深入调查和论证的问题。理论上也存在需要进一步探讨的问题，如中国老年宜居环境的内涵是指什么，老年宜居环境具体包括哪些指标，应该如何创建老年宜居环境，老年宜居环境建设参与的主体是谁，如何科学客观地评价老年宜居环境建设状况等。针对以上问题及现有部分地区的实践状况，本文将尝试提出老年宜居建设未来发展方向的对策建议。

（一）我国老年宜居环境建设面临的主要问题

不可否认，我国部分地区老年宜居环境建设已经收到良好成效，但仍存在一定不足。而大部分老年宜居环境建设非试点地区在老年宜居环境建设方面则面临不少的问题，具体如下。

第一，农村老年宜居环境建设明显滞后。现有老年宜居环境建设试点地区主要集中在沿海及发达地区的城市，对农村老年宜居环境建设的关注严重缺乏。这一方面是由于农村地区社会经济发展水平较为落后，且居民居住相对分散，进行设施改造需要的投资较大，尚不具备建设老年宜居环境的条件；另一方面，目前政府对农村地区的重视程度不够，对农村老龄化带来老年宜居环境需求认识不足。

第二，对老年人需求的关注不足。不少的社区在空间布局以及设施规划上较少关注老人的需求，导致老年服务设施建设严重滞后。这也是近年来老年人广场舞现象愈演愈烈的主要原因，社区内没有适合老年人休闲娱乐的场所，一定程度上讲，跳广场舞也是老年人自发的文化娱乐需要。

第三，现有城乡公共设施和家庭环境适老性程度较低。如公交车台阶高，不利于老年人上下公交车；马路十字路口绿灯亮的时间较短，老年人腿脚不便，难以在短时间内穿过马路，从而增加交通事故发生的概率；银行大门开启难、门前台阶高，一些大中型绿化带、公交站点、超市大卖场、医院等公共场所，缺乏可供休息的座椅；无障碍通道、盲道被堵塞，等等。另外，目前多数老人的家庭环境不宜居，居住在楼房中的城市老年

人可能面临上下楼不方便，农村老年人家庭设备过于简单，老年人安全风险较大。

第四，老年服务设施布局不合理，功能单一。现阶段城乡社区的老年服务设施基本仅限于老年日间照料服务中心，农村地区以敬老院为主，医疗和护理服务设施则极为短缺，难以满足老年人医养结合的需求。

第五，社区尊老敬老氛围不足，为老服务队伍和组织缺乏。随着传统文化的日渐衰弱，尊老敬老的社会氛围趋于淡漠，尊老敬老的社区文化亟待建立。另外，社区为老服务队伍和机制缺乏，相对其他年龄群体，老年人有较多的闲暇时间和精力，特别是对于低龄健康老年人而言，参与社区服务可以获得精神上的满足感并且实现自身价值，从而有利于提高其生活质量。

（二）推进我国老年宜居环境建设的对策建议

尚处于初步探索阶段的中国老年宜居环境建设将不可避免地面临一些挑战和问题，针对上文中提到的问题和存在的不足，本文尝试提出以下几个方面的对策建议，以期对中国老年宜居环境建设有所帮助。

一是加强老年宜居环境建设统筹规划，加强法律法规的执行力度，将老年宜居环境建设切实纳入城乡统筹规划中，逐步完善老年人体育、文化和娱乐等活动场所，特别要加强对农村地区老年宜居环境建设的投入。

二是不断健全和规范老年人设施标准体系框架。全国老龄办应牵头健全和规范涉老设施标准、社区和家庭无障碍环境改造标准等相关标准体系框架。同时，加快修订《城镇老年人设施规划规范》《城市居住区规划设计规范》和《城市道路交通规划设计规范》，提高老年人设施标准，方便老年人出行。

三是政府出台优惠政策和采取措施推进老年人家庭无障碍改造。加大政府财政投入力度，每年安排一定比例的财政经费用于支持老年人家庭无障碍改造，切实改善老年人的日常生活环境。

四是继续推进老年宜居环境建设的力度，重视老年住区建设，大力开发老年宜居住宅，政府出台优惠政策鼓励子女和老年人就近居住或共同居住，方便子女为老人提供生活照料和陪伴。

五是大力推进养老产业的科技创新，老年宜居环境、宜居社区、老年友好型城市的建设都必须以科技创新为支撑。养老服务信息化和智能化是未来发展的必然趋势，老年宜居社区建设应与现代科技相结合，满足信息化时代老年人的新需求。

六是重视老年宜居环境中社会环境的建设，将老年人的精神文化活动纳入宜居环境建设内容中，例如老年人的文体活动场所设置。多种形式促进代与代之间的沟通与理解，使尊老敬老落实到行动上。老年宜居环境的重要发展目标是方便老年人参与到社会活动中，硬件建设只是基础，而不是全部。

参考文献

［1］金晶等. 中外老年宜居城市环境建设比较研究［J］. 丽水学院学报. 2014 (36)：56－61.

［2］朱勇. 加强老年宜居环境建设［J］. 中国国情国力. 2014 (1)：14－15.

［3］张帆，石文. 老年宜居环境研究［J］. 城市规划. 2010 (11)：48－50.

［4］李珊，杨忠振. 城市老年宜居社区的内涵和评价体系研究［J］. 西北人口. 2012 (33)：17－21.

［5］黄加成. 城市老年宜居社区建设应注意的几个问题［J］. 淄博师专学报. 2012 (30)：62－65.

［6］赵东霞. 我国城市老年人宜居环境评价体系研究［J］. 理论界. 2013 (6)：68－70.

［7］黄建. 论农村老年宜居社区内容框架之构建［J］. 中共福建省委党校学报. 2015 (5)：94－99.

［8］朱秀杰. 人口老龄化与宜居社区建设研究［J］. 社会工作. 2012 (1)：32－34.

［9］俞梅芳. 浙江城镇化进程中老年宜居环境设计研究［J］. 前沿. 2013 (22)：106－107.

［10］戴俊骋等. 中国老年人宜居城市评价指标体系探讨［J］. 中国老年学. 2011 (31)：4009－4012.

［11］赵东霞，孙俊龄. 我国城市老年人宜居环境评价指标体系研究［J］. 环境保护与循环经济. 2013 (7)：52－55.

［12］于文彬等. 老年人宜居环境体系的系统设计与应用［J］. 河北省科学院学报. 2011 (3)：10－13.

［13］李珊，杨忠振. 城市老年宜居社区的内涵和评价体系研究［J］. 西北人口. 2012 (2)：17－21.

［14］朱勇，老龄化的趋势、挑战和老年宜居环境建设.

http：//www. cet. com. cn/ycpd/xwk/1015833. shtml.

[15] 浙江省“老年友好型城市”和“老年宜居社区”建设工作有序推进.2013年5月.

http：//www. mca. gov. cn/article/zwgk/dfxx/201305/20130500460104. shtml.

[16] 全国老龄办：多措并举优化老年“宜居环境”.

http：//news. xinhuanet. com/politics/2013 -07/03/c_ 116394145. htm.

作者简介：

杜鹏，男，法学博士，中国人民大学社会与人口学院教授、老年学研究所所长。兼任残疾人事业发展研究院副院长、民政部专家委员会委员、民政部养老服务业专家委员会副主任、中国老年学与老年医学学会副会长、北京市老年学学会会长。联合国国际老龄研究所董事、国际助老会（Help Age International）董事。国际老年学与老年医学学会亚大地区主席（2009—2013年）。主要研究领域：人口与发展、迁移与流动、人口老龄化与老龄问题。主要著作：《新世纪的中国人口——中国第五次人口普查资料分析》《中国流动人口问题研究》《中国人口老龄化过程研究》《人口老龄化过程中的中国老年人》（合著）、《社会老年学》（副主编）、《中国谁来养老》（主编）、《欧盟国家的老龄问题与老龄政策》《人口老龄化与老龄问题高级公务员读本》（主编）、《老年学课程教学大纲》（主编）、《人口老龄化：变化与挑战》（合著）、《21世纪老年学译丛》（主编）、《中国农村残疾人及其社会保障》（主编）。

王雪辉，女，中国人民大学社会与人口学院，博士研究生。研究方向：社会老年学和老龄政策。

弥合裂痕　应对挑战

——中国冠心病康复治疗的展望

胡大一

（北京大学人民医院　北京　100044）

目前有限的卫生资源都用于生物技术治疗患病后，急性事件的救治，疾病的复发，与疾病终、末期的诊疗，我国还没有形成对生活方式治疗的保险付费机制，以心肺肾三个脏器为代表的脏器预防和康复毫无医保支持，所以很难激发大家做这件事。

如何弥合裂痕，如何架起健康教育和行为改变的桥梁，将生活方式治疗纳入医疗服务项目和融入医务人员的临床实践？需要根本性的变革。医学目的需要颠覆，医学模式需要颠覆，医疗健康的体系和资源配置需要颠覆。

第一是医学目的需要颠覆。错误的医学目的必然导致医学知识和技术的误用。把医学发展的优先战略从“以治愈疾病为目的的高技术追求”转向“预防疾病和损伤，维持和促进健康”，只有以“预防疾病，促进健康”为首要目的的医学才是供得起、可持续的医学，才是公平和公正的医学。如果我们继续把重点都放在得病以后的急性事件处理等方面，国家投入越多，自己投入越多，浪费越大。无论是美国还是中国，这都是难以为继的，更谈不上可持续发展，也会导致医患关系紧张。

第二是医学模式的颠覆转变。首先是现代医学“颠覆创新”的根本出路是从单纯的生物医学模式转成社会—生物—心理的综合性补充模式。慢性非传染性疾病的发生发展和防治干预绝不单纯是生物因素，一定有社会、心理的因素。从发病的过程到治疗，如果不考虑社会、心理因素，单纯从生物因素介入肯定是不行的。单纯生物模式在征服传染病的过程中获得了巨大成就，因为传染疾病的病因单一，因果关系明确，有明确传播途径，所以防控途径首先研发针对病因的药物（抗菌、抗病毒……药物研发疫苗），如大家知道的种牛痘控制天花。然后是隔离，像 SARS。但是这种单纯的生物医学模式面对非传播源疾病的挑战时，显得非常无奈和苍白。我们知道非传染性疾病发病因素很多，不健康的社会环境和不健康的生活方式、行为产生多重危险因素，它不是明确的因果关系。所以它的防护途径主要是政府主导，各方参与，形成合力，推动健康促进，健康促进一定是政府来主导。其次是健康教育。健康教育不仅体现在我们办一些电视节目和健康大讲堂，更重要的是传播健康教育知识，通过知、信、行，使每个人、每个家庭转变生活方式、采取行动，将知识转为行为行动，最重要的是采取行动，没有转化的知识不是力量。

第三是医疗与保健体系必须颠覆。现在医疗机构的服务链是断裂的服务链，是碎片式的服务。国务院最近发表关于未来国家医疗体制的建设和发展的规划，多次讲到碎片式。所以我们现在要把健康教育和知识转化为行动，要大办健康管理、慢性病管理与预防的 4S 店围绕。心肺肾三个脏器，面对三个人群：高危人群、患病人群与老年群体。一定要主动管理生活方式、生活质量，疾病的预防和康复。2014 年北京疾控中心报告显示，男性期望寿命是 80.22 岁，女性是 84.50 岁，但是对我们刺激最大的是健康的期望寿命只有 60 岁左右，也就是说人们有 20 年处于带病状态，自己的痛苦，家庭的负担，社会的拖累。而发达国家这个差距只有 10 岁。所以我们不是单纯要追求活得长，更要追求活得有质量，要没病的防病，有病的康复。所以要缩短期望寿命和健康寿命间的差距，活得每一天都是健康的。现在心血管病的“堰塞湖”现象一方面用高成本溶栓，做支架介入，β 受体阻滞剂 ACEI 和螺内酯延长慢性心力衰竭患者的生命；另一方面人口老龄化增加的同时预防薄弱，越来越多年富力强的人进入带病生存队列，这个队列的增加是社会巨大的负担。通过颠覆模式，根本的改革、我们希望看到什么？医院占用资源最多的是心肌梗死、不稳定心绞痛、心力衰竭恶化加重和卒中。1999 年美国当时住院的这四大疾病一片飘红，东海岸尤其严重。但到了 2011 年，12 年以后，就变成了一片绿洲，红色只是星星点点。美国随着老龄化的发展，带病生存的人变多了，但他不是住在医院的病室，而是在家享受天伦之乐，在旅游或者恢复了工作。病依然在，但是由于预防和康复强化了，不用再反复住院，急性发作少了，这也控制了成本。所以现在应该从盲目地增加医院规模，病床数量转向医学的价值评估。另外，要重视医疗质量和医疗安全，也要强调预防和康复。要探索心肺肾为代表的脏器康复中国梦、中国路，大办慢性病管理的“4S”店，落实五个处方——药物、运动、营养、心理（含睡眠管理）和戒烟限酒，以患者为中心，以全新团队为基础的全面全程管理、服务、关爱模式，包括临床医生领导下的护士、运动治疗师、营养师、心理治疗师、临床药师、社工和志愿者、患者家庭成员。笔者觉得医学最重要的是服务，现在最好的设备都有，但恰恰是没有服务。所以这是个整合化一的平台，对CVD患者提供全面全程医疗管理、关爱和服务，最大限度减少心血管疾病对身心的不良影响，降低猝死、再梗死的危险，控制心脏症状，稳定和逆转动脉粥样硬化斑块，改善心理社会和职业状态，最重要的是通过对患者的个体化的教育与服务，提高患者自我管理能力，提高患者话语权和参与临床决策的能力，实现主动提供服务的团队和主动自我管理的患者之间的有效互动，这样健康才有希望。这是多学科相结合的综合康复解决方案。

下面讲全程。就像汽车要有4S店，一定要保养。但恰恰人总是大修，手术越做越大。心脏康复可降低总死亡率、心血管死亡率、反复住院，从而降低医疗费用，达到医患关系的和谐。目前最主要参加“4S店”的兴趣和动力来自民营资本投资、二级医疗机构的发展和转型、体检中心服务的拓展和转型，以及中西医结合医院，当然综合医院、大学附属医院也都可以做些学术探索。国务院提出关于促进健康服务业发展的若干意见，关于加快发展体育产业、促进体育消费的若干意见，特别提出要在中国大力提倡运动处方，不但有益于全民健身，而且是有效的防病和治疗的手段；第一次提出了《公共场所控制吸烟条例（送审稿）》。政府号召要促进康体结合，加强体育运动指导，推广“运动处方”，发挥体育锻炼在疾病防治以及健康促进等方面的积极作用。大力发展运动医学和康复医学，积极研发运动康复技术，鼓励社会资本开办康体、体质测定和运动康复等各类机构。五个处方不但走进了医院的预防康复中心，也走进邯郸社区和乡绕的“健康小屋”。

弥合裂痕，任重道远；方向明确，机制模式清晰；政策到位，合力形成；历经曲折，曙光初现。我们终于迎来了中国预防康复的春天。

作者简介：

胡大一，男，主任医师、教授、博士生导师，国际欧亚科学院院士。国家和北京市突出贡献专家、卫生部健康教育首席专家，国家重点学科心血管内科负责人，享受政府特殊津贴。现任北京大学人民医院心血管疾病研究所所长、介入中心主任，北京大学医学部心脏病学系主任，复旦大学公共卫生学院临床流行病学研究中心主任，北京和睦家医院心脏中心主任，世界心脏联盟理事长，美国心脏病学学院（ACC）国际理事，ACC心力衰竭与心脏移植委员会理事，国际心血管药物治疗学会候任主席，中国心脏联盟主席，中华医学会常务理事、中华预防医学会副会长、中华医学会心血管病学分会前任主任委员，中国医师协会常务理事和中国老年学学会第五届理事会副会长、中国老年学学会心脑血管病专业委员会主任委员，中国康复医学会心血管病专业委员会主任委员，中国控制吸烟协会副会长、常务理事和中国控制吸烟协会吸烟与疾病控制专业委员会主任委员，北京医学会常务理事、北京医学会心血管病学分会主任委员，北京医师协会副会长，北京市健康协会常务副会长，美国心脏病学院专科会员、欧洲心脏病学学会专科会员。

山东省医养结合养老模式发展现状及对策

山东省老龄办

摘　要：山东省“医养结合”养老模式的探索具有政策大力支持、发展势头良好、社会需求巨大、多种形式并存等特点，但也存在着顶层设计有缺失、扶持政策难落实、医疗服务层次低、医保问题难解决、监管保护不到位、人才队伍不健全等问题。由于“医养结合”养老模式使养老机构具备了只有在医院才能享有的医疗护理功能，而且实现了部分医疗机构闲置资源的再利用，更重要的是降低了社会化养老成本，为完善社会养老保障体系，推动养老服务业往深层次发展探索出了一条适合时代发展的健康养老新途径。因此，必须大力发展，一是加强规划引导，二是促进政策落实，三是整合盘活资源，四是注重产业推动，五是加强行业规范，六是抓好队伍建设。

关键词：山东省　医养结合　养老模式

2014 年底，山东省 60 岁以上老年人口已达 1800 万，占全省总人口的 18%，老年人口总量居全国第一。近年来，山东省社会养老事业得到长足发展，但养老服务供给数量和质量与群众日益增长的需求之间仍然存在较大差距，积极推进“医养结合”养老模式建设越发显得必要。

一、山东省“医养结合”养老模式的发展现状

目前，山东省 60 岁以上老年人中，失能、半失能老年人占老年总人口的比例接近 20%。“医养结合”，可以整合养老和医疗两方面的资源，破解了“养老机构看不了病，医疗机构养不了老”的难题，让老人安心、家人放心，非常符合社会需要。山东省很多地方对“医养结合”养老模式进行了探索。总体发展现状和主要特点如下。

（一）政策大力支持

近年来，山东省连续出台了省政府办公厅《关于加快发展养老服务业的意见》，省老龄办等11部门《关于大力发展居家养老服务的意见》，省财政厅、省老龄办《省级财政扶持城镇养老服务机构暂行办法》，省委、省政府《关于进一步加快老龄事业发展的意见》，省政府《关于加快社会养老服务体系建设的意见》等政策意见，从财政支持、优惠用地、减免税费、人才培训等方面扶持和推动养老服务业发展，为“医养结合”养老模式快速发展奠定了政策基础。特别是2014年省政府出台了《关于加快发展养老服务业的意见》，提出了一系列含金量高、针对性和操作性强、务实有效的创新政策，包括：各级政府每年安排一定数量的用地指标用于养老服务设施建设；民间资本举办的非营利性养老机构与政府举办的养老机构享有相同的土地使用政策；营利性与非营利性养老机构建设、运营，享受同等的财政补助政策；允许非营利性养老机构提取一定比例的年度盈余收益，用于奖励投资者；各级设立发展养老服务业专项资金，2014年起，地方留成的福利彩票公益金50%以上要用于支持养老服务业发展，各级政府每年列支资金总数超过10亿元；对养老机构、社区老年人日间照料中心、农村幸福院等项目给予一次性建设补助和开办（或运营）补助；对设置养老服务专业的院校、技校，每所给予100万元的一次性奖励；对取得技师、高级工职业资格的养老护理员和从事养老服务行业的本、专科毕业生，都有一次性奖励补贴，优秀从业人员可享受省政府津贴，等等。目前，全省发展养老服务业政策体系基本框架已形成，“医养结合”迎来了快速发展的新机遇。

（二）发展势头良好

截至2014年底，山东省住养型养老机构有3600多家，其中民办养老机构已经发展到了1000多家；年内新增各类养老床位8万张，总量达到52万张，每千名老年人拥有床位29.4张。全省有“医养结合”养老机构95家，总床位25460张，收住老年人18657人；在建的9家，新增床位2800多张。在各级政府优惠政策和措施的推动下，全省各地主动投资兴办“医养结合”养老机构的社会力量逐渐增多，“医养结合”养老模式的发展趋势越来越好。

（三）社会需求巨大

2014年底，山东省80岁以上高龄老年人220万，约占老年人总数的12%；空巢老年人700万，约占老年人总数的40%；失能、半失能老年人375万，约占老年人总数的20%。老年人口基数大、增长快的特点，以及日益严峻的高龄化、空巢化、失能化趋势，使山东省医疗、养老服务市场有着巨大的需求潜力和发展空间，许多地方的“医养结合”养老机构已经面临“一床难求”的局面，发展“医养结合”养老服务势在必行。

（四）多种形式并存

山东省“医养结合”养老机构从经营模式上，大致分为以下三种：一是医疗机构内设养老服务，指医疗机构利用自身优势内部设置养老病床，全省共38家；二是养老机构内设医疗服务，指有条件的老年公寓内部设置小型医院、门诊部、保健站等一级及以上医疗机构，全省共28家；三是医疗机构与养老机构合作运营，指养老机构与附近医疗机构签署服务合作协议，全省共31家。

二、山东省“医养结合”养老模式面临的主要问题

（一）顶层设计有缺失

一是缺乏统一的规划布局。“医养结合”养老机构在总体规划、区域布局等方面缺乏统一性指导，处于自由、散乱发展状态。二是缺乏统一的从业标准。没有完善的市场准入、退出机制和奖惩纠纷处理机制，没有统一的行业规范、服务标准。三是缺乏导向性的产业引导。没有形成具体可操作的产业政策，使得民办“医养结合”养老机构一直没有步入良性发展轨道。

（二）扶持政策难落实

各级出台的政策意见多属于指导性文件，原则性的要求多，操作性的措施少，加上政出多门、衔接不力、协调困难等原因，一些优惠政策在实际执行中难以落实，“医养结合”养老机构用地难、贷款难、融资难、运营难、用工难的问题长期得不到解决，严重制约了社会力量投资兴办的积极性。

（三）医疗服务层次低

山东省现有的“医养结合”养老机构中，属于养老机构内设医疗机构，或低层次医疗机构转型、内设养老机构类型的，由于条件差、收费低、缺少专业人才等原因，医疗水平普遍偏低；属于养老机构与医疗机构签订合作协议类型的，由于衔接协调机制不完善，大部分医疗业务流于表面，对养老机构医疗护理水平提升有限。

（四）医保问题难解决

据统计，山东省实现医保联网的“医养结合”养老机构51家，还有近一半的机构医疗费用没有纳入医保支付。申请城乡医保定点机构的门槛较高，很多“医养结

合”养老机构望尘莫及。护理费用无法进行医保结算，不仅大大增加了养老成本，也使“医养结合”失去了原本的意义。因此，“医养结合”养老机构不能纳入医保定点单位，成为养老机构发展“医养结合”的瓶颈。

（五）监管保护不到位

各级政府在对“医养结合”养老机构的监督和管理上存在缺失，对涉及“医养结合”养老机构的市场准入、机构管理、服务监督、职工待遇等缺乏具体规范，机构运营、纠纷调处、考核评估等机制不健全。“医养结合”养老机构普遍缺少强力全面的保险措施，抗风险能力差，“办得起机构，打不起官司”成为“医养结合”养老机构经营者的心头病。

（六）人才队伍不健全

山东省养老机构从业人员中，没有经过专业护理知识培训的占85.8%，初中及以下低学历的占45.8%，年龄超过40岁的占71.5%，从业人员的整体素质偏低，一线专业护理人员和养老服务管理人员普遍短缺，不仅影响了服务质量，也影响了机构的生存与发展。另外，养老护理员普遍存在劳动强度大、工资低、待遇差等问题，加上观念上的原因，社会地位不高，造成人才流失快、队伍不稳定、多数机构面临“招人难、留人更难”的困境，这已成为“医养结合”养老机构发展的掣肘因素。

三、发展“医养结合”养老模式的优势分析

“医养结合”养老模式不仅使养老机构具备了只有在医院才能享有的医疗护理功能，而且实现了部分医疗机构闲置资源的再利用，更重要的是降低了社会化养老成本，为完善社会养老保障体系、推动养老服务业往深层次发展探索出了一条适合时代发展的健康养老新途径。

（一）“医养结合”养老模式是积极应对人口老龄化挑战的现实需要

目前，山东省人口老龄化呈现以下几个特点：一是老年人口数量大幅增加。预计到2020年，全省60岁以上老年人口将增加到2200万，占全省总人口的比重上升至22%，年均增加近80万人，年递增率为4.5%。二是高龄化明显。全省80岁以上的高龄老年人2020年将达360万，高龄老年人占老年人口比重将由2014年的12.7%上升到16.40%。三是空巢化、失能化趋势日益加剧。预计2020年空巢老年人将超过1000万；失能、半失能老年人将超过500万。对失能、半失能老年人的长期照护成为困扰

千万家庭、影响养老事业发展的社会难题，发展“医养结合”养老模式，可以一举解决老有所养、老有所医问题，是积极应对人口老龄化的适时之策。

（二）“医养结合”养老模式是民办养老服务机构走出困境的成功实践

当前，山东省1000家民办养老服务机构普遍面临经营困窘、发展受限等问题，资金投入不足，设施条件差，缺乏专业服务人员，管理不够规范，抗风险能力弱。发展“医养结合”，有助于解决民办养老服务机构缺乏医疗支持的“硬伤”，更好地为入住老年人提供舒适养老和优质医疗服务，有效减少矛盾纠纷的发生，助其走出管理经营的困境，步入良性健康发展的轨道。

（三）“医养结合”养老模式是破解失能半失能老人养老难题的突破口

失能、半失能老年人的养老，更注重的是疾病治疗、康复护理和精神慰藉方面的保障。当前多数医疗机构和养老机构互相独立、自成系统，养老机构不便就医，医疗机构不能养老，无法满足失能、半失能老年人养老和医疗的双重需求。“医养结合”可以为老年人提供及时、便利、精准、全面的养老和医疗服务，有效缓解了当前失能、半失能老人的“养老难”和“看病难”问题。

（四）“医养结合”养老模式是推动养老服务业转型发展的必然趋势

山东省政府2014年出台的《关于加快发展养老服务业的意见》提出，要大力发展老年养护型、医护型养老机构，提升养老机构的医疗服务功能；各级卫生计生部门要支持有条件的养老单位设置医疗机构；医疗机构要积极支持养老服务业发展，在养老机构设立派驻机构和服务网点；符合医疗保险定点条件的医疗机构，优先纳入医疗保险定点范围；有条件的医疗机构，可利用医疗资源建设老年护理院、康复院。随着老年人医疗护理需求的增加，积极推进“医养结合”的发展新思路，为推动养老服务业转型升级、加快发展指明了方向。

（五）“医养结合”养老模式是有效融合和充分利用医疗资源的有益尝试

山东省各类医院的老年病科床位总体是紧缺的，很多老年病人将医院当成了“养老院”，“住进去出不来”，形成严重的“压床”现象，床位周转率低，浪费了医疗资源。推进“医养结合”，打通了养老机构与医疗机构资源割裂的状态，可以使优质的医疗资源发挥最大效益，既能实现老年慢性疾病治疗在大医院、康复护理在养老机构的构想，又有利于实现国家提出的急、慢性病分治，在一定程度上缓解了当前大医院“一床难求”的现状。

四、发展“医养结合”养老模式的对策建议

（一）加强规划引导

推进“医养结合”应当坚持政府主导，要根据不同地区老年人口结构、消费水平、文化传统、社会基础等因素，省、市、县逐级制定“医养结合”养老机构近期、中期、长期发展规划，合理布局，预控设施用地，制定建设标准，明确建筑规模、配套设施、选址要求等，避免重复建设、超前建设、机构郊区化等问题，引导“医养结合”养老机构全面、协调、可持续发展。

（二）促进政策落实

加大对“医养结合”的政策支持力度，明确“医养结合”养老机构可以享受各级关于土地供应、财政支持、税收优惠、政府购买、贷款融资、商业保险等优惠政策，鼓励引导社会资本兴办“医养结合”养老机构。对符合条件的“医养结合”养老机构，经民政、卫生计生部门审批，实施卫生准入、医保定点等扶持政策，并提高医保报销比例，扩大医保报销范围；改革民办养老机构的登记管理制度，解除“民非”紧箍，打通民办养老机构的融资血脉；健全养老服务补贴制度，对低收入老年人由政府分等级发放养老服务补贴；探索建立职工长期护理保险制度，在东营、潍坊、日照、聊城 4 个市开展试点，取得经验后在全省推广。

（三）整合盘活资源

鼓励部分社区医院或综合实力较弱的医院进行结构和功能调整，直接转型为老年康复院、老年护理院；鼓励大型和综合型医疗机构依托现有医疗资源，增设老年病专科，兴办养老服务机构；鼓励社会力量在有条件的养老机构中创办医疗机构，提供专业化医疗服务；鼓励区域内养老机构和医疗机构签订合作协议，走联合发展道路；鼓励医疗机构开设家庭健康巡诊业务，对居家老年人开展医疗护理服务。优秀“医养结合”养老机构可以通过购买、合资、租赁、合作联营、参股、特许经营等多种方式，参与外地发展落后养老机构的运营，实现规模化扩张、跨地区整合、连锁式经营。真正盘活闲置资源、整合低效资源、重组优质资源、统筹跨地区资源，实现医疗资源与养老资源的有效配置。

（四）注重产业推动

积极推动“医养结合”养老机构步入社会化、产业化轨道。一是针对不同层次的养老医疗需求，鼓励社会力量开办社区医疗养老服务中心、老年康复医疗中心、临终关怀中心等多样化的“医养结合”养老机构，满足不同层次的养老需求。二是尽快出

台政策，明确满足条件的社会力量可投资兴办营利性“医养结合”养老机构，经卫生计生、民政部门审核注册后，到工商行政管理部门办理经营许可登记。营利性“医养结合”养老机构同样享受各类政府扶持政策。三是鼓励各类养老机构有计划地引进具有先进养老服务管理经验和先进医疗技术及设备的专业机构经营；积极争取大型“医养结合”养老机构到本地区考察、落户。四是政府牵头建立养老服务业发展基金或养老服务机构创业投资基金，解决民办“医养结合”养老机构先期投入大、融资难的问题。

（五）加强行业规范

明确“医养结合”养老机构的监管部门和监管责任，省、市、县三级分别建立由卫生计生、民政、老龄和司法等部门参加的“医养结合”养老机构综合服务指导中心，加强对“医养结合”养老服务机构管理、经营、服务等方面的有效监管。尽快出台“医养结合”养老机构建设标准和服务规范等行业标准，健全完善准入制度，建立健全“医养结合”养老服务评估、评审制度，对“医养结合”养老机构的服务技能及服务质量、政府补助对象等方面开展评估、评审，实行分类、分级管理，给予差别化的扶持政策。积极推动养老服务机构综合责任险，有效降低“医养结合”养老机构运营风险。

（六）抓好队伍建设

按照国家养老护理员职业标准的要求，有计划、有步骤地组织“医养结合”养老机构从业人员进行职业道德、专业知识和岗位技能培训，特别是加强一线护理人员的培训；鼓励高校、中职学校开设老年护理和管理专业，培养人才；利用院校、各类社会培训机构和医疗机构、养老机构资源，定期对养老护理员进行在职培训、岗位等级培训，多渠道、多形式地培养“医养结合”养老服务人才；将养老护理员纳入公益性岗位范畴，为养老护理员设立政府特殊岗位补贴，通过提高待遇和地位，吸引更多专业人才从事养老护理工作。

医养护一体化服务及管理模式

——以台湾耕莘医院为例

邓世雄

一、背景

人口老龄化是发达国家和地区在21世纪必须面对的最重要问题之一，世界各国和地区老龄化速度骤增，面临的人口老龄化压力日渐增大。在台湾，根据统计资料显示，65岁及以上老年人口比值自1993年9月达到7%以上，正式迈入联合国世界卫生组织（WHO）所界定"高龄化社会"后，所占比值持续攀升，截至2014年底，台湾65岁以上老年人口已达281万，占总人口的12%，衡量人口老化程度之老化指数为85.7%（"内政部"，2015）。依据"行政院"经建会2012年人口推计资料，预估至2018年高龄人口将达到14%迈入高龄社会，而2025年将超过20%进入超高龄社会。台湾从"高龄化社会"进入高龄社会花了25年，但仅短短7年，即从高龄社会迈入超高龄社会，速度超越欧美与日本等先进国家，是日本的1.6倍、美国的2.8倍、英国的7.3倍。10年后的台湾，走在路上，每5人就有1人是超过65岁的老人，老年人口也会是幼年人口的1倍。而扶老比在10年内也会增加近1倍，平均每3个工作人口，就要扶养1个老人。

依据2014年"国民健康署"调查资料显示，近9成老人至少有一项慢性病，有5成患有3项以上，自觉健康状况不好的老人，比值更高达75.3%。2014年全台老人约有46万为失能者，占老人比例的16.5%（"卫生福利部"，2015），6%左右为失智者。"内政部"调查（2008）显示对于生活担心的问题，主要为"自己的健康问题""自己生病的照顾问题"以及"经济来源问题"等。

另外，生育率明显逐年降低，平均家户人口也降至2.81人，家庭组成单纯只有老人的比例增加，需关怀的独居老人约5万人。台湾因老龄化速度骤增、疾病、家庭结构与形态改变，以及家庭照顾功能弱化，造成照顾上的沉重负担，未来，老人照护服务势必将面临新一波更为严峻的挑战。

二、老人照护原则与国际趋势

老年人因老化与疾病引发了包括身体功能衰退、病痛残疾、孤单寂寞感觉、对于生命意义的怀疑以及对于死亡的恐惧等身心灵问题，健康老年应包含身体生理、社会心理以及精神灵性的健康，同时照顾者应以老人为本、以家庭为中心提供可近性、整合性与连续性的照顾服务。

现有的健康照护体系面对有多重健康问题的老人，除了第一线照护人员未能熟悉老人常见问题的诊断和处理，健康和医疗问题未必是当事人认为最迫切的问题，家庭与社会问题未解决，可能不易解决健康问题，故老人需要的照护服务应包含以下特性：

- 能解决老人身心灵的问题
- 能兼顾家属的问题
- 是一种需要专业团队的工作
- 是一种需要爱心的工作
- 重视照顾品质
- 更重视生活品质

长期照护的定义乃针对因疾病、伤害、老衰或其他原因导致身体活动功能或认知受损而慢性失能，导致日常生活无法独立自理而须依赖他人者，亦即所谓功能缺失（functional deficits）者，提供一系列包括医疗、生活照顾与社会支持的长时间、综合性及连续性之服务，以维持其日常生活活动，达到使其能维持最高独立性的目标，可称为是一个共识性的概念。

长期照护服务之目的除避免失能状况发生外，亦要协助个案维持最佳的功能性能力（Kane etal.，1998）。Callahan（1981）认为长期照护应至少达到以下目标之一：在现有之生理与心理之失能状况下，维持最大可能之独立功能；使复健病患足以持守个人最大或最高之功能；失能状态足以影响功能活动之独立性，应使环境之障碍减至最低；让临终病患能有尊严地死亡。Kane，Kane，& Ladd（1987）的定义，长期照护是对具有长期功能失能或困难的人的照顾，对他们提供一段时间的持续性协助，包括三大类服务：协助日常生活活动的服务；提供评估、诊断、处置等专业服务；提供辅助和环境改善之服务。

长期照护的基本精神在于提供“个别化”与“人性化”的照顾。为了积极迎向高龄化社会的挑战，联合国、世界卫生组织与各国对于老人照护服务规划依据的理念，陆续发展出“在地老化（aging in place）”，而 1991 年“联合国老人纲领”提出尊严、自主、关怀、参与、自我实践的老人照护原则，以及 1997 年的“成功老化”与 2002 年的“活跃老化”。另外，WHO 更提出整合性照护体系概念，强调健康照护应将相关服务整合在照护体系，服务包括公共卫生、医院、基层医疗、长期照护、社会福利机构、学校和非政府组织等，而这些理念亦成为当前国际间最主要的核心理念。

纵观世界各主要国家和地区的长期照护发展，虽然早期也是着重机构式设施的发展，但在 20 世纪 60 年代以后，却反向限制机构床位的设置，致力于居家支持服务的发展，希能支持身心功能障碍者在家中生活更长的时间。综合其主要转变原因有三：①老人在教育和经济水准的提升下，追求“在地老化”独立自主的生活目标；②科技的发展，强化居家安全照护的能力，使功能障碍者也可具有独居的能力；③老年人口更加老化，使长期照护需求无限增长，因而决策者希望利用回归社区与家庭的策略，减少机构式服务的使用，节约长期照护成本。在此趋势下，长期照护的对象应包括被照顾者、其家庭和主要照顾者，发展以居家、社区式为主，兼顾机构式的照护服务以及照顾者的支援服务，以系统化并设立渐进目标发展多元化以及高品质的长期照护服务，进而建立连续性、整合性的照护体系，并且结合医疗与照护的服务模式，才能真正满足民众需要。

三、台湾医养护一体化服务发展

台湾目前长期照护服务的项目乃以“全民健康保险”（以下简称健保）的居家照护为基础，包含居家医师评估与访视以及居家护理，辅以长期照顾十年计划增加居家生活照顾与社区照顾等项目的支撑，提供民众完整的医养护一体化服务。

台湾长期照护服务发展初期以健保给付的居家照护服务为主，其中又以居家护理为最早发展的项目，“卫生署”20 世纪 80 年代末开始投入长期照护试办计划，1987 年试办居家照护，1989 年公保试办居家照护给付，提供居家重度功能障碍病人之技术性护理服务。“卫生署”在 1991 年投入日间照护试办。1995 年开办“全民健康保险”，并于开办同时即将居家照护服务纳入给付范围；1998 年订颁“老人长期照护三年计划”方将居家照护列为重要发展方向，服务对象为无自我照顾能力之老人，强调通过增加家庭长期照顾技能及结合医疗卫生、社会资源，使其于家庭或社区当中能得到良好的照顾。

近年来，为建构完整长期照顾体系，保障身心功能障碍者能获得适切的服务，增进独立生活能力，提升生活品质，以维持尊严与自主，“行政院”陆续发展“加强推展居家服务实施方案”“照顾服务福利及产业发展方案”等，于2007年制订“台湾长期照顾十年计划——大温暖社会福利套案之旗舰计划”等，增加居家生活照顾与社区照顾等项目，并奠定督导制度、扩大服务对象、社政与卫政规划整合之照顾服务课程、扩增培训照护人力资源，加强发展居家与社区式服务，加强原健保未提供给付的居家照护项目，如超出原定额度之居家护理次数，增加居家复健、居家营养、居家药事等医疗照护项目，社区式服务项目包括社区关怀据点、失智老人瑞智学堂、失能失智者日间照顾中心、社区复健中心、喘息服务、家庭托顾、紧急救援以及交通服务等。

目前台湾健康照护体系依照健康、急性病患以及失能等各类型服务对象，以完善医养护一体化服务输送体系，在医疗保健方面，提供适切服务，包括老人健康检查、预防保健、健康促进、急性与慢性医疗、急性后期照护、长期照护、安宁疗护等；在生活照护方面，提供衣食住行协助、健康养生管理、转介及就医安排等；在失能、失智的长期照顾方面，提供居家、社区以及机构服务，各类型目的在于使老人在自己熟悉的环境中即可享有便利的健康照护服务，因应实现在地老化、生活品质提升之理念，提升照护品质，达到健康老化、成功老化的目标。

台湾长期照顾十年计划为建立与强化照顾管理机制，确保长期照顾服务资源分配之效率与效益，因此，于各县市设立长期照顾管理中心，通过个案管理机制，由照顾管理者需求评量、服务资格核定、个案照顾计划拟订、联结服务、监督服务品质以及复评等职责之执行，联结需要照顾者与其所需的服务体系及资源，整合卫政、社政照护服务资源并受理及联结、输送长期照顾服务之单一窗口，协助失能老人得到所需之持续性、多元化照顾服务，后续持续追踪服务状况，保障服务品质。

四、台湾耕莘医养护一体化照护模式

医院组织在提供个案周全性、连续性照护服务当中扮演极为重要的角色，以医院为服务中心，除必须建构完善医疗、护理与长期照护体系，并设立管理单位，建立各阶段服务之衔接、管理，提升服务品质。

20多年来，耕莘医院秉持“全人、全家、全程、全队”的四全理念，强调“整合性、可近性、连续性”，凸显“以人为本”与“以家为中心”之服务精神，实现

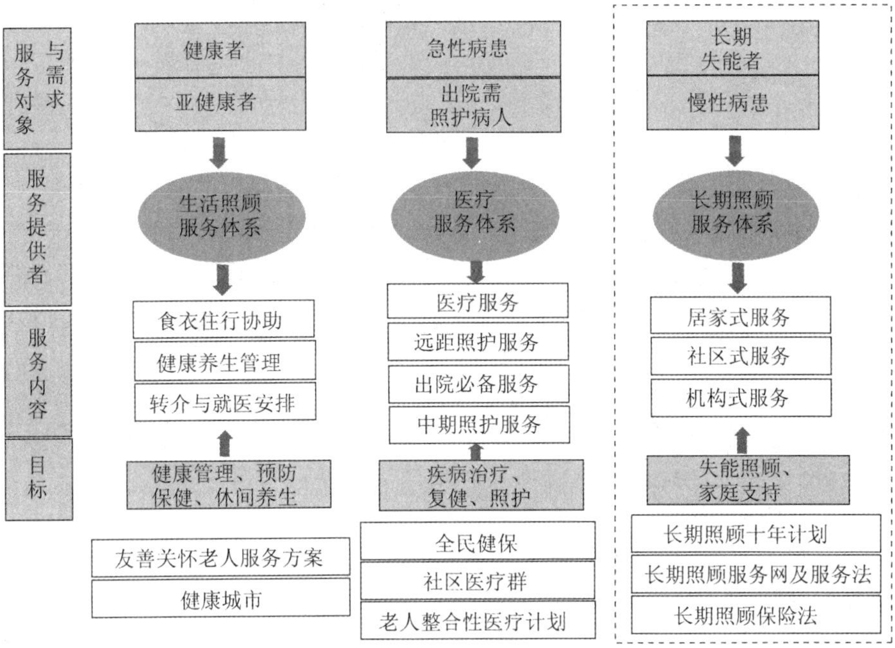

图1－2　台湾健康照护体系

资料来源：“社家署”。

健康老化、活力老化和成功老化的目标。针对健康自理者、急慢性病患、长期失能失智者，已建立以医院为中心，提供预防保健、健康促进、急性医疗、中期照顾、长期照顾及安宁疗护，实质整合、无缝接轨的健康照护体系，提供完善医养护一体化健康照护模式。

完善的服务发展，从健康促进、预防保健，提供急性医疗后期与长期照护服务转换之间衔接中期照护模式，乃至安宁疗护等皆应有良好的规划，以及完善社区式与机构式照护服务配套措施，建立完整的服务输送网络与管理制度等，缺一不可，而近年因应通信科技发展，透过远距健康照护服务，加强服务及时性与可近性，让老人可真正留在家里接受服务，实现在地老化理念。

发展服务的同时，医院除可取得政府信任，领先配合政策发展，提升医院公益形象，获得民众认同，还可扩大医院服务范畴与增加服务效能，建构独特有别于其他医院之医养护一体化、无缝接轨照护服务，提供多层级、多元性、可近性、整合性、连续性及完整性的服务，有效提升医院经营效能，进而达到永续经营的目的。

作者简介：本文作者现任台湾天主教长期照顾机构协会理事长、天主教失智老人社会福利基金会执行长、世界华人地区长期照护联会常务副会长兼秘书长、台湾“卫生福利部”老人福利推动小组委员、台北市长期照护委员，曾任天主教耕莘医院院长、耕莘医院永和分院院长。

理论探索1·老年宜居篇

理论先导是中国特色发展道路的重要特征。老年宜居环境建设，虽然可以有限度地借鉴西方国家的理念和经验，但无法取代对中国本土化的研究。在中国既有条件和环境下，老年宜居环境建设的概念、内涵、标准、路径、规划、价值、特色等，均是需要回答的问题。而且，在缺少足够本土化经验的情况下，从理论上探讨老年宜居环境建设方方面面的问题，是非常必要的。只有搞清楚这些问题，老年宜居环境建设才有方向，才能纲举而目张，才能有所为有所不为。

老年宜居环境的理论与指标体系探讨

牟新渝

(中国老龄科学研究中心　北京　100011)

摘　要：本文以老年宜居环境理论为基础，分析研究中国老龄事业发展“十二五”规划中的老年宜居环境体系。我国是正处于发展中的国家，老龄工作提出了自己的老年宜居环境体系发展策略，凸显出“创新老年型社会新思维，树立老年友好环境建设和家庭发展的新理念”。这一新体系的建立，力图把老年宜居环境体系，通过城市、社区和家庭三者之间的关系，城市的可持续发展，社区的安全与便捷，家庭的和睦相互联系，达到一种友好型城市、宜居社区、温馨家庭与老年人的包容、安全、健康、便利、舒适、和睦的环境，达到人人受益的“共建、共融、共享”的和谐满意状态，促进社会公平与公正的顺利实现，促进社会财富均衡配置，建设一个“不分年龄，人人共享”的老年人满意的“宜居环境家园”。

要让老年人“住得惯、活得好、有品质”，优先建设老年宜居社区作为“老年宜居环境体系”的切入点，充分发挥社区依托、辐射作用和养老服务的“蓄水池”功能，节约养老成本，使居家养老真正成为“有源之水，有本之木”。

2005年，世界卫生组织在巴西里约热内卢召开第18届老年病学和老年医学IAGG会议，发起了老年友好型城市项目，“生活过程中和老年人计划”，并制定《全球老年友好型城市建设指南》。

我国积极响应世界卫生组织的倡议，从2009年，全国老龄办决定在辽宁、上海、江苏、浙江、山东、黑龙江6个省（市）先期开展老年友好型城市创建试点工作，通过在不同地区开展试点，意图摸索出一套符合国情的创建老年友好型城市的模式。老年宜居环境的概念从老年友好型城市衍化而来。同时也是针对我国人口老龄化问题与历史文化传统下，以科学发展观为指导，统筹安排“十二五”期间老龄工作，提出老年宜居环境与城乡老年宜居环境体系建设的基本任务。

老年宜居环境建设，指城市在整体的规划、设计、建设和管理均衡各方利益过程中，注重人生命周期全过程发展需要，充分考虑和满足老年人生存、发展需求的同时，适应老年人生理与心理的特殊需求，将老年人宜居环境建设纳入城市总体规划，合理规划城市的硬环境和软环境（硬环境指形成宜老环境的具体设施、建设项目和评价标准；软环境指相关的法律、制度和机构的设立等），重视无障碍设施建设与改造，新建小区老年设施配套建设规划标准，营造安全、健康、便捷、舒适与和谐的老年人生活圈。

宜居环境理论与理念，包括：可持续发展理论，人居环境理论，生态城市理论，社会交换理论，无障碍设计的理念，其他理论的支持。老年宜居环境是从我国实际情况出发，创新老年宜居环境建设模式，是指党委和政府在抓创建工作同时，动员社会力量，参与老年宜居环境建设。着力推进老年宜居环境体系建设，应是一项社会系统工程来进行整体筹划和推进，必须要运用系统的观点、联系的观点和动态发展的观点。形成社会各方面的多方支持和配合的、多层次、有互动的创新模式。

关键词：老年　宜居环境　指标

老年宜居环境体系建设，它既是人口老龄化发展的产物，也是人类城市化进程的标志，又是社会进步、经济繁荣的象征。国家统计局2010年第六次全国人口普查主要数据公报显示，我国城乡老年人已经达到了1.78亿，占总人口的13.26%，比2000年第五次人口普查上升2.93个百分点，并且人口老龄化的程度正在逐步加快。同时，改革开放30多年经济社会的快速发展，极大地刺激了城市化的进程，城镇化水平已由1978年的17%左右提高到2014年的54%，已超过英格尔斯所提出的现代化指标体系之一（城市人口占总人口的比重为50%以上）。可以说，我国的人口老龄化与城市化进程都是“跑步进入”的，相互叠加的效应，既要解决城市化的人口就业压力，又要满足养老保障问题，影响着城市居住环境与老年人生活需求。

正常的城市化进程带给老年人的应是舒适、宜老、健康和保障的老年宜居环境。可我国“未富先老”的国情使得城市化的现实也大多事与愿违：城市化进程中出现的空气污染，雾霾严重，住宅拥挤，人群嘈杂，环境脏乱差的状况；20世纪五六十年代的老旧小区没有物业管理，小区垃圾成山、狗屎遍地，管道堵塞多半月，污水横流没人管；老年人与家庭成员因赡养、扶养、住房、财产、再婚等发生纠纷矛盾凸显等现状，与老年人社会保障不足、家庭养老功能弱化相互交织，以及不健全、不完善的社区管理与社会管理体系，与众多老年人亟待加强社会治理的状况相对立，社会养老化服务体系与老年人日益增长的养老服务需求相矛盾，使得老年人宜居环境（城市）出现了诸多的矛盾和问题。

城市环境污染加剧、生态系统退化等一系列的“城市病”，严重影响着老年人的身心健康。同时，随着我国人口老龄化的发展加深，老年群体中，空巢、高龄、失能、失智等老年人越来越多，由于老年人在生理上和心理上和其他群体都有着不同的需求，因此，在城市发展建设时应充分考虑老年人的特殊需要，本着安全性、便利性、舒适性等基本原则，自觉以“四个全面”中的全面依法治国要求，以法治思维，按照法治方式推进老年宜居建设，依靠相关的法律法规。2013 年 7 月 1 日新修订的《中华人民共和国老年人权益保障法》第六十一条规定：“各级人民政府在制定城乡规划时，应当根据人口老龄化发展趋势、老年人口分布和老年人的特点，统筹考虑适合老年人的公共基础设施、生活服务设施、医疗卫生设施和文化体育设施建设。”

第六十四条规定：“国家推动老年宜居社区建设，引导、支持老年宜居居住住宅的开发，推动和扶持老年人家庭无障碍设施的改造，为老年人创造无障碍居住环境。”摆脱“城市病”，从片面追求 GDP 经济速度增长，转向人们“宜居环境”的升级，不断营造“建设规范化，居住亲情化、环境友好化”的老龄社会。

一、引　言

老年宜居环境分为大环境、中环境、小环境三个层面的含义。对于老年友好型城市、宜居社区和温馨家庭来说，主要是指城市、社区环境、设施和居所的建设要充分考虑老年人的生理特点、生活习性和晚年养老需求，合理安排规划、设计、建设、管理与服务，突出“人性化”“以人为本”的理念，建立“不分年龄人人共享的社会”，真正满足不同层次、不同年龄老年人口养老与居住的不同需求，让他们分享经济发展、社会进步和宜居城市发展的文明成果，享受城市聚集效能与便捷的社区服务，使其生活水准与生活质量得以普遍提升，以此真正打造出具有中国特色老年宜居环境体系。

中国老龄事业发展“十二五”规划中强调，努力打造老年宜居环境体系。处于发展中的中国，老龄工作提出了自己的老年宜居环境体系发展策略，凸显出“创新老年型社会新思维，树立老年友好环境建设和家庭发展的新理念”。这一新体系的建立，从人口年龄结构的改变出发，适合老年型社会需求，着力完善社会基础设施结构的规划、设计和改造，“全面推进城乡建设涉老工程技术标准规范、无障碍设施改造和新建小区老龄设施配套建设规划标准”。力图把老年宜居环境体系，通过城市、社区和家庭三者之间的关系，城市的可持续发展、社区的安全与便捷、家庭的和睦相互联系，构建起科学发展观、老龄事业的工作目标（全国老龄办已着手起草《老年友好型城市建设指南》《老年宜居社区建设指南》《老年温馨家庭建设指南》）。达到一种友好城市、宜居社区、温馨家庭与老年人的包容、安全、健康、便利、舒适、和睦的环境，达到人人受益的“共建、共融、共享”的和谐满意状态，促进社会公平与公正的顺利实现，促进社会财富均衡配置，建设一个“不分年龄，人人共享”的老年人满意的“宜居环境家园”。

在今后相当长的一段时期内，家庭无疑将成为我国养老的主要方式和理想场所。有关养老方式与住宅需求调查数据显示，我国有90%—95%以上的老年人实际上选择居家养老。居家养老就意味着老年人要在自己居住的城市、生活的社区和自己家中进行养老。那么老年人家庭居住条件和家庭所处的周边环境以及社区服务设施就成了实现居家养老的关键所在。要让老年人“住得惯、活得好、有品质”，要把优先建设老年宜居社区作为“老年宜居环境体系”的切入点，充分发挥社区依托、辐射作用和养老服务的“蓄水池”功能，节约养老成本，使居家养老真正成为“有源之水，有本之木”。

二、宜居环境与老年宜居环境的概念及体系

（一）宜居环境与老年宜居环境的概念

在我国《辞海》中，“宜”者，合适、相称、适当也，“居”则有住、固定、停留、占有、积蓄、生存之意。“宜居”就是适合居住的意思。环境是指周围所存在的条件，总是相对于某一中心事物而言。而对于环境来说，包括自然物质环境、社会人文环境的属性，二者是人们赖以生存与发展的物质条件的综合体。本文探讨宜居环境的属性，社会人工环境——老年宜居环境。

在我国，宜居思想起源于周代（公元前1046—前256年），在《春秋繁露》中“天地人，万物之本也。天生之，地养之，人成之”的思想，形成天人合一、山水园林、道家思想、风水观的理念；在国外，宜居城市思想可以追溯到古希腊时代（公元前800—前146年），哲学家、教育家、科学家亚里士多德在宜居思想上强调“人们为了活着，聚集于城市；为了活得更好，而居留于城市”与“建设城市的最终目的在于使居民们在其中幸福地生活”，以及法国作家卢梭所言：“正是为了建造城市，所以才

有人类嘛!"①

然而，近现代以来，工业革命后，农村人口流入城市，有限的城市难于容纳居住人口，带来了一系列的居住环境问题和社会问题。霍华德 1898 年《明日的田园城市》一书标志着宜居城市观念的形成。1933 年《雅典宪章》规定城市的四大功能，即居住、游憩、工作和交通。第二次世界大战之后，道萨迪亚斯、世界卫生组织、联合国组织等提出了宜居城市与环境措施，1961 年世界卫生组织（WHO）提出了 4 个人类居住环境的基本理念，即安全、健康、便利、舒适。

随着人类居住环境的提出，专门研究宜居城市与环境的理论与理念也繁荣起来。从理论上讲，老年宜居环境总的内涵：其一是尊重老年人权；其二老年人有良好的社会管理；其三不分年龄的公平发展。老年宜居环境理论体系支撑主要有可持续发展理论、社会交换理论、人的需求层次理论、折中理论和无障碍设计的理念等。

2005 年，世界卫生组织在巴西里约热内卢召开第 18 届老年病学和老年医学 IAGG 会议上，发起了老年友好型城市项目，"生活过程中和老年人计划"，并制定《全球老年友好型城市建设指南》。

我国积极响应世界卫生组织的倡议，从 2009 年，全国老龄办决定在辽宁、上海、江苏、浙江、山东、黑龙江 6 个省（市）先期开展老年友好型城市创建试点工作，通过在不同地区开展试点，意图摸索出一套符合国情的创建老年友好型城市的模式②。老年宜居环境的概念从老年友好型城市衍化而来。同时也是针对我国人口老龄化问题与历史文化传统下，以科学发展观为指导，统筹安排"十二五"期间老龄工作，提出老年宜居环境与城乡老年宜居环境体系建设的基本任务。

老年宜居环境，指城市在整体的规划、设计、建设和管理均衡各方利益过程中，注重人生全过程中的需要，充分考虑和满足老年人生存、发展需求的同时，适应老年人生理与心理的特殊需求，将老年人宜居环境建设纳入城市总体规划，合理规划城市的硬环境和软环境（硬环境指形成宜老环境的具体设施、建设项目和评价标准；软环境指相关的法律、制度和机构的设立等），重视无障碍设施建设与改造，新建小区老年设施配套建设规划标准，营造安全、健康、便捷、舒适与和谐的老年人生活圈。

---

① ［法］卢梭：《论人与人之间不平等的起因和基础》（李平沤译），北京：商务印书馆，2010，171 页。

② 徐启华：《创建老年友好型城市应注意的几个问题》，载《上海老龄科学》，2010（1）。

（二）老年宜居环境体系

2011 年，国务院副总理回良玉在全国老龄工作委员会第 13 次全体会议上的讲话中强调，着力推进中国老龄事业“六个体系”（老龄战略对策、老龄服务、老年经济供养、老年健康支持、老年宜居环境、老龄工作）建设，其中在“着力打造老年宜居环境体系”中适时提出了“老年友好型城市、老年宜居社区、老年温馨家庭”的新理念。构建起适合老年人的“三位一体”的老年宜居环境体系。新理念的具体要求如下。

老年友好型城市，指城市的经济、社会、文化、环境协调持续发展，人居环境宜老，空气清新、环境优美、生态良好，且城市无障碍设施配套建设与改造，不断满足老年人物质与精神文化的需求。着眼于满足老年人多样化、多层次、多方面的需求，着眼于满足老年人特殊需求和精神文化需求，适宜老年人“健康、参与、保障”的有尊严生活，便捷的服务，舒适的居住城市，让改革发展成果更好地惠及老年人。

老年宜居社区，遵循“以人为本”的精神。通过建设功能齐全、服务内容丰富，满足家庭养老功能弱化，且不同年龄段的老年人需要，以及身体有残障的老人，更好地体现“无障碍”进社区，更好地体现维系和增进地缘聚集的需求，回归朴实的真情；同时，住宅社区建设要具有宜居特色，使生活在家中的老人尽享社区为老服务内容；同时保证邻里之间更加融洽和谐，营造“不是亲人、胜似亲人”的氛围，保证社区管理服务中具有更多的“亲情关怀”。

老年温馨家庭，体现在家庭和睦，家风文明，长幼有序，老伴恩爱体贴，代与代之间尊老爱幼，子女孝顺，子女与长辈相处融洽的家庭氛围。这种新理念符合家庭小型化趋势，尤其迎合了老年型社会中，城乡老年人居家养老，对人居和社区助老服务的需求。正如中国老龄事业发展“十二五”规划中强调：“努力建设老年温馨家庭，提高老年人居家养老的幸福指数。”

老年宜居环境体系是在城市、社区与家庭社会环境中，城市、社区与家庭各子系统与宜居环境建设有机结合，城市可持续协调发展规划，社区安全与便捷老年人生活圈，注重家庭养老服务功能项目建设，弘扬尊老敬老赡养老人的优良传统等。同时，体现社会对脆弱群体的老年人“独立、参与、照顾、自我实现、尊严”的承诺（《联合国老年人原则》）。老年宜居环境体系，在城市注重人生全过程中需要，满足老年人的生存与发展的需求，社区设施应更多倾向于老年人，为老年人组织丰富的文体活动，让老年人在家庭生活中享受孝亲敬老的家庭氛围。

三、宜居环境理论与理念

（一）可持续发展理论

可持续发展理论是1987年联合国下属国际环境和发展委员会的主持人——挪威首相布伦特兰夫人向联合国提交的一份名叫《我们的共同纲领》报告中提出来的。可持续发展是“既满足当代人的需要，又不危及后代人满足其需求的能力的发展”。这个定义有两个要点：发展是第一位的，不发展谈不上可持续，而且不发展也谈不上满足人的需求问题（包括老年人在内）。第二是发展是有限度的，特别是不能危及后代人的发展，同时，还得保证地球资源和环境满足后代人发展需求的条件。

从宜居城市的角度则更加注重以下问题：

- 促进社区的健康发展，增加就业率，完善社区的安全保障工作；
- 关注困难群体的生存和发展；
- 保护街区特色和魅力；
- 提高居住环境质量；
- 提升居民的归属感。

经济的可持续发展是宜居城市建设的基础，即在维持环境和社会的可持续发展的同时，如何进一步增强城市经济活力，包括城市经济的稳定发展、住宅供求平衡、与社会发展相适应的城市结构、提供充足的就业机会等。

环境的可持续发展注重以人为本，建设生态建筑、生态社区、生态城市，为居民创造更适宜的居住、生活和工作环境已成为现代城市发展的核心目标。宜居城市在环境方面的建设重点：第一，创造一个健康的生活环境；第二，建立一个可持续的城市环境；第三，建立一个可持续的社会环境。

（二）社会交换理论

社会交换理论是当代西方社会学理论流派之一，产生于20世纪50年代末期的美国。社会交换论的创始人是霍曼斯，主要代表人物还有P. M. 布劳和R. 埃默森。

霍曼斯认为，利己主义、趋利避害是人类行为的基本原则，由于每个人都想在交换中获得最大利益，结果使交换行为本身变成一种相对的得与失。对个人来说，投资的大小与利益的多少基本上是公平分布的。

社会交换理论认为，老年人所掌握的可供交换资源的多少决定了其在社会以及家庭中的地位，也决定了其是否受到年龄歧视①。

同时，社会交换理论也认为，家庭、非政府组织与政府组织之间是互动关系。家庭交换中，家庭成员之间相互依存、共融和互惠关系，强调代与代之间的互相照顾与利益回报。家庭对老年人的“照顾”是子女将父母的养育之恩，以经济、劳务或精神慰藉的形式回报给长辈。例如，中国传统的孝道，体现家庭交换，一种均衡互利和代际递进的延续。非政府组织在社区中，对老年人是平等、互惠，从事公益类的财力与道义的支持与帮助，为老年人提供必要的资金、技术、信息与务实指导。而政府是主导，规定家庭成员对老年人赡养与扶养的责任与义务，建立代际公正的社会制度，保障老年人的合法权益。

（三）无障碍设计的理念

1974 年联合国召开的“无障碍设计专家会议”，提出了“无障碍”的设计理念。基于对人类行为、意识与动作反应的细致研究，无障碍设计最大的要求就是尽最大的努力设计出最大限度被尽量多人使用的产品、建筑，主要体现在物理方面、制度方面、文化信息方面和意识方面。无障碍设计关注、重视残疾人和老年人为主体的脆弱群体的特殊需求，从硬件设施上为生理障碍者的自由通行和方便使用消除障碍，满足物质层面的需求，又强调从精神层面满足他们自尊、独立、参与、平等等心理需求②。我国 2012 年 8 月 1 日实施《无障碍环境建设条例》，“无障碍环境建设”理念由于政府的直接推动，已逐步成为被社会所关注的现代城市建设的概念，并在公共场合与公共服务设施上得以通行和施行。

（四）其他理论

1. 人的需求层次理论

人的需求问题。马斯洛（Abraham Maslow）是美国著名的社会心理学家、人格理论家和比较心理学家。马斯洛在 1943 年出版的《人类动机理论》一书中把人的需求分为生理需求、安全需求（自身、财产、健康与严格监管）、社交需求（友爱与归属）、尊重需求和自我实现需求五类，依次由较低层次到较高层次③。

2. 折中理论

折中论是由我国著名社会学家潘光旦提出的。折中论认为子女未成年时，由父母

---

① 姜向群：《年龄歧视与老年人虐待问题研究》，19 页，北京：中国人民大学出版社，2010。

② 文艳群、董继光：《无障碍设计原理在老年人鞋靴化设计中的应用》，载《西部皮革》，2009（22）。

③ 董晓峰、杨保军、刘理臣、高峰：《宜居城市评价与规划理论方法研究》，14 页，北京：中国建筑工业出版社，2010。

教养；父母衰老了由子女侍奉以尽享天年；两代人之间彼此的待遇是相互的，强调的是“反哺之孝，跪乳之恩”的“反哺式”孝道养老方式，其关系如图2－1所示。

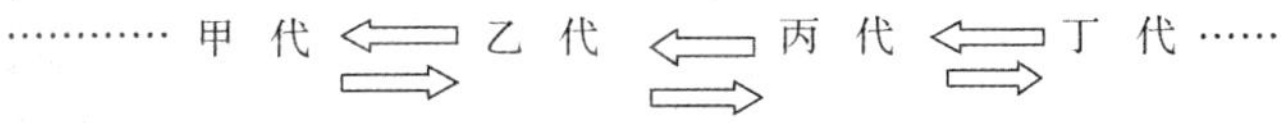

图2－1　折中理论的示意图

家庭的需求方面。曾子对家庭子女孝道的理解，《大戴礼记》中曾子曰：“孝有三：大孝尊亲，其次弗辱，其下能养。”

折中理论在我国婚姻法第十五条规定中得以运用和体现：“父母对子女有抚养教育的义务；子女对父母有赡养扶助的义务。”与此同时，我国老年人权益保障法也有相应的条文约定。这说明父母与子女之间的代际关系受到我国法律的规范和约束。在我国农村地区，家庭养老一直是农村老年人传统的家庭保障形式。

四、老年宜居环境创建的具体措施

老年型社会的条件下，我国国情在一个相对较短时间内完成由传统社会经济向现代社会经济结构的转型，同时，还面临着由计划经济体制向市场经济体制转变的独特艰巨任务，老年人问题会造成更为广泛、复杂和突出性的老龄问题，老年宜居环境同发达国家相比，还有一定的差距。

其一，老年宜居环境建设是政府推动的，同时也应看到老年宜居环境建设具有两重性。除了积极作用之外，还有着一定的负面隐患，这就是老年宜居环境避免搞“花架子”“政绩工程”或“重创建，轻实效”，等等。

其二，由于我国部分大城市人口过度聚集，存在着重视城市硬件建设，轻视城市主体的人，包括老年人在内的需要。

其三，“以人为本”与“人性化服务”的理念，在老年人群中广泛接受和认同。老年人空前重视现实生活尤其是自身的利益问题，维护自身权益。但是近期社会出现的歧视或虐待老人的现象，使老人心理出现一定程度的焦虑情绪，尤其是老年群体中的脆弱人群（高龄、失能老人、经济困难老人等）势必对一些有碍于“以人为本”理念的现实问题提出质疑或形成不满。

其四，由于养老观念与历史原因欠账，尤其是老年人经济供养与养老服务欠账，老年人反映强烈的收入低、看病难、出行难、家庭照护难、老人住宅改造难、信息资源与社会化服务整合难等问题，使老年宜居环境同老年人生活需求相差甚远，给老年人宜居环境带来了问题。

加强老年宜居环境体系的研究，倡导并开展“老年友好型城市”“老年宜居社区”与“老年温馨家庭”创建试点工作具体做法，是积极应对人口老龄化挑战的重要措施，又是建立老龄事业可操作指标体系的内容。着力打造老年宜居环境体系，提高老年人生活与生命质量，努力践行“健康老龄化”“积极老龄化”的理念，对于我国社会、经济转型期的社会管理和社会建设具有巨大的促进作用。

（一）建立老年宜居环境体系指标

认真地研究制定老年宜居环境评价指标体系（联合国老年友好型城市指标体系已出台），是改善老年人保障水平和生活环境、营造浓厚的尊老敬老氛围的重要保障。

老年宜居环境体系指标，应在城市、社区与家庭建设等方面，归纳到城市规划与建设、社区管理、家庭和睦的全过程中。深入了解老年人真正的需求是什么，老年宜居环境差距多少，安排好老年人的晚年生活和服务，尽力满足他们日常生活中的基本需求，尤其是空巢、高龄、失能老人，经济困难老人低保、特困、优抚（城市“三无”、农村五保）等特殊老年群体的基本需求是什么，对症下药，落实到每一个具体指标层中。

指标的制定要以老年宜居环境体系工作为根本出发点和落脚点。要用层次分析法（AHP）把定量与定性分析有机地结合起来，建立起老年宜居环境体系判定标准的框架，即确定出老年宜居环境评估体系，同时，把“老年宜居环境体系”的量化考核评估设计成一套合理化、具体化、数字化、动态化的考核评价指标，使评估不仅对城市、社区、家庭三个方面都有具体要求，而且指标做到了具体化、目标化、现实化。由此就可以真正构建起一个横向到边、纵向到底，与老年人生活特点紧密相关的评估指标体系。

老年宜居环境评价体系划分为四个层次：

第一层：目标层，1个因素，即老年宜居环境（A）；

第二层：准则层，3个因素，即老年友好型城市（B）、老年宜居社区（B）、老年温馨家庭（B）；

第三层：领域层，N个因素，（C）；

第四层：指标层，N个因素，具体指标N个，（D）。

（二）加强老年宜居环境的组织实施

建立老年宜居环境试点工作组织推进机制，是进一步理顺和健全老年宜居环境体系工作的需要。把老年宜居环境体系工作列入各级党委、政府工作议程。各地老龄委在推进老年宜居环境试点工作中，坚持在“党政主导、老龄委协调、部门尽责、社会参与、全民关怀”的大老龄工作方针指导下，不断创新工作机制，努力夯实组织体系。要充分争取党政领导的重视，把创建工作列入当地政府的重要议程和总体发展规划，充分发挥党政主导的作用。要充分调动和发挥老龄委各成员单位的力量，明确部门职责，形成强有力的当地政府推进机制。成立以市委、市政府、人大、政协的班子成员为主体的老年宜居环境领导小组，工作小组根据创建的要求对各成员单位的部门职责重新进行划分、界定和明确，进一步强化了各部门的责任意识，使之在创建中各司其职、各负其责，统筹规划和协调发展，有力地推动了创建工作的深入开展。

老龄委成员单位结合本部门职能，加大对老年宜居环境体系支持力度，扎实有效地开展创建工作，共同推进老年宜居环境体系工作发展。

各级老龄工作委员会办公室在老年宜居环境领导小组的组织下，对本地区老年宜居环境体系工作具有综合协调、参谋助手与督促检查职能，同时把协调机构的成员单位扩大到老龄委的非成员单位，如工会、妇联、共青团、规划、环保、绿化和市容等部门，并明确各部门的工作职责，明确分工，各司其职，落实部门，形成合力。让老年人宜居环境建设纳入城市总体规划，重视无障碍设施建设与改造，共建安全、健康、便利与舒适的老年人生活圈。

（三）动员社会力量参与老年宜居环境建设

从我国实际情况出发，动员社会力量，参与老年宜居环境建设。着力推进老年宜居环境体系建设，应作为一项社会系统工程来进行整体筹划和推进，必须要运用系统的观点、联系的观点和动态发展的观点。老年宜居环境创建工作不是老龄办的独角戏，而是在党政主导下，充分发挥各社会主体的自主性和能动性，探索各方面参与老年宜居环境建设创新模式。

创新老年宜居环境建设模式，是指党委和政府在抓创建工作的同时，还要建立负责主体机制，不但要策划，还要当好导演，甚至是搞好协调工作。形成社会各方面的多方支持和配合的、多层次、有互动的创新模式。

要引导和鼓励企业、社会组织、群众团体和民间资本的积极参与。同时应注意老年宜居环境试点推进，动员鼓励非政府组织在一切为老年人服务的前提下，促进政府与非政府的合作与建设。统筹规划，努力筹措各种社会资本投资创办老年宜居环境建设，激发社会力量的参与热情，真正实现社会事业社会办。

在老年宜居环境创建试点，做到“发展增量，盘活存量”的原则。老龄办加强本地区大中型企业的联系，激发企业参与老年宜居环境的热情。在公共宜居环境建设中，如公共绿地、公共休闲场所、无障碍建设与改造、社区配套的公共服务设施，应多方吸纳本地企业的广泛参与，化解宜居环境资金的困难。

同时，要发挥社会组织与非政府，以及老年人的力量，助人自助。通过志愿者、慈善组织、老年协会互助等形式，以及“一帮一”、邻里互助，结对帮扶等形式，为家庭养老提供助餐、助洁、助急、助浴、助行、助医等帮扶制度。同时，注重家庭养老道德教育、孝亲敬老的典型评比。大力营造社会共同关爱和支持尊老、敬老、养老氛围，形成全社会共同推进的强大合力。

（四）完善老年宜居环境体系考核评估机制

老年宜居环境建设要研究制定出一套完整的标准和规范体系。通过老年宜居环境体系考核与评估，加强老年宜居环境创建工作规范运行，促进老年宜居环境体系的管理、服务、监督环节，体现“满足老年人需求、服务老年人生活、维护老年人权益”的宗旨，为老年人创造良好的宜居环境和生活空间。

全国老龄办将加强检查、评估和督导老年宜居环境创建工作。各省份老龄办要发挥指导作用，在调查研究、试点申报和规划布局等方面发挥积极作用，及时发现问题，指导改进工作。强化在本地区老龄委统一协调下，各地老龄委成员单位负责的老年宜居环境体系的检查考核与评估机制，使老年宜居环境体系的发展常态化、规范化、标准化。

老年宜居环境体系强调的是“宜居”。“宜居”不“宜居”是老年人居住和生活后的感受。由各地老龄办牵头，建立政府考核评估机制。在判断“老年友好型城市”“老年宜居社区”“老年温馨家庭”是否适合老年宜居环境指标，按照满意度评价指标（1 = 很不满意，2 = 不满意，3 = 一般，4 = 满意，5 = 非常满意）标准进行指标测评，采用模糊综合评价法建立评估流程，得出老年宜居环境指标的综合评价值。依据指标层进行打分，由本地老年宜居环境领导工作小组来判定，得出客观与公平的数据，才能判定“老年宜居环境”是否“宜居”。

联合国提出的口号：“让我们携起手来，共建一个充满和平、和谐、希望、尊严、健康和幸福的家园。”建设适应老年人生活的宜居环境，让每一位生活在城市中的老年人晚年都能过上有保障、有尊严、有各种服务的舒心生活，是我们研究和建设老年宜居环境的最终追求。

参考文献

[1] 胡宝哲著．营造宜居城市理论与实践［M］．北京：中国建筑工业出版社，2009.

[2] 卢杨主编．中国宜居城市建设报告［M］．北京：中国时代经济出版社，2009.

[3] 董晓峰，杨保军，刘理臣，高峰著．宜居城市评价与规划理论方法研究［M］．北京：中国建筑工业出版社，2010.

[4] 程前昌，胡大胜．对宜居城市判定标准的分析［J］．太原师范学院学报，(自然科学版)，2007（3）．

[5] 董晓峰，杨保军．宜居城市研究进展［J］．地球科学进展，2008（3）．

[6] 曹文明，韩玉芳．城镇老年宜居环境研究初探［J］．东方论坛，2010（2）．

[7] 张帆，石文华．老年人宜居环境研究［J］．城市规划，2010（11）．

[8] 世界卫生组织．全球老年友好城市建设指南［M］．2015.

作者简介：

牟新渝，1960 年生，重庆人。中国老龄科学研究中心党办主任、副编审，硕士学历。主要研究领域：老年社会学、农村人口老龄化、家庭社会学、老年歧视等。参与多项部委级课题研究，撰写大量研究报告和学术论文，并多次荣获部委级、中国老年学学会证书。2013 年荣获全国老龄政策理论研究课题二等奖；2014 年荣获全国老龄办组织的 2014 年开展主题政策调研一等奖。

以人为本建设老年宜居城市

熊必俊

（中国社会科学院老年科学研究会　北京　100732）

摘　要：科学发展观的本质和核心是“以人为本”。“以人为本”的要义有二：一是“以人的全面发展为目标”，二是“让发展的成果惠及全体人民”。从科学发展观和以人为本来看，老年人应该是社会经济发展和全面建设小康社会的受益者。国家和社会应当为他们实现五个老有，安度晚年，建设不分年龄人人共享的宜居城市。建设老年宜居城市，首先要满足老年人的特殊需要，提高他们的生活和生命质量，提出以下五个方面的设想和建议：建立老年人宜居的养老机构；建设社区为居家养老服务的机构；建立老年人法律咨询中心，为维护老年人合法权益服务；建造老年住宅、优化居住环境；建设亲情社区，为实现积极老龄化服务。

关键词：以人为本　老年人　宜居城市

实现科学发展观和构建社会主义和谐社会是党的十六大以来提出的两项战略思想。科学发展观的本质和核心是“以人为本”。“以人为本”的要义有二：一是“以人的全面发展为目标”；二是“让发展的成果惠及全体人民”。老年人口是总体人口的组成部分，作为家庭的尊长和国家的资深公民，他们是在完成了人口再生产和物质再生产的任务后进入老年的。从科学发展观和以人为本来看，他们应该是社会经济发展和全面建设小康社会的受益者。

建设老年宜居城市，首先要满足老年人的特殊需要，提高生活和生命质量，实现五个老有，构建不分年龄人人共享的和谐社会，促进老龄化与社会经济协调发展。

人有自然属性和社会属性，满足老年人的需要和提高其生活质量，既要从人的自然属性出发去研究如何保障老有所养，提高健康水平，延缓衰老，实现长寿；又要从其社会属性出发去研究如何丰富老年人精神文化生活，满足他们继续发挥作用和实现自我价值的需要。

生存需要（物质生活需要）是人生的第一需要。马克思恩格斯在《德意志意识形态》中说："人们为了能够'创造历史'，必须能够生活。但是为了生活，首先就需要衣、食、住及其他东西。"在工业社会里，家庭的养老功能弱化，如果说建立"养老保险"和"医疗保险"制度是从经济上保障老年人的食住和医疗支出的话，那么老年人的生活照料和健康护理，就要依靠社会服务机构提供。

世界各国老年人的生活方式有两种，一种是在养老院里生活，叫作机构养老；另一种是在家里过晚年，叫作居家养老。前者的照料和护理由社会福利服务机构兴办的养老机构负责，养老机构为不能居家养老的老年人提供安度晚年之家。

一、建立养老机构的几条原则

一是养老机构的建设必须贯彻"以人为本"的精神，为入住的老年人提供规范性的服务，不能用办收容所、招待所和宾馆的模式来办养老机构。

二是养老机构要按照老年人对服务的不同需求划分不同的类型，提供一般生活服务的为养老院，提供医疗和护理服务的为护理院，医治已经没有希望而只能给予精神安慰的为临终关怀医院。不同类型的养老机构不能混在一起，如果是大型综合性的养老机构，也要分区隔离，互不干扰。

三是养老机构必须有相应面积的活动场地。对于入住养老院而生活能够自理的老年人，允许结伴请假外出。除特殊的老年人外，最好不搞封闭式管理。

四是养老机构的陪护人员必须通过有关的职业技术培训，持证上岗。

五是老年公寓是居家养老与公寓住所上门服务相结合的一种新的生活方式，老年公寓的居室必须是有卫生间和厨房的单元房和无障碍的公共设施。

二、社区助老服务事业是居家养老的基础

家庭始终是人们互相交往、终身依赖的基本形式，也是思想感情交流最充分的场所。社会老年学家戴维·L．德克尔在《老年社会学》论述"老年与家庭"的一章中强调："没有一个领域跟我们命运的关系比我们与家庭关系更密切，我们可以退休，却不能退离家庭。"《1982年维也纳老龄问题国际行动计划》强调："应设法使年长者能够尽量在其自己的家里和社区独立生活"。1991年《联合国老年人原则》强调："老年人应该得到家庭和社区根据每个社会的文化价值体系而给予的照顾、服务和保障。"

尽管发达国家都建有一定数量条件良好的养老机构，但是居家养老仍然是绝大多数老年人首选的生活方式。据不完全统计，各国选择居家养老的老年人占老年人总数的比例，英国为95.5%，美国为96.3%，瑞典为95.2%，日本为98.6%，菲律宾为83%，新加坡为94%，泰国为87%，越南为94%，印度尼西亚为84%，马来西亚为88%。

人老体衰多病，生活照料和保健护理是老年人必不可少的需求。我国空巢老人家庭越来越多，2015年5月13日国家卫计委发布了《中国家庭发展报告（2015年）》，报告称：2015年中国家庭平均3.35人，养老主要依靠自己和家庭。空巢老人占老年人总数的一半，独居老人占老年人总数的10%。

和国外一样，我国大多数老年人也愿意在家里过晚年，北京、天津和上海关于养老方式意愿的抽样调查表明，90%以上被调查的老年人选择居家养老。而高龄老年人，独立生活困难和多病的老年人，迫切需要社会养老服务机构和医疗护理机构满足其生活照料和保健护理的需求。

为了解决老年人居家养老的困难，国际组织和学术界极力主张大力发展社区助老服务事业，为居家养老的老年人提供全方位的服务。《1982年维也纳老龄问题国际行动计划》强调："社会福利服务应以社区为基础，向老年人提供预防性、补救性和发展方面的服务。"

1992年联合国通过的《老龄问题宣言》强调："大会注意到全世界发生史无前例的人口老化现象……确认老年人有权享有追求和获得最高程度的健康的权利；随着增龄有些（老年）人将需要全面的社区和家庭照料。"

1999年国际老年人年的活动重点包括："吁请各国在国家、区域和地方制定综合战略，以满足老年人在家庭、社区和社会公共机构内，得到照顾和供养的更多服务"。

三、发展老年文化教育产业，为满足老年人的精神文化需求服务

"老有所养、老有所医、老有所学、老有所为、老有所乐"是我国老龄工作争取实现的五目标。如果说"老有所养"和"老有所医"是老年人的物质生活需要的话，那么"老有所学"和"老有所乐"就属于精神文化生活需要。

（一）发展老年教育为老年人提高文化水平服务

老年人希望有学习的机会，但是老年大学和文化活动设施不足，远不能满足他们的需求。由此可见，在发展老年教育为老年人提供教学服务方面，是可以大有作为的。

（二）发展老年文娱体育活动，为提高老年人的健康水平服务

俗话说“健康是老年人最宝贵的财富”，老年人希望通过参加文娱体育活动来提高健康水平，延缓衰老，延长健康预期寿命。

（三）组织老年人参与发展，为实现“老有所为”和实现自我价值服务

国际社会十分重视老年人参与发展，认为老年人是老龄社会的重要资源。第二届世界老龄大会通过的《政治宣言》把“老年人与发展”放在采取行动的首位。强调“老年人的潜力是老龄社会发展的基础。社会依靠老年人的技能、经验和智慧，不但能首先改善他们自己的条件，而且还能积极参与全社会条件的改善”。由世界卫生组织提出为大会所采纳的“积极老龄化”，提倡老年人参与社会发展。

（四）建立老年人法律咨询中心，为维护老年人合法权益服务

老年人是社会上的脆弱群体，由于我国当前大部分老年人缺乏自我法律保护意识和诉讼知识，以致在自己的合法权益受到侵犯时束手无策。宣传《中华人民共和国老年人权益保障法》和开展老年人法律咨询服务与法律援助工作，可以帮助老年人提高法律知识水平，运用法律武器维护自己的合法权益。

四、建造老年住宅、优化居住环境

“住有所居”是老年人的基本人权。21 世纪是全球老龄化的世纪和人类的长寿时代，在人口老龄化发展导致家庭规模小型化和结构核心化的进程中，一方面老年人口特别是高龄老年人增多带来的生活照料需求增多，另一方面家庭照料资源减少，满足不了客观的需求。如何解决这一对矛盾，已引起全社会的关注。

1976 年《联合国人权公约》确认：“人人有权享受本人及家属所需要的适当生活程度，包括适当之衣食住及不断改善之生活环境。”

1981 年国际住宅和城市问题研究会提出的《住宅人权宣言》着重指出：“有良好环境适宜于人的住处，是所有居民的基本人权，批评有些政府不公平合理地对待土地和住宅的反社会的行为，衷心期望把供应关心人类尊严的良好住宅作为政府的责任。”

《1982 年维也纳老龄问题国际行动计划》把满足老年人的特殊需要，定义为人道主义方面的问题，在七项特殊需要中“住宅和环境”排第二位。计划强调：“在人类历史上的一切文化里，家庭是一个基本组织，要为老年成员及其近亲提供安居之所、照料和必要服务。”老年人精神状态好坏与住宅和环境直接相关，孤独、无聊往往是由于离群索居和无从参与家庭和社区生活造成的。老年人的充分的居住条件和令人愉快

的物质环境对于所有人的幸福生活都是必要的。适宜的住房条件对于老年人更为重要。老年住宅不仅仅是栖身之所，而且还有心理和社会的意义。国家的住宅政策要提供经费发展和改善老年住宅。

1992 年联合国对各国建造老年住宅的调查结果表明，88% 的发达国家已经制定了老年人的住房政策。其中有些国家通过立法予以保障，如《美国老年人法》规定“按照老年人的特殊需要和负担能力，设计和建造位置适当的老年住宅。”《日本长寿社会对策大纲》提出要确保终身安定宽裕的居住生活，力求提高居住水平，为选择住宅提供方便，创造安定而舒适的生活环境。

以人为本设计和建造老年住宅要以人的二重属性、三项基本需要和四项养老理念的发展为参考。

（一）人的二重属性

人口属性是人口所固有的性质和特点。人口具有自然和社会的二重属性，自然属性即生物本性，是人口存在与发展的基础。社会属性是人口作为社会生活的主体所具有的特性，是人口的基本属性。马克思认为：“人的本质并不是单个人所固有的抽象物。在其现实性上，它是一切社会关系的总和。”人口的社会属性包括在社会生活中所形成的政治关系、文化关系、民族关系、家庭关系、宗教关系以及由之而派生的其他关系。住宅也有自然属性和社会属性，如果说自然属性是满足人对住宅提供的生存需求和生活需求的话，那么住宅的社会属性则是满足人对住宅具有满足社会交往和社会生活中的其他社会需求。

（二）人的三项基本需要

马克思认为人的基本需要是人的本性。他指出，“在现实社会中，个人有许多需要”，“他们的需要即他们的本性”。马克思和恩格斯从经济学的角度提出人的需要理论。他们认为，人有三项基本需要，即生存需要、社会需要和发展需要。

1. 生存需要

马克思和恩格斯在他们合著的《德意志意识形态》中指出：“我们首先应当确定一切人类生存的第一个前提也就是一切历史的第一个前提，这个前提就是：人们为了能够‘创造历史’，必须能够生活。但是为了生活，首先就需要衣、食、住以及其他东西。”恩格斯称赞马克思发现了人类历史的发展规律，即历来为繁茂芜杂的意识形态所掩盖着的一个简单事实：人们首先必须能够解决吃、喝、住、穿，然后才能从事政治、科学、艺术、宗教活动，等等。

2. 社会需要

马克思认为人们在生存需要得到满足以后，就会产生新的需要，即社会需要。因为“生活水平不仅包括满足生理上的需要，而且包括满足由人们赖以生息教养的那些社会条件所产生的一定需要”。恩格斯把人们需要的生活资料划分为生存资料、享受资料和发展资料。他认为：“在人人都必须劳动的条件下，生存资料、享受资料、发展和表现一切体力和智力所需的资料，都将同等地、愈益充分地交归全体成员支配。”

3. 发展需要

马克思在论述工人劳动力价值时指出：“还需要花费一定数量的价值，使工人能够发展自己的劳动力和获得一定的技能。”恩格斯在《共产主义原理》一文中强调：“根据共产主义原则组织起来的社会，将使自己的成员能够全面地发挥他们各方面的才能”。马克思和恩格斯在《共产党宣言》中再次强调：共产主义社会“将是这样一个联合体，在那里，每一个人的自由发展是一切人的自由发展的条件”。马克思主义认为，人的生活资料（消费资料）可分为三类，即生存资料、享受资料和发展资料。住宅既是生存资料，又是享受资料，还是发展资料。

（三）四项养老理念的发展

随着社会经济的发展和对生活环境以及时尚理念的转变，老年人的养老理念也有了新的发展，具体表现在以下几个方面。

1. 养的概念从物质需求向精神需求扩展

21 世纪，随着物质条件的大为改善，养老的健康、精神和文化目标会成为老年人的主要需求。

2. 养的原则从过去的经验养生向科学养生发展

随着科学发展和科学养生知识的普及，老年人对科学更趋认同，从而会使养生原则发生根本的变化。

3. 养的目标从追求生活质量向追求生命质量扩展

如果说，长寿是最初和最古老的追求目标，健康是现代目标，那么尊严则是 21 世纪老龄社会追求的目标。

4. 养的意义从安身立命之本向情感心理依托转变

进入 21 世纪，养老将彻底摆脱功利色彩，走向情感联络和心理依托的殿堂。

《2002 年马德里老龄问题行动计划》进一步指出：老年住宅和环境关系着老年人的生活方便与安全以及心理和生理健康。要求充分考虑老年人的个人喜好和选择，帮助他们在社区内就地安度晚年。对于老年人来说，住宅已经不再是避风遮雨和繁衍后代的栖身之处，而是叶落归根、安享晚年的久居之宅了。如果说“安居乐业”是中青年人的追求的话，那么对老年人来说“安居乐养”就成为他们的首要需求了。

五、建设亲情社区，让老年人融入社会

如果说家庭是老年人最主要的生活领地的话，那么家庭所在的社区就是他们晚年生活的第二空间。老年生活是一种休闲生活，但是由于体力衰退，使他们的活动空间受到很大限制。中国《九大城市老年人状况抽样调查》表明，城市老年人一年中经常在住地附近活动的占 50.1%，在家门口活动的占 65.8%，经常在市内活动的占 15.6%，经常离开本市去外地活动的仅占 1.4%。这说明大多数老年人的日常活动是在居住社区之内。也就是说绝大多数老年人的日常生活空间除了家庭就是社区。

社区作为人们的社会活动和社会交往的空间，其地域的内涵和所具有的功能很早就受到学术界的重视。1881 年德国的社会学家费迪南多·滕尼斯对社区所下的定义是：“具有共同价值取向的同质人口组成的关系密切、出入相友、守望相助、疾病相扶、富有人情味的社会共同体。”人们还认为社区既是居民生活中相互联系和相互依赖的网状体，又是社会互动和社会关系的综合体。社区所具有的组织服务功能、人际感情交流功能和邻里互助功能是除家庭成员之外的能满足老年人特殊需求的重要保证。

从社会学的观点看，现代的社区助老服务是老年社会保障体系中不可缺少的组成部分——老年服务保障。人是一种有感情的社会动物，他需要和社会、和家人进行感情和信息的交流，这是人的一种本能，也是人的一种基本需要，因此他不能离开家庭，也不能离开社会。对于老年人来说，家庭和邻居就显得更为重要，因为只有通过家人的相互关怀与支持，和邻里亲友的交往和谈心，才能表露和交流情绪和感受，消融家庭和社会生活中的苦闷与烦恼，得到精神慰藉和寄托，形成愉快、和谐的心理状态，排除老年人常有的孤独和失落感。但是居家养老愿望的实现，在现实情况下，要借助于社区助老服务。国外把社区助老服务比喻为居家养老不可缺少的条件。发展社区服务的最终目的是发挥代与代之间和社区成员之间的互助互动，使老年人不离开家庭、不脱离社会，继续与家人和社区不同年龄组的成员生活在一个社会大家庭中。这完全符合 1999 年国际老人年“让人们重视老年人融入社会”的主旨。

主要参考文献

[1] 马克思恩格斯选集（1—4卷）. 北京：人民出版社，1972.

[2] 许涤新主编. 政治经济学辞典. 北京：人民出版社，1980.

[3] 宋原放主编. 简明社会科学词典. 北京：甘肃人民出版社，1982.

[4] 李剑华，范完九主编. 社会学简明辞典. 兰州：甘肃人民出版社，1984.

[5] 刘铮主编. 人口学辞典. 北京：人民出版社，1986.

[6] 张文范等. 二十一世纪上半叶中国老龄问题对策研究. 北京：华龄出版社，2000.

[7] 邬沧萍主编. 社会老年学. 北京：中国人民大学出版社，1999.

[8] 邬沧萍. 漫谈人口老化. 沈阳：辽宁人民出版社，1986.

[9] 戴维·L. 德克尔. 老年社会学. 天津：天津人民出版社，1986.

[10] 熊必俊. 人口老龄化与可持续发展. 北京：中国大百科全书出版社，2002.

[11] 熊必俊. 老龄经济学. 北京：中国社会出版社，2009.

作者简介：

熊必俊，男，中国社会科学院老年科学研究会会长、经济研究所研究员，中国老年学学会理事（第一任学术部副主任），中国老教授协会老年学与老年产业委员会主任，中国社会保险学会学术委员，中国社会保障论坛专家，中国老年保健协会专家，中国人口文化促进会学术委员，中国社工协会老年福利服务工作委员会顾问、社区工作委员会顾问，国际社会保障协会特约研究员，北京大学社会学系教授，北京大学老龄问题研究中心研究员，北京市老年学学会理事。

建设经济新常态下“金字塔”式老年宜居城镇

罗旭华　游　鹰

（广西玉林市委党校　广西　537000）

摘　要：本文从分析影响老年宜居城镇建设的自然环境、社会环境和人文环境等因素着手，提出经济新常态下金字塔式老年宜居城镇的构想，金字塔式老年宜居城镇在不同层次上可针对中国不同地区经济发展和文化传统情况发挥应有的作用。

关键词：经济新常态　金字塔　老年宜居

“暧暧远人村，依依墟里烟。”是陶渊明笔下描写的恬淡优美、充满温情的田园生活。我国正处于经济新常态时期，随着农村城镇化深入发展，“村”与“烟”似乎离人们越来越远，然而老龄化现象却越来越凸显。人口老龄化是指国家或地区总人口中因年轻人口数量减少、年长人口数量增加而导致的老年人口比例相应增长的动态现象。国际上通常把60岁以上的人口占总人口比例达到10%，或65岁以上人口占总人口的比重达7%作为国家或地区进入老龄化社会的标准。据统计，截至2013年末，广西常住人口4719万人，其中65岁及以上的老年人口所占比重达到9.66%，比2000年提高2.35个百分点，超过老龄化社会国际标准2.66个百分点。以15—64岁为劳动年龄段计算，1990—2013年广西总抚养比从63.4%下降至45.4%；但细分抚养比显示，老年抚养比却从8.9%上升至14.0%，人口抚养负担正在不断加重。据广西壮族自治区统计局最新数据显示：截至2013年末，广西常住人口中65岁及以上的老年人口占9.66%，老年抚养比达到14.0%，人口老龄化比重逐年增长，人口抚养负担正在不断加重。据预测，到21世纪30—40年代，广西老年人口占总人口数的比例仍将继续增加。城镇老龄化主要有以下特点：①老年人口数量大、比例高；②以低龄老人为主体；③空巢老人比例高；④老年人口普遍受教育程度偏低，这些特点给老年工作带来更复杂的新形势和新情况，也给建设老年宜居城镇带来挑战。如何构建老年宜居城镇，提高广大老年人生活和生命质量的总体水平，使亿万老年人在身心愉快的状况下安度晚年，已逐步引起全社会的重视。

一、和谐怡人的自然环境为建设老年宜居城镇提供首要条件

随着我国农村城镇化进程加快，信息化带来工业的快速发展，由此产生的环境污染问题越来越明显地影响人们的生活，由于长期以来环境污染治理存在滞后性，给城镇的自然环境带来或多或少的破坏。空气、水和土地是人类赖以生存的三大基础，而一直以来煤炭和钢铁工业废气和汽车尾气的恣意排放、重金属和化学工业的废物和废水未经处理流入江河湖泊，自然灾害、有毒化学物质、土壤污染等各种环境危险性因素都不同程度地对居住环境造成破坏。居住环境的健康性、安全性、可持续发展都影响着宜居城镇的建设。和谐怡人的自然环境由自然环境的绿地率、环境负荷度、农地保护面积、进入绿色空间的公平性等因素构成。保护和加强城镇自然环境的健康性，保护水资源、土壤和空气质量，防止和减轻自然灾害和气候变化等措施对老年宜居城镇建设起到重要作用。因此，保持良好自然环境，实现城镇发展与自然环境的和谐统一，是建设老年宜居城镇的首要条件。

二、舒适便利的经济社会是建设老年宜居城镇的物质基础

改革开放以来，由于区域发展不平衡带来人口分布的不平衡。一线、二线城市高速的经济发展，给人们带来更多商业和个人发展的机会，由此引发大量农村人口涌入城市，有限的城市居住容量带来了住房紧张、高物价、交通拥堵、就医难、安全隐患增加等一系列社会问题；反之在农村也出现了越来越多的空巢家庭和空巢老人，不利于农村的城镇化发展。而人们之所以乐意在城镇生活，很大程度上是因为那里能提供人们更多生活方式的选择，提供人们各种活动与行为的场所，提供不同人群偏好的社区。因此城市的安全性、生活的方便性、出行的便利性、居住的舒适性等构成了人们对居住的经济社会选择的各种因素。只有城镇经济的可持续平衡发展包括城市经济的稳定性、住宅供求平衡、与社会发展相适应的城市结构等营造舒适便利的经济社会，才能为建设老年宜居城镇提供物质基础。通过建设老年活动中心和老年社区活动场所等配套设置的完善，促进社区的健康发展、完善社区的安全保障工作，保护街区特色和多样性，提高居住环境质量，从而提升老年人归属感。

三、宽松包容的人文环境为建设老年宜居城镇提供精神家园

从可持续发展的角度看，宜居城镇应当尊重历史和传统，能够从文化角度链接城镇的过去和未来。宜居城镇能够有效保护历史的标记（遗址、建筑、规划），能够为后代保留更多人文资源。同时，社会容忍度、文化氛围等因素也影响人文环境的建设。社会容忍度高、较好的文化氛围或文化认同感、归属感较强的城镇或社区，老年人生活往往较满意，生活质量也会相对较高。比如中原地区的优越性使它成为中华文明的摇篮，而西部大开发则极大促进了西部城市宜居质量的提高；长三角、珠三角等大都市圈凭借沿海优势和历史优势，借助悠久的文化渊源、优越的环境条件和较高的规划管理水平成为国内主要的宜居区域。

四、构建金字塔式老年宜居城镇，营造老有所养的“桃花源”

WHO 提出了安全性（safety）、健康性（health）、便利性（convenience）、舒适性（amenity）的居住环境基本理念，成为老年宜居城镇的重要参考。所谓宜居，不仅强调人与自然的和谐发展，还要社会秩序良好、文化生活丰富。“宜居城镇”既包含优美、整洁、和谐的自然和生态环境，也包含安全、便利、舒适的社会和人文环境。因此，为了适应中国复杂多变的国情需要，我们提出构建金字塔式老年宜居城镇，营造适宜老年人生活的“桃花源”。

“金字塔”的组成如图 2－2 所示：

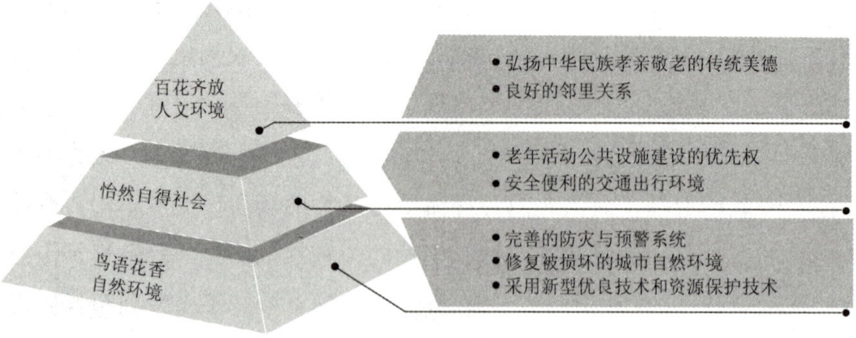

图 2－2　“金字塔”的组成图

塔底：鸟语花香，构成“绿色生态”、优美的老年宜居城镇的自然环境

“绿色生态”城镇即健康、紧凑、充满活力、节能，并与自然和谐共存的聚居地，体现了生命、美和公平。建设“绿色生态”、优美的城镇自然环境包括提高公众的局

部环境和生物区域意识；完善的防灾与预警系统；修复被损坏的城市自然环境；采用新型优良技术和资源保护技术；共同支持具有良好生态效益的经济活动；优先开发紧凑的、多种多样的、绿色安全的、令人愉快的和有活力的混合土地利用社区；循环经济的普及、支持城市绿化项目，等等。良好的绿化、新鲜洁净和充足的空气、清洁的水土、安静的生活环境和整洁的街区、自然山水景观，等等，使居民随时感受大自然的气息，体现人与自然融为一体、和谐共生。

塔身：配套健全，构成“怡然自得”的老年宜居城镇的社会环境

“怡然自得”的社会环境注重以人为本，城市配套包括居住、出行、日常生活、购物就医等方面，包括老年活动公共设施建设的优先权；健全的法制社会秩序；安全便利的交通出行环境；高效和合理利用有限的土地资源，创造更多、更适宜人们居住、生活和工作的空间；建设安全方便的、适于多种文化族群的社区；完善社区医院和医疗体系；建立养老一站式服务；加快养老服务体系建设，等等。

首先，以老年人为本，结合老年人需求导向实现老有所依，切实解决老年人最关心、最直接、最现实的养老问题。通过完善以居家为基础、社区为依托、机构为支撑的养老服务格局，帮助老年人就近在熟悉的社区环境中颐养天年，增强老年人对社区的认同感、归属感和幸福感。构建枢纽式的老年服务综合平台，逐步实现受理评估、综合服务、资源统筹、信息管理等功能，并以此为依托，形成以各类组织为主体、社区为纽带、满足老年人多种服务需求的社区养老服务网络。加强社区养老服务组织和队伍的能力建设，在社区形成一支数量充足、结构合理、人员稳定的养老服务队伍，以及一批具有专业服务水平、实行“员工制”管理的养老服务机构。以社区生活照护服务、医疗护理及健康服务、居家支持和邻里互助服务为主要内容，推动养老服务项目化发展、集约化运作，促进各种养老服务形态之间的衔接和融合，形成一批契合老年人需求、价格合理、方便可及、各具特色的社区居家养老服务措施。

其次，有效整合政府、社会、市场的优势，加强统筹管理和多元参与。充分调动社会力量提供养老服务的积极性，支持家庭和个人承担应尽责任，营造各类主体共同参与、各尽其能的良好氛围，打造“没有围墙的养老院”。营造平等参与、公平竞争的市场环境，激发各类主体的活力，鼓励和支持企业和社会组织提供各类养老服务和产品。积极引导企业进入社区，对接老年人需求。以老年人的生活照料、健康服务、体育健身、文化娱乐、金融服务、旅游等为内容，推进养老服务业市场发展，培育一批带动力强的龙头企业和大批富有创新活力的中小企业和社会组织，形成一批养老服

务的产业集群、知名品牌。支持企业积极开发安全有效的健康辅具、生活用品、食品药品、服装服饰等老年用品用具，引导商场、超市、批发市场设立老年用品专区专柜。鼓励参加老年福祉产品设计大赛和老年用品展示等活动。

最后，立足本地区经济社会发展实际，兼顾长远，因地制宜，创新实践。激发社区创新活力，努力形成工作特色，推动社区养老服务供给模式、服务制度、项目优化等实践创新。运用互联网、物联网等技术，建立有利于集成市场和社会资源、促进供需对接的科技助老信息平台。大力推进智能化养老服务方式，为老年人提供紧急援助、主动关爱、远程医疗等服务，构建“虚拟老年社区”。

塔尖：百花齐放，构成“兼容并蓄”的老年宜居城镇的人文环境

“兼容并蓄”的人文环境注重包容与传承，包括保护城镇人文景观；传承城镇历史和传统；保持鲜明的地方特色和风格；良好的邻里关系、包容的社区文化；营造社区尊老敬老的社会氛围；提倡科学、文明、健康的生活方式；强调公众利益与平衡发展、居民融合、公众参与，兼顾老年人参与城镇发展的积极性和贡献。

第一，广泛弘扬中华民族孝亲敬老的传统美德，树立健康老龄化、积极老龄化的理念，在社区进一步营造孝亲敬老、为老、助老的良好社会氛围。以老龄重点工作、重大节日、重要活动品牌为载体，弘扬主旋律，传播正能量，广泛开展内容丰富、形式多样的老龄宣传教育实践活动。围绕人口老龄化基本市情、尊老敬老传统美德开展宣传教育，积极宣传本市老龄工作的法规和政策、老龄工作的进展和成就，营造良好的社会法制环境和舆论引导氛围，增加全社会应对人口老龄化的信心和决心。组织走访慰问高龄、特困、空巢、失能、功勋老年人，为老年人办实事、做好事、献爱心。

第二，大力倡导老有所为。在广大老年人中倡导自尊、自爱、自立、自强的理念，引导他们以积极的态度和行动面对老年生活。重视和鼓励老年人社会参与和志愿奉献，发挥老年人的专长和作用，保障老年人参与经济、政治、文化和社会生活。为老年人参与社会发展创造条件，鼓励老年人对青少年和儿童进行社会主义、爱国主义、集体主义教育和艰苦奋斗等优良传统教育，传授文化和科技知识，依法参与科技开发和应用以及从事经营和生产活动，参加志愿服务、兴办社会公益事业，参与维护社会治安、协助调解民间纠纷，参与社区助老服务以及其他适合老年人参与的社会活动。

五、结束语

老年宜居城镇是经济持续繁荣、社会和谐稳定、文化丰富厚重、生活舒适便捷、

景观优美怡人、公共秩序井然有序的适宜老年人居住和生活的城镇，可以使得老有所养、老有所依，从而使得老年人可以健康快乐、颐养天年。正如《桃花源记》所记载："土地平旷，屋舍俨然，有良田美池桑竹之属。阡陌交通，鸡犬相闻。其中往来种作，男女衣着，悉如外人。黄发垂髫，并怡然自乐。"

参考文献

[1] 广西人口老龄化比重逐年增长养老需向多元化发展. http://www.gx.xinhuanet.com/newscenter/2015-01/06/c_1113900317.htm.

[2] 李业锦. 宜居城市的理论基础和评价研究进展 [J]. 地理科学进展, 2008, 27 (3): 101-109.

[3] 张文忠. 宜居城市的内涵及评价指标体系探讨 [J]. 城市规划学刊, 2007 (3): 30-34.

作者简介：

罗旭华，男，广西玉林市委党校，副教授。

游鹰，女，广西玉林市委党校，讲师。

创建温馨、宜居、和谐的亲情养老社区

陶立群

（中国老年学和老年医学学会　北京　100600）

摘　要： 为老年人创建温馨、宜居、和谐的亲情养老社区是建立和谐社会的基础。创建温馨、宜居、和谐的亲情养老社区既有别于一般的住宅社区，又区别于单一的老年住宅社区或老年公寓。它是一种以住宅为中心的维系和增进家庭亲情、邻里亲情、社区亲情、宜居为主，秉承“以人为本，崇尚自然、和谐，营造人居新环境”的理念，充分体现以人为本努力追求住宅人性化，充溢着人文关怀的新型社区和住宅。

关键词： 温馨　宜居　和谐　亲情养老社区

一、亲情养老社区环境的设计

老年人退休后大部分时间是生活在社区中，因此，在社区建设中如何体现对老年人的关怀，是我们老龄工作者义不容辞的责任。为老年人创建温馨、宜居、和谐的亲情养老社区是建立和谐社会的基础。

创建温馨、宜居、和谐的亲情养老社区的内涵应包括以下三个方面：一是住宅和社区环境设计与规划应有利于维系和增进家庭亲情；二是有利于维系和增进邻里亲情；三是体现住宅社区的物业管理、各项活动、设施和服务部门的亲情关怀。亲情养老社区的理念要继承和发扬中华民族“尊老爱幼”的传统文化内涵，满足老年人“居家养老”“含饴弄孙”的心愿。

创建温馨、宜居、和谐的亲情养老社区既有别于一般的住宅社区，又区别于单一的老年住宅社区或老年公寓。它是一种以住宅为中心的维系和增进家庭亲情、邻里亲情、社区亲情、宜居为主，秉承“以人为本，崇尚自然、和谐，营造人居新环境”的理念，充分体现以人为本努力追求住宅人性化，充溢着人文关怀的新型社区和住宅，亲情社区还应该是一个绿色的社区、温馨的家园、安全的港湾，是满足人类物质和精神生活需要的重要组成部分。

为营造“新街坊式”亲情社区，需要在空间布局、建筑设计、景观绿化、物业配套等方面紧紧围绕着满足“亲情”“宜居”社区来设计、规划，在“以人为本”的指导思想下，将社区中心景观绿地采用向心式布局，以建筑为背景、休闲广场为核心，围合以林木花卉、廊桥花架，游赏步道穿插其间，建有戏水乐园、广场、散步道、游乐园、活动场等各种不同功能的区域。也可以通过道路、绿化的布局与连通，将园区划分为若干个大的组团，每个组团拥有各自的集中绿地和个性空间，又能通过道路与水系相互连接，创造性地规划出具有浓郁亲情气息的生活园区。如果社区有条件也可以设计人工湖（或小型水景），在湖里布置喷水水景，周边栽上一排排的垂柳，这不仅对于调节社区内的气候大有益处，同时，在夏天还可以吸引社区内的儿童来到水边嬉戏，给老年人创造与儿童、青年人交往的机会。也可以将园区的活动分为公共活动空间、儿童活动场以及老人休闲活动场所三个活动空间，充分地体恤现代人居的情感需求，为不同需求的住户提供多种选择。使得整个园区既具幽深含蓄之美又有曲折流转之韵，营造出一个和谐可亲、充满诗情画意的人居环境。

社区住宅是人们回家休息、放松、与家人团聚、与朋友交往的地方，因此这一区域的环境应与办公区、商业区的环境有所区别。亲情宜居养老社区的环境追求的是人活动的舒适性，居民可轻松随意进入绿色空间。另外，在景观设计中考虑使环境具有可识别性及地域性，让居民在社区中有归属感。各景点视具体情况设置，或是林间嬉戏，或可远观，或可近玩，体现人与自然共融的良好生态环境。对老年住宅、环境的设计，必须从老年人的特殊需求、生理心理的变化、养老模式的变化等方面展开。老年人的特有的活动方式和行为方式，决定了他们对其居住、环境必然有着特殊的需求，如老人喜欢看儿童活动，喜欢被人关注，害怕孤独，而不愿意孤零零地坐在角落里，在一个空间中，老少三代尤其是隔代人之间能够产生许多观察和倾听他人的机会，儿童的天真烂漫会感染老年人。许多老人闲暇时间多自发地聚集在一处谈天闲聊，社区应该根据他们这些特点，更多地提供使老年人与其他人交往的设施，如凉亭、水景、社区内的绿化带、草坪等。

随着人们对居住环境质量要求的不断提升，环境绿化也不再是指简单地栽树种草，而是充分满足崇尚田园生活的现代人的审美情趣和爱好。另外在建筑上有着宜人的尺度，错落有致，层次分明，应和着生活的内在节奏。建筑立面以浅色、暖色为主，表达出温馨的家园氛围。要把空气、阳光、绿色引进每套住宅，亲情社区住宅的设计，不光套型设计着重调整各种功能空间关系，尺度和色彩符合老年人的情感和需求，而且还要通过设计师的创新，改善居住的舒适程度和绿色的环境。如，加大窗口可容纳更多的阳光、空气和绿色景观；增加保温隔热的手段或者防热隔膜玻璃等措施，把不必要的热量拒之室外；通过会呼吸的绿色建材，不断地改善和调节室内的温度和湿度，达到舒适程度；通过及时更换室内污浊空气，保持室内空气清新。进入21世纪以后，住宅建设发展的一个耀眼亮点，就是“生态住宅”“绿色住宅”“健康住宅”“宜居”理念的兴起。市场要更多地给老年人提供一个健康、舒适、温馨、美丽的生态家园。社区建设必须围绕“人”“老年人”这个主体，一切实施举措都要为人的健康、舒适、和谐着想，为丰富人们的物质生活和精神生活着想。好的社区景观设计，不仅是为了“人”能够更多地接触自然，与自然交流，而更重要的目的是增进人与社会的接触，即人与人的交往沟通。宜居就是养人、养眼、养心、养神、生活在生态社区里。社区容积率低也就意味着社区的品质与良好的居住氛围。以山为本，以水为本，以植物为本，要充分利用社区内的空气、阳光、水分，对此，在景观设置和“宜人尺度”上要予以充分考虑。

亲情宜居养老社区的建设应该是“开发一个社区，建设一个公园，建一个老年人的乐园”，为社区全体居民创造和谐、整洁、文明、安全、生活方便的居住环境。

二、亲情养老宜居社区人文环境的创建

亲情养老宜居社区强调的是社会与自然和谐共生，强调的是城市与人的和谐共存，主要表现为两大类：一是人文环境，二是自然环境。生态社区是一个宜居社区和宜居城市最基本的条件。

老年人退休后，基本是以社区和住宅附近为活动半径，因而一方面要为老年人提供足够数量和较好质量的住宅，保证老年人晚年生活的安全、舒适、安乐，另一方面更要创造良好的社区环境和人际关系，充分发挥社区文化娱乐团体和老年人自己的组织作用，开展各种形式的文化娱乐活动，使老年人愉快地度过幸福的晚年生活，创造条件使老年人融于社会对老年人来说显得格外重要，对使他们永远保持活力、充实的生活，提高晚年的生活质量至关重要。

随着城市的现代化，城市高楼大厦的日益增多，人们相互之间变得越来越陌生，加强联系、相互关照、老年人参与社会活动、减少寂寞感，已经成为现在城里人尤其

是老年人的一种渴望。同样健康的问题也是老年人最关心的问题，和人交往的需求也是老年人最大的心理需求之一。社区离退休人员人才济济，发挥他们的作用，参与社区管理建设同样也是老年人的需求。

老年人退出职业生活后，生活结构发生了很大的变化，即工作时间大大缩短，而闲暇时间显著延长，随着闲暇时间的增加，就要求对其进行合理的安排，以满足老年人充实生活和提高晚年生活质量的要求。为了合理消费余暇时间，就要为他们在社区中提供必要的空间环境。如，为了满足老年人从事兴趣爱好的需要，就要在居室或社区中建有可以进行此类活动的场所；为了满足老年人进行体育锻炼的需要，就要在住宅附近建有进行锻炼的场所；为了满足老年人参与文化娱乐活动的需求，就要在居住区附近建有文化娱乐设施。这些都是老年人因为生活时空结构发生变化而产生的对居住环境的特殊要求。

社区建立“老人谈心室”——空巢家庭或独居的老人有了烦心事，找不到知心人倾诉、宣泄，会带来心情不悦甚至心理障碍。创办“老人谈心室”开展爱心助老特色服务，对老人进行零距离的心理疏导，解决他们的思想问题和生活中的实际问题。谈心室体现老龄化社会新的服务理念，充满着平和宽松的环境氛围。

建立社区“爱心卡”，经常对社区独居老人、困难老人开展扶助服务；建立爱心餐桌；设立心理咨询员、健康辅导员，指导老人有关心理、健康和养生方面的知识和常识的了解。

社区卫生部门应该拟定措施，定期上门为老人体检，对长期老年病人上门问诊、送药到门，这种为老人的服务应该是低价优惠的。

组织社区成员活动，社区成员的凝聚力增强了，社区成员依托社区、服务社区、建设社区的意识也在增强。社区文化是丰富居民生活，提高生活质量的重要形式。对于社区居民来说，建立和谐、幸福、美满的家庭、邻里关系，追求现代文明，是科学的生活方式的重要措施。

以社区中的老年服务设施为中心，经常邀请设施周围的老年人来设施中与老人一起活动，加强交流。组织青少年、志愿者到老年服务设施中和老人家庭中为老人服务，充分发挥老年服务设施的辐射作用。

广大老年人居住在家庭，生活在社区，加快发展社区老年福利事业，尽早建设一大批立足社区、面向老人，小型分散、方便实用、星罗棋布、形成网络的老年福利服务设施和活动场所，建立健全社区老年福利服务体系，充分依靠区、县政府的组织领导，广泛动员社会参与，大力挖掘社区资源，建立和完善社区老年福利服务网络，为居家养老提供支持，为社区照料提供载体，为老年人活动提供场所，让更多的社区居民能得到社区管理服务机构的亲情关怀。

社区老年人服务设施应当从满足社区老年人的急需入手，逐步拓展项目，扩大服务内容。社区居委会的站、点和街道的中心要相辅相成，互成网络，服务内容要逐步覆盖住养、入户服务、紧急援助、日间照料、保健康复、文体娱乐等多种项目。入户服务的内容要逐步覆盖家务整理、生活照料、送餐服务、陪护服务等亲情服务方面，并通过入户服务，为老年人建立服务档案，为有需求的老年人提供方便快捷的服务。

和谐社会的建立，家庭的亲和是第一位的，而社区的活动，共同的爱好是亲情的黏合剂。家庭小社会，社会大家庭。无论是在社区里的机关、在学校、在公司、在社区同事之间、邻里之间，共同的活动、爱好也可以成为人际关系的黏合剂。构建和谐社会有三个层面：一是人与人之间的和谐；二是人与自然之间的和谐；三是精神文明与物质文明之间的和谐。这三方面缺一不可。社区住宅和环境是这两个层面的结合点和载体。随着城市高楼大厦的日益增多，人们互相间变得越来越陌生。加强联系，相互关照，已经成为现在城市人的一种渴望。建立新型的邻里关系，扩展相居一地缘分，作为社区文化建设的重中之重，大力实施“聚心工程”，社区成立业余艺术团、乒乓球队、活动室、图书阅览室、舞厅、书画室、音乐室、多功能厅、医务所、会客室、手工艺室、门球场、健身房、棋类活动室、球类活动室、游泳室、功能恢复室、餐厅、咖啡间、小卖店、理发室等。老人们生活在社区的集体中，每天生活十分有规律，在指导教师的帮助下，参加各种活动，老年门球队、腰鼓队、武术队、老年大学、合唱团等业余组织以及如编织、写作、绘画、插花、下棋、学歌舞，做木工、泥工和其他传统手工艺。门类齐全的老年群众组织，丰富多彩的社区活动为人们加强联系，增进亲情、友谊创造了条件。在经常开展活动的基础上，社区还要经常坚持组织“社区居民文化节”“社区居民卡拉 OK 大赛”“社区体育运动会”“社区一家亲家庭才艺比赛活动”以及社区居民自己的声乐、器乐、舞蹈、戏剧、杂技、魔术、合唱、摄影、书法比赛、工艺比赛、拔河比赛等群众性的社区活动，丰富老年人的文化娱乐，增进社区居民的亲情。

更重要的是在社区内，创造一个老年人自助、自立、自娱、自我服务的环境。变被动养老为主动养老。不光依靠设施养老，还要在精神上得到慰藉，思想上得到满足，充分体会到社区亲情、邻里亲情、家庭亲情，鼓励他们继续积极参与社会活动，服务于社会。

参考文献

[1] 中华人民共和国人类住区发展报告，建设部，2000.

[2] 1998 年卫生部第二次国家卫生服务调查分析报告，卫生出版社.

[3] 中国老龄科学研究中心，城镇职工养老保障调查，1998 年国家“九五”课题调查数据资料.

[4] 中国对外翻译出版公司翻译，老龄问题世界大会文献：维也纳老龄问题国际行动计划，1982.

[5] 马航，黄为隽. 关于我国进入老龄化社会安居环境的构筑. 天津大学学报，2001（1）.

[6] 李春阳. 城市老龄化及城市环境设计思路的探讨. 河南科学，2001（1）.

[7] 老龄问题国际行动计划，1982 年联合国老龄问题世界大会行动计划.

[8] 陶立群的论文发表在《人口与经济》2004 年第 2 期.

作者简介：

陶立群，男，黑龙江省齐齐哈尔市人。现任中国老年学和老年医学学会长寿工作部主任，研究员。毕业于北京大学哲学系。1980—1982 年在劳动部工作，1983—1989 年在中国老龄问题全国委员会工作，中国老龄科学研究中心老龄社会保障与产业研究室主任、研究员。我国最早从事老龄问题研究的学者之一，主要研究方向为老年社会保障、农村家庭养老问题、城市贫困老人问题、社区服务、老年婚姻、无障碍环境等。多次主持或参与联合国、部委级科研项目。

城市规划与老年宜居环境

蒋朝晖　魏　维　魏　钢

（中国城市规划设计研究院　北京　100044）

摘　要：老年宜居环境是我国老龄化社会所面临的重要民生课题，其影响因素很多，城市规划是其中的一个重要方面。本文针对我国老龄化社会的特点、基本养老国策的影响、老年人生活环境需求特点等方面，从城市格局、服务设施、交通组织和公共空间四个方面分析总结了城市规划如何影响及提升老年宜居环境。

关键词：老年　宜居环境　适老　城市规划

一、背景

（一）我国老龄化社会的特点

我国老龄化社会的状况可以概括为两大特点：快速老龄化和未富先老。

如果把历年65岁以上老龄人口的比重作一个国际比较，可以发现，从20世纪70年代开始，随着计划生育政策的推行，少年儿童人口的比重迅速降低，与此同时，我国老龄化的速度也开始快过其他发展中国家的平均水平，老龄化的程度也高于其他发展中国家的平均水平。而随着劳动年龄人口停止增长，从2015年开始，老龄化进程进一步加快，将赶超发达国家平均水平。这种快速老龄化对老年宜居环境带来的挑战在于，这个巨大体量的国家其政策、社会安排如何跟上这种快速变化，比如城市建成地区空间有限，而快速出现的大量养老服务需求如何找到空间来承载。

另外，一般社会人口老龄化程度与人均收入水平直接相关，发展中国家的人口金字塔会是一个典型的金字塔，即随着年龄提高，人数也在减少，儿童、青壮年基数最大；与此相反，发达国家的人口金字塔接近于倒金字塔，就是人口基数大的是老年人口。但中国的情况打破了这种规律，作为发展中国家的中国渐渐显露出发达国家的人口结构特征，这就是典型的未富先老。这样的特点使我们不能完全照搬发达国家的养老经验，我们的养老服务体系要适应还不富裕的主流老年人口，高端化、个案化的经验并无推广价值。

（二）我国基本养老国策对老年宜居环境的影响

基于我国快速老龄化和未富先老的社会特点以及居民传统生活习惯，我国的《社会养老服务体系建设“十二五”规划》提出“建立以居家为基础、社区为依托、机构为支撑的社会养老服务体系”，形成“9073”的养老格局，即 90% 的老年人通过自我照料和社会化服务实现居家养老，7% 的老年人通过社区组织提供的各种专业化服务实现社区照料养老，3% 的老年人通过入住养老机构实现集中养老。

“9073”的基本养老国策对老年宜居环境提出了两大要求，第一，90% 的老年人口居家养老意味着，适老化的策略、布局、设计、建造等需要面向整个建成地区的生活区，而不是仅仅针对老年人社区，因为大部分老年人不是生活在专为老年人建造的老年社区里，而是生活在一直居住的普通社区的“家”里。比如，很多地方在普通社区里加装电梯、无障碍坡道等适老化设施就是对老年宜居环境的提升。《城市居住区规划设计规范》即将修订，其中很重要的修订方面就是强化居住区的适老性，将“适老化”作为“标配”体现在所有的居住区当中。第二，7% 的老年人社区养老和 3% 的老年人机构养老意味着需要补充和完善大量的老年人服务设施，这些设施包括老年服务中心、老年人日间照料中心（托老所）、老年人护理院、养老院、老年学校、老年活动中心等，这些设施的配建从前缺少完善的标准，造成设施的缺漏或不足，这些硬件设施需要得到保障，当然，管理、经营、服务等养老的软件内容也同样重要。

（三）老年人生活环境需求特点

老年人由于在生理和心理方面的变化导致行为呈现某些特点，那么生活环境应当适应这些变化和特点，才能做到老年宜居。

老年人生理变化主要表现为运动系统退化、感觉机能退化、神经系统退化和免疫机能退化四个方面，只是不同年龄段的老年人退化程度不同。运动系统退化包括体能、身体协调性的退化，这就要求日常生活环境中需求服务距离适宜，坐靠等休憩设施安排得当，坡道、扶手等无障碍措施设置到位。感觉机能退化包括视觉衰退、听力衰退、触觉味觉嗅觉衰退等，这就对环境产生了特殊的需求，比如老年人视觉衰退就需要增加夜间照明、增大标识牌的图案文字，从而帮助老年人在居住环境中获得更加舒适的视觉感受。神经系统退化包括记忆力减退和认知力减退，比如认知能力下降就要求环境易于识别，避免复杂和曲折的路径设计，以免环境中的不当设置对老年人产生潜在的伤害。免疫机能退化包括对温度变化敏感和易于生病，这就要求老年人的生活环境要保证日照、自然通风，从而为老年人营造健康舒适的物理环境。

老年人的心理特点主要表现为心理安全感下降、适应能力减弱、出现失落感和自卑感、出现孤独感和空虚感四个方面。这就使得老年人更加需要能够提供安全感、舒适感、邻里感的居住环境，比如围合空间就更有利于老年人的交往，更适合满足这样的心理需求。

健康安全、社会交往、自我实现是人类的共同需求，老年人生理、心理的变化让这些需求又加上了老年人自身的特点，良好的环境营造能为老年人创造更多更好的休闲和交往空间，营造积极向上的生活氛围，促进老年人形成健康乐观的心理，提高老年人的生活质量。

表 2-1　不同年龄层老年人日常生活需求分析表

社会状态	退休	自由生活	生活转变期	需要陪护
年龄	（55—65 岁）	（65—75 岁）	（75—85 岁）	（85 岁及以上）
健康状况	完全自理	完全自理	从自理逐渐进入半自理状态	失能为主
老人主要户外活动	带孩子 照顾老人 休闲娱乐	社会交往 休闲娱乐	看病、休养、日常锻炼 社会交往、休闲娱乐	休养为主
主要活动空间	儿童游戏空间与休憩场地、各类活动空间	各类活动空间	宅前空间、散步道、活动空间、与服务设施的便捷联系	宅前空间、散步道
适老性的环境需求	多样的活动空间与休憩空间、便于推婴儿车的坡道	多样的活动空间与休憩空间	栏杆扶手、适用于助行器械的步道、便于随时休憩的活动空间、静谧的休憩空间（观察他人活动）、便于轮椅使用的空间	

（四）老年宜居环境的组成

概括而言，老年宜居环境包括软件和硬件两方面。软件包括制度规范、管理服务等内容，硬件则由外部条件、物质空间和细节品质三个层面的要素构成。硬件虽然更多地表现为看得见、摸得着的物理形态，但它的背后实际是基于社会经济、文化，老年人生理、心理特征等非物质形态的考量来安排的。

外部条件包括自然环境、经济水平等。从自然环境来说，比如在地理方面，平原通常比山区更适合老人的行动；而气候的影响则更大，如在美国的老年人口迁移者中，超过半数流向“阳光地带”的 10 个州，其中佛罗里达州是首选，在我国，三亚则是老年人冬季喜爱的地方。经济水平的影响在于经济发达的地方往往意味着更高的服务水平，特别是医疗服务水平，这是老年宜居环境非常重要的方面。

物质空间要素包括城市布局、配套设施、空间关系等。糟糕的城市布局可能带来出行不便、服务不便，带来空气污染、噪声干扰，等等，这些都是宜居环境的大敌。比如，过去我国的街坊间隔尺度都比较大，动辄四五百米，老年人要走到沿街便利店或者菜市场非常不方便；又比如很多城市公共空间设置不够，老年人无处活动，只能在人行道路边下棋、聊天。在设施配套方面，特别是老年服务设施配套不足是很大问题，很多老年社区的策划以及规划设计人员反映老年配套设施没有达到国家标准，造成配套设施的无所适从。在空间关系方面，不当的空间规划设计带来寒风、暴晒、单调、压抑等问题，这些都不利于老年宜居环境的塑造。

细节品质要素包括建筑、室内、绿化、道路、设备等的做法。比如，在建筑设计上，为健康老人而建的老年住宅可以是单元式，而为半自理或不能自理老人设计的住宅通常会采用廊式，走廊及走廊侧放大空间兼有活动、服务和管理功能。设备方面，比如门的把手，适合老年人的是U形把手，球状把手老年人旋转会困难，直杆式把手容易使老年人衣袖被钩住而发生危险。事实上，我国与日本、欧美等国家在老年宜居环境上的差距，更直观地体现在细节设计上，细节往往反映出社会对老年人的关心、体贴是否到位，而普遍的细节到位并非简单的几次教育宣传就能做到，而在于全社会长期形成的共识甚至潜意识，也就是现代文明程度。

从以上影响老年宜居环境的硬件因素来看，外部条件可以说更多地取决于先天情况（比如地理气候），人力很难改变，我们所要做的是如何适应这种先天条件，扬长避短地来达到塑造老年宜居环境的目的；物质空间更多关注空间和设施的有无，以及布局的问题，这方面的内容恰恰是城市规划的职责所在（当然这个和国家政策、社会变迁紧密相关，比如20年前，全社会对养老问题没有深刻认识，反映在相关政策、规范中也就无从体现）；细节品质则是基于以人为本的对物质空间的精细设计和建造。

二、城市规划如何营造老年宜居环境

（一）城市格局的适老宜居

我国提出老年人90%居家养老、7%社区养老、3%机构养老的“9073”养老模式，意味着大部分城市住宅区都会成为“养老住宅区”。而住宅区是一座城市占地比例最大的功能（我国一般占城市用地的30%左右），那么住宅区在城市中如何安排，和城市其他功能的关系如何组织将直接影响老年人的生活环境是否宜居。

城市格局对老年宜居环境的影响主要体现在街区模式与建筑模式上。从街区模式来看，概括起来，城市路网及街区有两种截然不同的方式，一种是我国受苏联影响普遍采用的大街区、稀路网、宽道路的模式；另一种是欧美国家常见的小街区、密路网、窄道路的模式。前者源自自成系统的“单位大院”以及“居住小区”思维，单位大院包括了单位的工作、生活各项功能，而居住小区则是一个服务功能相对完善的住区单元，这种相对独立、相对完整的布局思路必然带来街区尺度的偏大，街区偏大又带来城市路网偏少，若要满足同样的交通量，道路宽度也就需要更宽（而事实上，同样面积的道路，窄而多的路网的通行效率要远高于宽而少的路网，这也是为什么宽而少的路网更容易出现拥堵问题的重要原因之一）。在我国过马路是非常不好的体验，特别对于行动相对迟缓的老年人来说更是如此。而相对封闭、尺度偏大的街区，使步行联系要绕更多的路；并且内向化的布局，让对外的公共街道变得乏味；同时，市场经济的推动让许多服务必须面向更多的人群才能更好地运行，因此许多服务设施更希望沿街设置，大街区模式会使老年人走更远的路才能到达周边城市街道。近年来，大街区、稀路网、宽道路模式受到了广泛的批判，因为它不是一种以人为本的模式，对老年人而言更是不宜居、不适老。而小街区、密路网、窄道路模式则具有很好的步行尺度，人们能够更容易过马路，各种公共服务沿街开设，不仅活跃了街道空间，而且能够面向更多人群，并且增加人际交往的机会，这对老年人是一种更适老的模式。

建筑模式也存在着两种截然不同的方式——低层高密度和高层低密度，低层高密度是类似东京、巴塞罗那那样的城市，以低层和多层建筑为主，建筑密度比较大。这种模式的好处一是老年人能够很容易地到户外活动（有调查表明老年人更偏爱住在低层）；二是紧凑的布局使各类公共服务也更近便；三是有很多适宜步行、交往的建筑之间的街巷空间。而高层低密度模式一方面使老年人去户外不便；另一方面建筑密度的相对较低并不能弥补高层带来的空间压抑，而“高楼风”等现象对老年人的户外活动也极为不利。

总结以上，小街区、密路网、窄道路的街区模式以及低层高密度的建筑模式是更宜居、更适老的城市格局。

（二）服务设施的适老宜居

城市规划在服务设施方面主要是通过制定老年人设施配置标准并将这些设施在空间落位的方式来保障老年宜居环境。制定标准可以避免养老设施的缺漏，空间落位能够保证设施的建设。

在标准制定方面，城市规划领域比较重要的《城市居住区规划设计规范》即将修订，其中将完善老年人设施的配置标准，以填补这方面的空白，使新建及既有社区改建有标准可依，保证老年人设施的落实。在空间落位方面，主要通过法定规划—控制性详细规划将各类老年人设施的用地或布点进行明确（《城市居住区规划设计规范》将是控规制定的重要依据），未来的开发建设或整治改造必须按规划执行。

那么，老年人服务设施的配置标准如何来制定？需要遵循三个原则，即分级、公益和对接。所谓分级，就是指各类老年人服务设施需要根据服务半径、服务人口等因素分出不同的级别。那些满足老年人最基本的需求，最贴近老年人日常生活、使用频率最高的设施，如老年服务中心、老年人日间照料中心（托老所）等设施需要就近服务老年人口，其服务半径宜控制在 300 米之内，以步行 3—5 分钟为宜；而对于类似老年人护理院、养老院这样的设施，老年人一般会居养其中，服务半径可以扩大，这类设施的经济规模需要权衡，如果服务人口过少，不利于形成规模效应并可能造成资源浪费，设施运转成本会过高，如果服务人口过多，可能会造成服务半径过大，对于一部分人的服务会不方便，一般来说，这类设施的床位数不宜小于 100 床，这类设施的服务半径宜控制在 600 米以内。

公益是指设施标准的制定要遵循底线思维，避免最坏情况，需要由政府来保障，那么规范所要求的设施标准就应当具备两个条件，一是满足大多数人的需求，二是保障最不利人群。前文提到我国老龄化社会的一个特点是未富先老，也就是说大多数老年人并不富裕，那些市场上的高端老年人设施并不具有普适性，这些市场化的老年人设施可以交给市场去配置，大量地满足普通老人的老年人设施需要政府配置和扶持，包括土地政策、经营政策都需要倾斜。最不利人群是指低收入、五保户老人，他们更多地需要由公办养老设施提供服务，体现设施的社会福利性质。

对接是指设施的分级要和我国的管理层级对接，使老年人设施的实施有明确的行政主体。我国的基层管理是以街道—社区模式来实现的，它所管辖的人口规模与居住区规划中的居住区—居住小区层级所对应的人口规模大致接近（1 个街道办事处管辖的人口在 10 万人以内，1 个社区管辖人口 0.6 万—1.2 万，1 个居住区的人口 3 万—5 万，1 个居住小区人口 1 万—1.5 万），过去，前者的管理边界与后者的规划边界并不一致，尽管规划边界可能在设施的服务半径上更多照顾了居民的便利，但很可能设施与其所服务的居民并不在一个街道辖区内，这给设施的落实及管理带来很大影响。这里设想的对接就是指 300 米服务半径的老年人设施可在社区辖区内安排，600 米服务半径的老年人设施可在街道辖区内安排，设施的数量可以根据社区或街道的规模来确定。

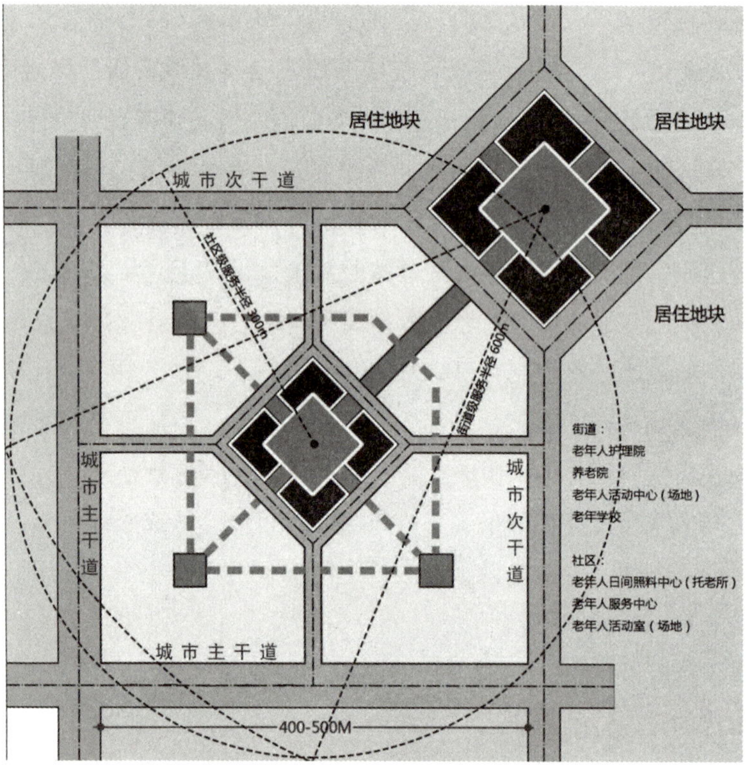

图 2－3　老年人服务设施规划配置概念图（图片来源：作者自绘）

（三）交通组织的适老宜居

交通组织的适老宜居主要体现在两个层面，即城市交通组织和住区交通组织。

城市交通组织需要在城市层面考虑对老年宜居环境的支持，规划上主要表现在慢行系统和稳静交通的组织。慢行系统是指步行、自行车、公交车等慢速出行方式的城市交通系统，步行系统对老年人而言尤为重要，之所以称为系统，是指它是一张网络，能够延伸到城市的各个角落，而不仅仅限于局部地区。在我国经济发达地区，步行道、自行车道、无障碍道与绿化体系结合形成“绿道”网成为近年的发展趋势（绿道规划最早起源于 19 世纪下半叶的美国），绿道成为公园、自然保护地、名胜区、历史古迹、服务中心及其他与高密度聚居区之间进行连接的开敞空间纽带，比如深圳市 2013 年底已建成城市及社区绿道近 2000 千米，密度达到每平方千米的面积就有 1 千米的绿道，这个绿道系统甚至能够接入省立绿道，连接整个广东省。对老年人而言，他们能够在靠近自己居住地的绿道系统中休憩、交往、活动，也可以通过这个安全、舒适、美观的系统散步、远足，去往服务中心或者城市公园。而稳静交通是指通过如减速带等物理措施及政策、立法、技术标准等制度措施降低机动车对居民生活环境带来的如噪声、安全等不利影响，优化行人及非机动车环境，使老年人的生活环境更安全、更安静、更有利于步行。

住区交通组织主要是指居住区内交通组织方式，其对适老宜居的影响主要体现在人车流线、停车和路径形式三个方面。人车流线主要指人行和车行的关系，显然人车分流是最安全、最宜居的方式，这一点在我国新建社区基本都能够做到，但老旧小区人车混行状况较为严重，并且改造难度很大，这种情况应重点处理好车行道和步行系统的交叉节点，提供清晰的指引和安全措施；停车包括机动车停车和非机动停车，机动车的停放应注意老年人使用的停车位要相对固定，并应靠近建筑物和活动场所入口处（特别是救护车停车位），同时，与老年人活动相关的各建筑物附近应设供轮椅使用者专用的停车位，非机动车（包括老年人经常使用的电动三轮车）的停放要设置专用停放区域，不宜设在地下，要尽可能靠近单元出入口，并设雨棚防止雨淋，方便老人进出停放；路径形式指住区内部步行道路的线形，应当避免漫长而笔直的步行路线，步行道要互相连通，形成环路，转折点或终点设标志物增强导向性（老人记忆力减退，防止老人走失或迷路）。

（四）开放空间的适老宜居

本文所指的开放空间主要是指户外的公共活动场所，包括广场、公园、庭院等。城市规划对开放空间适老宜居的影响主要体现在开放空间的布局、形态和设施三个方面。

在开放空间布局方面，首先，应使之能够方便使用，开放空间布局有集中式和分散式两种模式，集中式简单说就是大公园、大广场模式，但其对居民特别是老年人的服务很不方便，住得远的老年人只能坐车前往，分散式则是会考虑更多贴近居民生活区的小公园、小广场，老年人能够步行就方便到达；其次，开放空间的布局还应舒适宜人，比如空间的日照应当充足（日照对老年人是非常重要的），所以设在高楼的北侧是不适宜的，当然还应注意免于夏季的暴晒，而很多地区还应注意冬季防止寒风的侵扰，所以这些地区在开放空间的西北方向应有遮挡；再次，应当考虑我国的生活习惯、文化传统，比如我国老年人多有帮年轻人带小孩的任务，所以老年人活动区宜和儿童游憩区组合考虑；最后，开放空间本身的布局应注意动静分区，使进行不同活动的老人之间避免干扰和影响。

在开放空间形态方面，围合、半围合的开放空间是最适宜的，其优点体现在两方面，一是围合形态的开放空间既可以有好的日照，同时又有遮阴空间，夏季避免暴晒以及西晒、冬季避免寒风；二是围合形态的开放空间最能满足老年人安全感、归属感的心理需求，相对独立、封闭的区域比较安全，也利于人际交往。另外，围合形态的开放空间的比例尺度关系也应适宜，通常周围建筑的高度与开放空间的长度的比例在1：2—1：3较为合适，比例过大会感到压抑，比例过小又会感到空旷，同时围合空间的尺度不要超过100米。

在开放空间设施方面，空间中应提供各类适宜设施，并结合设施进行人性化设计。比如铺地应采用透水性好、不会积水的防滑材料；斜坡及与斜坡邻接的走廊、楼梯的踏步板和台阶，应采用明度差较大的颜色，方便辨识；休憩座椅应配备在公共活动场所周边、散步道、单元入口附近，明显易见、不受遮挡、靠近路灯或其他照明的位置，还应避免不良微气候的影响，同时，座椅宜与提供遮阴的高大乔木相结合，鼓励与花池、树池等复合设计，座椅的材质选择应适合当地的气候条件（如北方寒带城市应避免金属材质的座椅），设置高度适宜的扶手、靠背，座椅周边应留出轮椅的空间，等等。另外，开放空间中的绿化设施非常重要，应为老年人提供一个可观、可用、可参与的安全无害的绿化环境，创造积极向上的户外心理环境。应选择无毒、低敏（无絮）、无刺的绿化植物，尽量提高绿化植被的遮阴、果实、防护等实用功能，增强绿化区域的可进入性，可提供一定区域的自种植区，丰富老年人户外生活，使得“草坪可进入，绿荫可乘凉，区域可种植，果实可采摘”。需要说明的是，城市规划并不是直接来配置和设计这些设施，而是为这些设施的配置和设计提出上述这些适老化的要求。

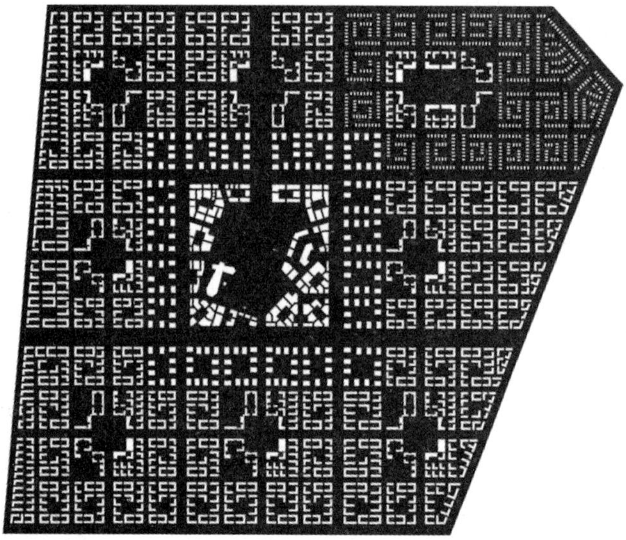

图2－4 适合老年人的城市格局肌理：小街区、密路网、窄道路、低层高密度建筑模式；清晰的公园、广场、街道公共空间（图片来源：作者自绘）

三、小结

在我国快速老龄化和未富先老的国情下，大多数老年人需要居家养老，这就要求居住区普遍适老宜居。作为城市最主要功能的居住区，其适老宜居与城市规划紧密相关，既包括城市规划政策、规范对适老宜居的要求，也包括城市规划对物质空间的适老宜居安排。城市规划主要通过城市格局、配套设施、交通组织和开放空间四个方面来影响老年宜居环境，城市格局影响老年宜居环境的基础本底，配套设施影响老年宜居环境的服务水平，交通组织影响老年宜居环境的安全可达，开放空间影响老年宜居环境的品质交往。

参考文献

[1] 周燕珉，程晓青，林菊英，林婧怡．老年住宅 [M]．北京：中国建筑工业出版社，2011：22－40.

[2] 曹文明，韩玉芳．城镇老年宜居环境研究初探 [J]．东方论坛，2010 (2)：109－112.

[3] 黄璜．老年人口迁移研究述评 [J]．人文地理，2013 (4)：27－31.

[4] 蔡昉．未富先老与中国经济增长的可持续性 [J]．国际经济评论，2012 (1)：82－84.

[5] 蒋朝晖，魏维，魏钢等．老龄化社会背景下养老设施配置初探 [J]．城市规划，2014 (12)：48－52.

作者简介：

蒋朝晖，男，1994年毕业于同济大学建筑与城市规划学院城市规划系，现就职于中国城市规划设计研究院，主任研究员，教授级高级城市规划师，注册城市规划师，清华大学建筑学硕士联合导师。近20年来，主持及参与的规划设计和研究项目近60项，曾主持过《湖南省政府修建性详细规划》《拉萨布达拉宫地区保护与整治规划研究》《北川抗震纪念园修建性详细规划》（获全国优秀规划设计一等奖）、《贵安新区城市特色风貌专题研究》《安哥拉罗安达新城总体城市设计》等较有影响的项目；并在《城市规划》《国外城市规划》《DOMUS》等期刊上发表文章20余篇。

从个人—环境的视角建设和改善适老型住宅

姜向群[1]　山　娜[2]

（1. 中国人民大学老年学研究所；2. 中国人民大学　北京　100872）

摘　要：在我国快速的人口老龄化发展中，如何从个人和环境的视角建设适老型住宅成为一个重要的课题。目前我国多数住宅与适老型住宅的要求相差甚远，在建设规划及其配套设施上欠账很多，极大影响了老年人群的居住和生活质量的提高。本文提出从个人和环境的视角建设和改善适老型住宅的命题，对适老型住宅的含义进行了解析，从老年人生理和心理特点以及积极老龄化的角度提出适老型住宅的设计要求，对适老型住宅的内部和外部设施提出了建设和改善的思路。

关键词：个人和环境视角　老年人　适老型住宅

随着人口老龄化的快速发展以及社会经济水平的提高，老年人住宅的建设和改善的问题应得到更多的关注。从我国实际情况来看，适老型住宅的发展十分落后，特别是大多数老旧住房的条件及环境难以适应多数老年人的养老需要，也不能适应老龄化社会的需要。以往的住宅设计和建设是以满足大众化和基本生活需要为目的的，也受到经济发展条件的限制。但是，老龄化社会对适老型住宅提出了更高、更迫切的要求。老年人个人的生活对居住环境有各种特殊要求，环境与老年人的需求之间必须相适应。

个人－环境视角是一种联系的视角，具体包括两个方面：个人的需要和环境的影响。个人与环境的联系包括个人受环境的制约和个人对环境的适应及干预。有些个体会通过对环境的适应来保持身体健康和提高基本活动的能力（如吃饭、穿衣、做饭、上下床、在屋内走动，等等）。对环境进行干预的目的在于保持个体适应环境多方面的要求。同时，个人无例外地要受到环境的多方面制约。

一、适老型住宅的含义

如何界定“适老型住宅”？有学者称之为“老年住房”，并指出老年住宅需要满足三个条件：“就地养老”、连续性照护服务以及老年服务产业①。这个概念倾向于老年人住宅与周围环境的相互作用和密切联系。有学者将其称为“通用住宅”。所谓通用住宅，是指能够适应人在一生中各阶段变化，人的一生从生到死都可以享用的住宅类型。在设计和建造时，已经把人老年时的生活需要考虑进去，让老年人能自己照顾自己，并通过留有余地的设计，逐步地来实现②。或者是“无障碍住宅”。同时还有学者认为老年住宅作为一种专供健康老人集中居住的专用住宅，不属于国家或集体兴办的社会福利设施，其实质是按市场化经营管理的老年专用住宅，是房地产市场中的一种住宅产品③。

有研究者将适老型住宅界定为老年人居住建筑，是指老年人长期生活的包括经济供养、生活照料和精神慰藉三个基本内容的居住场所，包括老年住宅、老年公寓、干休所、老人院（养老院）和托老所，也包括普通住宅中供老年人居住或是使用的部分④（如下图所示）。

本文所指的适老型住宅是面向老年人需要、能够保证老年人独立生活、促进老年人群体实现健康老龄化，是处在配套服务设施健全、绿色环保的自然环境中的适合老年人居住生活的住房。

关于老年住宅已有相关研究，多是从建筑学的角度进行无障碍设计方面的研究。本文认为，政府及社会应从适应老年人生活的角度更多地关注老年人本身对于住宅的需求；建筑规划和设计部门应引入个人—环境视角和积极老龄化的目标开展工作，更关注于细节，关注住宅的改善对于老年人自我的掌控和参与社会活动的积极作用。

我国最新修订的《中华人民共和国老年人权益保障法》第六章专门对老年“宜居环境”作出了规定：“国家采取措施，推进宜居环境建设，为老年人提供安全、便利和舒适的环境。国家制定和完善涉及老年人的工程建设标准体系，在规划、设计、施工、监理、验收、运行、维护、管理等环节加强相关标准的实施与监督。国家推动老

① 裴晓梅：《构建需求导向型老年人城市生活社区》，载《上海城市管理职业技术学院学报》，2009年第2期。

② 张菁、刘颖曦：《日本长寿社会住宅发展》，载《建筑学报》，2006（10）。

③ 查昕：《城市老年住宅需求分析与对策》，载《工程与建设》，2007，21（2）。

④ 胡仁禄、马光：《构筑新世纪我国老龄居的探索》，载《建筑学报》，2000（8）。

- 老年居住建筑
  - 老年住宅
    - 社区援助型（独立式、集居式）
    - 代际互助型（同居型、邻居型、近居型）
  - 养老设施
    - 托老所（站）
    - 老年公寓
    - 养老院（敬老院）
    - 护理院
    - 关怀院

图 2－5　老年建筑的分类

资料来源：胡仁禄、马光：构筑新世纪我国老龄居的探索，建筑学报，2000（8）

年宜居社区建设，引导、支持老年宜居住宅的开发，推动和扶持老年人家庭无障碍设施的改造，为老年人创造无障碍居住环境。”

二、老年期生理和心理变化与适老型住宅环境的设计

减少过多环境压力，才不会使老年人的社会、心理和生理功能水平过快地退化。当居住生活环境向适应老年人需求的方面转变了，老年人的生理和心理功能将会得到改善抑或是提升。

（一）老年期生理变化与居住环境

健康和照料是老年人的两个基本需求。每个个体出现生理上的退行性变化的程度和时间是各不相同的，与个人的生活方式和周围环境相关。在居住环境建设上，应具有补偿性的功能，即设计出能够补偿老年人机能丧失的辅助设施，最大限度地发挥老年人的残存机能，以增强自理、自立能力。

老年人由于健康下降的原因，身体活动能力受限，甚至越来越无法驾驭自己的活动。当经历一定时期的生活能力下降之后，老年人也必然经历一个适应的过程，一方面承认自己的能力丧失，另一方面也对环境进行改善，以保持自己的生存或生活的功能。也就是说，如果要恢复一个人的适应能力、提高生活质量，无论是在太多还是太少的环境压力情况下，个人或环境都必须有所调整。

进入老年期之后，普遍都会出现一定的退行的变化，这就需要获得周围环境的支持。例如，老年人最常见的慢性病——关节组织的疾病，其特点是疼痛、肿胀、骨的脱臼和关节活动范围受限，手、膝部、髋和肩部关节是最容易出现病变的。这是人们活动时必须使用的运动系统，这些关节病变使老年人的活动变得非常艰难。“用进废退”，否则极容易引起萎缩。越是行动不便的时候，就越需要环境的支持，以便于日常的活动。例如在墙壁上安装扶手，将台阶设计或改装成坡道，可以使个体更加积极地去适应环境，保持个体的活力和自理能力。

（二）老年期心理变化与居住环境

一般来讲，老年人有着属于自己比较稳定的价值观以及较强的自我控制欲望，随着年龄的增长，老年人关注自身健康状况的情绪活动增强。身体机能的下降、带病时间和频率的增加无形之中给老年人心理增加压力，再加上社会环境的不可控性和家庭环境的变化，很多老年人会出现严重的消极负面情绪[①]，如抱怨、唠叨、失落、恐惧、孤独、疑虑、抑郁，等等。比如信息社会，老年人的“生产经验”已经不再是社会进步的主要资源，与年轻人的代沟加深，尤其是多数老年人的“科技恐惧症[②]”和面对针对老年人“犯罪”的无力感，使得老年人产生自卑、无助、孤独感。对此处理不当，便会产生严重的心理疾病，衍生出更大的问题。

考虑到老年人个体普遍出现的智力和记忆下降的问题，在住宅设计中应该加强对环境特征的塑造，借助于环境的改善加强老年人对环境的信任和掌握。在居住环境的心理表现需求上，老年人较之年轻人对居住的方便性、安全性、私密性、独立性、环境刺激性以及舒适性上的要求有过之无不及。“老年人由于自身安全维护能力降低而需要更大程度的方便性和安全感，由于不希望受到外界干扰而保持私密性，由于不想影响子女的生活而保持独立性，由于生活水平的提高对居住环境舒适性的要求也越来越高。”[③] 在居室设计上，老年人房间的布置要宽敞明亮、舒适，富有生活气息，借助于提高环境的舒适和灵敏度改善老年人心理状况。

另外，由于老年人对于新环境的适应能力降低，生活样式模式化，退休之后与社会的脱离导致社会角色发生变化产生不适感，所以，在居住地的连续性上要有保证。

---

① 邬沧萍、姜向群主编：《老年学概论》，90页，北京：中国人民大学出版社，2006。

② 陈晓露主编：《老年期生理、心理变化及应对》，77页，北京：中国社会出版社，2009。

③ 赵文学：《浅析老年人居住空间无障碍设计》，载《山西建筑》，2006（9）。

要尽可能地使老人居住在已经住习惯的环境中，保持交流空间的充实性和周围景观的安定性[①]。

三、适老型住宅内部设施的设计安排

（一）基础设施

有调查发现，我国“城市老年人住房的内部设施，基本上都有自来水；80%的老年人住房内有煤气/天然气以及室内厕所；但是还有一半城市老年人住房内没有暖气，特别是三代同住的老年人[②]”；城市有厨房使用的老年人接近9成，炊事的主要燃料是燃气（68.35%）和煤炭（21.48%）；城市中使用自来水的老年人数的比例为87.5%，接近九成；至于住房内洗澡设施的情况，居所内有洗澡设施的老年人比例为49.05%。另有近51%的老年人洗澡很不方便。室内有无水冲厕所是衡量一个国家居民生活质量的最重要指标之一，而城市老年人住房内有抽水式厕所的刚过一半[③]。部分原因是目前老年人所拥有的住房建设时间比较早，基础设施不够完善。

2010年北京市海淀区城乡老年人口状况调查数据则显示：城市老年人住房之中自来水、煤气/天然气、暖气/土暖气、室内厕所、洗澡/淋浴设施的覆盖率均超过95%。相对于全国的平均水平而言，北京城市老年人的室内基础设施相对健全。

老年住宅对门的设置也有一定的特殊要求。门的设置应该保证安全性，考虑到老年人体力和智力退化的问题，在简化开门程序的同时要保证其安全性；门的宽度要适当地增加，以便轮椅通过；比起推门来说，日式拉门比较省力，尤其对于坐轮椅或者是行动不便的人来说[④]。另外，小区楼下的门禁系统的门很重，不够灵活，很多老年人在推门的时候很费劲，不利于老年人或者是其他负重的人员顺利进出。

普遍来讲，我国老年住宅基础设施相对落后，在很大程度上影响着老年人健康和积极健康老龄化的实现。要在更深层次上提升老年人的生存环境，提高生活质量，首先要搞好老年住宅的基础设施建设。

（二）家具

面向老年人的家具设计应该遵循两个原则：方便性和安全性。例如，很多老年人弯

---

① 早川和男、児玉善郎编著：《すまいの論理、嵯峨野書院》，第61页。

② 郭平主编：《老年人居住安排》，北京：中国社会出版社，2009。

③ 邬沧萍，杜鹏等编：《中国人口老龄化：变化与挑战》，190－196页，北京：中国人口出版社，2007。

④ 早川和男、児玉善郎编著：《すまいの論理、嵯峨野書院》，第63页。

腰打开电视的柜子的时候需要蹲下，起来的时候很费劲，所以，老年人住宅之中的家具可以考虑适当地提高高度；底层空间增大，放置一些大件物品；黄金高度的地方可以放一些日用品。另外，无论是餐桌还是橱柜类的家具都要尽量减少棱角的出现，以防老年人磕着碰着。为了将地震的伤害控制到最小限度，也需要将家具进行固定。

（三）设备

由于进入老年期之后会出现生理上的退化，所以，在老年人常使用的空间内营造一种适合老年人个体使用的、能够独立操作的、最大程度节省老年人体力的设备体系。比如厨房的设施经典的布置原则——“按食品柜—冰箱—准备台—洗涤槽—调理台—燃气灶—配餐台排成的利于调理作业的U字形流线”，这一改造在很大程度上起到了为老年人节省体力的目的。这一套流程还包括相关的配套设施的改造。为了方便坐在轮椅上的老年人，需要进行以下的设备改造，使之更具灵活性：首先，水龙头要可以上下前后移动，同时“洗涤槽和燃气灶下面为了坐在椅子上时脚也能伸向内部，下面的收藏柜内凹，同时下面的柜子装有脚轮，可以拉出来。柜台边缘呈半圆形，兼具有扶手功能，其他如配餐台、柱子亦设计成柔和效果的圆形，以免锐角碰撞。餐具柜摆放在离餐桌最近的地方，抽油烟机或换气扇的开关应安装在坐轮椅也可以操作的地方。整个厨房操作间留足150厘米供轮椅回转的空间”①。

至于浴缸或者是其他淋浴式的洗澡设施，因为老年人的身体功能的退化导致的行动不便、体力不支等原因，如果是浴缸的话，宜采用平底防滑式浅浴缸。浴缸离地不宜太高，一般宜为450厘米。浴缸冷、热水龙头使用时易忽冷忽热，难以调节，故宜采用红外感应恒温龙头②。如果是淋浴的话，需要地面防滑，同时也要注意水温调节器的合适高度；借助稳固的凳子保证洗浴过程中的方便和安全。

（四）辅助器具

防滑垫、防滑条、扶手、挡板、轮椅等都是属于可以改善环境、提高个体自立能力的辅助器具。应根据老年人生理心理特点安装和配备辅助器具，例如器具的安装不应该太突兀，要在一些重点部位（比如门口、拐角、桌旁、床边、淋浴间、马桶旁，等等）安装，并且，扶手的安装和设计应该要融入整个房屋的设计体系之中。为了防滑和保温，材料方面应该选择木质的。

---

① 王磊：《共同生活的社会——老年福利建筑浅析》，载《重庆建筑大学学报》1999（5）。

② 上海市无障碍设施设计标准。http：//bbs6. zhulong. com/forum/detail2858941_ 1. html。

四、适老型住宅外围配套设施的设计要求

（一）应急呼叫系统

老年人难免会发生一些紧急情况，所以，紧急的报警系统是必要的。老年人对于紧急呼叫系统和报警器的需求很强烈。紧急呼叫器可以减轻老年人对于自身身体健康的担忧，报警器的设置也可以减轻老年人对于犯罪的恐惧，但是两者的设置应该简单易识别。连接到社区医院、保卫处或者是居委会的紧急呼叫系统和报警系统会是适老型住宅不可或缺的。

（二）电梯

关于电梯设计的几个注意点：电梯里边应安装扶手，条件允许的话也可以考虑安装镜子；电梯在关门时反应要慢，运行要平稳，电梯按钮要灵敏。比如在按“←→”时候，电梯应该是开的状态而不应该自行关闭以免夹到人；电梯里边的空间要很大，一个轮椅进去之后就满员的情况是比较没有效率的。国家标准《住宅设计规范》（JB50096）和行业标准《城市道路和建筑物无障碍设计规范》（JGJ50）均要求在高层住宅中设置1台能使急救担架进入的电梯。电梯外部要有足够的空间保障轮椅掉头。目前我国老年人所住的楼房中有一半以上没有电梯，对于行动不方便的老年人来说就是一个很大的问题。

（三）室外交通体系

住宅的室外交通体系是一个系统，包含小区环境、路面状况，包括坡道、走廊、电梯和整个居住环境的指示系统等等。安全性应该是交通规划的首要因素；方便性也是十分必要的。

五、建设好适老型住宅是实现积极老龄化目标的要求

WHO在2002年提出了“积极老龄化”的概念——一个为人们增龄时提高生活质量的，将健康、参与和保障机会最优化的过程，强调各国应把老年人作为社会的重要力量，积极倡导政府、国际组织和民间社团制定“积极老龄化”的政策和计划，促进老年人的健康、参与和保障，以帮助国家应对老龄化的挑战。积极老龄化是老年人继续参与社会、经济、文化、精神和公益事务，而不仅仅是体力活动的能力和参加劳动队伍①。

① 邬沧萍、姜向群主编：《老年学概论》，中国人民大学出版社，2006版，第40页。

作为社会上脆弱群体的老年人，在晚年最重要的活动场所就是家庭和社区。通过对家庭和社区环境的改善，可以提高住宅环境的灵活性和安全性，更加符合老年人个人身心健康的需要。本文在探讨如何改善老年住宅的过程中引入了个人—环境视角，提出作为老年人住宅需要给予更多的关注，通过对于居住环境的改善增强老年人的自理生活能力，提高老年人个体的自立能力和生活质量，帮助他们获得更多对环境的掌控力和自信心，提高自我满足感和生活满意度，在保持躯体和心理健康的前提下，更好地实现积极老龄化和健康老龄化。

在今后相当长的时期内，我国人口老龄化、高龄化和老年人家庭空巢化的特征将更加突出。传统养老模式受到严峻挑战；居家养老以及个体化生活成为普遍的趋势。在人口老龄化的背景下，如何保障老年人的生活能力，最大程度地提高他们的生活质量，发挥其在社会及家庭生活中的积极作用，是应对人口老龄化的重要措施。

作者简介：

姜向群，法学博士，中国人民大学社会与人口学院教授，老年学研究所副所长，博士生导师。研究方向：社会老年学、老年社会保障。在学术刊物发表人口学、老龄问题、老年社会保障等方面科研论文多篇，出版专著有《老年社会保障制度》《老年人的社会价值与社会地位研究》《年龄歧视与老年人虐待问题研究》，副主编《社会老年学》，主编《老年学概论》《中国人口老龄化和老龄事业发展报告》，合著《社会保障概论》《社会保障学》《中国社会保障》《中国谁来养老》《人口学百年》等。参加和主持国内外多项学术研究课题。

城镇化视角下农村老龄人口宜居环境建设问题研究

褚衍成

（中共峄城区委党校　山东　277300）

摘　要： 城镇化一方面极大改善了农村老龄城镇化人口的生存环境，另一方面又忽视了农村老人对宜居环境的特殊要求。正确认识农村老龄人口对于宜居环境的心理认同差异，按照农村老龄人口的特殊心理要求，从住宅设计、社区景观环境和社会环境建设三个方面建设农村老人心中的宜居环境，促进农村老龄人口的市民化。

关键词： 城镇化　农村老龄人口　宜居环境

城镇化和老龄化是当今我国经济社会发展中存在的两个显著特征。根据《国家新型城镇化规划（2014—2020年）》的统计，1978—2013年，我国的城镇常住人口从1.7亿增加到7.3亿，城镇化率从17.9%提升到53.7%；城市数量从193个增加到658个，建制镇数量从2173个增加到20113个。同时，我国自1999年进入了老龄社会，老龄化人口达到2亿左右。另外，据中国社科院《2011年中国城市发展报告》称，2011年中国因城镇化等原因失地农民的总量已经达到5000万人左右，且仍以每年约300万人的速度递增。以此推断，目前我国失地农民大约有6000万，按照2014年15%的老龄化人口比例计算，目前我国大约有900万失地农村老人，且这些老人大多是因城镇化失地而又将被城镇化的农村老龄人口。加之我国人口老龄化超前于现代化，“未富先老”和“未备先老”的特征日益凸显，失地而没有稳定经济来源的农村老龄城镇化人口将面临诸多问题和困难。

一、城镇化建设对农村老年人居住环境的影响

（一）城镇化建设极大改善了农村老龄城镇化人口的生存环境

城镇化是伴随工业化发展，非农产业在城镇集聚、农村人口向城镇集中的自然历史过程，是人类社会发展的客观趋势，是国家现代化的重要标志。按照建设中国特色社会主义五位一体总体布局，顺应发展规律，因势利导，趋利避害，积极稳妥扎实有序推进城镇化，对全面建成小康社会、加快社会主义现代化建设进程、实现中华民族伟大复兴的中国梦，具有重大现实意义和深远历史意义。城镇化总体上有利于集约节约利用土地，为发展现代农业腾出宝贵空间。随着农村人口逐步向城镇转移，农民人均资源占有量相应增加，可以促进农业生产规模化和机械化，提高农业现代化水平和农民生活水平，促进农民增收。一方面，随着城镇经济的繁荣，城镇功能的完善，公共服务水平和生态环境质量的提升，人们的物质生活会更加殷实充裕，精神生活会更加丰富多彩，极大改善了农村老龄城镇化人口的生存环境。另一方面，伴随着城镇化的推进，不断完善的社会保障体系，为农村老龄城镇化人口的晚年生活提供有力保障。

（二）城镇化建设忽视了农村老人对宜居环境的特殊要求

全国老龄工作委员会办公室在京发布的我国首部老龄事业发展蓝皮书《中国老龄事业发展报告（2013）》指出，在老龄社会语境中，中国绝大多数城市都是“问题”城市，老年宜居环境建设长远发展尚存不少问题。农村老年宜居环境建设长期严重滞后于城镇发展。目前，城镇老年人口的宜居环境问题也十分突出，七成以上的城镇老年人口居住的老旧楼房无电梯，高龄、失能和患病老年人出行困难。2012 年农村留守老年人已达 5000 万。高龄、失能和患病老年人的照料护理问题，在农村老龄城镇化人口中普遍存在，而城镇化过程中，城市建设仍没有充分考虑老年人的生理特点与生活习惯。老年宜居环境建设仍没有纳入新型城镇化整体的规划、设计、建设和管理之中。城市现有的住宅设计对农村老龄城镇化人口而言过于封闭和压抑，不符合其视野开阔、出行方便的特殊要求。

二、农村老年人对宜居环境的心理认同差异

农村老年人由于生活习惯和方式，心理及认识上的差异，对城镇化与城里居民有着截然不同的认识，对于宜居环境的理解也有很大不同。

（一）农村老年人对城镇化存在一定的忧虑和恐惧

农村老人故土情结强烈，在原有的生活环境下成长，对老宅祖屋和土地有着特殊

的感情，这种情感甚至是不能割舍的。一方面，在城市化进程中失去土地，势必会导致失地老人内心的失衡和困惑，让其对未来生活感到无助。城镇化也意味着要一定程度上搬离故土，也会加重故土情结浓厚的农村老年人的心理负担。另一方面老人和一定范围的个人和环境之间的关系也影响着老人的精神生活状态，将老人原有的生活方式、生活环境彻底破坏会严重伤害农村老人的心身健康和个人幸福感。农村老年人大多思想观念保守、安于现状感强，不愿意学习和接受新鲜事物。对于城镇化这一涉及生活观念和生活方式现代化的新鲜事物，他们不仅不关心，而且从内心里加以抵触。从目前城镇化的现状看，城镇化过程中缺乏老龄人口宜居环境建设理念和规划，更是加重了农村老年人对于城镇化的不认同感和自身城镇化的忧虑及恐惧。

（二）城镇化的现代化生活让农村老年人感到孤独苦闷

与钢筋水泥和马路汽车相比，以前田园式的生活更让农村老年人向往。进入一个陌生的城镇和一个陌生的社区，原来的社会关系不复存在，让农村老年人有职业却难以找到自我定位，有家却难以找到归属感。长时间没有和朋友的接触和交流，又没有适当的交际和娱乐活动，其孤独的感觉是非常难以排遣的。特别是思想上的一些想法、问题无法向人倾诉，得不到宣泄，长期淤积在心灵深处，日积月累，逐渐形成焦虑、烦躁、抑郁的情况。

（三）现代化的城镇化生活让农村老年人感到无助和孤立

农村老年人知识水平较低，对于新事物、新理念的认识的理解能力也较低。城市里的交通系统、大型购物超市和银行自助服务系统方便了城市市民，但对于一个没有文化的农村老龄人口而言，却成为他们不能跨越的门槛。这种无助和孤立感时时在强化着他们的农民身份意识，使他们难以真正融入城市生活，难以完成由农民到市民的转化。

三、城镇化背景下农村老年人社区建设的几点设想

首先，一方面，在住宅设计方面，适宜农村老年人的住宅设计，应充分考虑由于老年人身体机能退化引起的生理和心理的变化，同时应适应老年人的个人习惯，从方便和经济的角度出发，为老年人提供良好的居住环境，尽可能长地保持其独立生活能力。另一方面，习惯了宽阔的宅院式住宅的农村老年人，很不习惯城市里空间低闷的楼房生活，因此，在楼房设计上，应特别突出阳台的设计，尽量让阳台宽广，成为院落的替代。尽量提高楼间距，设置宽大的窗户，保持良好的视野。同时，在楼层设计上不宜过高。

其次，宜老社区景观环境建设方面要充分考虑农村老年人喜欢与人交往，喜欢闲

暇时与邻里聊天的习惯，在住宅周边小区内设置老年人方便接触的外界空间区域，以为其提供交流和茶余饭后娱乐的场所，比如小花园和广场。在场所的设置上一定要注意以下几点：第一，小花园或广场应设置在社区内，方便农村老年人出入，既安全又封闭以能够满足他们特殊的心理需求。第二，小花园或广场应设置在社区内一边，确保视野开阔，虽与外界隔离但又可以观察社区外部世界，以防造成空间上的压抑感、孤立感。第三，社区整体环境设计上应尽量体现出田园风格，尽量体现出农村老年人原来村庄的一些典型特征，增强他们的心理认同。第四，社区内应设置公共厕所，解决老人上下楼方便困难的情况。第五，社区内应多设置桌凳、亭子，多种植树木方便老人休息娱乐。

最后，在宜老社区社会环境建设方面，要充分考虑农村老年人原有社会关系，以原有社会关系为基础，设计构建更加合理、科学的社区社会环境。第一，农村老龄人口宜老社区建设应以原有村庄人口为基础，不宜过大，不宜过度整合，应坚持熟人社区建设原则，不破坏农村老龄人口的原有社会人际交往关系。第二，社区内医疗机构是农村老龄人口的重要活动场所，其医务人员应尽量保持不变。原有医务人员既熟悉区域内老人的身体状况，又与老人本人较为熟悉，既方便了老人也方便了工作。第三，社区内应设置现代化的社区养老服务中心，可以随时为农村老龄城镇化人口解决其城镇化过程中出现的各种现实和心理问题，帮助其顺利市民化。第四，在社区建立老年活动中心、老年人交流俱乐部、老年人协会，开办老年学校，以先进的文化催生新思想、新观念，用健康向上的文化来激励、鼓舞老年人积极参与欣赏戏剧、观看影视、学习才艺、书画等各种有益身心健康的活动，真正让老年人的精神文化生活丰富起来，以保证城镇化进程中养老事业的健康发展。

参考文献

[1] 王泳国．城镇化过程中农村老人的心理分析．http：//www. gschina. org. cn/article/huiyuantougao/2012 05 – 30/1438. html，2012 – 05 – 30.

[2] 谭克俭．城镇化进程中农村老人的两难选择与破解对策［J］．中共山西省委党校学报，2013（01）．

作者简介：

褚衍成，男，任职于中共峄城区委党校。

台湾高龄友善城市建设经验与主要特色

——以嘉义市为案例

谢　楠

（中国社会科学院台湾研究所　北京　100083）

摘　要：为应对日益严峻的人口老龄化挑战，2010 年台湾开始自上而下推动各县市建设“高龄友善城市”（age – friendly city），按照 WHO 倡议的八大面向，探索建设“具有包容性和可及性的都市环境与促进活跃老化的城市”。嘉义市作为第一个参与城市，其成功经验包括：组建行政首长负责的跨部门委员会，实现内外各类资源的有效整合；以高龄群体需求为建设规划核心，制定具有鲜明地方特色的指标体系和行动计划；善用内外条件以构建“高龄友善城市”建设永续机制。实践证明，“高龄友善城市”建设有助提升城市竞争力，为城市发展治理与应对人口老龄化提供了新思路。

关键词：台湾　高龄友善城市　经验

一、背景

台湾社会正面临人口老龄化加速发展的严峻挑战。最新预测显示，台湾地区人口最快将于 2019 年达到零增长，与 2009 年人口预测结果相比，快 3—4 年。2060 年台湾地区人口总数将由当前的约 2340 万减少至 1660 万—1930 万（台湾将 65 岁以上人口视为高龄人口，即联合国定义的老年人口）。台湾 2014 年高龄人口比例为 12%，预计 2018 年超过 14%，2025 年超过 20%，2060 年达到 39% 左右，届时人口老化程度将超过日本。同时，台湾人口扶养比迅速上升，总扶养比将由 2014 年的 35% 快速上升至 2060 年的 98.6% 左右，其中老年扶养比由 2014 年的 16.2% 暴涨至 81%。

高龄人口的迅速增加对公共财政造成巨大压力，使台湾面临严峻财政收支失衡问题。目前台湾地区各级行政机构债务占 GDP 比重接近 50%，部分县市已濒临财政

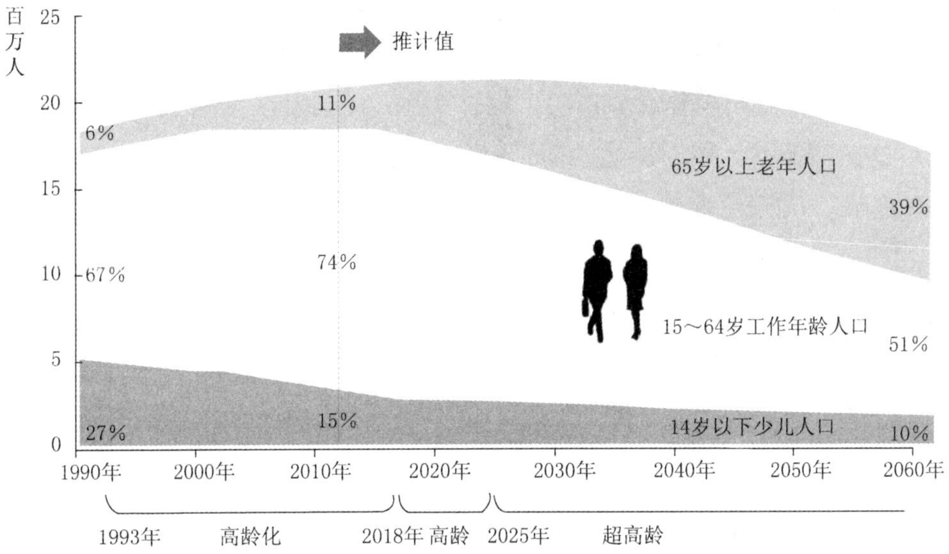

图2－6　台湾人口老龄化预测

数据来源：台湾行政主管部门。

破产。为此，台湾社会努力寻求应对人口老龄化的新路径与新思路，力求通过提升高龄人口健康水平以减少医疗支出费用，提高高龄人口劳动参与率以缓解未来劳动力供给的问题。在此背景下，台湾地区从2010年开始推动“高龄友善城市”建设规划。

“高龄友善城市”是指“具有包容性和可及性的都市环境与促进积极老龄化的城市”，它强调“融合无障碍”：城市中没有使民众特别是高龄人群行动不便的障碍因素，也没有造成高龄人群不敢动及不想动的无形障碍。“高龄友善城市”概念源于WHO在2005年与2007年分别提出的“高龄友善环境”和“全球高龄友善城市计划”。WHO于2007年推出《全球高龄友善城市指南》，提出建设“高龄友善城市”应从八大面向执行，包括“无障碍与安全的公共空间”“大众运输”“住宅”“社会参与”“敬老与社会融人”“工作与志愿服务”“通信与信息”及“小区及健康服务”，通过这些议题探讨城市的架构、环境、服务与政策，促使城市变得更为友善。“高龄友善城市”包括物理环境和社会福利心理健康等各方面，强调为高龄者提供更完善的关怀与照顾，超越过往只注重为老年群体提供医疗和社会福利的政策框架。

台湾地区卫生福利主管部门在2010年呼应WHO倡议的“积极老龄化”及“高龄

友善城市”概念，倡议打造台湾高龄友善社会，将 WHO“高龄友善城市”八个面向本土化阐释为“无碍、畅行、安居、亲老、敬老、不老、连通、康健”八个方面，根据 WHO 推动的《高龄友善城市指南》，结合其他国家及地区成功经验，进行符合台湾实际情况的具体解读，制定相应友善城市指标评估体系（见表 2 – 2）。台湾地区嘉义市主动申请成为第一个推动“高龄友善城市计划”的实验城市。

表 2 – 2 台湾地区“高龄友善城市”概念定义与指标评估体系

WHO 规划八大面向	台湾定义	具体阐述	本土化指标体系
无障碍与安全的公共空间	无碍	持续改善公共空间，符合无障碍标准，例如马路绿灯时间够长、礼让行人、维持小区的良好治安等	①环境；②绿地与人行道；③室外休息区；④路面；⑤道路；⑥交通；⑦自行车道；⑧安全；⑨服务；⑩建筑物；⑪公共厕所
大众运输	畅行	大众运输票价合理、班次稳定；方便可达——医院、银行、购物中心、公园等；便利的大众运输或接送设计；针对行动不便者设计专用运输工具	①可负担性；②可靠性与频率；③旅游目的地；④高龄友善的运具；⑤专门服务；⑥博爱座；⑦运输司机；⑧安全及舒适；⑨交通运输场站；⑩信息；⑪小区交通；⑫出租车；⑬道路；⑭驾驶能力；⑮停车场
住宅	安居	足够且负担合理、安全，靠近服务设施的住宅；足够活动空间及适当设备（如空调）的设计；补助依长者需求修改住宅；小区有适合不同失能程度的住所与服务，还可结合志工，提供送餐和家事服务	①可负担性；②基础性服务；③住宅设计；④居家改造；⑤居家维护；⑥在地老化；⑦小区整合；⑧住宅选择；⑨生活环境
社会参与	亲老	举办各种服务与活动便于长辈参与（像是位置便利、收费合理、容许亲友陪伴参加）；活动时间适合长者，活动地点可近性，大众运输可达；可负担活动花费，可选择与朋友或照顾者同行	①活动的可及性；②活动的可负担性；③活动范围；④设施与配置；⑤活动的关注与推广；⑥避免孤立；⑦促进小区之融和
敬老与社会融入	敬老	提倡敬老文化与增进跨代互动，并且鼓励业界发展各种银发服务和产品，创造银色 GDP。大众媒体传播长者正面形象，通过公众教育分享经验等	①尊重和包容性的服务；②公众的尊老意识；③跨代和家庭交流；④公众教育；⑤小区性因素；⑥经济性因素

续表

WHO 规划八大面向	台湾定义	具体阐述	本土化指标体系
工作与志愿服务	不老	支持长者持续就业、参加志愿服务或勇敢追逐梦想。提供长者志工参与选项；提供长者退休后的训练机会；以政策及立法预防工作场所的年龄歧视；鼓励及支持雇佣长者工作的机会	①志工选择；②就业选择；③训练；④可及性；⑤公众参与；⑥价值贡献；⑦企业家精神；⑧薪资
通信与信息	连通	主动提供各种重要信息给长辈，确保长辈与社会的联结；提供信息时，字体大，说话慢，配合长辈惯用的语言	①信息提供；②口语交流；③印刷品信息；④简素的语言；⑤自动化通信与设备；⑥计算机与网络
小区及健康服务	康健	方便可达；经济障碍极小化；居家照顾服务包括提供各种社会服务、休闲娱乐、运动保健活动、讲座或健检服务等；鼓励各年龄层志工参与服务	①服务可及性；②服务提供；③无偿性支持；④紧急事件的规划与照护

资料来源：台湾卫生福利主管部门，http://afc.hpa.gov.tw/Page/base/result.aspx.

二、嘉义市“高龄友善城市”建设经验与特色

嘉义市位居台湾中南部地区，城市面积为60平方千米，总人口27万人。2014年55岁以上人口为6.7万人，占人口比例的24.8%；65岁以上人口为3.29万人，占人口比例的12.18%，略高于全台的11.86%。在推动“高龄友善城市”建设过程中，嘉义市形成了既可推广复制的通用模式又富有当地特色的“嘉义经验”。

（一）构建行政首长负责的跨部门委员会，整合公、私各部门与社会智力支持等多方资源

嘉义市率先成立“高龄友善城市推动委员会”（如图2-7所示），实现跨部门的资源整合共同推动。委员会定期召开会议（4个月一次），由作为召集人的市长主持会议，规划高龄友善城市推动工作、审视执行进度。委员会下设4个小组，分别为社福心理健康组、友善环境建设组、企划组和营销组。各工作组各有一人担任组长，依权责及业务需要不定期召开会议，主要为讨论设置嘉义市高龄友善城市指标、拟订行动计划等事项。委员会及下属小组各类会议均由专家学者与相关民间组织参加，依照各自角色定位发挥相应作用。

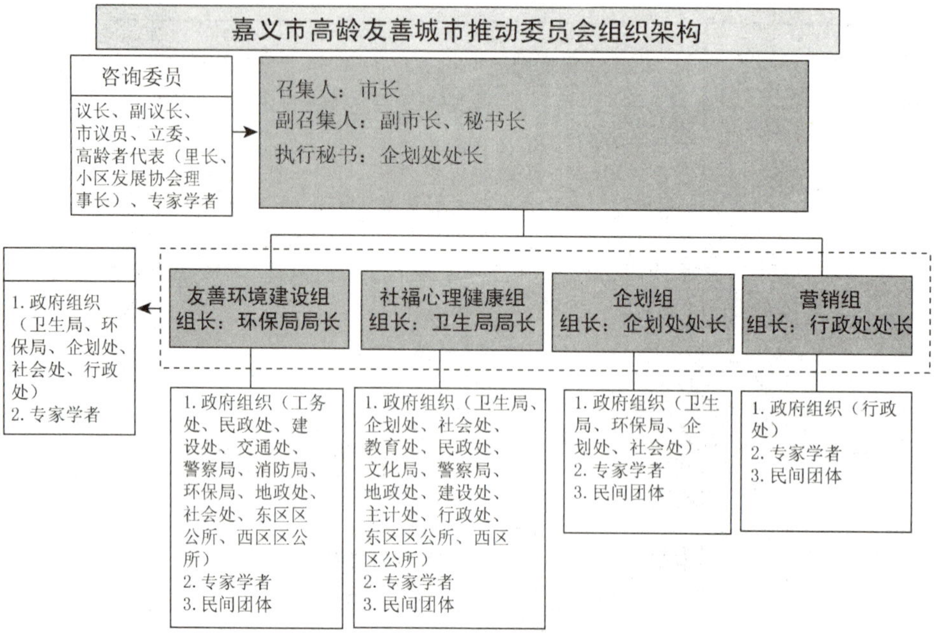

图 2-7　嘉义市“高龄友善城市推动委员会”结构图

“高龄友善城市”规划过程中强调公共部门与民间组织按照各自角色分工进行密切合作。其中，台湾行政主管部门主要作用在于发起活动和建立推动架构，如卫生福利主管部门在“高龄友善城市”建设中发挥“倡议”（Advocate）、“促动”（Enable）及“媒介”（Mediate）三大功能。一方面，发起计划，邀请地方县市参与，并积极利用媒体舆论，增进民众对“高龄友善城市”的理解；另一方面，举办一年一届的“台湾健康城市与高龄友善城市奖项评选”，鼓励各县市参评，通过评比奖励提升地方县市参与积极性，推广优秀经验。

地方行政机构扮演的角色包括：确定实施高龄友善公共政策、建立跨部门行动机制、设立指标检测系统、提供相关策略与行动计划。民间 NGO 组织的角色和作用包括：智力支持，协助行政机构提出相关政策与策略；服务提供，选择优秀团队服务高龄者，训练及培养服务人员的能力与技能。

（二）以高龄者参与为中心，以高龄者实际需求作为建设规划核心

嘉义市在推动“高龄友善城市”建设中，强调建设的核心精神是使城市中的高龄人群由下而上全面性参与。嘉义市在实施建设规划前，针对不同地区、身份与族群的高龄者，举办多场次社区座谈会，采取组成焦点团体、问卷调查等调查手段了解辖区内高龄

者的实际需求，鼓励高龄者积极参与，就城市发展结构、环境与服务设施以及施政方案等，对高龄者进行深度访谈与交流，将高龄者亲身感受与第一手意见纳入行动计划。

（三）构建具有鲜明地方特色的指标体系和行动计划

在“高龄友善城市”建设中，嘉义市参考 WHO 制定的八大面向以及台湾卫生福利主管部门制订的“高龄友善城市指标与导入计划”，根据对高龄者群体的访谈与研究结果，结合实际财政能力，制定了符合地方特色的评估指标体系与行动计划，并指派相关行政部门负责督办，定期由“嘉义市高龄友善城市推动委员会”及下属小组考核，再根据考核结果提出相应修改计划。这形成一个“WHO 一般理论概念——台湾本土化指标体系——嘉义市特色指标体系与行动计划——专门行政机构督办——定期展示与考核——修订指标体系”的由理论到实践的完整流程，使嘉义市“高龄友善城市”建设规划同时具有科学性、可操作性和可调适性（表 2 – 3）。

2010 年嘉义市参考 WHO 的《全球高龄友善城市指南》，针对八大面向拟定了 110 项指标，并制订 2011—2014 第一期行动方案，实施完毕后进行评估，由“嘉义市高龄友善城市推动委员会”开会决定修订 21 项指标、删除 4 项指标。

表 2 – 3　嘉义市“高龄友善城市”建设特色指标体系与行动计划（部分）

台湾定义	嘉义市指标体系	部分行动计划	组别	专责行政部门
无碍	①人行道设置；②高低差处理；③行人专用标志；④大型干道设置安全岛；⑤防滑设计；⑥紧急服务铃；⑦扶手；⑧照明；⑨垂直移动设施；⑩具有座椅的休息区；⑪标示系统清晰程度；⑫户外；⑬生活技能场所与医疗机构；⑭维护管理良好的公园绿地；⑮维护管理良好的人行道；⑯自然植栽；⑰连接住宅与户外开放空间的人行道；⑱无障碍厕所	中山路建筑物骑楼整平计划	友善环境建设组	都市发展处
畅行	①大众运输系统的维护保养；②大众运输系统的友善设计；③候车亭设计；④候车亭维护；⑤驾驶员服务品质训练；⑥站牌资讯清晰程度；⑦车辆班车密集度；⑧各站转乘便利性；⑨公车准点性；⑩乘车资讯更新效率；⑪服务路线覆盖率高；⑫站牌设置地点；⑬出入后设施；⑭高龄者就医交通便利性（2013 年新增）	高龄友善出入口设施改善——以转运中心衔接桥为主		交通处

续表

台湾定义	嘉义市指标体系	部分行动计划	组别	专责行政部门
安居	①求救设备；②独居高龄者设置“住宅用火灾警报器”；③生活用具与无障碍设施容易使用；④血压、血糖用具容易取得；⑤临近生活购物环境；⑥临近户外环境休憩空间（2013 年新增）	1. 住宅用火灾警报器	友善环境建设组	消防局
		2. 血压、血糖用具容易取得		卫生局
亲老	①专业急救人员；②紧急疏导措施；③社会参与资源提供（如活动参与补助）；④有服务人员在活动期间辅助高龄者；⑤提供高龄者在组织内担任鼓舞的机会；⑥有足以负担的运输工具接送高龄者参与活动；⑦具备高龄者需要的设施及设备；⑧活动费用可负担性；⑨活动频率；⑩宗教活动；⑪进修服务；⑫养生保健团体活动；⑬休闲娱乐团体活动	1. 有足以负担的运输工具接送高龄者参与活动	社福心理健康组	社会处
		2. 银发族主题书展		文化局
		3. 国际管乐节活动		

值得注意的是，嘉义市在建设“高龄友善城市”过程中，既重视举办惠及面广、社会舆论影响力大的大规模活动，如为高龄人群办理优惠乘车卡、推广社区健康筛查等，也注重设计满足老年群体个性需求的小型行动计划。如 2014 年嘉义市在为独居老人爱心送餐行动规划基础上，针对独居老年人渴望与外界沟通的心理需求，设立老年共餐服务，鼓励长者走出家门多与友人相聚共餐，并补助餐饮业设立符合高龄者就餐的友善餐厅。该行动计划推出后受到高龄人群普遍欢迎和舆论一致好评。这反映嘉义市政府在设计行动方案时真正将高龄者需求置于核心地位，活用社会资源以实现预期效果。

（四）善用内外条件，构建“高龄友善城市”建设永续机制

台湾地区定期举行政治选举，一旦出现政党轮换就将出现大量政务官员被替换的问题。为避免出现因人废事、人亡政息的局面，台湾行政主管部门与嘉义市政府内外结合，采取一系列措施构建“高龄友善城市”建设永续机制。①将“高龄友善城市”建设部分指标整合进入台湾行政主管部门对地方县市机构的考评指标体系，保证了建设可持续性。如将“无碍”面向的建设指标体系与台湾行政主管部门“营建署”的公共安全检查指标相融合。②嘉义市高度重视对市政府员工教育训练，促使“高龄友善城市”建设理念深入人心，解决因政党轮替、人员流动产生的业务难以传承落实的问

题。③积极参与社会媒体各类评比，以舆论压力保持永续建设热情。台湾社会公共媒体发达，《远见》《天下》等大型杂志定期举办各类县市执政满意度调查，评价指标系统全面、精细，社会公信力强。嘉义市“高龄友善城市”建设获得外界高度认可，嘉义市长连续5年获得《远见》杂志“县市施政满意度调查”四星半认可（五星为满分），极为难得，这迫使继任者必须更加努力。

（五）形成“高龄友善城市”经验模式，对内助推其他县市实践，对外推广台湾经验

嘉义市在“高龄友善城市”方面的建设经验被总结为一套完整的推动模式：首先组建跨局处推动委员会，并以八大面向检视现有城市环境建设。再借由座谈会、焦点团体、问卷调查以了解辖区内高龄者需求，同时争取民间与企业共同参与，订立符合当地实际情况的评价指标体系，并制订相应行动计划。嘉义市的成功模式被迅速推广到岛内其他县市，2013年台湾地区22县市均加入“高龄友善城市”推动行列，成为世界范围内高龄友善城市覆盖率最高的地区。

同时，嘉义市还以自身经验与成果成功申请加入WHO高龄友善城市网络，在2011年“第一届高龄友善城市国际研讨会”中获得广泛认可，促成其他国家成员2012年赴台参与“2012APEC亚太地区高龄友善城市与高龄友善经济研讨会”。这意味着嘉义市不仅将国际老龄理论成功付诸实践，还有效丰富了“高龄友善环境”与“积极老化”理论内涵，实现了从理论到实践再到理论的完整闭环：国际老龄概念与理论—台湾（嘉义）本土化指标体系—台湾（嘉义）实践经验—丰富既有理论内涵。

三、几点启示

（一）创造高龄友善环境有助于提升城市竞争力

当前台湾人口增速趋停，吸引人口迁入、减少人口迁出成为各县市维持并提升自身竞争力的重要手段。台湾区域发展不平衡现象突出，近些年人口一直呈现向北部地区、大都会地区集中的趋势，台湾北部的台北市、桃园市和新竹市等工商业发达地区成为人口流入热门地区，而中南部的云林县、嘉义县和彰化县等以农业为主的县市则成为人口流出集中地区。嘉义市人口规模和城市面积均位列岛内各县市末尾，并无优势产业，经济发展速度偏慢，也曾为人口流出集中地区。

嘉义市实施“高龄友善城市”建设规划后，城市环境获得极大改善，城市总

体竞争力显著提升。2012 年、2013 年连续两年在《远见》杂志“县市总体竞争力”排名第三，2014 年在《康健》杂志“哪个城市最青春不老”评比中排名第二，其中教育、医疗卫生和公共安全与消防等单项指标排名全台第一。城市竞争力的提升直接减少了人口外流，数据显示嘉义市 2010—2014 年社会增加率（人口迁入率减去人口迁出率）逐年攀升，人口增长率由负转正（见表 2－4），与周边县市形成鲜明对比。

表 2－4　台湾中部县市人口迁移与变动趋势

	彰化县	云林县	嘉义县	嘉义市
社会增加率（‰）				
2010 年	－5.21	－5.44	－5.47	－5.50
2011 年	－5.16	－4.28	－7.10	－3.78
2012 年	－5.73	－2.88	－5.64	－2.50
2013 年	－4.74	－2.11	－4.70	－1.76
2014 年	－5.26	－0.93	－3.45	－0.74
人口增长率（‰）				
2010 年	－3.95	－7.11	－8.16	－5.37
2011 年	－3.25	－5.71	－9.77	－3.17
2012 年	－2.43	－3.59	－7.84	－1.13
2013 年	－2.97	－4.50	－8.42	－1.28
2014 年	－3.50	－3.44	－8.40	0.04
人口自然增长率（‰）				
2010 年	1.26	－1.70	－2.72	0.11
2011 年	1.90	－1.45	－2.72	0.61
2012 年	3.29	－0.72	－2.24	1.37
2013 年	1.77	－2.40	－3.76	0.48
2014 年	1.75	－2.51	－4.98	0.78

数据来源：台湾地区“主计处”。

当前大陆同时处于城镇化高速发展期、人口增速放缓期与人口老龄化高速发展期。按照目前发展速度，一二十年后将形成相对稳定的城市格局，同时人口总量增长逐步到顶并转向负增长。届时大陆城市发展将面临台湾城市当前的核心问题：如何吸引人口迁入以保持城市竞争力。事实上，当前大陆部分区域和城市已面临因人口大量外流特别是大量青年人口外流而影响城市竞争力的突出问题，典型如大陆东北地区[①]。因此，重视从软硬件双方面构建城市友善环境，不仅有助于改善老年群体生活质量，还将提升整个城市的吸引力，进而提高城市的总体竞争力。

（二）有效整合资源、激发各个主体积极性是推进“高龄友善城市”建设的关键

“高龄友善城市”涉及城市建设各个方面，必须依靠跨部门协作和外部力量支持。一方面，嘉义市政府在台湾行政主管部门的支持下，直接成立以市长为负责人的涵盖公、私各部门的“推动委员会”。由于台湾地方县市治理实行行政长官负责制，县市下属部门负责人（除警务、统计等少数职位由台湾行政主管部门直管）直接由行政长官任命，因此行政首脑挂帅的“推动委员会”具有高度权威性，可以有效克服部门本位主义、实现跨部门资源整合。另一方面，台湾社会民间NGO组织高度活跃、专业性强，台湾行政机构与NGO组织合作已成为常态，因此民间组织能够有效参与“高龄友善城市”建设。而政党轮替及大众媒体的压力则使岛内各县市行政机构学习新型社会治理方式的意愿极为强烈，直接促使“高龄友善城市”建设经验在岛内迅速铺开。

两岸政治环境和社会治理体系有明显差异，不应照搬台湾地区相关经验，可探索制定科学的、符合老龄群体需求及社会发展需要的社会发展指标体系，将其融入既有的政绩考核指标体系，以硬性约束进一步强化大陆各级政府对老龄群体的关注，为应对人口老龄化挑战投入更多资源。

（三）应将国际老龄理论与自身实际相结合，探索完善富有自身特色的应对人口老龄化的政策体系

台湾“高龄友善城市”建设规划将国际老龄理论与台湾社会实际相结合，制定了符合台湾高龄群体需求的行动方案和评价指标体系，并实现了由理论到实践再到理论的良性循环。大陆各地社会发达程度、人口老龄化程度及政府财政实力差异性更强，更应强调将一般理论与各地实践相结合，同时高度重视老年群体实际需求，注重激发老年群体参与性，以科学方法不断完善应对人口老龄化政策体系。

---

① 《东北产业凋敝和人口外流：每年净流出人口200万》载《财经》2015年第13期。

作者简介：

谢楠，男，1985年出生，中国人民大学社会学（老年学）博士，现为中国社会科学院台湾研究所助理研究员。先后参与多项省部级课题研究，在各类期刊发表文章10余篇。

理论探索2·医养结合篇

医养结合是一个新事物，没有统一的做法和成熟的经验，需要摸着石头过河。但是，摸着石头过河也有目标问题、方向问题、路径问题、方法问题以及本土化适应性问题。因此，理论探索是必要的、先行的。是医养结合还是养医结合，医养结合有几种基本模式，发展医养结合的主要瓶颈问题，如何与医改有机结合，凡此种种，均需要基于实践的理论。构建没有现成答案的理论，就是理论创新，而理论创新的水平则预示着医养结合发展的高度。唯有理论清，才能行动明；唯有理论自觉，才能主动而不盲目。

我国“医养结合”的顶层制度设计与政策仿真研究①

杨贞贞[1] 米 红[2]

（1. 西北农林科技大学人文社会发展学院 陕西 712100

2. 浙江大学公共管理学院人口研究所 浙江 310058）

摘 要：在当前我国人口快速老龄化和家庭养老负担沉重的背景下，老年人养老服务缺位现象普遍，社会养老服务资源供给结构性失衡问题也日益凸显，亟须优化社会养老服务体系，构建科学的社会养老服务筹资模式，以增强老年人社会养老服务购买力，实现人人享有健康服务的目标。在系统研究青岛长期医疗照护保险制度的基础上，综合借鉴吸取发达国家长期照护服务筹资机制的经验教训，统筹考虑当前我国社会医疗保险制度发展特征，提出了创新性构建医养结合的社会养老服务筹资模式，即“城镇基本医疗保险统筹基金划拨支付与个人缴费相结合”的设想。借鉴国际ILO筹资模型，通过分别对人口统计与经济模块、收入估计模块、成本估计模块以及结果模块的构建，并基于宏观社会经济与人口统计数据、微观调查数据等资料，综合运用人口预测技术、政策仿真技术以及社会保险精算技术等，测算了医养结合的社会养老服务的筹资参数标准。研究结果表明，医养结合的社会养老服务筹资模式的实施不仅能有效缓解医疗保险基金支付压力，还能提高老年人社会养老服务购买能力，是医疗资源与养老资源的有效整合，是提前应对我国老年人口医疗服务、养老服务等需求大规模上涨的有效措施和必然要求。

关键词：医养结合 筹资模式 城镇基本医疗保险

一、绪论

与20世纪七八十年代国外发达国家催生长期照护保险制度出台阶段（Campbell & Ikegami，2000；Geraedts，Heller & Harrington，2000）的背景较为一致，随着我国老年

① 本文是教育部人文社会科学重大项目“社会养老服务体系建设研究”（12JZD035）。

人生活自理能力下降与慢性病患病并发现象的日益凸显，我国关于医养结合的呼声越来越高，也有越来越多的学者开始探讨我国长期照护保险制度的发展路径，主要分为分阶段或者多模式相结合的发展路径（蒋虹，2007；荆涛，2010；周琛，2012）与分群体推进的发展路径（王杰和戴卫东，2008；黎建飞和侯海军，2009）两种。但是我们发现，不管是分阶段或者多模式相结合的发展路径，还是关于分群体推进的发展路径，都是源于当前我国社会经济发展水平相对较低、人民收入水平不高的社会现实而不得不采取的一种迂回战术，这一点是毋庸置疑的。我国似乎应该走一条不同于他国的社会养老服务发展道路。

为了有效应对人口老龄化带来的挑战，中国一些地区也开始积极探索社会养老服务的筹资政策创新，尤其是青岛长期医疗照护保险制度的出台，为我国社会养老服务政策创新提供了一定经验借鉴。因此，论文将在系统研究青岛长期医疗照护保险制度的基础上，通过综合借鉴吸取发达国家长期照护服务筹资机制的经验教训，统筹考虑当前我国社会医疗保险制度发展特征，提出了构建医养结合的社会养老服务筹资模式，即“城镇基本医疗保险统筹基金划拨支付与个人缴费相结合”的设想。由于当前我国乡村条件尚不成熟，因此本文构建的医养结合的社会养老服务筹资模式的对象仅针对我国城镇。

二、地区经验：青岛市长期医疗照护保险制度

早在1987年，青岛就迎来了老龄化社会，是全国较早进入老龄化社会的城市之一。多年以来，全市人口老龄化水平呈持续增长态势，老龄化程度迅速加深，失能、半失能现象日益凸显①。在经过多年的探索尝试实验的基础上，2012年青岛市正式出台了《关于建立长期医疗护理保险制度的意见（试行)》（青政办字〔2012〕91号)②。青岛长期医疗护理保险制度覆盖了城镇职工基本医疗保险和城镇居民基本医疗保险的所有参保人，其发生的符合规定的医疗护理费将纳入护理保险支付范围。青岛长期医疗护理保险费主要通过调整个人账户和基本医疗保险统筹金的结构进行筹集，

① 资料来源：青岛统计信息网《我市人口老龄化特征明显》。http：//www. stats - qd. gov. cn/statsqd/news/201391811422547850. aspid = 230&parentid = 969&videos = &typeid = 1090，2013年9月9日。

② 早在2006年青岛市率先推行了老年医疗护理，将需要照料参保人的医疗护理、社区家庭病床纳入医保支付和管理范围；2011年全市又在二级医院开设专护病房，将需要插管等参保人的医疗护理纳入了医保报销范围。以上探索均为青岛长期医疗保险制度的实施提供了有益经验。

用人单位和个人不需另行缴费。

青岛市长期医疗护理保险制度的实施是多年探索尝试试验的结果，它不仅首次以社会保险形式将老年人医疗服务与照料服务纳入统一制度框架，还开创了我国以社会医疗保险统筹基金支付长期照护服务费用的先例，不仅实现了医疗服务资源和养老服务资源的有效整合，也开通了社会医疗保险资金注入社会养老服务的渠道，是一种基于制度优化的社会医疗保险统筹基金的转移，具有较为重大的理论意义与深远的现实意义，更为构建适合我国国情的社会养老服务筹资模式提供了一定的指导借鉴意义。

三、现实土壤：城镇社会基本医疗保险制度①

随着我国城镇基本医疗保险参保人数的快速增长，城镇基本医疗保险基金收入快速增加，城镇基本医疗保险基金累计结余额度也在持续增长，结果表明：近10年来，我国城镇基本医疗保险基金累计结余额度的平均增长速度达31.34%，其中城镇职工基本医疗保险基金累计结余额度的平均增长速度达29.82%；城镇居民基本医疗保险制度处于制度扩张期，其基金积累速度较快，与2011年相比，2012年基金累计结余额度增长了53.04%，基金累计结余增长速度较快。从人均结余角度讲，我国城镇基本医疗保险基金累计人均结余额度也相对较高，2012年城镇基本医疗保险基金累计人均结余额度为1425.11元/人，其中，城镇职工基本医疗保险基金累计人均结余额度为2599.22元/人，城镇居民基本医疗保险为279.98元/人。因此，当前，我国城镇基本医疗保险基金正在以较快速度累积，城镇基本医疗保险基金累计人均结余额度也在以较高速度增长，这为从医疗服务系统整合到医养结合过渡，为对社会养老服务系统中不能自理的慢性病患者的医养照护服务的资金保障提供了可能性。

四、医养结合的社会养老服务筹资模式构建

（一）模式提出

本文提出了在借鉴吸收青岛市“划拨城镇基本医疗保险统筹基金”补偿“由慢性病等而衍生出来的有医疗服务和照料服务双重需求人员照护服务”的实践经验基础上，通过增加个人缴费的筹资途径以拓宽筹资途径，从而将补偿受益范围扩大到所有有照护服务需求的人员的筹资设想。即通过创新性构建“城镇基本医疗保险统筹基金划拨支付

① 由于数据获得的有限性，此处用城镇基本医疗保险基金的收支情况进行分析。

与个人缴费相结合”的医养结合社会养老服务筹资模式，以增强个体的养老服务购买力，满足个体多元化的养老服务需求，从而保障个体获得健康服务的权利（如图3－1所示）。

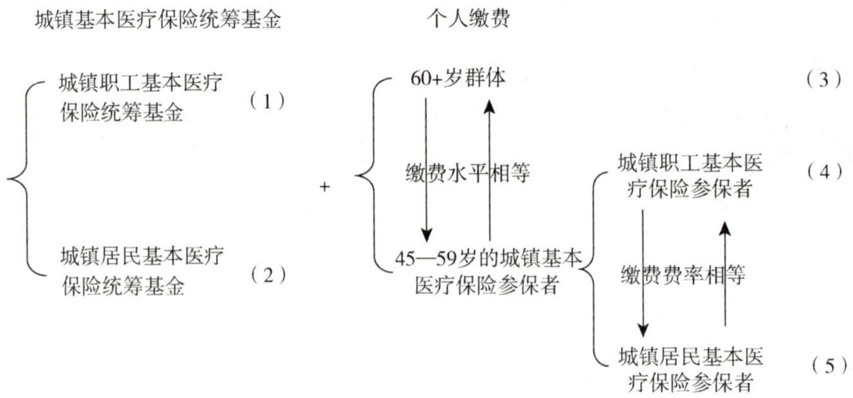

图3－1　城镇医养结合的社会养老服务筹资模式

（二）基金筹集

1. 城镇基本医疗保险统筹基金划拨支付

在当前我国条块分割化的社会保险体系下，我国城镇社会医疗保险制度可以分为城镇职工基本医疗保险制度与城镇居民基本医疗保险制度两种。因此，城镇社会基本医疗保险统筹基金又可以进一步划分为城镇职工基本医疗保险统筹基金与城镇居民基本医疗保险统筹基金两部分。

2. 个人缴费

综合借鉴国际经验，考虑到我国的基本国情，可以参考借鉴我国2009年新型农村社会养老保险制度以及2010年城镇居民社会养老保险制度的试点实施的经验，将覆盖人员的年龄下限设置为45周岁，即45周岁及以上的群体将会全部被覆盖。参照日本的划分方式，则可以进一步划分为：①60＋岁的老年人口，即第1号被保险者；②45—59岁的城镇社会基本医疗保险参保者。

在当前我国条块分割化的社会保险体系下，我国城镇社会医疗保险制度可以分为城镇职工基本医疗保险制度与城镇居民基本医疗保险制度两种。因此，城镇社会基本医疗保险参保者划分为城镇职工基本医疗保险参保者与城镇居民基本医疗保险参保者两部分。故医养结合的社会养老服务筹资来源的个人缴费部分主要由三部分组成：①60＋岁个体的总缴费收入；②45—59岁城镇职工基本医疗保险者的总缴费收入；

③45—59 岁城镇居民基本医疗保险者的总缴费收入（如图3－1所示）。

另外，在个人缴费方面，借鉴日本的模式并结合中国实际，该筹资模式还分别建立了代际间与代际内的缴费平衡原则，即在代际间为“维持45—59岁参保人员的人均缴费水平与60＋岁的老年人的人均缴费水平相等”，在代际内为“保持45—49岁城镇职工基本医疗保险参保者的人均缴费费率与45—59岁城镇居民医疗保险参保者的人均缴费费率相等”。

（三）受益对象

医养结合的社会养老服务筹资模式的补偿对象仍然限于有照护服务需求的群体，而发生的医疗服务费用则仍然按照社会医疗保险制度的相关要求进行补偿，即指生活基本自理与不能自理的群体才是医养结合的社会养老服务筹资模式的补偿对象。更确切地讲，生活自理能力状况是判定该个体是否是医养结合的社会养老服务受益补偿范围的唯一标准。

（四）支付标准

青岛市长期医疗照护保险费的支付不设起付线，报销比例为90%—96%，这意味着长期照护服务受益者只需承担最高10%的护理服务成本。因此，本文提出的医养结合的社会养老服务筹资模式，在进行补偿支付时也不设起付线，使用者在使用服务时支付10%的护理服务成本，也就是说医养结合的社会养老服务筹资模式下的长期照护服务的报销比例为90%。

（五）财务模式

无论社会养老服务的资金来源是来源于国家、雇主还是个人，其财务模式基本上可以分为三种：完全积累制、现收现付制以及部分积累制（郑清霞，2013）。完全积累制的本质精神是自我责任，它从长期收支平衡的角度出发，需要在对涉及未来数十年的预期余寿、健康状况、医疗科技进步以及照护人力成本增加等宏观因素进行长期测算的基础上，确定适当的费率标准；它的最大特点是能够预防人口老龄化的冲击。现收现付制的本质精神是代际互助，它不需要考虑资金储备，只从当前或者近两三年收支平衡的角度出发，以收支平衡为原则，确定一个适当的征收费用（税）。当缴费人口与给付人口的比例发生变动时，也必须调整费率或者给付额来平衡收入与给付之间的差距，以保证基金的收支平衡。它的最大特点是，收支关系简单清楚，管理方便，无资金贬值的风险与资金保值增值的压力，制度可以立即实施，马上惠及养老服务需求者。部分积累制则是介于完全积累制和现收现付制之间的一种财务模式，它的资金一部分来自实现提存储备的基金，另一部分则来源于当前参与者费用的缴纳（郑清霞，2013）。

本文认为现收现付制是更适合于我国社会养老服务政策的财务模式。在平衡年度角度，则采取当年平衡。

五、医养结合的社会养老服务筹资模型构建与参数测算

（一）筹资模型构建

ILO 筹资模型是2000 年由国际劳工组织（ILO）与国际社会保障协会（ISSA）面向全球卫生领域推出的，目的是为解决卫生保健系统普遍缺乏筹资数量模型的问题（李镒冲，李晓松和陈滔，2010）。它遵循的核心原则是基金收支平衡，主要包括四个模块：人口统计与经济模型、收入估计模型、成本估计模型以及结果模型（王微，2008）。本部分将通过参考借鉴 ILO 筹资模型的建模思想和数量技术，分别构建了医养结合的社会养老服务筹资模型的四个模块，即人口统计与经济模型、收入估计模型、成本估计模型以及结果模型，并基于宏观社会经济与人口统计数据、微观调查数据等资料，以对筹资模型的重要参数进行测算分析（限于篇幅，详见杨贞贞博士学位论文，这里不再赘述）①。

（二）数据来源

1. 人口统计数据

根据上述建立的模型，人口统计模型的关键指标有未来年份分城乡、年龄、性别的人口数，分城乡、年龄、性别、生活自理能力、慢性病患病的人口比例、家庭户结构比例以及城镇职工基本医疗保险参保人数、城镇居民基本医疗保险参保人数。

2. 经济数据来源

财政税收性收入则是衡量我国社会经济发展水平的宏观指标，也是用来评估分析社会养老服务基金可持续发展的关键指标；社会养老服务成本则是关乎社会养老服务基金支出的关键指标。下面将依次来看这些经济指标。

（三）关于社会养老服务成本

由于社会养老服务（包括机构照护、居家照护以及日间照料等）属于劳动密集型服务，养老服务的大部分成本主要是雇佣工作人员的成本，因此社会养老服务的单位

---

① 杨贞贞：《医养结合的社会养老服务筹资模式构建与实证研究》浙江大学博士学位论文，2014 年，第 59－76 页。

成本与从事养老服务人员的工资收入密切相关，社会养老服务单位成本的增长也与从事养老服务人员的工资增长率密切相关（Comas - Herrera，Costa - i - Font，Gori et al.，2003；Karlsson，Mayhew，Plumb et al.，2006）。

我国也曾经于20世纪八九十年代先后出台了关于护理服务费用补贴标准的文件，即《革命伤残军人评定伤残等级的条件》（民〔1989〕优字18号）和《劳动部、财政部、中华全国总工会关于调整企业工伤全残职工护理费标准的通知》（劳险字〔1992〕28号），两个文件均以当地社会平均工资为基准，按照不同伤残等级标准，分别给予30%—50%的护理服务补贴（贾清显，2010）。当前，青岛市机构接受医疗护理服务的人均成本为66.28元/日①，居家接受医疗护理服务的人均成本为60元/日，分别占同期城镇单位在岗职工平均日工资的49.30%和44.62%，与我国20世纪80年代出台的两个文件的护理服务费用补贴的最高标准基本吻合，这再次说明当前我国社会养老服务的成本与当地社会平均工资密切相关。

以此为依据，可以假定不同老年人生活自理能力、慢性病患病情况以及家庭照护服务资源组合的社会养老服务成本，具体见表3-1。

表3-1 不同养老服务模式的服务成本设定标准

生活自理能力	家庭照护服务资源的可获得性	慢性病患病情况	社会养老服务成本
不能自理	不可获得	患有慢性病	城镇单位在岗职工平均工资的50%
	可获得	患有慢性病	城镇单位在岗职工平均工资的45%
	不可获得	未患有慢性病	城镇单位在岗职工平均工资的40%
	可获得	未患有慢性病	城镇单位在岗职工平均工资的35%
基本自理	不可获得	患有慢性病	城镇单位在岗职工平均工资的30%
	可获得	患有慢性病	城镇单位在岗职工平均工资的25%
	不可获得	未患有慢性病	城镇单位在岗职工平均工资的20%
	可获得	未患有慢性病	城镇单位在岗职工平均工资的15%

① 根据《关于建立长期医疗护理保险制度的意见（试行）》，医疗护理费实行床日包干管理。其中，入住定点护理机构或居家接受医疗护理照料的参保人，每床日定额包干费用为60元，在二级、三级医院接受医疗专护的参保人，每床日总费用定额包干费分别为170元、200元。目前青岛市在床护理人数达10970人，其中，居家接受医疗护理服务的人数为9199人，入住具有医疗资质的养老机构接受护理的人数为1284人，入住二、三级医院接受医疗专护的人数为487人。由此，根据加权平均法推算得到（假定在二级医院接受医疗专护的人数与在三级医院接受医疗专护的人数相等）。

（四）基本结果

1. 城镇社会养老服务总费用情况

图 3-2 表明了 2014—2060 年城镇社会养老服务总费用情况。结果表明，随着时间的推移，城镇 45+岁人口的社会养老服务总费用将不断增加。其中，在 2014 年，城镇 45+岁人口的社会养老服务总费用为 4389.61 亿元/年，到 2060 年，将增长到 81667.38 亿元/年，平均年增长速度为 6.61%，增长速度相对较高。

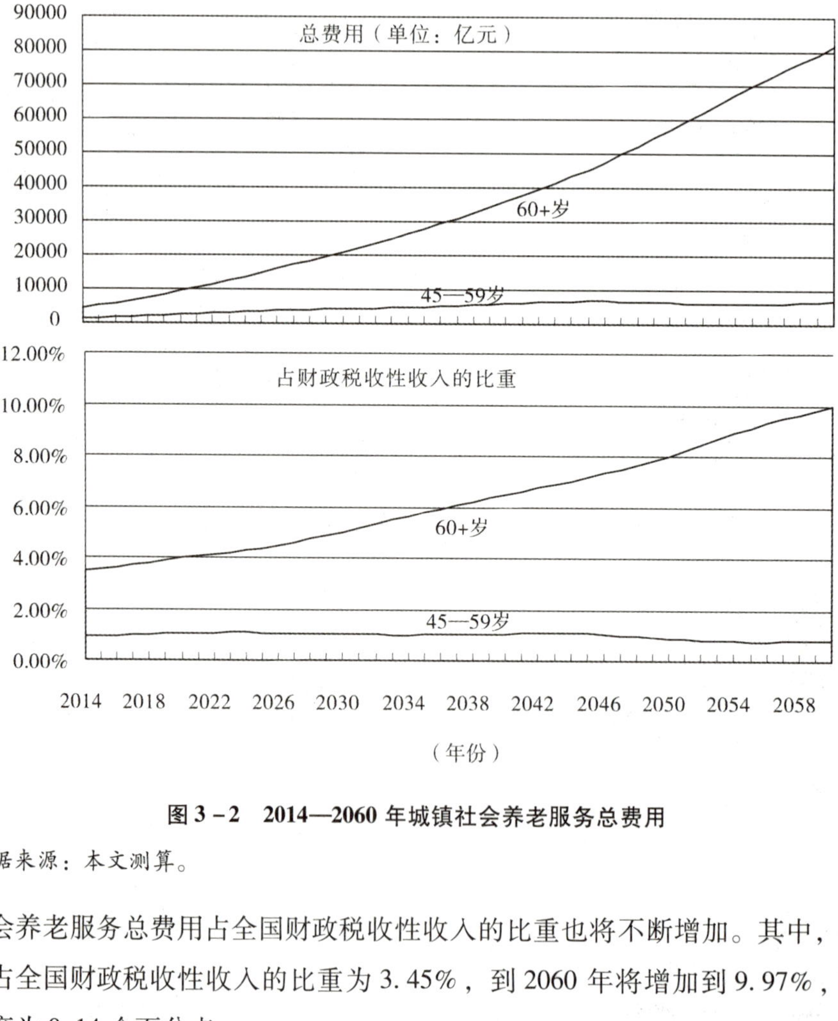

图 3-2 2014—2060 年城镇社会养老服务总费用

数据来源：本文测算。

社会养老服务总费用占全国财政税收性收入的比重也将不断增加。其中，在 2014 年，其占全国财政税收性收入的比重为 3.45%，到 2060 年将增加到 9.97%，平均年增加幅度为 0.14 个百分点。

从分群体角度看，城镇 60+岁人口的社会养老服务总费用将随着社会养老服务需求规模的扩大而呈不断增加趋势，平均年增长速度为 7.12%，高于总体水平 0.51 个百分点；其占全国财政税收性收入的比重也呈不断增加趋势，年增加幅度为0.14个百分点。在2014年，城镇60+岁人口的社会养老服务总费用为74914.33亿元/年，占全国财政税收性收入的比重为2.53%，到2060年，总费用将增长到3223.76亿元/年，占全国财政税收性收入的比重将增加到9.14%。

城镇45—59岁人口的社会养老服务总费用的变化趋势与人口规模变动趋势基本相一致，呈先升后降再升趋势，平均年增长率为3.99%，较60+岁人口社会养老服务总费用的平均年增长率低3.13个百分点；其占全国财政税收性收入的比重呈先增后降再增后降再增的波浪变动趋势，但是其变化幅度较为平缓，基本上保持在0.05个百分点内。在2014年，城镇45—59岁人口的社会养老服务总费用为1165.84亿元/年，占全国财政税收性收入的比重为0.92%；到2060年，总费用将波动增长到6753.06亿元/年，占全国财政税收性收入的比重则波动下降到0.82%，较2014年下降了0.1个百分点。

2. 医养结合的社会养老服务总筹资情况

与城镇社会养老服务总费用的变动趋势完全一致，随着时间的推移，医养结合的社会养老服务总筹资额度将不断增加，在2014年，总筹资额为3950.64亿元/年，占全国财政税收性收入的比重为3.11%，到2060年将增长到73500.64亿元/年，占全国财政税收性收入的比重增加到8.97%。

从资金来源的结构讲，不同资金来源的比重存在显著差异。下面将分别对城镇职工基本医疗保险统筹基金总划拨支付、城镇居民基本医疗保险统筹基金总划拨支付以及个人总缴费的情况进行分析。

（1）城镇职工基本医疗保险统筹基金划拨支付情况

图3-3表明了2014—2060年医养结合的社会养老服务筹资模式下我国城镇职工基本医疗保险统筹基金总划拨支付额度及其占总筹资额比重的情况。结果表明：

随着我国老年人不能自理与慢性病并发人数的增多，城镇职工基本医疗保险基金的划拨支付额度将会逐年增加，但是增加速度呈逐渐下降趋势，平均年增长速度为7.59%。其中，从2014—2027年，其增长速度保持在10%以上；但是在2027年以后，增长速度已经开始低于10%，到2060年，其增长速度已经下降至3%以下，此时，我国城镇职工医疗保险统筹基金划拨支付额度为32302.22亿元，较2014年增加了27.03倍。

城镇职工基本医疗保险统筹基金总划拨支付额占总筹资额的比重基本呈先上升后下降趋势，且变化幅度呈逐渐减小趋势，平均年变化幅度为0.32个百分点。在2014年，其占总筹资额的29.17%；到2055年，该占比将达到最大值，为44.15%，较2014年增加了14.98

个百分点；到2060年，该占比将下降到43.95%，较2055年下降了0.2个百分点。

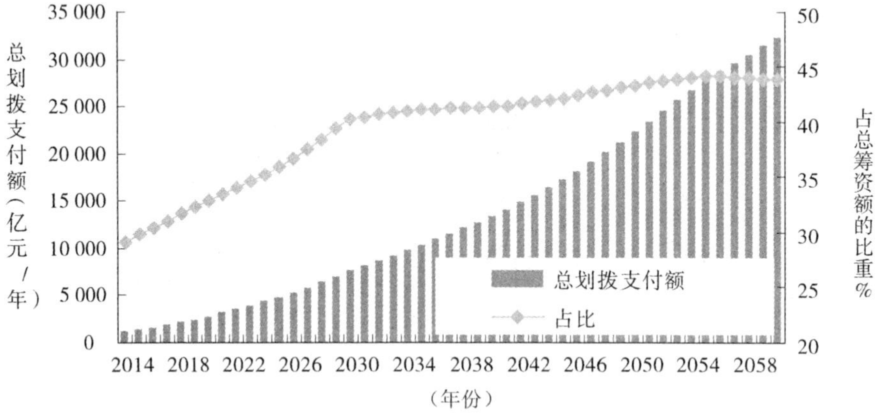

图3－3 2014—2060年城镇职工基本医疗保险统筹基金总划拨支付情况

数据来源：本文测算。

（2）城镇居民基本医疗保险统筹基金总划拨支付情况

与城镇职工基本医疗保险统筹基金总划拨支付额度相比，城镇居民基本医疗保险统筹基金同期总划拨额度相对较少（如图3－4所示）。结果表明：

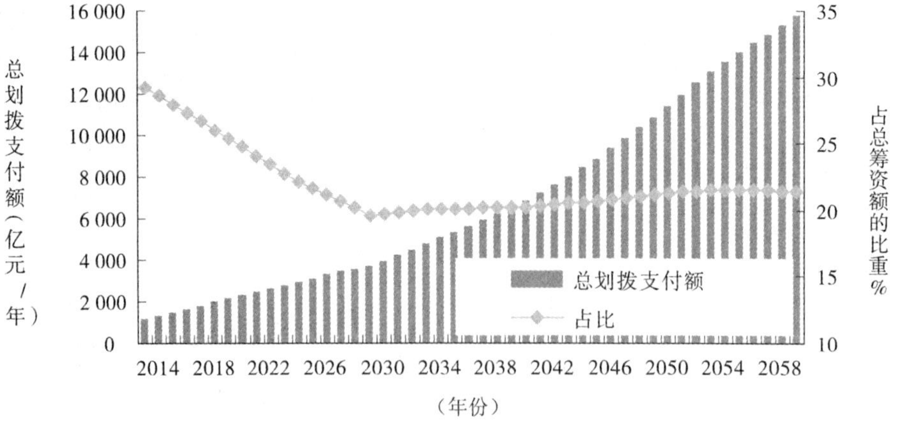

图3－4 2014—2060年城镇居民基本医疗保险统筹基金总划拨支付情况

数据来源：本文测算。

城镇居民基本医疗保险统筹基金划拨支付额度呈逐年递增趋势，但其增加速度呈逐渐下降趋势，平均年增长速度为5.87%；与城镇职工基本医疗保险统筹基金相比，其同期增长速度相对较慢。在2014年，城镇职工基本医疗保险统筹基金总划拨支付额度为 1153.53 亿元/年；到 2060 年，其总划拨支付额度将增长到 15773.72 亿元/年，较 2014 年增加了 12.67 倍。

城镇居民基本医疗保险统筹基金总划拨支付额占总筹资额的比重则呈先下降后上升再下降趋势，且变化幅度基本呈逐渐减小趋势。在 2014 年，其占总筹资额的比重为 29.20%；到 2030 年，该占比将达到极小值点，为 19.65%，较 2014 年下降了 9.55 个百分点；到 2055 年，该占比将达到极大值点，上升到 21.56%，较 2030 年上升了 1.91 个百分点；到 2060 年，该占比将下降到 21.46%，较 2055 年下降了 0.1 个百分点。因此，总体来说，城镇居民基本医疗保险统筹基金总划拨支付额占总筹资额的比重呈波动下降式趋势，平均年下降速度为 0.17 个百分点。

（3）个体总缴费额情况

图 3－5 表明了 2014—2060 年医养结合的社会养老服务筹资模式下我国城镇个体总缴费额及其占总筹资额比重的情况。结果表明，个人总缴费额呈逐年增加趋势，平均年增长速度为 6.19%。其中，在 2014 年，个人总缴费额为 1644.53 亿元/年；到 2060 年，将增长到 25424.70 亿元/年，较 2014 年增加了 14.46 倍。个人总缴费额占总筹资额的比重则呈波动式下降趋势，平均年下降幅度为 0.15%。其中，在 2014 年，个人总缴费额占总筹资额的比重为 41.63%；到 2060 年，该比重下降到 34.59%，较 2014 年下降了 7.04 个百分点。

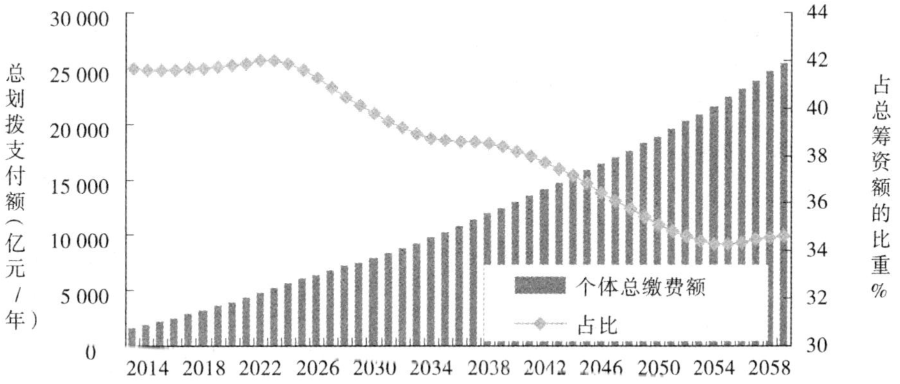

图 3－5　2014—2060 年个体总缴费额

数据来源：本文测算。

3. 医养结合的社会养老服务人均筹资情况

（1）城镇基本医疗保险统筹基金人均划拨支付情况

由于城镇基本医疗保险统筹基金的划拨支付额最终由生活不能自理且患有慢性病群体的社会养老服务总支出决定，而与他们所属的社会医疗保险种类不同，故城镇职工基本医疗保险统筹基金的划拨支付额与城镇居民基本医疗保险统筹基金的划拨支付额相等。但是，由于城镇职工基本医疗保险统筹基金的划拨支付基数为城镇在岗职工社会平均工资，而城镇居民基本医疗保险统筹基金的划拨支付基数为城镇居民人均可支配收入，故该两种制度之间的划拨支付费率则显著不同。

图 3－6 表明了 2014—2060 年医养结合的社会养老服务筹资模式下我国城镇基本医疗保险统筹基金人均划拨支付额。结果表明，城镇基本医疗保险统筹基金人均划拨支付额度呈逐年递增趋势，但其增加速度呈逐渐下降趋势；在 2014 年，城镇基本医疗保险统筹基金人均划拨支付额度为 937. 85 元/年；到 2060 年，其人均划拨支付额度将增长到 9732. 23 元/年，平均年增长速度为 5. 24%。

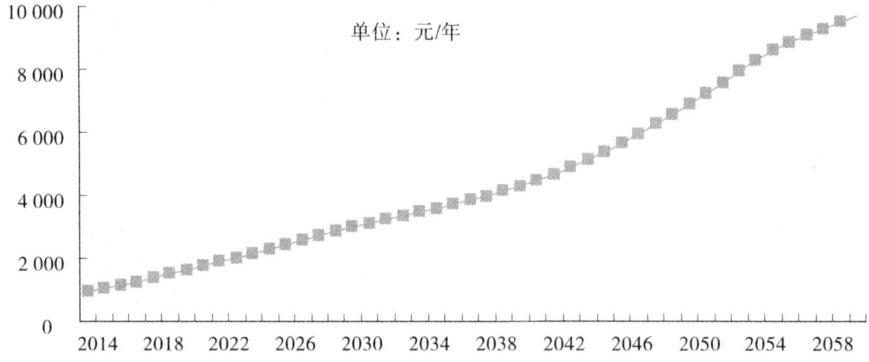

图 3－6 2014—2060 年城镇职工基本医疗保险统筹基金人均划拨支付额

数据来源：本文测算。

图 3－7 表明了 2014—2060 年医养结合的社会养老服务筹资模式下我国城镇基本医疗保险统统筹基金人均划拨支付费率情况。结果表明，城镇职工基本医疗保险统筹基金的划拨支付费率与城镇居民基本医疗保险统筹基金的划拨支付费率均呈上升趋势，但是其变化幅度总体较为平缓。城镇职工基本医疗保险统筹基金人均划拨支付费率在 2014 年为 1. 59%；到 2060 年，将增加到 3. 49%，平均年增加幅度为 0. 04 个百分点。城镇居民基本医疗保险统筹基金人均划拨支付费率在 2014 年为 3. 14%；到 2060 年将增长

到7.02%，平均年增加幅度为0.08个百分点。

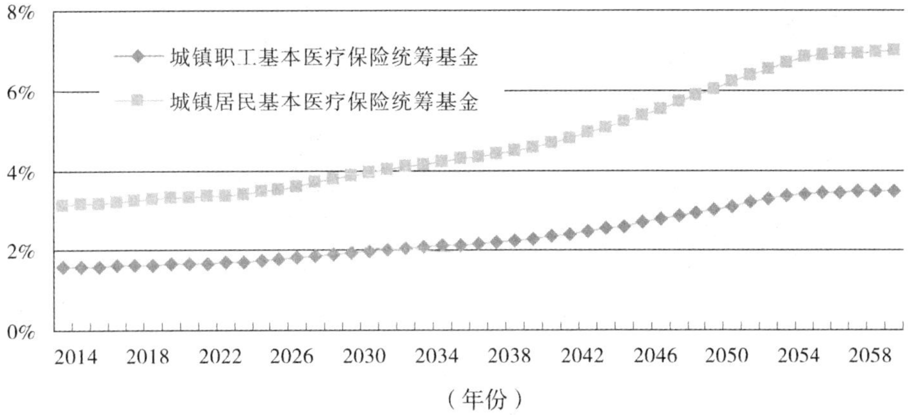

图3－7 2014—2060年城镇基本医疗保险统筹基金划拨支付费率

数据来源：本文测算。

（2）个体人均缴费费用

根据医养结合的社会养老服务筹资模式构建的代际间人均缴费水平相等原则，45—59岁个体的人均缴费水平等于60+岁个体的人均缴费水平；根据医养结合的社会养老服务筹资模式构建的代际内人均缴费费率相等原则，45—59岁个体的人均缴费费率等于45—59岁个体的人均缴费费率；但是由于城镇职工基本医疗保险参保者的缴费基数与城镇居民医疗保险参保者的缴费基数不同，故45—59岁城镇职工基本医疗保险参保者与45—59岁城镇居民基本医疗保险参保者的缴费水平也不相等。因此，总体来说，三类群体的个体缴费水平不相等。

图3－8表明了2014—2060年个体人均缴费水平情况。总体来说，45—59岁城镇职工基本医疗保险参保者的人均缴费水平最高；其次是60+岁个体；再次是45—59岁城镇居民基本医疗保险参保者。

随着时间的推移，该三类群体的人均缴费水平呈增加趋势。其中，在2014年，该三类群体的人均缴费水平分别为888元/年、669元/年和450元/年；到2060年，将分别增加到6157元/年、5146元/年和3078元/年，平均年增长率分别为4.32%、4.59%和4.29%。

图3－9表明了2014—2060年个体人均缴费费率情况。总体来说，60+岁个体的人均缴费费率显著高于45—59岁个体的人均缴费费率。随着时间的推移，该两个群体的缴费费率呈增长趋势。其中，60+岁个体的缴费费率在2014年为2.24%，到2060

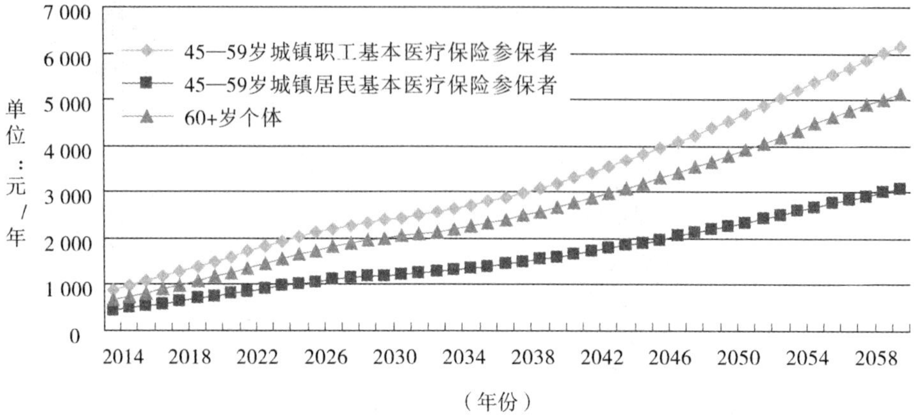

图 3-8 2014—2060 年个体人均缴费水平

数据来源：本文测算。

年将增加到 3.69%，平均增加幅度为 0.03 个百分点；而 45—59 岁个体的缴费费率在 2014 年为 1.51%，其到 2060 年将增加到 2.21%，平均增加幅度为 0.02 个百分点，小于60+岁个体的平均增长幅度。

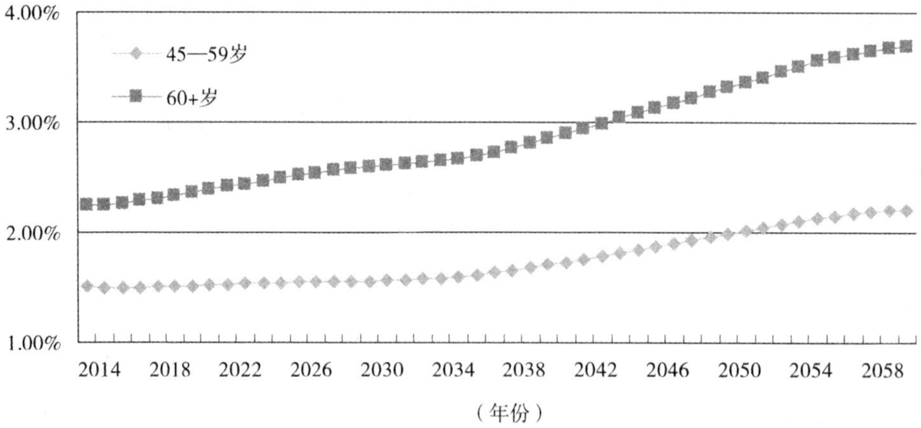

图 3-9 2014—2060 年个体人均缴费费率

数据来源：本文测算。

六、结论

在当前我国人口快速老龄化但家庭养老负担沉重的背景下，老年人养老服务缺位现象普遍，因此我国亟须优化社会养老服务体系，构建科学的社会养老服务筹资模式，以增强老年人社会养老服务购买力，保障公民享受健康服务的社会权利。通过主要参考借鉴国际劳工组织与国际社会保障协会推出的 ILO 筹资模型，通过分别构建人口统计与经济模型、收入估计模型、成本估计模型以及结果模型四个模块，并基于宏观社会经济与人口统计数据、微观调查数据等资料，运用社会保险精算技术，测算了医养结合的社会养老服务的筹资参数标准。研究结果表明：

第一，与制度优化前相比，医养结合的社会养老服务筹资模式下的城镇基本医疗保险统筹基金划拨支付额度将大幅度减少。至 2060 年，城镇职工基本医疗保险统筹基金划拨支付额度将减少 94.64%，划拨支付费率将降低 61.70 个百分点；城镇居民基本医疗保险统筹基金划拨额度将减少 94.48%，划拨费率将降低 119.47 个百分点。

第二，医养结合的社会养老服务筹资模式下，城镇基本医疗保险统筹基金划拨支付额度及费率均呈增长态势。至 2060 年，城镇职工和城镇居民基本医疗保险基金划拨支付额度将分别达 3.23 万亿元、1.58 万亿元，划拨费率分别为 3.49%、7.02%。

第三，医养结合的社会养老服务筹资模式下，45 + 岁群体的人均筹资费用及费率基本呈增长趋势。至 2060 年，45—59 岁城镇职工和城镇居民基本医疗保险参保者的人均筹资费用将分别增至 6157 元/年、3078 元/年，筹资费率均为 2.21%；60 + 岁群体的人均筹资费用将增至 5146 元/年，筹资费率为 3.69%。

因此，构建“城镇基本医疗保险统筹基金划拨支付与个人缴费相结合”的社会养老服务筹资模式，不仅是一种基于制度优化的社会医疗保险统筹基金的转移，还是社会养老服务政策创新的重要契机和推动力，更是提前应对我国老年人口医疗服务、养老服务等需求大规模上涨的有效措施和必然要求。

参考文献

[1] J. C. Campbell&N. Ikegami. Long - term care insurance comes to Japan [J]. Health Affairs, 2000, 19 (3): 26 - 39.

[2] A. Comas Herrera, J. Costa - i - Font, C. Gori, et al. European Study of Long - Term Care Expenditure: Investigating the sensitivity of projections of future long - term care expenditure in Germany, Spain, Italy and the United Kingdom to changes in assumptions about demography, dependency, informal care, formal care and unit costs [R]. 2003.

[3] J. Feder, H. L. Komisar&M. Niefeld. Long - term care in the United States: an overview [J]. Health Aff (Millwood), 2000, 19 (3): 40 - 56.

［4］ M. Karlsson, L. Mayhew, R. Plumb, et al. Future costs for long - term care: Cost projections for long - term care for older people in the United Kingdom ［J］. Health Policy, 2006, 75 (2): 187 - 213.

［5］ 仇雨临. 人口老龄化对医疗保险制度的挑战及对策思考 ［J］. 北京科技大学学报: 社会科学版, 2005, 21 (1): 27 - 29.

［6］ 贾清显. 中国长期护理保险制度构建研究 ［D］. 博士学位论文, 南开大学, 2010.

［7］ 蒋虹. 我国长期护理保险的发展模式选择 ［J］. 西南金融, 2007 (1): 61 - 62.

［8］ 荆涛. 建立适合中国国情的长期护理保险制度模式 ［J］. 保险研究, 2010 (4): 77 - 82.

［9］ 黎建飞, 侯海军. 构建我国老年护理保险制度研究 ［J］. 保险研究, 2009 (11): 65 - 71.

［10］ 李镒冲, 李晓松, 陈滔. ILO 筹资模型与核密度估计方法在社会健康保险精算的应用研究 ［J］. 中国卫生统计, 2010 (003): 243 - 246.

［11］ 刘源,赵晶晶. 德国的医疗保险和护理保险 ［J］. 保险研究, 2008 (3): 65 - 68.

［12］ 彭俊, 宋世斌, 冯羽. 人口老龄化对社会医疗保险基金影响的实证分析——以广东省珠海市为例 ［J］. 南方人口, 2006, 21 (2): 5 - 11.

［13］ 宋燕, 卞鹰. 住院医保患者的医疗费用结构分析 ［J］. 中国卫生政策研究, 2010, 3 (12): 24 - 27.

［14］ 王杰, 戴卫东. 长期护理保险在中国的选择——基于制度经济学的分析 ［J］. 市场与人口分析, 2008, 13 (4): 75 - 80.

［15］ 王溦. 社会健康保险筹资比例计算的精算研究 ［D］. 硕士学位论文, 西南财经大学, 2008.

［16］ 杨贞贞. 医养结合的社会养老服务筹资模式构建与实证研究 ［D］. 浙江大学博士学位论文, 2014.

［17］ 浙江大学社会保障政策仿真与数据挖掘课题组. 深化中国养老保险制度改革顶层设计研究 ［R］ //养老保险顶层设计部际研究工作小组办公室. 养老保险顶层设计研究成果交流会. 2013: 302 - 342.

［18］ 郑清霞. 台湾长期照护保险费率规划之探讨 ［C］. 第三届“海峡两岸农村社会保险理论与实践”学术研讨会. 南京财经大学, 2013.

[19] 周琛．德日两国的长期护理保险制度比较及我国 LTCI 建立构想［J］．法制与社会，2007（2）：345 －346.

作者简介：

杨贞贞，女，博士，西北农林科技大学人文社会发展学院讲师。

米红，男，浙江大学公共管理学院教授、社会保障专业暨人口学专业暨非传统安全管理专业博士生导师，浙江大学人口与发展研究所执行所长，人社部、中国劳科院暨浙大联合系统仿真基地主任，浙江大学非传统安全与和平发展研究中心常务副主任、浙江大学人口大数据与政策仿真工作坊主任等。山东大学数学系控制论专业本科毕业；西安交通大学管理学院系统工程专业硕士和博士；中、加（西安交通大学与阿尔贝塔大学）联合培养的工商管理博士课程（DBA）证书；中国科学院地理科学与资源研究所经济地理和 GIS 博士后。2009 年至今，人力资源和社会保障部专家咨询委员会委员；国务院办公厅暨五部委委托的“深化改革我国社会养老保险制度顶层设计研究”（2013—2014 年）四个平行研究团队之一的首席专家；国家“十三五”人口前期规划重大研究课题负责人（2014—2015 年）。2004 年以来先后多次出访美国、加拿大和欧洲、澳大利亚、南美等著名大学，并承担国家自然科学基金会、国家社科基金会和国家各部委暨地方政府重大、重点项目、一般项目和国际知名基金会重点委托项目超过 100 余项，获得省部级奖 20 多项，发表中英文论文 200 多篇，出版专著 10 余部。

基于SWOT分析的“医养结合”养老服务研究

晁卫华

（河南大学　开封　475001）

摘　要：随着我国老龄化进程的不断加快，老年人对医疗护理的需求也日益加剧，这一问题的解决需社会各部门通力合作，把医疗资源与养老服务有机结合起来，为老年人提供可获得、可利用的养老照护和医疗保健。文章采用SWOT分析当前我国三类“医养结合”养老服务模式，进而构建“一个目标、两项依据、三种类型、四点支撑”的“医养结合”养老服务架构，完善“以居家养老为基础、社区养老为依托、机构养老为补充”的多层次养老服务网络，促进健康老龄化的实现。

关键词：老龄化　SWOT分析法　医养结合　养老服务

党的十八大提出我们应该“积极应对人口老龄化，大力发展老龄服务事业”，2013年国务院又先后颁布了《关于加快发展养老服务业的若干意见》和《关于促进健康服务业发展的若干意见》，进一步明确了加快发展健康养老服务任务，通过养老机构和医疗机构通力合作，从而实现医疗资源和养老的完美结合。文章对目前流行的三种“医养结合”养老服务实践进行SWOT分析，在此基础上提出有效整合医疗资源与养老服务的框架，以实现健康老龄化所要求的多元化养老目标，即“老有所养”“老有所医”以及“以家庭养老为主、社区养老为依托、机构养老为辅”。

一、SWOT分析法和“医养结合”养老服务的内涵

SWOT分析法，指的是内外部竞争环境和竞争条件基础上的态势分析，换句话讲就是研究内容紧密联系的各种内部优势、劣势及外部的机会及威胁等，利用调查的方法一一呈现，并按矩阵形式排列，最后把和系统分析的思想，及其中诸多因素联系起来进行分析，从中总结出一系列带决策性的结论。在该方法中，研究对象所处的情景可以准确、

系统和全面地分析，而相应的对策、计划和发展战略也可以相应地制定出来。

传统的养老服务只是单纯地为老年人提供基本的生活需要，与传统的养老服务不同，“医养结合”这一定位完全是建立在重新审视养老服务内容之间的关系之上的。“医养结合”养老服务对象是指全体老年人，而不是大家理解的“需要中长期专业医疗服务的生活不能自理的老人”；“医养结合”养老服务的内容也并不是老年人在失能或半失能时才提供医疗服务，而应该是利用医疗资源提前介入对老年人慢性病的预防，这远比疾病治疗更有意义。

二、“医养结合”养老服务的SWOT分析

一般认为“医养结合”养老服务在实践中有三种模式，即在养老机构内开设医疗机构、在医疗机构内开设养老机构、养老机构与医疗机构合作。

（一）“养老机构开设医疗机构”的SWOT分析

养老机构开设医疗机构这种模式以青岛市福山老年公寓为代表。青岛市福山老年公寓建于2012年，是一个新型的民办养老机构，其最显著的特点就是老年公寓内开设医疗机构即青岛福山康复医院，医院配有专业康复治疗专家、治疗师、康复医生、护士和护理员团队，并于2013年10月被纳入基本医疗保险范围。福山老年公寓专门收住失能和半失能老人，是山东省设施最完备、功能最全，规模最大（1000张床位），集医、护、养一体的现代化养老机构。

对养老机构开设医疗机构的实践进行SWOT分析，可以发现其内部优势和外部机会在于老龄社会，老年人寿命延长，大部分老年人选择养老机构的标准就是能否提供医疗保健服务。对养老机构开设医疗机构的内部劣势和外部挑战分析发现，由于公办养老机构和民办养老机构原本就有差距，公办养老机构和高端民办养老机构床位紧张，因此养老机构开设医疗机构有可能会加剧它们的分化，不利于老年人健康公平的实现。

（二）“医疗机构开设养老机构”的SWOT分析

医疗机构内设养老机构以重庆医科大学附属一院为代表。青杠老年护养中心是2009年国家发改委批准，重庆医科大学一院投资兴建的重庆市首家大型五星级综合性养老机构，这也是全国首例由大型医疗机构开设的养老机构。青杠老年护养中心依托重庆医大一院的资源优势，实现了集医疗、护理、养老、康复于一体的综合养老机构，其内部的循环转区机制相当完善：从养老区到病康复区、重医、院本部再到养老区，实现了统一协调的良性循环，社会反响良好。

对医疗机构开设养老机构的实践进行SWOT分析，可以发现其内部优势和外部机会在于医疗机构熟悉老年人的医护需求，不仅如此，也能够全方位地为老年人提供。对医疗机构开设养老机构的内部劣势和外部挑战分析发现，由于大型医院原本就病患很多，而基础医院病患不足，因此大型医院开设养老机构的精力不足，而基层医院开设养老机构的能力缺乏，此外，还会存在滥用医疗保险基金的风险。

（三）“养老机构与医疗机构合作”的SWOT分析

湖南康乃馨养老机构和中南大学湘雅三院的合作是养老机构与医疗结构合作的代表。2012年湖南康乃馨养老机构和中南大学湘雅三院合作成立了老年健康管理的专业医疗机构，首次实现了国内高端养老机构与大型公立医院的合作，开启了老年医疗领域和保健康复的重大突破，走在了医疗机构和养老机构结合发展道路的前列。

对养老机构与医疗机构合作的实践进行SWOT分析，可以发现其内部优势和外部机会在于医疗机构医疗资源使用效率得以提高，为更多有康复保健和疾病治疗需求的老年群体服务。对其内部劣势和外部挑战分析发现，养老机构与医疗机构合作成功的，大都是大型养老院和大规模医院，而基层医院和中低型养老院即使合作，也会因其医疗设备落后、医护水平不高，而难以满足老年人医疗保健需求。

三、“医养结合”养老服务发展的制约因素

（一）理念制约

理念制约主要体现在目前我国衡量健康状况指标仍然是死亡率和人均预期寿命，但长寿并不代表健康，人口平均预期寿命是度量人口健康状况的一个重要的指标。“医养结合”强调医疗服务对养老体系的融合与介入，服务对象主要是失能和半失能老年人以及患有慢性病的老人，两者的结合实质上是医疗资源和养老资源的结合与重组。

（二）政策制约

政策制约主要体现在医疗保险制度报销在“医养结合”养老服务存在的限制。以山东省为例，通常“医养结合”养老机构，生病老年人都能够直接享受医保服务，然而，我们发现大多数养老机构中（医养结合类型）只要是采用医疗保险基金这种养老方式的就不能直接享受医保，因此，在这种情况下，一些老年人因无法在养老床位上享受医保而选择了离开。

（三）制度制约

一般认为公办养老机构主要应为失能及半失能老人、生活困难者、“三无”老人、

低收入老人提供低收费或无偿的医疗护理服务，而现实是公办养老机构成为某些特殊群体的福利，民办养老机构发展面临着国家规定金融部门不能为养老机构提供抵押贷款，资金自筹等障碍。

（四）人才制约

在“医养结合”养老服务过程中，制约其发展的一个重要因素是医护人员不足。大多数医学和护理专业学生的就业选择医院，很少有人选择养老服务机构。当前养老机构的工作人员工资水平普遍不高，也缺乏一定的社会认可。尤其是护理员的工作强度高、承受心理压力大，在护理保险尚未出台的当下，护理员的薪酬成为制约其职业素养和从业稳定性的重要因素。

四、“医养结合”养老服务的“一个目标、两项依据、三种模式、四点支撑”

（一）一个目标：健康老龄化

健康老龄化的宗旨就是要在社会各方面的通力合作下，提高老龄人群的生命质量，实现健康老龄化社会，使老年人拥有一个幸福健康的晚年。养老服务以健康老龄化为目标，提供照顾与治疗，进行疾病预防，持续改善老年人身体功能和生活质量，提高健康的预期寿命。

（二）两项依据：老年人健康状况与意愿

养老服务模式的选择应该建立在维护老年人权利与尊严的基础上，以老年人身体健康状况为主要依据，以老年人家庭支持与意愿为辅，引导老年人选择适合自己的养老方式。

（三）三种模式：居家、社区与机构

老年人根据自身健康状况和意愿选择养老服务模式，一般来讲，自理老年人选择居家养老、半自理老人选择居家/社区养老、失能老年人选择机构养老方式。根据不同健康状况老年人的养老模式，引导医疗资源对家庭养老的老年人进行早期干预和疾病预防，对社区养老的老年人进行康复和护理，对机构养老的老年人进行持续照顾和临终关怀。

（四）四点支撑：理念、政策、制度、人才

理念支撑。从20世纪90年代以来，由于老龄化进程加速，不少国家开始把老年政策的重点转向包括实现积极健康老龄化以及为居家老年人提供更好的服务上。研究显示，社会支持、终身学习等对健康长寿有突出的贡献。因此，“医养结合”不仅是医疗机构与养老机构的某种合作，还是医疗资源、健康理念对养老服务的影响与介入。

政策支撑。民政部于2013年下发《关于开展公办养老机构改革试点工作的通知》，明确公办养老机构将优先保障优抚对象和经济困难的孤寡、失能、老龄等老人的服务需求，政府在保基本、兜底线的基础上，鼓励社会力量运营，支持社会力量兴办专业机构提供专业服务，实现资源最优配置。《养老机构管理办法》规定，政府投资兴办的养老机构，应当优先保障孤老优抚对象和经济困难的孤寡、失能、高龄等老年人的服务需求。

制度支撑。第一，主管医疗的卫生部门与主管养老的民政部门开展部门协调与配合，打破原有的部门利益；第二，在市场作用下，支持和引导各种力量兴办各类养老服务机构，鼓励公建民营、民办公助、政府购买服务、补助贴息等多种模式，赋予民办养老机构与公办养老机构在融资、财政补贴及土地划拨办养老院方面同等的支持力度，减免税收优惠政策以支持民间投资养老服务事业；第三，为了提高医疗资源利用效率，应该大力支持在养老机构内设医疗机构。

人才支撑。我国城乡失能和半失能老人约4000万，占老人总数的19.5%。我国老年人护理服务需要护理员1000万人，目前持证在岗者仅3万多，供需缺口非常大。在缓解老年护理员数量上，一方面，教育部门应加强老年医学的教学研究，将老龄问题纳入医学课程主流，养老机构或社会组织开展护理员职业培训，提高护理员待遇，引导社会对护理员职业的认同；另一方面，政府或医疗机构引导医护人才向基层流动，为居家老年人提供简单医疗服务或入户治疗，进行疾病预防与干预。

五、总结

本文在SWOT框架下对医疗资源与养老服务的“医养结合”进行了探讨，并在此基础上提出有效整合医疗资源与养老服务的框架。旨在引发社会保障部门关注养老保险与医疗保险的衔接，加强民政部门与卫生部门在养老和医疗领域的协作与配合；引导老年人基于身体健康状况、家庭及经济情况综合选择养老模式；建议养老机构、医疗机构不要盲目选择“医养结合”模式，需要结合自身资源优势和机构功能定位综合考虑；激励社会力量提供多元化的养老服务模式，促进健康老龄化目标的实现，构建和谐稳定的社会。

参考文献

[1] http：//baike. haosou. com/doc/5503705 －5739449. html.

[2] 杨景亮．建立老年人医养结合服务模式的冷思考［N］．中国劳动保障报，2012 －09 －21.

[3] http：//www. laoren. com/yanglaoyuan/931. shtml.

[4] http：//nursehome －cq. com/qggk/2012 －01 －04/19. html.

[5] http：//cs. focus. cn/votehouse/lpdt/9997/.

[6] http：//baike. haosou. com/doc/979841 －1035744. html.

[7] http：//www. mca. gov. cn/article/zwgk/fvfg/shflhshsw/201312/20131200565532. shtml.

[8] http：//www. jxmzw. gov. cn/llb/zcfg/2013 －07/03/content_ 1696984. htm.

[9] http：//politics. people. com. cn/GB/1026/14045819. html.

[10] http：//www. zgylbx. com/hpyhchccnew32686_ 1/.

作者简介：

晁卫华，河南大学离退休工作处。

“医养结合”政策下的老年连续医疗模式

王燕妮　赵立星

（青松居家康复护理机构　北京　100027）

摘　要：随着中国人口老龄化进程加速，长寿成为越来越普遍的预期，而在日益延长的老年期里，影响人们生活质量的关键因素就是健康。当我们讨论“养老”问题的时候，健康是绕不开的核心诉求，特别是老年人的健康存在慢性病为主、多病共存、失能失智影响甚于疾病本身等特点，仅靠专科化、断点式的现代医疗体系无法有效解决。只有让守护健康的“医”疗与解决“养”老的资源相融合，让各阶段的预防、治疗、康复、护理、关怀等干预工作无缝衔接起来，才能真正以老年人需求为导向，设计适合中国国情的老年连续医疗模式。

关键词：医养结合　老年人　连续医疗模式

一、医养结合的规模化应用关键在于老年连续医疗

推动医养结合是我国推进养老服务体系建设的一项重点任务。国务院2013年出台的《关于加快发展养老服务业的若干意见》和《关于促进健康服务业发展的若干意见》对养老服务和医疗卫生服务结合提出了明确要求，既要为居家社区养老的老年人提供健康管理等公共服务，也要为入住养老机构的老年人，特别是慢性病老人、恢复期老人、残障老人以及绝症晚期老人提供养老和医疗相融合的服务。

近年来，随着我国人口老龄化的加剧，老年人的养老问题，特别是就医问题给老年人及家属带来了很多困扰。老年人随着年龄的增大，身体机能逐渐衰退，健康状况也逐渐减弱，为了保持自理能力和生活质量，往往需要得到更多帮助。老年人的显著特点是身体机能老化，各种慢性病的发病率快速上升。随之而来的是不同程度的日常生活障碍（即失能、半失能），对护理的需求随之增加；进入老年后人体各个系统和器官的机能减退，平均每位老年人患者有2—3种疾病，很难彻底治愈，出院时仅是病

情稳定或者身体健康状况有所好转，出院后还需持续治疗和康复护理，尤其是带有管道、伤口和生活部分或完全不能自理的老人。由于一些“老年病”的常发、易发和突发性，患病、失能、半失能老人的治疗和看护问题困扰着近4000万老年人和与之相关的1亿多家庭。如何合理有效地使用卫生资源满足老年人对卫生保健服务数量、质量需求的不断增长是当前亟须解决的重要问题。

从表面上看，医养结合的主要阵地在机构层面——医疗机构和养老机构互相独立、自成系统，养老院不方便就医，医院里又不能养老，老年人一旦患病就不得不经常往返家庭、医院和养老机构之间，既耽误治疗，也增加了家属负担。医疗和养老的分离，也致使许多患病老人把医院当成养老院，成了“常住户”，老人“压床”加剧了医疗资源的紧张，使真正需要住院的人住不进来。随着社会的发展，家庭结构逐渐小型化，传统家庭养老功能逐渐削弱，使得居家养老面临着种种困难，家属或照护者严重缺乏基础照护知识和正确康复护理手段，难以满足居家老人对于专业康复护理服务的需求。特别是高龄、空巢和失能失智老人这些真正迫切需要帮助群体的服务诉求并未得到切实解决。

目前很多医养结合的探索都是“整合照料”模式，要么在养老机构中配建医疗机构或卫生室，要么在医疗机构中设置老年护理床位。然而此模式仍然面对两大限制：一是机构本身的场地局限，床位不可能大规模增加；二是服务模式的局限，很难从原有的关注重心自然切换到另一角度（例如以疾病治疗为重点的医疗机构很难轻松转变到以功能为重点的老年长期照护服务模式）。

考虑到在绝大多数人需要社区和居家养老服务的情况下，以机构为中心的养老模式、理念及方法已经远远不能满足当前老年人的实际需求，养老服务要充实和提高，就要因需而变，正确分析、处理和看待当前养老服务的客观情况。大规模的医养结合应该在社区层面进行突破，在医疗机构和养老服务机构各自发挥所长的基础上，将两者的服务衔接起来。在养老服务体系建设中，把老年人的健康医疗服务放在更加重要的位置：在传统的提供日常生活照护服务及老年文化服务的基础上，更加注重生活自理能力康复、维持的保健服务，涵盖医疗服务的同时，满足老年人所需的健康咨询服务、健康检查服务、疾病诊治和护理服务、大病康复服务以及临终关怀服务等。而在医疗机构的服务中，把老年患者所需要关注的老年综合征评估、共病和功能问题、多重用药问题考虑进来，提前对老人回归社区、家庭所需要的长期照护工作进行计划，并与扎根社区和家庭的服务机构之间实行双向转诊。这样的

"联合运行"模式，是把老年人和老年人的健康需求放在中心位置，一切服务安排都围绕着中心位置进行。

二、青松—协和模式以老年人为中心，让医疗和养老服务机构优势互补、有机融合

青松正是基于上述背景和思路，不仅率先成立了专门为居住在家中和社区内的老年人、残疾人、病后术后康复期人群提供专业化、规范化的长期照护和康复护理服务的机构，而且在全社会倡导居家养老、政府大力提倡医养结合创新探索的大背景下，将医疗资源与居家养老需求相结合，与优秀医疗团队联手创造出为老健康服务业的新模式——老年连续医疗。

青松从创立之初，就定位于专业化居家养老服务机构，主要关注老年人的健康问题，主要为失能半失能和失智、高龄、病后术后康复期的老年人上门提供专业化和规范化的长期照护、康复护理。青松从中国国情和老年人的刚性需求出发，对传统的"先建机构、再入住老人"的养老服务模式进行了突破，通过转变观念、管理创新，实施了"老人在哪里、服务到哪里"、分级评估、按需康护的高效服务模式。通过流程简化，确保老年人以最便捷的手续，轻轻松松开始使用服务。

2013 年，青松团队与北京协和医院老年医学科团队共同启动了社区老年患者慢性病管理调查项目。这一由北京市科委立项、北京协和医院老年医学科主导、青松居家康复护理机构和太阳宫社区医院协作支持的为期三年的实践项目，是国内首次由权威机构和部门牵头并主导的针对老年慢性病管理的系统性调查。项目致力于探讨适合中国国情、符合老年医学规律、通过三甲医院—社区医院—上门医疗服务机构之间合作，使高龄、多病共存、部分或完全功能丧失的老年患者能得到连续的医护照料的模式。项目通过开通符合现代老年医学理念的双向转诊渠道，在实践中尝试制定符合现代老年医学理念的转诊流程和规范，建立直接通道，探索模式的可复制、可推广性。力图充分地利用现有医疗资源，避免医疗资源的重复使用；在现有条件下提高医疗质量，改善老年患者的生活质量，提高患者及其家属的满意度。为目前老年患者医疗照料不连续的问题提供可行的解决方案。

该项目在北京市香河园社区展开，通过对社区两个小区随机抽取各 1500 名左右老年患者（65 岁）进行全面评估，包括各种慢性病，跌倒、记忆下降、营养不良和便秘等老年综合征，用药情况，功能状态和家庭支持等，进行给予个体化的指导（干预）和观察（不干预）的两组比较调研，从而考核三甲医院—社区医院—上门医疗服务机

构的三级连续医护照料模式在充分利用现有医疗资源，避免医疗资源的重复使用；在现有条件下提高医疗质量，改善老年患者的生活质量，提高患者及其家属的满意度等方面的有效性。

项目的重大社会价值体现在转变现有的“以疾病为中心”的不连续的医疗模式，采取“以患者为中心”的个体化、连续性、集医护照料为一体的模式，将重心下沉到社区，减少老年患者辗转大医院多个专科，更关注早期筛查控制慢性病和预防失能，更关注多病失能老人的护理和照料，延长老年人在社区有质量的独立生活的时光。

根据项目阶段性数据分析，这一老年连续医疗模式的干预效果在老年人健康的各个方面都得到了体现，见表3－2。

表3－2　老年连续医疗服务效果（生活质量）

对照指标（三个月）（%）	对照组（%）	干预组（%）
生命体征平稳	28.3	97.3
疾病改善	14.5	55.2
生活自理能力改善	5.4	39.4
舒适度改善	9.3	52.6
精神状态改善	7.2	36.8
步态改善	2.8	31.5
自述情绪改善	12.5	60

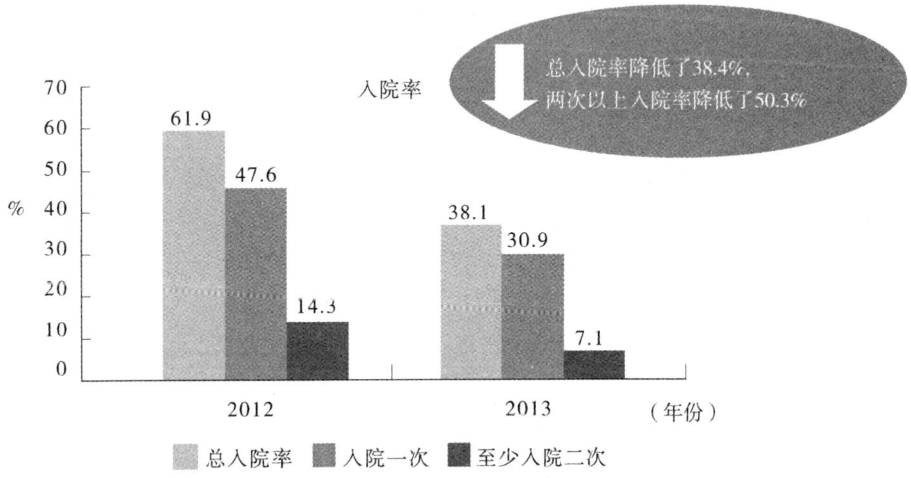

图3－10　老年连续医疗服务效果（住院率）

在衡量医养结合老年连续医疗服务模式效果的标准中，老年人的实际获益应该作为主要指标，而提升服务效果的同时，能否提升对现有医疗资源的使用效率，更是关系到模式的可持续性。

三、老年连续医疗模式应让大多数老年人用得到、用得起

成功的老年连续医疗服务不会局限于一种模式。定位高端人群的模式通过与国际国内优质资源整合，实现高品质、高收费的服务，这类模式主要见于投入养老社区等项目的保险机构和地产开发商，例如泰康人寿开发的养老社区“燕园”与北京多家三甲医院建立转诊绿色通道，完成了“三甲医院临床诊疗 + 社区二级康复医院 + 持续关爱养老社区”三层次医养服务体系的搭建，获得其医养结合养老社区的入住资格需要购买一份售价200 万—300 万元的保险产品，可以一次性或者分期缴纳，月费则在1 万元左右；定位为“五星级养老会所”的高端老年公寓“和熹会”的开发商保利地产则与北大医院达成战略合作，探索医养结合模式，入住要求缴纳的会员费分为5 万元、10 万元、20 万元三档，加上每月数千至万余元的房租。

图 3 - 11　泰康人寿养老社区“从摇篮到天堂”的模式

此类高端模式在实现医养结合方面可谓前瞻性强、资源丰富、行动迅速，而由于定位决定了其服务的人群只会是极少数，无法进行大范围复制。

青松与协和团队建立的连续医疗模式定位于“多数老人用得起的普惠型服务”，致

力于通过模式创新、结构优化、采用高效率的管理机制，降低服务成本和服务价格，为服务产业化、规模化奠定基础。让绝大多数有需求的老人都可以享受得起专业居家服务，又能让投身这一事业的专业人才得到合理的报酬和长期发展的空间。从目前来看，使用青松服务的老人初期月平均花费不到2000元，服务一段时间后月均费用可降至1000元以下。

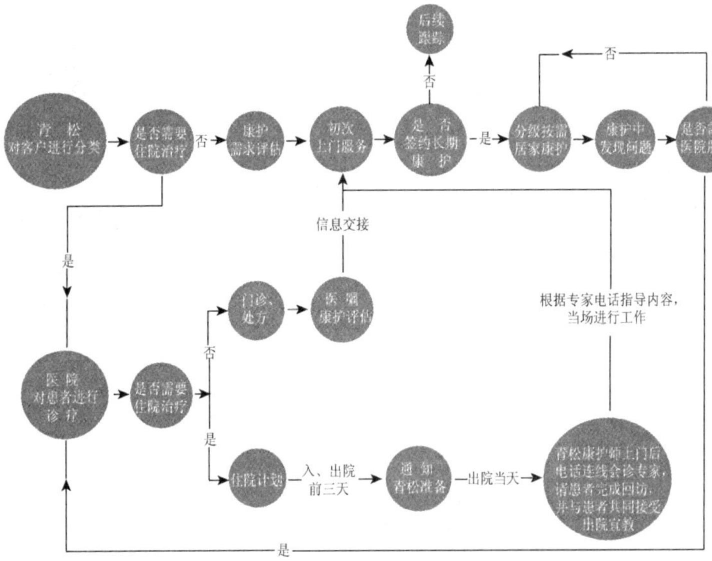

图3-12　青松—协和连续医疗模式服务流程

在使用青松服务的老人中，空巢比例高达72.6%，独居老人约占10%；高血压患者占61.5%，心脏病患者占44.9%，脑血管病患者占29.8%，骨关节患者占28.1%。所有80岁以上居家老人，平均患有5种以上疾病，每人平均每日服药超过13种。对于这些家庭来说，青松康复护理服务的介入极大地改善了老人的健康状态，而与入住医疗机构相比，较为低廉的服务费用也是客户长期青睐的原因之一。

除了率先将优质的综合评估、远程会诊、康复护理服务送到亟须帮助的患者、家庭和老人身边，青松—协和团队还致力于提高群众对于居家医养结合服务的认知度，积极推动相关的政策变革，培育市场、提升全社会购买专业服务的意识，引导整个养老服务事业健康、高效、可持续的发展，打破目前社区和居家养老服务难以与医疗机构结合的瓶颈，让更多老年人能够用得起老年连续医疗服务。

总结：随着老年健康服务的发展日益受到重视，多方资源开始投入养老服务体系建设领域，并尤其强调与医疗服务的融合，将会有不同定位的各种模式齐头并进。对于社区或居家养老的老年人来说，围绕他们所开展的养老服务应该和他们最需要的医疗服务无缝衔接，让大多数人能够获益，并且负担得起，青松居家康复护理机构与北京协和医院老年医学科的老年连续医疗模式探索值得进一步研究和推广。

参考文献

[1] 吴玉韶.《中国老龄事业发展报告（2013）》。

[2] 吴玉韶，党俊武.《中国老龄产业发展报告（2014）》。

[3]《医养结合：养老新模式政策需给力》，人民政协报，2014 年 9 月.

[4] 李倩.《打造医养活力社区 让生命越来越精彩 泰康人寿在中国践行美式养老理念》，金融时报，2015 年 1 月。

[5]《北京保利·和熹会的成长与烦恼》，中国房地产报，2014 年 6 月.

作者简介：

王燕妮，女，对外经济贸易大学（UIBE）国际金融专业经济学学士，INSEAD 商学院工商管理学硕士。2013 年获世界经济论坛“全球青年领袖（YGL）”称号及法中基金“中法青年领导者”，2014 年入选全球老龄议题理事会（GAC on Ageing）。曾担任遍及全世界 150 多个国家的 ECDL 基金会亚太区常务副总裁，还曾服务于摩托罗拉（中国）电子有限公司。

自 2001 年起开始从事人口老龄化和相关服务的研究和实践工作。现为中国老年学学会社区居家长期照护研究与培训基地常务副主任，自 2005 年起担任中国老年学学会（GSC）理事；2008 年至 2010 年担任中国老年学学会国际部主任；2009 年当选民政部全国社会福利服务标准化技术委员会专家委员，参与制定全国养老服务行业标准，并成为长期照护全国联盟主席团成员。2011 年被选为中国生命关怀协会常务理事。2013 年起任中国老年保健医学研究会老年健康服务研究分会副会长。2014 年 1 月，入选全国养老服务业发展专家委员会。

2004 年正式创办青松（www.pinetreecare.com）——中国首家，也是目前发展最迅速、规模最大的上门康复护理服务机构。2011 年在第八届世界华人地区长期照护大会上发表关于《中国长照模式研究》论文；2012 年在国际老龄联合会（IFA）年会上发表《连续照护模式创新》论文；2013 年 6 月在第二十届 IAGG 世界老年学和老年医学大会上主持“发展中国家社区居家长期照护模式比较”及“各国付费模式对老年护理资源整合的影响”两个论坛并发表主题演讲。

养老对策："医养结合"与长期照护

宋惠平　陈　峥

（北京老年医院　北京　100095）

一、背景

全球老龄化和中国老龄化带给老年人的健康问题是同样的，主要表现在：临床症状不典型，没有特异性表现；病理表现多样性，多病因特征；病情隐伏性发作，易漏诊。长期慢性病导致老年综合征：智能障碍、肢体活动障碍、抑郁症、营养不良、慢性疼痛；病情复杂化，过度药物的应用；丰富的社会阅历形成特有的价值观和世界观；不同的文化背景、宗教信仰，社会、子女的极度关注导致过度诊疗或不足诊疗。

老年人的医疗负担到底有多少？美国 Lorraine C. Mion 医生在 Care Provision for Older Adults：Who Will Provide 一文中分析：50 岁后因疾病残疾人数每 5—7 年增加 2 倍；65—74岁老人 26% 因慢性病影响生活质量；75 岁以上近半数老年人因慢性病导致一种以上的功能残障；1/3 的老人出院时出现一种以上的日常生活能力下降；15% 的病人出现药物副作用；30% 的居家老人、50% 的住院老人有尿失禁；1% 的 75 岁以上老人和 12% 的 85 岁以上老人被诊断为老年痴呆；老年病人占有 60% 的急诊量、49% 的住院日、85% 的长期照料床位；老年病人占有联邦 55% 的医疗支出。

老人因年老、体衰，患有多种慢性病和老年综合征最终功能障碍导致日常生活能力和社会交往能力的下降。老年人因病失能有如下几个方面：第一是器官性失能，比如吞咽、排便、心肺功能、肾衰等；运动性失能，比如肌力下降、失平衡、步态紊乱；感觉障碍，如视力、听力、本体感觉下降；认知功能下降，出现谵妄、轻度认知障碍（MCI）、痴呆；情绪变化，悲伤、抑郁、焦虑。第二是日常生活能力下降，不能穿衣吃饭。通过评估量表分为日常生活能力（ADLs）和工具性日常生活能力（IADLs）下降。第三是社会交往能力问题：社会参与度下降，需要社会支持加大，照料者压力增加。

世界卫生组织（WHO）根据不同的残疾对人生理功能、社会功能影响的不同情况，分为三类：残损 Impairment（器官水平）；残疾 Disability（功能水平）；残障 Handicapped（社会水平）。丧失生活自理能力的老人称为“失能老人”。按照国际通行标准，吃饭、穿衣、上下床、上厕所、室内走动、洗澡 6 项指标作评定，一到两项“做不了”的定义为“轻度失能”，三到四项“做不了”的定义为“中度失能”，五到六项“做不了”的定义为“重度失能”。

二、医养结合的提出

我国养老敬老有优良的传统，但是随着老年化的出现，近些年来表现出来的问题是：高龄化趋势加剧，失智、失能老人迅速增加，需要医疗照护和生活照护的老年人增加，养老机构难以应对。建立卫生室？养老院向护理院转型？纳入医疗保险？这些问题也导致养老费用增加，养老院的成本增加超过了退休老人的支付能力。因此出现入住质好价低的养老院可能排队几十年，而质差价高的养老院没有人住，失能老人无处可去，子女负担和社会负担加大。因此提出医养结合问题。

同时医疗也同样出现老年病人的衰弱、多病性、复杂性增加，失智、失能的老人增加也加剧了疾病治疗的难度。建立康复和护理机构的需求加大，医院护理强度加大引入护工，社会问题引入社会工作者，医院开展延伸护理，制订出院计划，开展临终关怀服务。医疗出现的问题是医疗成本加大，费用增加，占床日和死亡率的增加导致医院绩效指标无法完成。护理成本加大，医疗难度加大，医院运行费用上升，医患纠纷增加。

过去养老任务清晰，民政养老，医疗治病。随着老年人数的增加和绝对年龄的增加，现在养老和医疗相互交融无法区分，从生活失能到需要照护，从老有所学、老有所用、老有所乐过渡到老有所养、老有所依，最后出现老有所医、老有所终。国家管理和服务老年人的部门分工是由老龄委牵头，民政部负责养老、社会支持、康复和护理，人力资源和社会保障部负责建立医疗保险、养老保险、护理保险、社会支持保险，国家卫生计生委负责医疗、康复、护理和临终关怀，体制问题面临老龄化的挑战。

三、目前的对策

《我们国家关于加快发展养老服务业的若干意见》中指出：要积极推进医疗卫生与养老服务相结合。各地要促进医疗卫生资源进入养老机构、社区和居民家庭。卫生管理部门要支持有条件的养老机构设置医疗机构。医疗机构要积极支持和发展养老服务，有条件的二级以上综合医院应当开设老年病科，增加老年病床数量，做好老年慢性病防治和康复护理。要探索医疗机构与养老机构合作新模式，医疗机构、社区卫生服务机构应当为老年人建立健康档案，建立社区医院与老年人家庭医疗契约服务关系，开展上门诊视、健康查体、保健咨询等服务，加快推进面向养老机构的远程医疗服务试点。医疗机构应当为老年人就医提供优先优惠服务。健全医疗保险机制。养老机构内设基本医疗保险和新型农村合作医疗定点的医疗机构。解决老年人异地就医结算问题。

《国务院办公厅关于印发〈全国医疗卫生服务体系规划纲要〉的通知》中指出：医疗机构与养老机构等加强合作。建立健全医疗机构与养老机构之间的业务协作机制，鼓励开通养老机构与医疗机构的预约就诊绿色通道，协同做好老年人慢性病管理和康复护理。增强医疗机构为老年人提供便捷、优先优惠医疗服务的能力。支持有条件的医疗机构设置养老床位。推动二级以上医院与老年病医院、老年护理院、康复疗养机构、养老机构内设医疗机构等之间的转诊与合作。在养老服务中充分融入健康理念，加强医疗卫生服务支撑。支持有条件的养老机构设置医疗机构。统筹医疗服务与养老服务资源，合理布局养老机构与老年病医院、老年护理院、康复疗养机构等，研究制定老年康复、护理服务体系专项规划，形成规模适宜、功能互补、安全便捷的健康养老服务网络。

北京市民政局等部门《关于进一步推进本市养老机构和养老照料中心建设工作的通知》中指出：加快推进“医养结合”工作，可以采取①配套设置。采取内设医务室、卫生所（室）等或引入周边医疗分支机构等形式，满足老年人医疗服务需求。②独立设置。满足不同类型老年人的多样化医疗服务需求，有条件的养老机构和养老照料中心可采取申请独立设置康复医院、护理院、社区卫生服务中心（站）等医疗机构的形式，为老年人提供多种形式的医疗服务。③协议合作。对周边医疗资源丰富，自身难以独立设置医疗机构的养老机构和养老照料中心，可采取与周边医疗机构签订合作协议的方式，开辟绿色就诊通道，为入住老年人开展医疗服务。

四、国际上的共识

世界卫生组织关于老龄化提出了10个事实：①2000年至2050年，60岁以上从人数占总人口比例11%将达到22%，增加1倍。60岁和60岁以上的人数预计将从6.05

亿增加到20亿。②2000年至2050年，80岁和80岁以上的人数将增加4倍。③到2050年，80%的老年人将生活在低收入和中等收入国家。④老年人的主要健康负担来自非传染性疾病。⑤中低等收入国家的老年人比富裕国家承受了更沉重的疾病负担。⑥长期护理日趋重要。⑦有效的和社区层面的初级卫生保健至关重要。⑧支持"关爱老人"的环境有助于老年人生活得更充实。⑨健康老龄化始于生命早期阶段的健康行为。⑩我们需要更新关于老龄化的种种假定。社会需要打破陈规，发展面向21世纪的新的老龄化模式。

世界卫生组织也提出：人口老龄化是公共卫生政策和社会经济发展的成就。也对社会提出挑战，要最大限度地加强老年人的健康和行动能力以及他们的社会参与和安全能力。因此未富先老不是借口！我们应该做的是利用社会发展取得的成就来应对挑战。那么发达国家是如何做的？世界卫生组织总干事长陈冯富珍指出，我们需要的是全面的、整合的医疗卫生服务方式，我们要打破碎片整合服务。世界卫生组织的长期照护原则是：体现个人和公共价值观念；发挥政府和私立部门的作用和责任；教育公众；尊重照护者的责任、作用和权利；鼓励非正式照护者；保障基本条件；公平、受益范围、准入、卫生与社会保障和适宜的基础设施；统筹长期照护资金；技术支持；加强研究、数据收集和分析。

长期照护目标是老人能够参与社区、社会和家庭活动；住房环境和辅助设施适应；评估和评价社会照护和卫生保健状况；有照护计划和实施人员；制定目标，降低风险，减少进一步失能；对精神、情感和心理提供支持；提供舒缓治疗；对家庭、亲友和其他照护者支持；必要时进入专门机构实施照护；由专业人员提供生活和医疗卫生支持和服务。

这里讲的长期照护（Long Term Care）就是：包括日常生活照料和医疗护理（医疗护理、康复护理和临终关怀）。目的是减少、恢复和替代智能和运动功能的损害，提升病人日常活动质量和延长寿命。需要家庭成员的积极参与、支持和决策。意义在于整合资源，减少费用，满足需求。长期照护分为高级照护和一般性照护：高级照护是指由专业医护人员实施的长期医疗护理，如康复、慢性病管理、褥疮换药、各种管路护理和临终关怀等；一般性照护是生活起居照料，如吃饭、穿衣、洗澡、理财、打扫卫生等。实施地点：护理院、社区和家庭。

在一些发达国家长期照护与急性医疗、急性后期医疗有机整合在一起，通过个案管理和社会工作者把医疗机构与家庭个人联系在一起。无论是日本的介护保险建立，还是澳大利亚、美国的医疗与社会支持服务的碎片整合，都在付费体制、管理、医疗照护服务、社会支持方面全面地整合在一起。其结果是分级管理，无缝隙衔接，形成连续的医疗服务。医疗资源和社会资源可以得到合理应用，医疗费用得到控制，急性医院床位缺少得到缓解。当然发达国家长期照护也面临许多问题，比如资金、实施整合和劳动力短缺等。

面对老龄化，失能老人的医疗照护，国际上面对的问题是同样的，但我们解决的办法和考虑的着眼点却仅仅在医养结合方面。我国长期照护面临的问题是诸多的，也是严峻的。应当全面关注失能老年人的长期照护问题。

五、我们的对策

“医养结合”问题的提出源于养老机构面临的问题，“医养结合”提出仅仅是长期医疗照护中的一个“片段”，而现在许多部门提出的解决方案，比如“医院办养老院”“养老院办医院”是治标不治本，没有从根本上考虑问题所在。针对中国老龄化的趋势和中国特有的人口政策，我们应当建立的对策是：以人为本，全面整合，构建中国的长期照护保障体系。

长期照护体系应当是建立在保基本、强基层、建机制三个方面。保基本是全面实施医疗保险与照护保险、商业保险、高龄补助金的全覆盖。强基层是以社区居家照护为主，机构包括养老院、护理院、日间医院、医疗机构的养老和失能照护为辅。建机制是通过分级管理、无风险衔接，通过综合功能评估，跨学科团队服务，建立老年医疗照护连续服务模式。

建立中国的长期照护体系需要做的五个整合：①横向的管理整合：通过老龄委的统领作用，整合民政部、卫生部和人保部的相关功能。②横向支付整合：整合医疗保险、商业保险、护理保险、社会支持、补充保险以及个人支付比例。③横向服务整合：服务于老年人的多学科团队包括医务工作者和社会支持服务人员需要无缝隙的服务整合。④纵向的机构整合：通过评估决定失能老人应当在家庭、社区中心、养老院、医院、康复院、护理院里医疗和康复，而不是随意流动。⑤重要的一个方面是信息整合：要把社区的健康档案、医院的医疗档案、民政的福利支持档案和医疗保险信息等都整合一起。在失能老人的照护中无论是慢性病管理、亚急性医疗康复、临终关怀服务还是长期照护支持服务都应当是以居家照护为主、机构照护为辅。整合的润滑剂是个案管理者和社会工作者。失能老人需要照护时考虑的是我需要什么样的照护服务，能承担多少费用，我需要到哪里被照护，而实施部门需要通过评估合理安排，使失能老人能够按需享受到中国特色的长期照护服务。

结论：失能老年人长期照护是社会面临的重要和复杂的问题，需要从政府层面到社会层面全面的关注。“医养结合”的提出仅仅是解决当前面临的具体问题，而失能老人的长期照护问题的解决需要国家和各级政府全面考虑。有序的长期照护服务体系需要在顶层设计和管理整合：由老龄委牵头，民政、卫计委、人社部参与制定政策和体系框架。服务整合要以人为本，建立团队服务模式（医、护、康复、药、社工、营养、家庭人员等），通过评估和计划有序安排和服务于失能老人。老年连续医疗服务是要将医院、养老机构与家庭联系起来，全面实施急—慢—失能—临终不同阶段的医疗与社会支持服务。付费整合是最基本的保障：医疗保险、护理保险、社会支持保险、大病补充保险、个人支付达到一个合理的比例，真正解决看病贵的问题。技术整合的几个方面有：老年医学理论、高效的管理手段、综合功能评估技术、学科团队服务、信息技术、公共宣传方面。

作者简介：

陈峥，男，河北医科大学硕士研究生毕业。现任北京老年医院院长，北京中西医老年病研究所所长，硕士研究生导师。中国老年医学学会副会长；中国生命关怀协会副理事长；中国老年学学会老年保健与康复医学委员会副主任委员；中华医学会老年医学委员会理事，流行病学组副组长；北京医学会老年医学分会副主任委员；首都医科大学老年医学系副主任；全国老年医院联盟理事长。主编《老年病诊疗手册》《老年综合征管理指南》《老年病多学科整合管理》《老年中期照护》等书。先后发表学术论文50余篇，承担“多学科整合式管理模式在老年病医疗和护理中的应用研究”“老年患者中期照护的临床对照研究”和“老年病防治适宜技术的推广应用研究”等多项课题研究，提出建立分层管理、无缝衔接的北京市老年医疗服务体系，在老年医院的建设、学科发展、老年医疗服务模式研究和老年医学的培训上具有丰富经验。

关于建立我国长期护理保险制度的几点思考

吕学静

（首都经济贸易大学　北京　100070）

摘　要：我国已快速进入老龄社会，老年护理服务需求日益增长。而满足老年护理服务需求，不仅要建立全面、系统、完善的老年服务机构和设施，更要加快建立长期护理保险制度，使老年人护理服务的需求成为有效需求。本文主要谈三个问题：一是建立长期护理保险制度的必要性和迫切性；二是国外长期护理保险制度的建立和中国的实践；三是加快建立我国长期护理保险制度的政策建议。

关键词：长期护理保险　老年服务　有效需求

一、建立长期护理保险制度的必要性和迫切性

目前，我国有计划、有步骤地推出长期护理保险制度，不仅必要而且十分迫切。

（一）失能老人规模不断扩大，护理问题日益严峻

自 1999 年伴随着我国人口老龄化、高龄化的不断深入发展，失能老年人规模不断扩大，需要照料的失能、半失能老人比例升高。我国目前失能老年人中，84.3% 的为轻度失能，中度和重度失能的比例分别为 5.1% 和 10.6%[①]。到 2015 年，即“十二五”期末，我国部分失能和完全失能老人将达 4000 万，其中完全“失能”老人将达 1240 万[②]。中国已是世界上失能老年人口最多的国家，也是世界上唯一一个失能老年人口超过千万的国家。庞大的失能老年群体，特别是完全失能老年群体的照护问题将日益严峻，这需要大量的社会照料资源。然而我国随着工业化、城镇化的发展，劳动力人口的迁移，家庭规模的小型化，尤其是计划生育政策的影响，使得建立在多子女条件

① 王亦君：《失能老年人照护困扰中国家庭》，《中国青年报》，2011 年 3 月 2 日，第 5 版。

② 《全国城乡失能老年人状况研究》，全国老龄办门户网，2011 年 3 月 2 日。

下的传统家庭照料模式，已经不能适应我国当前老年护理服务的要求。

（二）失能老人的家庭和个人难以承受护理费用

目前，我国城市失能老人专业护理费用一般也要每月4000—5000元，有的甚至上万元。而一般城镇企业退休老人的平均退休金仅在每月2000元左右，农村老人更是经济上负担不起。《2010年中国城乡老年人追踪调查报告》的结果是：城镇老年人入住可承担费用1016元，农村老年人可承担费用172元。由于我国没有建立长期照护保险制度，除了五保老人和“三无”老人外，绝大部分失能老人入住养老机构的护理费用都是由老人自己或子女承担。随着城市房地产价格的上涨，长期护理费用将日益提高，老人长期护理成本高昂，多数家庭很难承担。

（三）对接收失能老人的机构护理服务的经费难以到位

客观上讲，失能老人专业护理需要大量的资金投入。在医学上，护理按照生活依赖程度分为完全护理依赖、大部分护理依赖和部分护理依赖三类，最低的部分护理依赖型护理人员的年均护理费用在5000元以上。如果按此标准计算，全国仅生活不能完全自理的3000万老年人口的护理费用就在1500亿元以上[①]。现实是各级政府和社会力量对养老服务的资金投入十分有限，城乡用于护理失能老年人的机构设施严重不足，中、西部地区大多几近空白。不仅如此，现有机构受到资金、场地、人员的限制，服务内容、服务标准参差不齐。目前的为老服务机构主要是民间利用出租和小资本投入进行小规模经营，设施和设备简陋，技术和管理服务水平低下。民办养老机构的资金困难问题，已经成为制约发展的巨大障碍。

二、国外长期护理保险制度的建立和中国的实践

（一）国外长期护理保险制度的建立

长期护理保险是指为那些因老年、疾病或者伤残导致丧失日常生活能力而需要被长期照顾的人提供护理费用或者护理服务的保险。老年人是长期护理服务的主要对象。为了维护社会的和谐稳定，为人们提供更多的福利保障，发达国家先后推出了长期护理保险的各种实施政策。美国在20世纪80年代就开始了商业性质的长期护理制度，1986年，以色列政府率先推出了法定护理保险制度。德国在1995年实施强制性长期

① 谢永利：《“银发中国”亟待发展多元化养老机构》，《公益时报》，2010年10月26日。

护理保险[①]，日本在2000年将长期护理保险作为社会保障体系的一部分，建立了长期护理保险体系。

长期护理保险依其出资责任承担的主体不同，存在两种不同的模式：一种是商业险模式。它是以个人和家庭承担长期照料保险的主要出资责任，政府在个人无力承担出资责任时，承担补充出资责任。这种模式以美国为典型代表。另一种是强制险模式。它是由法律强制实施，保险出资责任由国家、企业、个人分担或者由国家、个人分担，以德国、日本为典型。

（二）日本长期护理保险的特点

日本现行长期护理保险制度，有以下六个特点。

一是通过社会保险模式，实现了个人与政府共同承担义务的普惠制服务。保险费的支付分类收取，体现出政府财政分级负担、被保险人“谁受益多谁支付多”的特点。护理保险费用的交纳为国家财政支付的50%，保险金的另一半由被保险人承担，65岁以上的承担保险金的33%，40—65岁的承担17%[②]。

二是老年护理制度是将老年福利制度和老年保健医疗制度整合而形成的。护理保险制度将老年护理内容从老年人医疗保险制度中剥离，减轻了医疗费用造成的财政负担。

三是形成社会团体和企业进入养老护理行业的良性竞争机制。日本老年护理服务机构除国家福利事业单位之外，还鼓励民间力量参与，分为营利性和非营利性组织，按照相应的法律设立。设施服务几乎全部由政府、社会福利团体等非营利机构经营，政府予以资助。居家上门护理服务以及与地区紧密结合的小型设施服务可以由企业参与。社会力量进入老年护理服务行业不仅缓解了政府设施不足的压力，满足了多层次服务需求，而且在成本控制、服务质量等方面形成了行业竞争机制，在降低服务成本的同时向老人提供更高效优质的服务。日本老年护理服务走出了仅靠国家大量投资营建老年人福利机构的误区，让政府可以以较小的代价，得到最大的社会收益[③]。

四是构建医疗、护理、生活照料相互衔接，分级管理的服务体系。日本护理服务的核心理念是持续照顾。从老年人身体状况和服务需求出发，通过统一评估机制，建

① 施巍巍、刘一娇：《德国长期照护保险制度研究及其启示》，载《商业研究》2011（3）：98－105。

② 《建立与社区服务相结合的护理保险—从日本介护保险得到的启示》，《中国保险报》，2010年11月30日。

③ 《日本老年护理制度考察报告》，上海卫生局网站，2010年4月20日。

立了家庭、社区、机构相互衔接的护理体系。尽管加入保险是强制性的，但老人可以自由选择申请符合自己身体状况的护理等级，经过专家审核后按实际情况提供相应服务。由于日本社会福利和卫生同属于厚生劳动省（福利与卫生部）一个部门管理，护理服务资源优化组合，没有“碎片”分割，实现了一体化、分级分类管理的老年人照护服务链。

五是强调居家护理和社区照顾的作用。虽然建立了稳定的老年护理保险支付制度，日本的老年护理服务依然以居家护理服务以及与地区紧密结合的社区小型设施服务为主，并且非常重视以促进老年人独立生活能力恢复为目标的护理预防服务。日本居家养老服务项目很多，包括上门生活护理、洗澡、康复训练、医疗护理、护理用品租借等。护理预防还包括了康复训练和疗养管理指导等。

六是建设专业化的服务队伍。在日本从事老年护理行业工作必须有相应资质，如社会福祉士（社工）必须经过培训，通过政府举办的资质考试，介护福祉士（护理员）一般经过3年专科培养，并取得专业资质。经过专门培养的护理人员不但提高了服务的质量，同时护理服务管理十分精细，通过建立老年人电子档案，为不同老人制订护理计划，实现个性化护理；强调规范的操作细节，如上门洗澡服务人员团队由三人组成，各有分工又相互协作。老人们可以得到更加安全、规范和专业的照料。

（三）老年护理保险的共同点

老年护理保险是当代世界社会保险体系的新生事物，从诞生到发展仅有几十年的历史，可以将其共同点归纳为以下四点。

一是护理保险都是在人口老龄化的背景下产生的，国家通过或商业或法定的护理保险制度来解决日益突出的老年人护理问题。

二是在护理保险开展之前，各国都进行了广泛的调研和实施前的准备工作，充分了解实施护理保险的需求、风险及护理产业的开发问题①。

三是护理保险体现了以患者为中心的整体观，大多以家庭护理的服务形式提供护理，既降低了住院护理的高额费用，同时把患者的家变成身心康复的场所，让患者在自己熟悉的社区和家中接受护理服务，有利于患者的康复。

四是建立了完善的护理服务保障系统，对老年人多样的护理需求提供全面保障，并已实现服务综合化、地区联网化、窗口一体化，护理服务时间达到了24小时不间

① 莫娇、李新平：《日本长期护理保险制度的实施及启示》，载《对外经贸实务》2014（3）：38。

断，服务内容则涵盖医疗护理、精神护理和生活护理等方方面面。

（四）中国典型地区的实践

北京在采取多项老年福利措施的基础上，建立特殊老人经济收入、身体状况和服务需求的评估机制；建立低收入家庭中生活不能自理的老年人接受养老服务的补贴制度等方面，都已有制度安排。同时北京还探讨增加养老护理保险，把在养老院的医疗室看病费用也纳入医疗保险报销范围①。

上海更是作出了较为系统的老年护理保险的制度安排②：一是制度设计原则为医疗保险基本覆盖户籍人口，实行护理保险跟随医疗保险制度；二是在试行时可以由医疗保险机构主管，条件成熟后由社会保障机构统一管理；三是资金筹集模式为参加护理保险暂不增加目前医疗保险缴费比例，而从个人医疗保险账户资金中划拨，并从目前结余的工伤保险中划拨一定比例资金；四是服务范围包括为机构养老和居家养老的老人提供的医疗护理、生活护理服务等项目；五是护理保险按照一定比例向定点机构购买护理服务，助老服务人员上门进行护理服务，护理保险通过社区向助老人员支付费用，等等。笔者认为这些实践构成了中国长期护理保险制度的雏形。

青岛率先试点实施长期医疗护理保险制度。2012年7月，青岛市出台了《关于建立长期医疗护理保险制度的意见（试行）》，试行社会长期护理保险。凡参加城镇基本医疗保险的青岛市在职职工及退休人员、老年居民、重度残疾人、城镇非从业人员，均应同时参加长期医疗护理保险。

据介绍，青岛市护理保险试行期间，护理保险费主要通过调整基本医疗保险统筹金和个人账户结构进行筹集，财政根据基金使用情况给予补助，用人单位和个人不需要另行缴费。护理保险基金分为城镇职工护理保险和城镇居民护理保险两部分。青岛市财政按照每年度2000万元的标准，从福彩公益金划转到城镇居民护理保险基金，同时还将从福彩公益金中分年度另外划拨1亿元，作为城镇居民护理保险制度运行的启动资金。

意见明确，经批准享受护理保险待遇的参保人，在定点服务机构接受医疗护理、居家接受医疗护理照料，发生的符合规定的医疗护理费，由基金支付96%；在定点医院接受医疗专护发生的医疗护理费，暂定基金支付90%。不再设立起付标准。社保经

---

① 傅沙沙：《北京进入中度老龄化社会将研究试点养老护理保险》，中国新闻网，2010年11月22日。

② 《关于上海建立老年护理制度的分析与探讨》，中国教育培训第一门户网站－考试吧，2010年4月28日。

办机构对定点服务机构的结算标准，实行按每床日包干定额管理办法，分 60 元、170 元、200 元 3 个标准[①]。应当指出的是，青岛市作为医疗保险基金结余较多的地区可以考虑此种办法，但在基金压力较大或医保基金入不敷出的地区能否推广，是亟待研究的问题。

三、加快建立我国长期护理保险制度的政策建议

笔者认为，现阶段我国应当建立以长期护理社会保险为主、商业保险为辅的长期护理保险制度。

（一）制定适合我国国情的“长期护理保险法”

我国应在调查的基础上，做好老年长期护理需求的预测，研究长期护理保险缴费起始年龄、缴费标准，划分长期护理等级，制定适合我国实际的“长期护理保险法”。

一是考虑到中国的情况，在初缴费年龄的设定上，可以考虑从 45 周岁开始缴费，退休者的护理保险费可以从退休费中扣除。

二是对于这类人群中失业或者属于低收入贫困人群的，其负担部分由政府承担。

三是对于城乡居民，可以选择缴纳护理保险费，又可以选择参加劳务储蓄型护理保险。劳务储蓄型护理保险采取个人账户的方法，将劳务小时数记入个人账户，储蓄的劳务小时数可以继承、转让，但是不可以换算成货币领回。

四是对于属于贫困人群的农村老人，采用政府全部负担的护理保险模式。

五是考虑到我国国力有限，为节约费用，这部分人的长期护理问题可首先考虑建立老年互助之家，由政府出少量费用，由低龄健康老人向高龄老人提供服务，还可建立免费性质的托老护理中心。

（二）长期护理保险的制度安排

一是从制度选择来看，应以法定长期护理保险为主，把长期护理保险制度纳入整个社会保险体系中。

二是从路径选择来看，应当坚持渐进式推进。长期护理保险的发展趋势大体可以分为三步：第一步建立老年互助会；第二步逐步发展成为准老年护理保险形式；最后在将来条件成熟时正式建立老年护理保险制度。

三是从保险基金的来源看，应当采取三位一体的方式：保险基金由个人、社会

① 甘贝贝：《青岛实施长期医疗护理保险制度》，健康报网，2014 年 4 月 18 日。

(企业)、政府各自缴纳。

四是从护理服务内容来看，应当多样化。借鉴国外发达国家的经验，我国护理服务的内容应当包括医院、疗养院或护理机构护理，家庭护理和成人日间护理。

五是从护理机构的选择来看，应当以社区为依托。一方面，护理机构依据社区设置，具有熟悉情况、服务便利、迅速及时等优点；另一方面，通过建立社区护理机构还可以充分利用社区原有的人力资源，解决就业问题。

(三) 长期护理保险制度设计中的规范管理和政策引导

一是要科学划定护理服务等级，合理界定给付水平。

二是要通过规范设计上的政策倾斜，引导和促使“居家护理”成为长期护理的主要护理模式。

三是在尊重老人选择保险金给付方式的权利的同时，要引导实现以实物方式（即护理服务）给付为主要给付方式。

(四) 相关配套措施

一是转变观念，做好宣传工作。增强群众长期护理保险意识，减轻长期高额护理费用压力。

二是加强护理人员的培训。

三是重视商业护理保险的补充作用。针对部分经济发达地区以及部分高收入人群，鼓励参与商业性护理保险。

四是考虑到通货膨胀因素，收缴的保险费必须2年至3年变更一次，允许支出和给付的额度实行物价连动调节机制。

在老年长期护理需求日益膨胀的今天，我国应当借鉴国外经验，尽快建立符合我国国情的长期护理保险制度。

参考文献

[1] 日本老年护理制度考察报告，上海卫生局网站，2010-04-20.

[2] 关于上海建立老年护理制度的分析与探讨，中国教育培训第一门户网站-考试吧，2010-04-28.

[3] 谢永利. “银发中国”亟待发展多元化养老机构. 公益时报，2010-10-26.

[4] 建立与社区服务相结合的护理保险——从日本介护保险得到的启示，中国保险报，2010-11-30.

［5］裴晓梅，房莉杰．老年长期照护导论［M］．北京：社会科学文献出版社，2010.

［6］唐咏，碎片化．中国老年长期照护政策的整体化路径［J］．深圳大学学报，2012（5）．

［7］钟仁耀．老年长期照护服务机制建设的对策．中国保险报，2012－05－24.

［8］党俊武．长期照护服务体系是应对未来失能老年人危机的根本出路［M］．人口与发展，2009（4）．

［9］施巍巍，刘一娇．德国长期照护保险制度研究及其启示［M］．商业研究，2011（3）．

［10］莫娇，李新平．日本长期护理保险制度的实施及启示［M］．对外经贸实务，2014（3）．

［11］甘贝贝．青岛实施长期医疗护理保险制度．健康报网，2014－04－18.

作者简介：

吕学静，留日经济学博士。现任首都经济贸易大学劳动经济学院教授，社会保障研究中心主任，博士生导师。北京市重点建设学科——社会保障学科带头人。兼任人力资源和社会保障部专家咨询委员会成员、中国就业促进会专家顾问、中国社会保障常务理事、中国社会保险学会常务理事、北京市劳动和社会保障学会副会长、中国社会学会社会政策专业委员会理事等。

1983年7月毕业于北京经济学院劳动经济系（首都经济贸易大学前身），后留校任教至今。曾两次由单位公派至日本流通经济大学留学，学习社会保障专业，并在日本取得了硕士和博士学位。2006年在日本大阪经济大学做高级访问学者。近年来多次到欧洲、韩国、日本和中国台湾、中国香港等国家和地区做学术访问或参加国际学术会议。

主要研究方向为社会保障和社会福利，关注残疾人、老年人福利问题。近10年先后参与科研项目30余项，其中独立主持国家社科基金项目、教育部人文社科研究项目、北京市自然基金项目等10余项。已出版和发表个人专著5部，译著2本（第一译者），主编教材6部，参著20余部。发表科研论文100余篇，获得包括人力资源和社会保障部论文评选等省部级奖励在内的各种学术奖励20余项。

老龄产业医护服务人才队伍建设的思考

——突破与创新

乌丹星

（北京吉利大学　北京　102202）

摘　要：“医养结合模式的养老”是中国养老模式中最受欢迎的，也是未来发展的方向。但是，医疗护理资源难以进入养老产业，成为制约这种模式的瓶颈之一。如何才能突破这一难点？方案一，将“医疗卫生人员”的职业概念延伸到健康产业及老龄产业。方案二，将健康产业及老龄产业的涉医专业人才单独列为一个职业体系，从卫计委管辖的“医疗卫生人才”体系中分离出来，与目前的养老护理员管理类似，放在民政体系。方案三，将民政系统职能中“养老部分”与卫计委系统职能中“涉老医护康部分”独立出来，有机整合为一个新的职能部门，承担起大健康产业的管理职能。总之，老龄产业人才培养应该融合为一个整体的系统工程，在薪酬体系、职业发展、职业培训等方面体现出平等、和谐的人文精神。

关键词：老龄产业　医护服务人才　创新

“医养结合模式的养老”是中国养老模式中最突出的一个特征和标志，其由来可能来自于中国人观念中固有的对“死亡”的恐惧和担忧。即便在活力老人聚集的社区中，也经常会听到老人们的“万一……怎么办”的话题，说明医疗资源在老龄产业中不可缺失的重要地位和作用。目前养老机构一线的老年照护人员基本可以分为两大类，专业护士和养老护理员。专业护士属于高技能岗位，其薪酬待遇、社会地位都远远高于养老护理员。但对于多数养老机构来说，对医生和护士这样的专业人才是可望而不可即的，知道其重要，但又苦于自己的资金实力缺乏和难以找到愿意到养老机构来的人群。所以，在现实中，经常可以看到的现象是一线养老护理员甚至是老人家属，直接参与了专业护士应该从事的护理操作，其潜在风险是非常大的。医疗护理资源难以进入养老产业，是因为中国医疗资源大都集中在大城市，各大医院已经人满为患，医护人员疲惫不堪，其他涉医边缘产业，尤其是健康产业、老龄产业等战略新兴产业，无法获得对应的医疗资源的支持和支撑，而且这种局面可能在未来相当长的一段时间里是难以改变的。究竟如何才能够突破这一难点，笔者认为我们可能需要尝试着突破原有的一些固化观念，从大国养老的现实探索中国特有的健康养老产业涉医人才的解决方案。

方案一，是否可能延伸“医疗卫生人员”的职业概念到健康产业及老龄产业。过去的概念中“医疗卫生人员”仅仅涵盖了医疗机构中医生、护士等相关职业，而目前的涉医概念根据大健康产业发展的需求已经从中心区域以医生护士为主的“二环”延伸到了“三环”甚至是“四环、五环”，“医疗卫生人员”的职业总类应该增加，职业细分应该出现，人才培养规模应该扩大，就业市场应该扩大，而我们如果还始终固守着“二环”这样一个狭窄的“医疗概念”区域就不能与时俱进，不能顺势而为，满足市场对健康产业、老龄产业涉医人才的巨大需求。新的延伸职业管理可以继续保留在卫计委体系中，但人才培养渠道拓宽了，数量增加了，队伍壮大了，人才全面了，对未来包括老龄产业在内的大健康产业发展是十分重要和必要的，也是前瞻性的准备。

方案二，是否可能将健康产业及老龄产业的涉医专业人才单独列为一个职业体系，从卫计委管辖的“医疗卫生人才”体系中分离出来，与目前的养老护理员管理类似，放在民政体系？作为一个新型健康产业人才体系，对体系内的职业分类、职业定位、职业责任、职业要求、职业监管等进行一系列的系统开发，将“二环”仍然留给医疗机构，将“三环、四环、五环”放给健康产业和老龄产业中的涉医人员。可以将这些医疗边缘新兴产业中的人才定位为“准医疗卫生人员”，从事一些社区健康管理、营养咨询指导、慢性病咨询指导、常见病多发病健康知识普及、老年知识普及、心理疏导等方面的实际工作？这样既能够减轻医疗机构专业人才的负担，合理使用有限资源，又能够承担起大规模社区健康服务、养老服务的工作，也为一些始终徘徊在健康养老产业边缘的单一学科人才，如营养、心理、运动指导、健康管理等找到合适的职业定位和职业通道。

方案三，是否可能将民政系统职能中“养老部分”与卫计委系统职能中“涉老医护康部分”独立出来，有机整合为一个新的职能部门，承担起大健康产业的管理职能？尤其是老龄产业的“老年长期照护”的职责。因为未来这个群体需求会随着国家老龄化的深度进展越来越大，预计到2020年左右，失能、半失能老人总数将超过4000万，加上高龄独居、失独、失智等需要照护类型的老人，其数目之大可想而知。到了那个时候，任何一个单一部门、单一职能都恐怕很难承担得起这样大的社会照护负担和人力要求。所以，在独立的新部门中，能够实现“老年长期照护”的统一规划、统一领导、统一协调、统一培养、统一使用、统一监管，避免了多部门参与、互相推诿扯皮的弊端，也能够最大化地使用有限资源服务于老龄产业。在“老年长期照护”的人才职业规划中，就有可能将医疗、护理、康复、介护、生活照料、心理慰藉、运营管理等多学科、跨学科的人才融为一体，统一在一个职业体系中，即老龄产业人才职业体系；也才有可能培养出一批具有多功能、多技能、跨学历、跨专业的复合型新型养老人才。而这样具备“多功能”的复合人才是老龄产业和老龄服务业发展最需要的。目前的格局，医疗人才在卫计委管辖下，养老人才在民政管辖下，给培养具有专业技能、跨学科的复合型老龄产业人才队伍建设实际上带来了很大的障碍。

老龄产业人才培养应该融合为一个整体的系统工程，在薪酬体系、职业发展、职业培训等方面应该体现出平等、和谐的人文精神。不是所有的养老护理员的薪酬一定低于专业护士，也非只有专业技能能够代表一切。老龄产业对人才的需求，不论医疗护理还是生活照料，实际上都有一个突出的特点就是对人性、人文关怀、尊重、权利、隐私的深刻理解和实践。在这一点上，我们国家还有很长的路要走。

作者简介：

乌丹星，医学博士。1977年考入白求恩医科大学，1982年毕业留校，1991年赴澳留学。先后获得医学学士、药理学硕士及澳大利亚墨尔本Monash大学医学博士学位。1997年转入法律及商界。2001年回国工作，中国首批认证的职业经理人。多年从事健康管理及老年产业研究并坚持社会实践，曾获“2012中国健康管理个人突出贡献奖”。2008年开始实践第一个养老项目并深入系统研究国内外养老产业发展。近年来参与过国内多个健康养老项目的咨询及顾问工作。服务过的企业包括：国家爱晚工程、远洋地产、万科、保利、泰康、北控集团、贵航集团、九华集团、宜兴九如城、至道中国等。2011年创办中国首个健康产业学院——北京吉利大学健康产业学院，专注养老产业人才培养，是集产、学、研于一体的高学历、高智商、高素质的专业人士，在养老产业业内具有较高的知名度。现任民政部养老服务业专家委员会委员、中国社工联合会常务理事、中国老龄产业协会理事、中国医促会理事及健康养老专业委员会主任委员、美国格理集团（GLG）健康养老咨询顾问、北京吉利大学健康产业学院院长。

医养服务业视角下照料老人的经济价值研究

杨 慧

（全国妇联妇女研究所 北京 102202）

摘 要：2010年，有17.88%的城镇就业中青年承担着照料老人的责任，日均照料老人2个小时，年均创造的照料老人经济价值高达2600亿元。城镇就业中青年在创造巨额经济价值的同时，造成了4成左右的家庭冲突工作现象，降低了劳动收入、就业率、养老保险参保率及未来养老能力。为了缓解家庭冲突工作的矛盾，超过3200万城镇就业中青年需要助老服务，为医养服务业发展和照料经济创造了广阔的市场前景。

关键词：城镇就业中青年 照料老人 经济价值

照料老人既是中华民族的优秀文化传统，又是《中华人民共和国老年人权益保障法》规定的应尽义务，更是满足老年人的照料需求、提高老年人生活质量、促进社会文明进步的需要。伴随我国老龄化程度不断提高，老年人的照料需求将会不断增加。同时，社会为老服务及其他社会支持不足，对照料老人的成年子女职业发展和医养服务业带来了较大影响。照料老人究竟产生了多大经济价值？该经济价值对照料老人的成年子女职业发展及医养服务业带来了哪些影响？对医养服务业健康发展有哪些启示？这些问题值得深入研究。

一、文献回顾

虽然国内外学者极少对照料老人的经济价值进行专门研究，但是很多学者已在家务劳动经济价值的测算方法、测算结果、对就业的影响方面，取得了丰硕的研究成果。照料老人作为家务劳动的一部分，在对照料老人的经济价值进行研究时，可以借鉴以下方法。

家务劳动经济价值的测算方法。如何才能更好地参照社会劳动测算家务劳动的经济价值，是我们面临的瓶颈问题（胡苏云，2008）。有学者在梳理以往有关家务劳动经济价值的测算方法后，认为家务劳动的测算方法主要包括机会成本法、行业替代法和综合替代法三种。其中，机会成本法是以个人在劳动力市场获得的小时工资，来替代家庭照料者的工资水平；行业替代法是假定雇佣不同行业的专业工作人员，完成不同类型的家务劳动所需支付的工资；综合替代法是假定雇佣家政工来完成所有家务劳动，并按家政工的工资水平所需支付的工资（Stephenson，2006）。究竟哪一种方法更好，目前尚未达成共识（Kulshreshtha & Singh，2015）。有学者认为家务劳动经济价值的测算方法与研究目的密切相关，在研究配偶因家务劳动而作出的牺牲时，普遍使用机会成本法来测算家务劳动的最低经济价值（Baker，Gary& Michael，1987；Kwon，2007）。然而由于该方法在测算家务劳动的经济价值时过于保守，受到了 Fischer（1994）的批评。美国国家统计委员会及部分学者倾向于用行业替代法测算家务劳动的经济价值（Murphy，1978；Fraumeni，2008）。

照料老人的经济价值。研究发现美国家庭对老年人的照料为美国医疗系统节约了可观的资金，如果没有家庭的照料援助，美国每年对老年人的有偿家庭护理费用将达到940亿美元（LaPlante，Harrington & Kang，2002）。国内学者基于2008年时间利用调查数据，测算出我国居民创造的无酬劳动价值达到9.96万亿—11.56万亿元（韦玫廷，2011）。另有学者基于2010年中国妇女社会地位调查数据和三种不同的测算方法，研究认为我国18—59岁城乡女性的家务劳动经济价值达到2.20万亿—3.47万亿元，该价值相当于GDP的5.54%—8.73%（杨慧，2014）。

照料老人对就业的影响。国外研究发现老年照料者的就业率低于未照料者，女性照料者就业率低于男性照料者（Robyn etal.，1990；Henz，2004）。国内研究认为成年子女照料家中老人，会减少工作时间（蒋承、赵晓军，2009），已婚中青年女性可能因照料老人而减少就业机会（马焱、李龙，2014）。

以往研究对认识照料老人的经济价值具有重要的参考意义，然而国内在这方面的研究存在以下三个不足：一是以往研究主要针对家务劳动，专门针对照料老人的经济价值极为少见；二是以往研究普遍缺乏社会性别视角及对特定群体的研究，对于城镇就业中青年照料老人的经济价值，尚未进行相关测算；三是在发展医养服务业背景下，照料老人的经济价值对医养服务业带来哪些影响，以往研究尚未涉及。

二、数据与方法

（一）所用数据

最新一期中国妇女社会地位调查是全国妇联和国家统计局联合开展的重要的国情、妇情调查，以2010年12月1日为调查时点，在全国31个省区市采用多阶段PPS抽样方法和调查员面访调查法，共回收18—64岁个人有效问卷29696份。此次测量照料老人的问题为“最近一年您承担照料老人的情况是多少?”选项分别为0 = 从不，1 = 很少，2 = 约一半，3 = 大部分，4 = 全部。本文仅对承担大部分或全部照料老人责任的城镇就业中青年作为研究对象。在1614份满足上述条件的样本中，男女分别占35.99%和64.01%，平均年龄分别为41.84和40.05岁，平均受教育年限分别为10.77年和10.31年。此次调查数据质量高、代表性强，能够较好地满足研究需要。

此外，本文在计算18—59岁中青年人口规模时，分别使用了《中国人口与就业统计年鉴2012》和第六次全国人口普查（以下简称“六普”）的相关数据；在计算照料老人的时间时，使用了《2008年时间利用调查资料汇编》中的相关数据。

（二）测算方法

为了更加科学地测算我国家务劳动的最低经济价值，本文基于综合替代法，用2010年各省区市发布的非全日制从业人员小时最低工资（以下简称小时最低工资）来代替家政工的市场平均工资。①。这样既可以避免机会成本法带来的工资性别差异问题，又可以避免行业替代法中不恰当的行业归类以及部分行业小时工资相对较高带来的高估问题，可以有效减少误差、科学测算我国家务劳动的最低经济价值。

鉴于最新一期中国妇女社会地位调查没有单独对照料老人的时间进行调查，而2008年时间利用调查虽然对照顾家人时间进行了调查，但由于仅调查了照料未成年人时间和成年人时间，照料老年人的时间包含在照料成年人的时间之内，因此，本文利用照料成年人时间代替照料老年人时间，研究城镇就业中青年照料老人的经济价值。

城镇就业中青年照料老人的经济价值测算公式为：

其中，为2010年城镇就业中青年的照料老人经济价值，为2010年城镇就业中青

---

① 2010年各省区市最低小时工资分别为：北京11.0元，天津8.8元，河北6.9元，山西7.0元，内蒙古6.1元，黑龙江5.5元，吉林5.2元，辽宁6.0元，上海9.0元，江苏5.4元，浙江6.5元，安徽5.6元，福建6.5元，江西4.7元，山东6.5元，河南6.8元，湖北6.5元，湖南6.0元，广东6.4元，广西4.5元，海南5.9元，重庆5.2元，四川6.8元，贵州5.9元，云南6.0元，西藏7.5元，陕西6.8元，甘肃6.6元，青海8.1元，宁夏6.8元，新疆6.0元。

年的规模，为照料老人的比例，为平均每天照料老人的分钟数，为2010年小时最低工资。

三、主要研究结果

（一）城镇就业中青年创造了照料老人的巨额经济价值

2010年全国18—59岁人口规模为87630.35万，男女分别为44541.38万人和43088.97万。基于男女就业人员分别占84.61%和70.05%的比例[①]，可以测算出男女就业人员规模分别达到37684.54万人和30184.70万人，根据城乡男女就业人员比例[②]，可以计算出18—59岁城镇男女就业人员分别为18665.15万人和13794.41万人。

1/4的城镇中青年就业女性承担老年人的大部分或全部照料责任。表1显示，2010年我国城镇就业中青年中，有5695.39万人在最近一年承担了老年人的大部分或全部照料责任，女性承担老年人照料责任的规模超过3500万人，即在每4个城镇中青年就业女性中，就有一个人承担老年人照料责任，女性承担老年人照料责任的比例是同类男性的2.18倍。

城镇就业中青年在照料老人时呈现出第二轮班特征。城镇就业中青年平均每年照料老人的时间为711.75小时，男女分别为760小时和680小时以上，男性对老年人的照料时间长于女性。相对于工作时间而言，照料老人的时间是在工作之余完成的，即城镇就业中青年在下班以后，除了承担洗衣、做饭、日常购物、照料孩子等家务劳动外，还要承担照料老人的责任，他们平均每天照料老人的时间在2个小时左右，具有典型的第二轮班特征，延迟了劳动时间，加重了身心负担。

城镇就业中青年创造了2600多亿元的经济价值。按照2010年各省区市规定的最低小时工资计算，城镇就业中青年在照料老人方面创造了2600多亿元的经济价值，男女在照料老人方面分别创造了1080亿元和1558亿元，女性创造的经济价值是男性的1.44倍。照料老人的经济价值比2010年文化、体育和娱乐业的行业增加值（2495.8亿元）还要多143.16亿元。2010年文化、体育和娱乐业的固定资产投资达到2959.40元，即在文化、体育和娱乐业，每1亿元的增加值对应的固定资产投资为1.19亿元。

---

① 根据《中国人口和就业统计年鉴2011》的表2-1相关数据计算得来。在计算2010年18—59岁女性规模和女性就业比例中，保留了小数点后四位，分别为43088.9706万人和70.0520%。

② 根据第六次全国人口普查资料的4-2a、4-2b全国分年龄、性别的16岁及以上人口的就业状况计算得来。

如果按照分行业固定资产投资额度计算，同等金额的照料老人经济价值需对应的固定资产投资可达3129.15亿元。换言之，城镇就业中青年在照料老人方面创造的经济价值，为国家节约了3000亿元的固定资产投资（见表3-3）

表3-3 2010年照料老人的人口规模、照料时间与经济价值

	男	女	合计
18—59岁城镇就业人员规模（万人）	18665.15	13794.41	32459.56
照料老人比例（%）	11.69	25.47	17.88
承担照料老年人的规模（万人）	2181.96	3513.44	5695.39
年均照料老人时间（小时）	760.42	681.33	711.75
最低小时工资（元/小时）	6.51	6.51	6.51
照料老人的经济价值（亿元）	1080.14	1558.38	2638.96

注：照料老人比例根据最新一期中国妇女社会地位调查数据计算得来，年均照料老人时间根据《2008年时间利用调查资料汇编》表4-2相关数据计算得来，最低小时工资根据2010年各省区市最低小时工资计算得来。

（二）城镇就业中青年照料老人时付出了较大代价

近4成照料老人的城镇中青年就业者存在家庭工作冲突。城镇就业中青年一方面由于家中有老人需要照料；另一方面由于用人单位对工作效率和经济效益最大化的追求，要求就业人员全力以赴投入工作，容易导致就业人员在照料老人和就业之间产生冲突。最新一期中国妇女社会地位调查数据显示，在照料老人的城镇中青年就业者中，“为了家庭而放弃个人发展机会”的比例达到39.18%，男女分别为36.79%和40.59%，比不需要照料老人的城镇就业中青年“为了家庭而放弃个人发展机会”的比例分别高10.21和10.45个百分点。照料老人在一定程度上增加了城镇就业中青年平衡工作与家庭的难度，对女性的影响大于男性。

照料老人在一定程度上减少了城镇就业中青年的劳动收入。照料老人的城镇就业中青年年均劳动收入分别为29018.09元和17975.85元，比不需要照料老人的城镇就业中青年劳动收入分别低1126.59元和3014.26元，照料老人对减少女性劳动收入的影响大于男性。进一步按照平衡工作与家庭的难度来看，在既照料老人又“为了家庭而放弃个人发展机会”的城镇就业中青年中，男女年均劳动收入分别比不需要因为家庭而放弃个人发展机会的男女低2786.32元和855.43元。

照料老人在一定程度上增加了城镇中青年未就业现象、降低了养老保险参保率。

照料老人不但会减少个人发展机会，甚至造成部分城镇中青年中断工作或不能就业，进一步影响中青年目前的社会保障与将来的养老能力。在城镇未就业中青年中，分别有2.69%和18.03%的人是由于家里有老人/病人需要照顾而未能就业，他们中有养老保险的比例分别仅占41.18%和31.75%，比照料老人的城镇就业中青年有养老保险的比例分别低32.01和43.35个百分点，女性因照料老人而不能就业、没有养老保险的比例均大于男性。

（三）对发展医养服务业的政策启示

照料老人除了对城镇中青年就业、未来养老能力产生影响外，还会对医养服务业的可持续发展产生影响。虽然我国以居家养老为基础、社区养老为依托、机构养老为支撑的养老服务体系渐趋形成，但是，居家养老、照料老人对城镇就业中青年产生的巨大影响，催生了城镇就业中青年对社会养老服务的巨大需求。根据最新一期中国妇女社会地位调查及城镇就业人员数据测算，有3260.65万城镇就业中青年需要助老服务，为养老服务和照料经济创造了市场。

《2002马德里老龄问题国际行动计划》的优先行动三要求确保建立有利的支助性环境，为照顾和对照顾者提供支助。《北京行动纲领》和《中国妇女发展纲要（2011—2020年）》要求，开展养老家庭服务，为平衡工作和家庭责任创造条件。加快发展社会养老服务，为照料老人的城镇就业中青年创造平衡工作家庭的友好社会环境，既是国际行动计划的要求，又是国家“十二五”规划纲要和《中国妇女发展纲要（2011—2020年）》的目标要求。

在医养服务业建设过程中，建议政府和社会高度认可照料老人的经济价值，为照料老人的城镇就业中青年，特别是低收入中青年提供照料补贴或照料假期，减少“为了家庭而放弃个人发展机会”的比例。同时，按照《国务院办公厅关于发展家庭服务业的指导意见》，结合为老服务需求，深入挖掘照料老人经济价值的市场潜力。大力发展为老服务业、家庭服务业，在满足老年人的养老服务需求，减轻城镇就业中青年照料压力的同时，创造养老服务业就业岗位，为医养服务业健康可持续发展创造条件。

作者简介：

杨慧，全国妇联妇女研究所政策法规研究室副研究员，博士，研究方向为妇女经济发展与地位评估、公共政策。

实践创新1·老年宜居篇

我国地域辽阔，各地的发展水平、文化特征、生态环境等差异性大，老年宜居环境建设需要因地制宜、依势而导、形成特色。攀山千条路，共仰一月高。目标是共同的，但形式可以是多样的；方向是一致的，但路径可以是不同的。实践出经验，实践出创新，实践出特色。在实践创新中推动各地老年宜居环境建设。

试论老年宜居城市的基本建设

——以河南省开封市市情为例

孙学士

（河南大学老年学研究所　河南　475001）

摘　要：老年宜居城市建设如何定位？我们认为，结合老年人群体的实际情况和基本需求，应该主要从五个方面进行探讨。一是尊老敬老的大环境如何；二是健康休闲的生态文化怎么样；三是组织开展老年文化活动的效益；四是应对老年人群体的医疗保障条件；五是交通与物价等也是不可忽略的因素。本文结合开封市市情，从敬老文化、休闲文化、老年活动、医疗保障、交通物价等方面，探讨了老年宜居城市建设的取向。

关键词：老年人　宜居城市　基本建设　开封市

老年宜居城市应该如何定位？有奇特的山水美景，有绝佳的旅游景点，有适宜健康长寿的水土条件，有四季如春的气候环境，等等，这些基本的元素都非常重要。我们认为，就现代社会生活要素与构建社会主义和谐社会而言，老年宜居城市最为关键的定位要素，应该是适宜老年人生活休闲的生态文化环境与医养保障条件。根据30年来开封市市情市貌变化及其文化背景，对老年宜居城市基本建设谈几点看法。

一、浓郁而深厚的尊老敬老文化是老年宜居城市的基本条件

“老吾老以及人之老，幼吾幼以及人之幼。”尊老敬老是中华民族的传统美德，也是老年人能够安享晚年、健康长寿的先决条件。

平时，我们在生活中常常会有这样的感受，谁家的儿女小辈孝敬老人，尊老敬老家风传承得好，那家的老人生活就会比较幸福，而那家的老人也会健康长寿。这是一个良性的对应的因果关系，这也是经过很多代社会学伦理学专家学者进行研究并论证过的课题。根据报道，近年来，中国老年学学会组织开展的“长寿之乡”的评选活

动，就特别重视尊老敬老文化社会环境的条件，这应该是一个刚性的条件。2009年，我们河南大学老年学研究所专程到河南省第一个被评为“长寿之乡”的夏邑县作调研。那里民风淳朴，老百姓和善厚道，尊老敬老的社会风气非常温馨。所以，那里100岁以上的长寿老人就比周边县区多一些。对于老年人群体而言，一个和谐友善、尊老敬老的社会大环境，就是他们晚年生活的温馨家园，可以说，这就是他们健康长寿的绝佳“氧吧”！因此我们认为，营造浓郁而深厚的尊老敬老文化氛围，应该是老年宜居城市建设的基本目标。

二、健康休闲的生态文化是老年宜居城市的首选

老年人一生阅历丰富，饱经沧桑，一般喜欢无拘无束、优哉游哉的生活环境。然而，繁华忙乱的大都市生活一般都难于满足老年人的这个心理需求。即便是附近建有健身活动公园，也常常伴有林立的高楼大厦、比肩接踵的上班族、车水马龙的大马路、纵横交织的高架桥等，多少会影响悠闲养生的心态。天天看到的是紧张、奔忙，你的心态也不能休闲，你的休闲也不得安宁，你的安宁也不得消停，你的休闲养生效果大打折扣。事实证明，这种繁华奔忙的大都市生活环境是不适宜老年人生活的。对一般的老年人而言，他们不仅需要悠悠清闲的生存空间，还需要一个悠悠清闲的社会环境。比如，他们在外出时，喜欢有同好，喜欢有棋友，喜欢有钓友，喜欢有侃侃而谈的聊友，等等。

以开封市为例，春夏秋天的大街两边，经常能够看到老人打麻将、下棋、遛鸟、遛狗、桥边垂钓，等等，其悠悠哉令上班年轻族羡慕！开封的一些公园里、城墙边，你几乎每天都会看到吹拉弹唱的老年人；一些单位的老年活动中心、老年大学有很多老年人在练书法习绘画；几个老年诗社的老年朋友定期诗会，社员们吟诗诵词，诗兴澎湃；还有黄河岸边的骑车老人在采风摄影，等等。

开封乃数千年之古都，丰厚灿烂的文化传承，使她更加厚重沧桑。多年来形成的都市休闲文化、清静无为的养生环境，使外地游客颇为欣赏。这里的生态文化，这里的休闲生活，太适宜生活居住了，尤其是老年人群体！

三、丰富多彩的老年文化活动是老年宜居城市的重要条件

老年人需要健康文明的社会大环境，也需要休闲清幽的生态文化，更需要丰富多彩的文化活动。在老年人群体中，他们中的大多数都喜欢一两项健康而实用的文化活

动。如太极拳、健身舞、合唱团、民乐、诗社、戏曲、垂钓、摄影、书法、绘画、宠物、棋牌，等等。这些在繁华的大都市组织活动或参加活动，往往受交通、区域等条件局限，尤其是组织大的活动有一定的难度。而在一般的偏僻乡镇，难于结社组织。可在古都开封则比较方便。一是这里有深厚的休闲文化背景，二是城区不大，骑自行车半小时的半径距离，打的一般10元左右，老年人参加活动都很方便。据笔者所知，开封市老年人组织的诗社就有几家，有的就在老年人居住比较集中的社区，在家门口参加喜爱的活动，多舒服、多方便、多开心啊！

开封老年人喜好的活动不仅项目繁多，而且随着社会的发展，层次档次也在逐步提高，方式方法也更加丰富多彩。如，开封市的老年空竹活动在城区的大街小巷司空见惯，他们中不乏名师高手，在河南有很大的影响。再如，开封市作为全国的书法名城，是几十位老一代知名书法家努力取得的。目前，他们宝刀不老，仍然活跃在全国、全省的书法界，不仅搞好传帮带，还经常组织书法交流活动，深受社会赞誉。这些活动的开展，这些组织的发展，使开封的老年人生活日趋丰富，更多精彩！

四、良好的健身环境和医疗保障条件是老年宜居城市的必要条件

进入老年，身体不适或有病是正常情况。很多老年人的体会是，自己多活动、多锻炼、多预防，生活质量就会提高。假若身体出现了不适，也应该及时到医院检查医治。所以，完善医养保障条件是老年宜居城市建设的目标之一。

在医疗保障水平方面，开封作为河南的中等城市，无法与省会郑州市相提并论，更无法与全国的大都市比较。但作为50年前的省会城市，这里也有相当的基础。开封市三甲医院至少有五六家之多。其中，开封市的中医院也具有相当实力，开展的糖尿病治疗、心脑血管病调理等在河南乃至全国都小有成绩。还有济南军区的中心医院一五五医院也有相当的医疗水平。近几年建成的两所河南大学附属医院，尤其是创建于20世纪50年代会战淮河时期的淮河医院，医疗基础非常雄厚，在豫东地区、豫鲁苏皖地区都颇有盛名。另外，还有一些专科医院在河南省有相当影响。

医疗有保障，健身好环境，是老年人理想的养老之地。开封的夏初早晨，年轻人还酣睡于梦乡，老年人已成群地开始晨练了。他们或绕着龙亭湖慢跑，或爬上古城墙长啸，或在社区的健身园里下腰，或到森林公园里欣赏鸟叫，他们中更多的是在怡然自得地散步、说笑。朝霞冉冉，旭旭红日，老年人成群结队地在这里享受着轻松、悠闲与清静！

五、便利的交通、充裕的供应和合理的物价是老年宜居城市的基本要素

对于老年人而言，既要外出旅游、探亲访友，也要经常接待亲友来访。交通便利是老年宜居城市的基本条件，市内交通、城际交通、乘高铁、坐航班等，要非常方便通畅。购物也要方便，市场充裕，物价合理，服务市场比较发达等。

开封在这方面具有独特优势。先说交通之便利。我国纵贯东西的交通动脉——陇海铁路穿开封城区而过。开封与我国交通枢纽城市郑州仅 50 多公里之距。国家推动郑汴一体化、中原城市群战略多年，开封郑州的城区距离日趋缩小，仅半个多小时路程。早些年修建的十车道郑开大道，几分钟一趟的城际公交，2014 年开通的城际轻轨铁路，19 分钟到达郑州。开封到郑州机场有直达高速，不足一小时路程。城区不大，交通畅通，不易塞车拥堵。还有，开封也是全国高速公路的枢纽，“连霍”“大广”等在开封交会，西出东进，北上南下，一上高速，直达全国各个城市，乃至各个国际口岸。

交通便利本身是物价成本低的基本因素。开封尽管是旅游城市，但物价水平在河南来说是比较低的。主要原因有几点，一是这里没有大的重工业；二是周边多是生产力不够发达的农耕乡镇；三是城区人口不足 100 万。不用说油盐柴米价格和服务消费价格，就说大家都关心的房价，与郑州每平方米相差几千元。再比如，闻名全国的开封夜市，很多都是郑州人乃至周边城市的客人，专程开车带家人朋友来，价廉物美。

六、开封市是具有很多优势条件的老年宜居城市

根据 30 年来的生活感受，笔者非常自信地推荐，开封市是老年宜居城市的良好范本。这里的市民不仅热情好客，大方厚道，尤其是尊老敬贤！因为，这里不仅有深厚的文化底蕴，也有着良好的尊老敬老社会氛围。多年来，开封市的几届领导对营造尊老敬老社会风气都很重视，因为这也是打造全国优秀旅游城市的刚性条件。作为全国优秀旅游城市，很多服务窗口都明示老年人优先的牌子。在很多热门景区对高龄老年人都给予了特别优惠的条件。

古人云：“山不在高，有仙则名。水不在深，有龙则灵。斯是陋室，惟吾德馨。”刘禹锡的《陋室铭》文化内蕴，正契合老年人选择宜居养老城市的取向！

开封无名山圣水乎？城北翰园碑林的仰圣山，登临瞰俯御街，山水相连，一派仙山琼阁浮在眼前！再到古城北隅古城墙边的万岁山，千年艮岳故事再现，九龙瀑之奔流，不仅大气，亦兼山川野趣，集太行山水之绝佳，取景摄像美不胜收。开封乃中原

之水城！开封之水天上来！城北十里就是我们的母亲河——黄河！驱车10分钟即可到柳园口古渡，站在绵延横亘的大堤上，看滚滚东流的黄河，似乎在听一位白发老者远瞻吟咏，浑浑然之沧桑，苍苍然之环宇……我们会感到越来越厚重了，我们也更加年轻了。是啊，在历史的老人面前，在祖国的母亲河旁边，我们能不年轻吗！

综上所述，我们关于老年宜居城市建设的基本取向已比较明确，主要有五个方面。一是大力营造尊老敬老文化是老年宜居城市建设的基本条件；二是健康休闲的生态文化是老年宜居城市建设的首选；三是组织开展老年文化活动是老年宜居城市建设的重要条件；四是创建适宜的健身环境和医疗保障是老年宜居城市建设的必要条件，五是便利的交通、充裕的供应和合理的物价也是老年宜居城市建设的基本要素。

作者简介：

孙学上，1956年5月生于河南濮阳县。1974年12月入伍，先后任战士、班长、书记、副指导员、宣传科干事。1986年1月转业到河南大学老干部处，先后任秘书、科长、副书记、副处长。现任河南大学老年学研究所所长。长期从事离退休管理服务工作，1992年开始探讨老龄问题，先后发表老年学论文20余篇，参编著作多部，多次获奖。

老年宜居城市建设和健康老龄化

——以山东省日照市为例

高　诘

（日照市老龄工作委员会办公室　山东　276800）

摘　要： 建设老年宜居城市，是适应人口老龄化新形势、提高老年人生活质量、解决日益加快发展的人口老龄化养老问题的重要内容和保障，是完善社会养老保障体系不可缺少的重要组成部分。老年人的生活越来越重要，如何保证老年人的健康生活也成为城市建设的重要课题。建设宜居城市的必要性是什么、日照市在建设宜居城市有哪些成效和经验、下一步怎样做才能让宜居城市建设服务于健康老龄化，等等，都需要更深入细致的调查，以实际分析保证政策落实，从而维护老年人的身心健康、积极应对人口老龄化发展趋势、增强日照市养老服务体系政策落地的准确性和针对性。这对日照市甚至全国不仅具有重要的理论意义，更具有重要的实践意义。

关键词： 老年宜居城市建设　健康老龄化

一、健康老龄化发展目标下建设老年宜居城市的必要性、迫切性

（一）加快宜居城市建设是广大老年人的迫切需求

人体老化是人的生命征途中不可避免出现的生理现象，由于生理功能和认知能力的退化，老年人对公共城市和家居城市的要求与年轻人不同，例如，老年人迫切需要无障碍的居住和出行城市。老年宜居城市建设有宏观、中观、微观的不同的含义。宏观上，老年宜居城市建设是在人口老龄化背景下具有良好的城市大环境，包括生活出行城市、自然生态城市、社会人文城市、人工建筑设施城市和居住地城市等；中观上，老年居住城市应结合老年人身心特点，在城镇建设或改造中整体规划设计合理、老龄服务设施齐备、城市优美、敬老氛围浓厚、代际关

系融洽的社区城市；微观上，住宅小区和住宅家居应具有适合老年人生活、养老的城市。随着我国人口老龄化的加快发展，空巢、高龄、失能的老年人快速增多，城市建设和改造应从老年人的特点和需要出发，本着便利性、安全性、舒适性、养生性等基本原则，不断营造老年宜居城市。

（二）加强宜居城市建设是破解我国目前养老服务供给不足难题的重要出路

目前我国人口老龄化存在的一个突出问题是“未富先老”，社会保障制度不完善，社会养老服务供给不足。根据第六次全国人口普查数据，2010 年底山东省 60 岁以上老年人口已达 1413.06 万，占全省总人口的 14.75%，老年人口数量位居全国第一。日照市 60 岁以上老年人口达到 43.4431 万，占全市总人口的 15.51%。老龄化程度高于全省平均水平。老龄化进程与家庭小型化、空巢化、高龄化相伴随，社会养老保障和养老服务的需求急剧增加。但目前我国养老服务满足不了日益增长的养老服务的需求。解决日益加快发展人口老龄化的养老服务难题，基本思路就是在不断推进健康老龄化战略的基础上，建立以居家为基础、社区为依托、机构为支撑的养老服务体系，而健康老龄化的实现，以及社会化养老服务体系的建立，均与老年宜居城市相关。老年宜居城市能造就更多的健康老人，从而减少对养老服务的依赖；无障碍通道是实施居家养老服务、社区养老服务和机构养老服务的基本条件。只有建设老年宜居城市，才能有助于社会养老服务体系的建立与完善，才能在“硬件”建设上有助于养老服务问题的解决。

（三）加强宜居城市建设是时代发展的需要

首先，加强老年宜居城市建设是国际社会普遍做法。1996 年联合国第二次人居大会提出了城市应当是适宜居住的人类居住地的概念。此概念一经提出就在国际社会达成了共识，成为 21 世纪新的城市发展观，发达国家因人口老龄化发展都十分重视老年宜居城市建设。受到这个概念的影响，2005 年国务院批复的《北京城市总体规划》中首次出现“宜居城市”的概念。2009 年联合国人居署在华盛顿国家建筑博物馆举行“2009 世界人居日活动及颁奖仪式”中日照市获“联合国人居奖”殊荣。其次，加强老年宜居城市建设是实现幸福中国、幸福山东、幸福日照的必由之路。随着社会经济的发展和进步，老年人不仅要求提高养老保障、医疗保障、社会服务等“软件”水平，而且必然在城乡公共设施、社区生活设施和老年家居城市等“硬件”建设上提出新的要求。老年宜居城市建设直接关系到老年人晚年生活的幸福与尊严，对增进老年人社会参与、提高老年人生活质量和幸福指数、促进社会和谐具有十分重要的意义。

二、健康老龄化目标引领下，日照市老年宜居城市建设基本情况

（一）日照市概况

位置优越，气候宜人。日照市是新兴的沿海港口城市，位于山东省东南部黄海之滨，是山东半岛的南翼。东临黄海与日本、韩国隔海相望，西靠沂蒙山，北与青岛市、潍坊市接壤。辖东港区、岚山区、莒县、五莲县2区2县以及日照经济技术开发区和山海天旅游度假区，有54个乡镇、街道，2981个行政村。全市陆域面积5310平方千米，其中山区、丘陵、平原各占约1/3，海域面积6000平方千米，海岸线长168.5千米。地理坐标在东经118°35′—119°39′，北纬35°04′—36°02′。气候宜人，属暖温带湿润季风气候，相对同纬度其他内陆地区四季温差较小，年均气温12.7℃，年均湿度72%，年平均日照2533小时。空气质量为国家一级标准。2014年，全年有283天白云蓝天繁星闪烁。地貌类型多样，自然风光秀美，有平原、山丘、水域、湿地、海洋等。历史文化悠久，名胜古迹众多，是理想的旅游、度假、休养之地，2005年被国家环保总局认定为国家城市保护模范城市。

经济发展强劲，物产丰富。2014年全年实现生产总值（GDP）1611.87亿元，比上年增长10%，增幅居全省17市第三位。第一产业增加值139.34亿元，增长4.2%；第二产业增加值811.39亿元，增长9.6%；第三产业增加值660.64亿元，增长12.0%，三次产业比例由上年的8.7%：52.3%：39.0%调整为8.6%：50.4%：41.0%，产业结构逐步优化。农林牧渔业全面发展，全年实现总产值242.09亿元，比上年增长4.2%；实现增加值139.34亿元，增长4.2%。日照市物产丰富，农业资源特色鲜明，是山东省粮食、花生、茶叶、水产品、蚕茧、烤烟、果品、蔬菜、畜牧、中药材等的重要产地。发展海洋与渔业经济条件得天独厚，海产品丰富，品种众多。

（二）在健康老龄化目标引领下，日照市建设老年人宜居城市的具体做法

1. 宜医及宜养

老年人处于生理衰退期，行动不便，方便其就医、养生、康复、护理等非常重要。因此，老年宜居城市建设，要着眼于加强社区卫生医疗机构的建设，发展健康导向型产业，方便老年人就地、就近就医、养生、保健、康复等。市和区县、乡（镇）医院挂号处、就诊处、病房分别设立“老年人优先”的标志，并实行老年人优先的待遇；市、区县、乡（镇）医院均设立了老年门诊和老年病床；医务部门定期为离退休老干部和部分老工人查体；农村医疗室也积极为老年人看病提供方便；登门为农村老年人

查体治病，本人和赡养人确实无力支付医疗费和药费的，当地政府多方筹资，酌情给予适当的经济帮助。近几年，日照市不论是养老机构数量还是养老机构床位数都在呈不断上升趋势。到2013年末，日照市各类养老机构94处，养老服务机构床位总数13500余张，含民营老年公寓1500张。养老床位数每千位老人25张。乡镇敬老院52处，床位5667张。有村（居）老年公寓30处，床位4800张，入住老人4000人。

2. 宜乐及宜学

宜乐是指老年人生活的城市中，有老年人开展文化娱乐和学习的设施和场所。在10—15分钟的生活圈里，老年人可以充分利用公园、广场、老年人活动中心（室）等各种设施、场所，开展各种诸如跳舞、做操、唱歌、下棋、书画等文化体育活动，最大限度地满足老年人精神生活的需要。市老龄委及市文化、体育等部门先后出台《关于进一步加快老年人活动场所建设的意见》等文件，从制度及措施上促进老年文体设施建设。至2013年，全市有市级老年大学1处，在校600余人；县（区）级老年大学4所，在校800余人；有乡（镇、街道）老年学校45所，在校4500余人。市、县级老年文艺团体（文体培训组织）27个，会员4232人。全市已建老年活动中心（室、站）2459处，其中农村2096处，老干部活动中心190个，日均活动人数达到3565人。已建老年门球场89处，地掷球场4处，篮球场229处，排练厅29处。全市城乡所有文体娱乐设施都已向老年人优惠或免费开放，基本满足老年人文体娱乐需求。全市已建成使用老年活动中心（室、站）2605处，其中农村2323处。所有文体娱乐场所都已向老年人优惠或免费开放，基本满足老年人文体娱乐需求。市、县级宣传、文化、广电、旅游等部门积极组织、指导各类老年文化产品的开发、出版。先后创作出《勿忘在莒》等老年戏剧作品和浮来山福寿文化节等知名老年文化品牌、老年养生知识讲座及老年科普读物等老年产品，不断满足全市各阶层老年人日益增长的精神文化生活需求。日照首届金婚大典活动、全民健身运动会等活动丰富。图书馆、文化馆、博物馆等公共文化场所全部向老年人优惠或免费开放，老年人在本市游公园免费，进景点观光优惠或免费。

3. 宜行及宜助

即老年城市建设要充分考虑方便老年人出行。人是社会动物，是社会人。老年人要融入社会、参加各种社会生活，就必须出行。城市建设、社区建设要为方便老年人出行创造条件。从居室到道路、活动场所都应该设置无障碍通道。宜行，还应保证老年人居住地尽可能靠近各种交通工具，以保证其出行的安全性、便利性。1999年，全市65—69周岁老年人享受乘公交车半价优惠，70周岁及以上老年人享受乘公交车免费政策。2014年1月1日起，65周岁以上老年人乘坐市内公交车全部免费，60—65周岁老年人实行半价优惠。其中岚山区从2014年1月1日起，对60周岁以上老年人凭有效证件乘坐区内公交车全部免费。老年人随着年龄的增长，不可避免地出现生理衰退和认知能力的减弱，特别是高龄、失能、患病老人，其生活方方面面常常要依靠他人的帮助。是否宜助，成为其生活是否幸福、快乐的重要内容。因此，老年人居住的城市中，要有养老服务、社会救护、生活帮助等部门和机构，当老年人需要帮助的时候，能及时给予服务和帮助。开展为老志愿服务工程建设。多年来，各级积极组织老年人参与经济建设和社会发展，老科协、老体协、关工委、日照市志愿服务组织等各团体、单位，广泛开展各项为老志愿服务活动，并给老年志愿者提供发挥余热的平台。为进一步推动我市为老志愿服务工作再上新台阶，日照市于2013年先后印发《关于开展为老志愿服务活动的通知》（日老办发〔2013〕5号）、《关于成立日照市老年学雷锋志愿服务队的通知》（日老办发〔2013〕7号），进一步建立健全为老服务志愿者组织网络，加快老年人志愿团建设，广泛开展各类为老志愿服务、老年人奉献社会等志愿活动。在日照市连续4年实施的“千百重点文化工程”中，老年人文化义工多达200余人。

三、在健康老龄化目标引领下，建设老年宜居城市的实现路径和措施

（一）加强组织领导，纳入城市建设总体规划

宜居城市建设，是一个系统工程，涉及面广，这就需要加强组织领导。要建立具有统一综合协调功能的领导决策机构，负责宜居城市建设的规划和实施。老年宜居城市建设，关键是科学制定符合宜居要求的城市建设总体规划。城市基础在社区，加强老年宜居城市建设，应突出发挥地区宜居城市建设规划的作用。

（二）老年宜居城市建设应突出老年人需要的特点

老年人与中青年人及其他年龄段的人群相比有其特殊要求，上述的“十宜”是老年宜居城市建设的基本要求，规划的制定和实施应充分考虑和满足这些基本要求。安全性、便利性、舒适性和养生性，是衡量一个地区是否适宜老年宜居的最基本条件，老年宜居城市建设应尽量满足这些条件。

（三）老年宜居城市建设应突出重点

根据中国老年事业发展“十二五”规划的要求，“十二五”期间，老年宜居城市

建设应重点加强以下几个方面的建设：一是改善老年人居住条件。推动和扶持老年家庭无障碍改造。二是大力推进无障碍设施建设。日照市应在城市三年升级行动计划活动中，突出高龄和失能老年人居家养老服务设施、城市的无障碍改造，推行无障碍进社区、进家庭。同时，要加快对居住小区、园林绿地、道路、建筑物等与老年人日常生活密切相关的设施无障碍改造步伐，方便老年人出行和参与社会生活。三是加快老年活动场所和便利化设施建设。在城乡规划建设中，充分考虑老年人需求，加强街道、社区“老年人生活圈”配套设施建设，着力改善老年人生活城市。通过新建和资源整合，缓解老年人生活基础设施不足的矛盾。

（四）加大投入，形成政府主导、全民参与、多方投入的机制

加大资金投入，是老年宜居城市建设的财力保障。宜居城市建设是重要的民生事业，政府应加大公共财政资金的投入。但是，我国仍然处于社会主义初级阶段，政府财政资金的有限性，决定了老年宜居城市建设还须依靠社会的力量，要形成政府主导、全民参与、多方投入的机制。

参考文献

［1］仪洛佟．兰州市城关区托幼机构膳食管理研究．中国知网，2014. 3.

［2］日照市各区县老年人宜居城市建设情况汇报．东港区、岚山区、莒县、五莲县老龄办，日照市经济技术开发区、山海天旅游度假区、日照国际海洋城社会事业局，2015. 3.

［3］杨燕绥．社会保障［M］．北京：清华大学出版社，2011.

［4］管静娟．城市高龄老人养老服务需求及社会化服务体系研究—以南京市G区为例．万方数据库，2010.

作者简介：

高诘，男，山东省日照市老龄工作委员会办公室。

宝鸡市老年宜居环境建设的做法经验和主要特色

张 政[1] 容 琳[2]

(1. 宝鸡市老年学会 2. 宝鸡市渭滨区老年学学会 陕西 721006)

摘 要：经过 8 年的不懈努力和持之以恒的创建活动，2008 年 4 月，宝鸡市被建设部授予“中国人居环境奖”“人居环境范例奖”，建成了环境优美、居住舒适、设施齐全、服务完善、文明和谐的人居环境，使全市城乡居民特别是老年人从中受益，提高了老年人的生活生命质量和幸福指数。宝鸡市在创建老年宜居环境中主要抓了以下几方面工作，并取得了令人振奋的成绩。他们的经验在全省、全国进行了推广。

关键词：老年宜居环境建设 宝鸡市 做法经验 主要特色

2008 年 4 月，宝鸡市被建设部授予“中国人居环境奖”“人居环境范例奖”，也是全国 19 个获得“中国人居环境奖”的城市之一。宝鸡是陕西省唯一获此殊荣的城市。

当你漫步在宝鸡街头或郊区，你会发现自己就像行走在美丽的画卷之中：大街小巷绿意盎然，沿途的街头小品、绿地、红花赏心悦目，透过透视墙，可以看到沿街单位的院子里也是芳草茵茵、绿意盈盈、红花绿树。鸟瞰宝鸡：两条林带，一片水面。城在林中，水在城中，依山傍水，如诗如画。宝鸡市民特别是宝鸡市老年人每天徜徉在渭河两岸、南山北塬，尽情呼吸、享受着绿色带来的新鲜空气，老年人的生活幸福指数显著提高。

宝鸡市在创建老年宜居城市中主要抓了以下几方面工作。

一、宝鸡市建设老年宜居环境的做法与经验

宝鸡地处西部内陆，经济欠发达，自然环境比较脆弱。作为陕西老工业城市，如何走出一条经济增长与生态环境相协调、可持续发展的路子？这是市政府一直思考的问题。自 2001 年国家将宝鸡市列为生态示范区建设试点市以来，历届市委、市政府坚

持“生态立市”的发展战略，举全市之力，不断积极推进有关的各项工作。

（一）大力推进环境整治，城市品位大幅度提升

2000年，宝鸡市委、市政府提出“建设工业强市、畜牧大市、旅游名市、现代化生态园林大城市，创建西部‘最佳人居生活环境’和‘最佳投资发展环境’”的战略目标。2001年9月，宝鸡历史上第一个大型生态治理项目——渭河防洪暨生态治理工程动工建设，拉开了改善城市生态环境、优化城市人居环境、建设宝鸡生态园林城市的序幕。相继开展了创建“国家园林城市”“国家卫生城市”“全国绿化模范城市”“国家环保模范城市”“全国文明城市”等活动。特别是在城市建设上按照“高起点规划、高标准建设、精细化管理”的基本思路，以“留水、增绿、畅通、洁净”四大工程和“五场两所”建设，狠抓城市环境综合整治。为了巩固“国家环保模范城市”创建成果，更为了还老百姓一片蓝天，市政府加大环境治理工作力度。先后安排1.7亿元专项资金，关停破产了影响市区环境质量的焦化厂、红光铁厂、水泥厂，使困扰福临堡地区10多年的污染难题得到根本解决。关停了41户造纸企业，投巨资开工建设12个污水处理厂，目前，十里铺污水处理厂二期，陇县、千阳县、陈仓区污水处理厂已建成投用。万元GDP能耗降低近40%，工业用水循环利用率达到62%，全市工业固体废物综合处置及利用率达到了98.99%以上。市区连续4年空气质量达到二级和好于二级的天数占全年的80%以上。建成了经二路、中山路等4个噪声达标区，占到建成区面积的66.3%。市区所有新建公共建筑工程100%严格按国家、省建筑节能标准设计施工。全市建筑行业节材门窗、新型屋面保温材料应用比例达到90%以上，市区规划区内建成符合节能设计标准的建筑面积比例达到42.1%，建筑节能工作受到建设部等四部委表彰。

在此之前，宝鸡市已连续7年被陕西省政府授予“城市环境综合整治先进城市”。同时，在创建“最佳人居环境”活动中，先后赢得了14项国家殊荣。在城市管理工作中，经过一年多的努力，运用信息技术网络，搭建数字化城市管理平台，大幅度提高了政府管理城市的效能和为市民提供公共服务的质量。

2006年，陕西省委、省政府提出宝鸡要率先建成特大城市的目标后，面对城市化进程加快发展的新形势，宝鸡市委、市政府审时度势，决定在已取得的成绩的基础上，用两年时间进行“申报中国人居环境奖”的创建活动，为争取联合国人居奖而奋斗。创建工作开展以来，宝鸡市有效组织开展了一次又一次环境综合整治“大会战”，使城市面貌发生了根本性改变。通过整治使城市框架不断拉大，市政基础设施建设和公

用事业快速发展，人居环境建设、居民住宅建设、垃圾污水处理设施建设、城市道路建设和绿化等建设都取得了显著的成绩，实现了城市道路畅通、临街建筑物美观协调、公共设施功能齐备、广告设置规范整齐、标志标牌美观醒目、环境卫生整洁干净和公共场所秩序良好的目标，进一步改善了城市环境，提升了城市品位，促进了经济、社会与环境的协调发展。

（二）狠抓绿化美化亮化工程，建成天蓝水碧绿树红花现代化大城市

宝鸡市三面环山、渭河穿城而过，具有独特的“山、水、塬、林”自然优势。创建工作中，宝鸡市大力彰显生态园林城市特色，打造城市绿色屏障和滨河长廊。在南山实施了九龙山、冯家塬、石鼓山、兴隆寺、凤凰头生态工程；在北坡实施了金台森林公园、蟠龙塬、南坡头生态园建设工程；围绕建设渭河滨河长廊，建成了金渭湖、渭河公园、石咀头蓄水工程、渭河生态园、高新渭河公园，市区呈现出了湖湖相连、湖园相间的生态景观。金渭湖被国家黄河委誉为“北方河流治理中寻求人水和谐共处的一项具有代表意义的工程”，渭河生态治理工程被建设部授予“中国人居环境范例奖”。

围绕建设城市内外贯通一体的生态环境，宝鸡市实施了城市“三拆”、引渭渠沿线和铁路沿线综合整治工程，为城市拆出空间，为百姓拆出环境。创建以来，共拆除近 70 万平方米的违章建筑、临时建筑和有碍市容的一层建筑，粉饰、美化临街建筑物立面墙体 3. 15 万平方米，新建园林小品广场 14 个。实施引渭渠市区段全长 3. 94 公里渠岸的护栏改造、桥梁改造、渠内清淤、渠面覆盖及绿化建设等工程，建成节点广场，增加绿化休闲设施。在陇海线、宝天线、宝成线 26. 7 公里市区段沿线建设了 11 个带状街心公园，过去污水横流、垃圾成堆的铁路沿线市区段形成了“绿带绕铁路，列车绿中行”的城市新景观。

如今，在宝鸡市的大街小巷每隔一段就会发现一个街头绿地或花园式的休闲草坪。同时，强化了单位、居住区的绿化工作，让市民能够出门见绿、推窗见绿。到 2008 年 6 月，城市建成区绿地率达 39. 31%，绿化覆盖率达 43. 69%，人均公共绿地面积达到 14. 37 平方米，城市中心区人均公共绿地面积 9. 31 平方米。全市形成了南山北坡绿色屏障、河流两岸绿色走廊、道路水系绿色林网、生态城镇星罗棋布的“绿色宝鸡”大框架，“两条林带、一片水面、城在林中、水在城中、依山傍水”的现代化生态园林大城市景观基本形成。

（三）基础设施不断完善，城市载体功能显著提升

创建工作使得宝鸡的城市基础设施不断完善，城市载体功能显著提升。宝鸡市投

入资金26亿元，建成了金台大道、陈仓大道、高新大道、渭滨大道，神农大桥、卧龙大桥、福潭大桥，完成了市区70多条小道路、100多条背街小巷改造，市区现有道路493条，人均拥有道路面积16.06平方米。“四横十纵”的交通网络建设初步形成。

同时，还建成了谭家坡建筑垃圾场、渭河南岸截污工程，污水处理厂二期、陈仓区污水处理厂，建成高新区污水处理厂、代家湾地区供水管网改扩建工程，生活垃圾无害化处理率达到100%，城市污水处理率达到89.66%，城市供水普及率达到99.81%。建成1个热电联产项目、代家湾等6个供热站，城市供热面积达到1697万平方米，供热普及率达到80.61%。发展天然气、煤气等清洁能源，建成了天然气利用一期、二期工程，新建加气站3座，铺设管网180多公里，城市居民用气总户数15.3万户，城市燃气普及率达到98.17%以上。对市区28条主要街道及渭河两岸建筑物实施了美化，对神农大桥、金渭大桥、金陵河大桥桥体和市区138栋沿街高层建筑进行了灯光亮化。还建成了行政中心广场、公园南路等4处绿色照明示范点。市财政每年投资1000万元用于城市公交发展。建成了玉涧堡停车场，公交线路、站场布设更趋合理，当年拥有城市公交营运车辆1010台，万人拥有公交车辆15.23标台，居于全省各地市之首，居民以步行、自行车和公交车出行的比率达到88.9%。

（四）加快经济发展，为宜居环境建设提供强大的财政支撑

经济是基础，是保障，是支撑。宝鸡市始终坚持以快速发展为主题，以结构调整为主线，以转变发展方式为动力，全力以赴稳增长、促改革、调结构、惠民生，全市经济社会持续稳定健康发展。环境建设与经济发展相互促进。生态环境的一步步改善，不仅使宝鸡天更蓝、水更绿、人与自然和谐相处，而且极大地推动了宝鸡的经济发展，三次跻身“全国综合实力百强城市”行列，荣获“中国品牌经济城市”“新中国60年城市发展代表”等称号。2014年实现地区生产总值1658.54亿元，增长10.8%；完成地方财政收入78.05亿元，同口径增长15.6%，为宜居环境建设积累了雄厚的资金。城镇居民人均可支配收入增长10.7%，农民人均纯收入增长12.5%。2014年全市民生支出累计完成197.4亿元，占财政支出的83.8%。新开工建设各类保障性住房42367套，31231套基本建成。完成87个老旧小区综合改造，解决了一批老百姓反映强烈的突出问题。城镇新增就业5.8万人，23万老年人享受高龄补贴，1300户农村“三无户”移民新居主体完工，12.66万人实现脱贫。预计到2015年人均可支配收入26000元，农民人均纯收入9421元。全市医疗、失业等社会保障体系日臻完善。教育、科技、文化、体育、医疗、交通等社会事业日益繁荣，城乡居民安全感、满意度达96.6%。

二、宝鸡市建设老年宜居环境的主要特色

（一）领导重视，常抓不懈

历届市委、市政府在加快宜居环境建设中牢固树立以人为本、执政为民的执政理念，把宜居环境建设作为努力践行科学发展观和核心价值观的大事来抓。虽然领导换了一茬又一茬，但他们坚持一张图纸干到底，创建活动常抓不懈，年年都有新举措，年年都有新成果，年年都上新台阶，取得了令人瞩目的成效。2000 年至 2015 年 10 多年间，先后获得“国字号”大奖 40 多项。

（二）城市规划大手笔，城市建设大气魄

宝鸡市在规划设计中，提出“拓展城市、强化交通、改善民生”的规划。在城市发展上实施了“东扩南移北上”战略。向东重点加速与虢镇、蔡家坡融合；向南重点开发 15 平方公里的宝鸡南站片区，建设秦岭北麓生态新城区；向北重点建设磻龙原新区。强化宝鸡交通枢纽地位，加快“四横十纵一环”市内交通网络和“三纵两横三连接”的高速公路网建设；市区增加公交线路，目前已接近 50 条。

（三）加大投入，提供资金保障

随着宝鸡经济的快速发展和财政收入的不断增加，宝鸡市在环境建设方面舍得投入，加大投入，10 多年来累计投资超过上万亿元。仅“十二五”期间，实施重点项目 740 个，总投资 7100 亿元，其中 2014 年全市民生支出达 197.4 亿元，占财政支出的 83.8%。主要用于基础设施建设、绿化美化亮化工程、旧城改造、排污治污、民生工程、社会保障体系建设、养老服务体系建设，等等。

（四）坚持以人为本，造福宝鸡百姓

关注民生、改善民生是人居环境建设的重要内容。各种设施建设和人居环境建设受益者自然是广大群众。除此之外，宝鸡市建立了“全覆盖、无缝隙”社会保障体系，城乡居民参保人数达 152.5 万人，城镇职工和居民养老保险参保人数达 100.7 万人，分别达到 99.18%、98.6%。宝鸡市建立了以商品房、经济适用住房和廉租房“三位一体”的住房供应体系，相继建成了百合花城、锦绣园、团结苑、新福园、宏运佳园等经济适用房小区 9 个 80 万平方米、廉租房小区 5 个 7.5 万平方米。到目前，城市三区 3773 户低收入家庭解决了安居问题，10846 户符合住房保障条件的家庭实现应保尽保，低收入家庭人均住房面积提高到 15.4 平方米，保障率达到 100%，宝鸡市住房保障工作走在了全国的前列。同时，左岸新城、朝阳华城等一批景观环境幽雅、

服务设施齐全的生态示范小区也大大提升了城市居民的居住条件和档次，城镇家庭人均住房面积达到26.02平方米。

（五）重视历史文化，彰显城市魅力

宝鸡历史悠久，素有炎帝故里、周秦文化发祥地、青铜器之乡的美誉。宝鸡市围绕反映宝鸡厚重历史，传承悠久文化，把历史文化元素融入城市规划建设之中，将历史传承与城市建设紧密结合，建成了一批体现宝鸡历史文化的标志性建筑。如法门寺文化景区，被誉为“千载佛家圣地，万世人文经典”；在被誉为“中华第一古物”的石鼓出土之地石鼓山，建设了中华石鼓园，以生态园林为基调，以周秦文化为主题，全面展示宝鸡作为周秦文化发祥之地厚重的历史文化，以石鼓阁、青铜器博物院为标志性建筑。此外，还有反映宝鸡历史文化的周秦文化主题公园、道教圣地金台观、古鱼公园等。

作者简介：

张政，宝鸡市人大常委会原副主任，现任宝鸡市老年学学会会长。

容琳，宝鸡市渭滨区老年学学会副会长兼学术部部长。

创建宜居社区 共筑美好家园

——湖北省创建老年宜居社区路径探索及启示

湖北省老龄办

（湖北省老龄工作委员会办公室 湖北 430071）

摘 要：湖北省创建老年宜居示范社区的主要做法是：第一，部门联手合力创建；第二，党政主导引领创建；第三，行业参与助推创建。经过多年努力，社区的机构更加健全，社区的环境更加优美，社区的设施更加完善。我们的主要经验是：第一，党政主导是关键；第二，以人为本是核心；第三，整合力量是根本；第四，示范引领是目的。

关键词：老年人 宜居社区 路径探索

新修订的《中华人民共和国老年人权益保障法》新增了“宜居环境”的内容，并列为独立章节，从立法的角度凸显了宜居环境建设的重要性。国务院《关于中国老龄事业发展“十二五”规划》将“推动建设老年宜居社区，编制老年宜居社区指南”列入了老龄事业发展目标。2009 年，全国老龄办在北京召开《全国老年人宜居社区创建指南》座谈会，将创建老年人宜居社区作为老龄工作的一项重要内容在全国启动。为全面贯彻实施老年法规，切实把老年人的合法权益落实好、维护好、发展好，促进老龄事业全面发展，根据全国老龄办的工作部署，湖北省于 2014 年在全省范围内启动了老年宜居社区创建试点工作，取得了初步成效。

一、主要做法

（一）部门联手合力创建

开展老年宜居社区创建工作意义重大、影响深远。但何时启动、如何创建却也面临不少困难和问题。为了发挥相关部门的作用，形成合力，共同推动创建活动的开展，经过积极协调，成立了由省老龄办、省民政厅、省住建厅组成的老年宜居社区创建工作领导小组。领导小组在深刻领会上级精神、学习借鉴外地经验、组织开展专题调研的基础上，研究制订了创建工作方案。在创建工作推进过程中，三部门发挥部门优势、结合工作职能给予大力支持：省民政厅侧重在社区组织建设、养老服务设施、健身器材配发等方面，省住建厅侧重在社区建设规划、无障碍设施建设等方面，省老龄办侧重在老年群众组织、老年人精神文化生活、老年权益维护等方面，加强指导，提供支持。具体实施主要抓了三个环节：一是联合发文部署。省老龄办、省民政厅、省住建厅联合印发了《湖北省老年宜居社区建设指南（试行)》，提出了创建老年宜居社区"社区机构健全、公共设施配套、服务功能完善、出行便利安全、环境优美整洁、人际友善和谐"的六大目标及十八个子目标，成为开展老年宜居社区创建试点工作的指导性文件。二是组织达标考评。达标考评分三个阶段进行，第一阶段，省老龄办、省民政厅、省住建厅抽调专业工作者组成联合考评组分赴各申报社区进行实地考察，听取情况介绍，实地察看台账，现场观摩设施，与老年人进行座谈等，进行综合评估打分，评出初选对象。第二阶段，组织专家评审。组织专家观看影像资料，听取初评意见汇报，广泛听取专家意见。从多角度进行综合评审，确定入选对象。第三阶段，进行网络公示。将评选出来的候选单位在省老龄办门户网站进行为期一周的公示，接受社会监督。三是举行授牌仪式。2015 年 1 月，省老龄办、省民政厅、省住建厅在获评"老年宜居社区"的百步亭社区举办了湖北省首批"老年宜居社区"授牌仪式，对 10 个获选示范社区进行隆重表彰，并向全社会发出了"打造老年宜居环境，共建美好幸福家园"的倡议，编印了精美的《湖北省首批老年宜居社区集锦》宣传画册，相关媒体对这一盛事进行了深入报道，取得了较好的成效和积极的社会反响，2015 年底拟召开全省老年宜居社区创建试点经验交流会，把老年宜居社区创建工作不断引向深入。

（二）党政主导引领创建

居住环境是民生的基础，也是现代文明的体现，只有不断改善环境质量，营造一个山清水秀、舒适安宁的宜居环境，才能让人民群众过上幸福生活。老年宜居社区创建与经济发展、社会管理紧密相连，一经提出便得到了各地党委、政府的高度重视和积极响应。党委、政府主动作为，发挥主导作用，给予创建工作极大的推动和巨大的鼓舞。各地涌现出了许多好的做法：一是把创建老年宜居社区当作改善民生来投入。仙桃市政府抓住老年宜居社区创建这一契机，选择了比较老旧的龙华山街黄荆小区进行试点。他们认为选择新建的豪华住宅没有可学性，把一个相对老旧的社区创建成老年宜居社区，在全市会更具有推广应用价值。该社区建于20世纪80年代初，住户都是私家住宅，地基不在一个水平线上，楼层多为三层、四层，无障碍设施为零，脏乱差现象严重。在市政府的主导下，以改善民生为重点，纳入政府为民办实事项目，借力市政府的旧城改造项目，投资5000万元，对该社区重新进行规划设计，科学谋划，统筹布局，“穿衣戴帽”，优化和完善社区环境、设施和服务，社区面貌焕然一新，成为全市社区建设的标杆。二是把创建老年宜居社区当作城市名片来打造。孝感市是因孝得名，市政府非常重视挖掘历史文化资源，突出营造孝文化氛围，把创建老年宜居社区与打造孝文化名城结合起来，加大创建推进力度，完善配套设施，提升服务功能，成为全省社区养老服务典型示范标兵，有2个社区获评老年宜居社区，进一步增加了孝文化名城的厚度。三是把创建老年宜居社区当作发展动力来培育。咸宁市地处江南，香城泉都，风景宜人。市政府近几年来，依靠其得天独厚的有利条件，实施城区基础设施建设及功能完善项目达123个，总投资达30多亿元。在城市道路建设、供水管网改造、城市公交改革、城市人居生活环境改造上发力，把老年宜居社区创建纳入新型城市化建设的整体规划之中，取得了显著成效，先后被评为省级文明城市、卫生城市、生态园林城市，全国旅游标准化试点市。宜居社区的创建，不仅引领带动了城市社区整体水平的大幅提升，而且还拉动了当地房地产业的持续走强。不少武汉市民节假日到咸宁度假休闲、吃农家菜、泡温泉、享受日光浴，有的直接购买房产作养老投资，对当地房地产业产生直接的拉动。

（三）行业参与助推创建

在老年宜居社区创建过程中，社区楼盘承建商、社区物业管理服务公司、为老服务机构都扮演着极其重要的角色。显然，有这些行业参与到老年宜居社区建设中来，增添了创建的力度，丰富了创建的内容，加快了推进创建的步伐。一是房产商为提升品牌竞争力助推老年宜居创建。咸宁市碧桂园社区承建商表示，要把该社区打造成合格的老年宜居社区，然后在全国推广。该承建商在全国各地建造的碧桂园住宅社区业主有近80万，要让他们都享受到咸宁碧桂园业主一样的老年宜居社区水准的服务。为此，他们对住宅服务区域按照老年宜居社区创建指南进行了重新修整完善，直到达到标准为止。通过创建，进一步提高了碧桂园小区以及碧桂园集团的知名度，在方便所有社区居民尤其是老年人的同时，住房供不应求，打响了碧桂园品牌，提升了企业社会形象，居民得到实惠的同时企业也获得了利润。二是物业服务公司为老年宜居提供全天候服务。物业公司拥有对所辖业主基本资料的了解、对业主需求的丰富信息资源的掌握，以及专业技术、设备、管理人员等优势，在为社区业主提供基本服务的基础上，在老年宜居社区创建中，充分开展居家养老增值服务。他们扎根社区，为业主提供24小时全天候服务。通过创建老年宜居社区，完善服务功能，丰富业主精神文化生活，加强与业主的沟通交流，与业主群体建立起一种永久性的良好互动关系，业主也将愿意主动找物业服务公司满足他们居家养老物业服务。武汉市百步亭社区五星级物业服务：24小时保安巡逻；家政服务注重每个生活细节，包括送餐、洗衣、家政、绿化、水电、灭害等家居服务；保证24小时水、电、燃气、通信抢修，让老人安居乐业，老有所依；丰富多彩的志愿者服务等。三是养老服务组织在老年宜居社区创建中实现整合。随着老年宜居社区创建工作的深入，通过服务集成商的运行模式（或居家养老信息服务平台），将医疗卫生、看护照料、陪同、做饭、家政等行业整合成一支为老服务的队伍，降低了社区居民养老服务成本，改善了服务质量，提升了老年人的幸福指数。

二、重要成果

（一）社区的机构更加健全

社区的组织机构是否健全，直接关系到社区的长治久安和发展前景。通过创建，进一步推动了全省社区的各类组织机构建设。一是老年协会组织普遍建立。全省农村社区建会率达到68%以上，城市社区建会率达到79%以上。二是各种行业组织蓬勃发展。物业公司、家政服务公司、医疗卫生室，以及书画、门球、钓鱼、舞蹈等协会应运而生，为老年人提供各种不同需求的服务。三是社区制度更加健全。社区自治章程和公民公约从无到有并越来越科学，社区（村）委会各项涉老制度更加完备，社区内各服务机构为老服务办法进一步细化，更加贴合老年人。

（二）社区的环境更加优美

环境优美是老年宜居社区的显著标志。10个示范社区整体都做到了卫生清洁、安静环保、绿化达标，孝感市晒书台社区新建成全市最大的自然生态休闲公园——槐荫公园，全体小区居民受益；武汉市东亭社区绿树成荫、鸟语花香，社区居民常年身处风景区天然氧吧之中；仙桃市黄荆小区社区居民绿化意识强，40%的居民户楼底种植了大量花草盆栽，充分利用现有空间种花植草，见缝插绿，社区内绿化、美化、净化程度高，绿化覆盖率达到92%。

（三）社区的设施更加完善

一是外部设施齐全。各示范社区都着力打造方便老年人的生活圈，出行交通便利，无障碍设施齐全，公交线路车站标志明显，乘用出租车便捷。二是基础设施完备。社区内燃气、电力、自来水供应正常，公共通信、照明设施完备。三是老年设施完备。设有居家养老服务中心、老年食堂、老年大学（学校）、卫生服务站、文体活动中心和社区老年综合服务信息平台等。越来越多的老年设施如雨后春笋般涌现，老年人生活质量进一步提高。

三、经验体会

（一）党政主导是关键

“党政主导、引领创建”是取得创建成果的重要保障。孝感、咸宁、仙桃三市最突出的亮点在于党委、政府把老年宜居社区创建纳入了当地经济社会发展的总体规划之中，因而动作大、力度强、效果好。武汉市明星社区百步亭，社区党委总揽全局，借鉴“支部建在连上”的做法，将党小组建在楼栋，将社区6000多名党员组织起来，成立了12个党支部，530个党小组，将党员发展成志愿者，将志愿者发展成党员，党员志愿者队伍达到了4000多人，号召党员在社区“浮出水面”，做到“五个负责”：党员负责家庭，党小组负责楼栋，支部委员负责片区，支部书记负责全苑区，党委负责社区。问题面前有党员，党员面前无问题。居民们说“社区党组织对居民是有求必应，居民对社区党组织是一呼百应”。有了党组织的大力支持与保障，老年宜居社区建设自然水到渠成。

（二）以人为本是核心

只有坚持以人为本，科学发展，把老年人及其家庭的利益和需求作为老年宜居社区创建工作的出发点和落脚点，才能得到广大群众的拥护，赢得社会各界、多方社会力量的参与和支持。百步亭创立者有一句口头禅“居民永远都不错，我们永远有不足”。正是把这样一种“人本”理念作为开展社区建设的指导思想，作为百步亭集团追求的终极价值，才使他们走出了“建一流住房、上一流管理、创一流社区，实现可持续发展”的新路子，打造了一个闻名全国的百步亭社区品牌。

（三）整合力量是根本

社区是社会的细胞，社会建设涉及方方面面，要创建一个名副其实的老年宜居社区，必须高度动员社会各方力量参与，积极对现有资源进行整合，使之形成合力。必须坚持从实际出发，因地制宜，统筹规划，使创建目标与当地经济社会发展相适应，与社区发展规划、目标相协调，与人们的生活方式和老年人的生活习惯相结合，才能做到人居环境异彩纷呈、各具特色，真正使广大老年人从中得到实惠。

（四）示范引领是目的

“一滴水可以折射出太阳的光辉。”培育一个典型，就是树立一面旗帜。尽管只有10个社区获评“老年宜居社区”，但它们是全省2万多个社区的代表，为全省社区的建设和发展指明了方向。创建的目的不只是为了表扬先进，而是树立先进，明确标准，示范带动更多的社区参与到改善老年人居住环境中来，建设更多的宜居社区，以期达到带动一片的效果，让更多人民群众过上幸福美满的生活。

尽管创建工作取得了一定成效，但我们也要看到存在的问题和不足。如试点范围还比较窄，有一半市州还没有启动这项工作；老年宜居社区建设指标体系有待在实践中进一步完善，使之更加科学合理、更具操作性；社区群众参与的积极性还没有充分调动起来，特别是老年人的参与率还不高，需要扩大宣传和发动等，老年宜居环境体系建设是一个长期的过程，不可能毕其功于一役，如何将其纳入社会建设，建立长效推进机制，还有待我们进一步深入研究。下一步，我们将进一步强化“大老龄”意识，充分发挥老龄部门综合协调和督促检查职能，继续将这项工作推向深入。

大庆创业城

——油田会战老职工宜居之城

闫凤岐

（大庆市老年学学会萨尔图分会　黑龙江　163416）

摘　要：大庆创业城是面向大庆油田会战老职工开发建设的住房改善性工程。油田会战老职工是指1964年12月31日以前到大庆油田参加会战，现为大庆油田公司在册管理的会战职工。创业城于2011年5月1日正式开工建设，2013年底前全部建成交付使用，随后，油田会战老职工陆续迁入创业城居住。

本文从油田会战老职工入住创业城的亲身感受说明大庆创业城的建设充分考虑了为会战老职工提供安全、便利、舒适的生活环境，创业城是适合老年人居住的宜居之城。本文首先从创业城住房的室内合理设计、室外的无障碍设施建设和良好的社会治安环境说明大庆创业城为会战老职工提供了安全的生活环境；其次，从创业城周边的交通状况、商业网点、医疗机构、休闲环境、健身设施等方面说明大庆创业城为会战老职工提供了便利的生活环境；最后，从创业城优美的环境布局、住宅的高品位建筑风格、重视社区文化建设等方面说明大庆创业城为会战老职工提供了舒适的生活环境。

关键词：大庆　会战老职工　老年宜居

1959年9月26日，位于黑龙江省安达县大同镇附近的“松基3井”喷出具有工业价值的油流，标志着大庆油田的诞生。从1960年初开始，在松辽盆地开展了一场声势浩大的石油会战。在当时的历史条件下，西方资本主义国家对中国实行经济封锁，苏联撤走专家、撕毁合同，国家又连续三年经济困难，使国民经济陷入困境，而且大庆油田地处东北，冬季严寒，夏季沼泽，吃住都成问题，自然环境恶劣。石油会战职工夏季站在没膝深的雨水中施工，严冬在零下30多摄氏度的野外坚持生产，真是“天当房屋地当床，棉衣当被草当墙，五两三餐保会战，为国夺油心欢畅”。在生活条件极其艰苦的情况下，以“铁人”王进喜为代表的石油会战职工，凭着“有条件要上，没有条件创造条件也要上”“宁肯少活二十年，拼命也要拿下大油田”的英雄气概，战胜了各种难以想象的困难，在松辽荒原上建起了一座世界级的大油田，从根本上改变了中国石油工业的落后面貌。当前“头上青天一顶，脚下荒原一片”已成为遥远的过去，当年参加大庆油田会战的职工如今均已进入暮年，他们退休早，养老金低，住房条件差。

改善民生，始终是党政领导的心之所系。大庆创业城是在黑龙江省委省政府和中国石油天然气集团公司的亲切关怀和大庆市委市政府的大力支持下，面向油田会战老职工（1964 年 12 月 31 日以前到大庆油田参加会战，且为大庆油田公司在册管理的会战职工）及已故会战职工（去世前由大庆油田公司在册管理）的未再婚原配偶开发建设的住房改善性工程。2011 年 5 月 1 日，创业城正式开工建设，2013 年底前全部建成交付使用，油田会战老职工陆续迁入创业城居住。

创业城位于大庆市让胡路区，工程总占地面积达 441.8 万平方米，总建筑面积 439.5 万平方米，共有 22 个区块，其中区块 7 为创业湖休闲区、区块 8 为商服区、区块 12 为外国语学校附属小学、区块 15 为外国语学校、区块 20 为创业城九年制学校，其余 17 个区块为住宅区，共有住宅楼 549 栋 23365 户。

笔者作为油田会战老职工的一员，于 2014 年 3 月入住创业城。一年多来，走遍了创业城的 22 个区块，走访了 150 多名油田会战老职工。油田会战老职工主要是 1960 年初来大庆参加石油会战的 3 万多名解放军转业官兵和 1 万多名从新疆、玉门、四川、青海等老油田调来的石油职工以及 1964 年底前毕业分配来大庆参加石油会战的大、中专院校学生。现在他们中年龄最小的 68 岁，绝大多数都超过 75 岁。

走访的油田会战老职工，多数都已进入古稀之年，他们生理机能日渐退化，视力、听力、嗅觉、记忆力大不如前；骨质疏松，肌力降低，身体平衡力量变差，胳膊、腿脚不灵，行动不便；许多老年人还患有心脑血管、高血压、高血糖、高血脂等疾病；一些人常年与轮椅为伴。创业城建设前征求意见时，油田会战老职工希望为他们提供安全、便利和舒适的社会生活环境，当他们入住创业城后，普遍认为大庆创业城的建设充分考虑了为会战老职工提供安全、便利、舒适生活环境的需要，是适合老年人居住的宜居之城。

一、大庆创业城为会战老职工提供了安全的生活环境

首先，从创业城住房室内设计看安全。老年人的主卧室内都有卫生间，以便老人起夜；卫生间的面积较大，乘坐轮椅的老人进出卫生间也很方便；用电开关科学合理，在进门的地方有电灯开关，避免老人摸黑进屋；卧室与浴室没有门槛，避免老人绊倒；室内每扇大窗户旁都装有高1.2米的铁护栏，给人以安全感；室内电路、水管、燃气管道布局合理；每户室内装有多功能的“楼宇（可视）对讲系统”，便于老年人紧急呼叫，提高了老年人在居室内生活的安全性。

其次，从创业城老年人出行看安全。大庆创业城住宅楼有多层（4—6层）、小高层（11—18层）、高层（19—30层），多层和小高层每单元除楼梯外都设有一部电梯，高层每单元除楼梯外都设有两部电梯，电梯安全正常运转；每个单元楼房门口都按照无障碍设施建设标准，设有轮椅坡道、满足行动不便的老年人无障碍出行安全；每个小区内道路旁都建有一条进出方便、安全、舒适的无障碍通道，实施人车分流，保障老年人步行安全；实施“亮化”工程，各区块间道路和小区内路灯、楼前灯亮灯率为95%以上，灯光实施集控管理。冬天在每个单元楼门口内外铺设防滑粘垫，门把手套上防寒毛线套；下雪后有清雪车清扫道路，有专人及时清扫无障碍通道，满足老年人出行的便捷，保证行动的安全性。

最后，从创业城良好的社会治安环境看安全。大庆创业城每个区块都建立了社区治安防控体系，配备有社区警务室（联系点），有适应本地区治安需要的专兼职巡防队伍，每栋楼前和楼内安装有监控摄像头；各区块都建有地下车库，车辆出入口直通区块外的道路；各区块采取全封闭管理，留有一条汽车出入通道，专供特许车辆出入，进出车辆需登记在区块内停留时间；另外还有专用的消防车辆通道通往各楼栋，楼内各住户门外都有消火栓和火警报警装置，高层住宅每户室内临厨房还建有专用消防通道应急时撤离，这些设施增强了老年人的安全感。

二、大庆创业城为会战老职工提供了便利的生活环境

首先，创业城会战老职工出行的便利。老年人要参加各种社会生活，城市环境建设要为老年人出行创造条件。大庆创业城位于大庆西城区中心，会战老职工从居室到小区道路、活动场所都有无障碍通道。创业城各区块相临道路旁都设有公交车站，有8条公交线路穿过创业城或从创业城区块旁路过通向四面八方，且所有会战老职工都

享有敬老免费乘车卡，在路边乘坐出租车也很方便，便捷的公共交通为老年人出行提供了方便，也有利于子女到创业城探望父母。

其次，创业城会战老职工购物的便利。创业城每个区块临路都有许多商业网点，包括超市、药店、饮食店、洗衣店、理发店、银行等。社区内供热、燃气、电力、自来水供应正常，特别是在创业城中心区域（区块8）修建了总占地面积约7.29公顷，总建筑面积约9.23万平方米的唐人生活广场，融时尚生活、商务休闲、美食购物、文化娱乐于一体的现代化高品质的城市商业综合体即将开业，开业后能极大地方便老年人购物，满足老年人“衣食住行”等基本生活品的需要。

再次，创业城会战老职工就医、购药的便利。老年人多患慢性病，特别是高龄、失能老人，方便其就医、购药特别重要。创业城有两条公交线路直通大庆两所三甲医院（大庆油田总医院、大庆龙南医院）；在创业城周边一公里内有油田总医院集团所属的乘新医院、东湖医院、五官医院和乘风中医院、百信医院等；创业城内有蓝海医院门诊部、社区卫生服务站，还有6处世一大药房连锁店、8处福瑞邦药房连锁店，这些医疗机构大大方便了老年人就医、购药的需要。

最后，创业城会战老职工享有便利的公共休闲环境。老年人喜欢和自己年龄相仿的老人在一起聚集聊天，休闲散步，健身锻炼。创业城的每个区块的公共场所都合理布局，设有公共休息区，自然景观，人文景观，小品雕塑，绿树、草坪、花坛，凉亭、座椅（凳），可满足老年人歇息、聊天，享受阳光、遮风挡雨；建有健身广场，安装有肩周炎康复器、太极云手、豪华滑行器、脚蹬等各种健身器材，老年人在此跳广场舞、活动健身，享受着晚年幸福、快乐的生活。

三、大庆创业城为会战老职工提供了舒适的生活环境

首先，创业城环境优美。大庆创业城建设中充分体现了三分建筑、七分环境的景观规划理念。创业城水系总长达4.4公里，一条水渠似水晶项链从北到南在创业城区块间穿行，中间连接创业湖、月亮湖，湖面波光粼粼，湖边楼台亭阁，是老年人休闲、晨练、垂钓的好地方。创业城在绿化上下足了功夫，绿化覆盖率达40.7%，创业城22个区块之间均有道路，道路总长19.8公里。其中，创业大道为双向十车道，路边绿化景观带宽60米；创业城主干道为双向六车道，路边绿化景观带宽30—50米，路边绿化带布局了0.6—1.2米的草坪台地，人在“城”中，随处可见枝繁叶茂的大树，蒙古栎、水曲柳、丛生白桦、丛生紫椴、丛生五角枫、糖槭、红皮云杉、樟子松、花楸、

家榆等适宜东北地区生长的数十种树木和山梨、沙果、李子、东北杏等果木，把创业城装扮成“半城绿树半城楼”，楼在景中、人在绿中、步移景异的优美景致。创业城社区内保洁人员每天清扫，垃圾实行集中收管，及时定点清运，无卫生死角、无污水流淌，无乱扔废弃物现象，干净、整洁、卫生。

其次，创业城住宅是精品工程。在建筑风格上，创业城展现出异域风情的单体风格，分为简约法式、南加州、西班牙和新古典等建筑风格，住宅采取半封闭庭院布局，适当将私人院落与公共空间分开，营造各小区有差别的景观特色。多层住宅、小高层住宅、大高层住宅布局错落有序，楼栋房屋间距较大，楼房都是朝南或东南方向，采光条件好，居室日照每天不少于4小时，有利于老年人防止骨质疏松症。房间普遍宽敞明亮，除高层住宅一楼为两居室外，其余多为三室两厅两卫，使用面积在110平方米左右，南北通透，通风条件良好。大庆冬季寒冷，创业城建筑节能环保，住宅采取外墙保温，冬季实行集中单体地热供暖，在不同区块、不同住房类型设定了11处节能测试实验房，可根据冬季气温变化调控室内温度在20℃左右，即使在冬季，除雾霾天气外，能保证各户每天通风1小时以上。创业城周边环境宁静、没有污染和噪声，适宜老年人休息和睡眠。

最后，创业城重视社区文化建设。在大庆油田物业四公司支持下，近期组建了以会战老职工为骨干的、在册团员120余人的“金色年华艺术团”，含合唱队、曲艺队、舞蹈队、模特队、乐器队等，定期开展活动；在创业城老年活动中心开办了老年大学，开设声乐、书法、国画、葫芦丝、手工剪纸、养生等课程；老年大学定期开展形势任务、文明礼仪、卫生保健、道德法制、生活常识、生态环境等讲座，丰富老年人的精神文化生活，提高老年人的法制观念、维权意识和环保意识。创业城为每户设立报箱，免费为会战老职工发放《都市生活》报和《中国石油报·金秋周刊》，便于会战老职工了解世界，认识国情、市情和油田形势，也便于会战老职工为大庆市和油田的发展献计献策。创业城相邻区块都建有宽敞明亮的老年活动室，设乒乓球室、台球室、健身房（装有按摩椅、跑步机等）、棋牌室（麻将、象棋、扑克），除周日外每天都免费开放，丰富了老年人的日常生活。

小结：新修订的《中华人民共和国老年人权益保障法》自2013年7月1日起正式实施。新法增设第六章“宜居环境”一章，其中第六十条规定：“国家采取措施，推进宜居环境建设，为老年人日常生活和参与社会提供安全、便利和舒适的环境。”第六十三条规定：“国家制定无障碍设施建设标准，新建、改建和扩建道路、建筑物、交通设施、居住区等，应当符合国家无障碍设施建设标准。”从大庆创业城的建设和油田会战老职工入住情况看，大庆创业城建设符合新修订的老年人权益保障法关于老年人“宜居环境”建设的规定，可以说大庆创业城是油田会战老职工的宜居之城。

作者简介：

闫凤岐，男，1938 年 1 月 18 日出生，1997 年 12 月退休，退休前系原大庆石油学校（现大庆职业学院）政治教研室主任兼党支部书记，高级讲师。现任大庆职业学院离退休职工管理中心党总支委员兼第一党支部书记。

建设老年宜居城市　促进区域长寿发展

别道旭

（钟祥市老年学学会、钟祥市长寿研究会　湖北　431900）

摘　要：随着城镇化建设步伐的加快，城市老年人口迅速增加。老年宜居城市建设与健康老龄化及区域长寿发展密切相关。老年宜居城市的基本内涵为安全性、健康性、便捷性、舒适性以及服务完善和情感归属等。建设老年宜居城市是社会经济发展的本质要求，是我国老龄化和养老事业迅速发展的现实要求，是实现健康老龄化的需求。

钟祥是历史悠久的长寿之乡。为促进区域长寿持续发展，钟祥市加强生态环境保护和建设，增强了老年人的舒适感；加强城市软硬件基础设施建设，增强了老年人的安全感；强化人文关怀，增强了老年人的归属感；强化街道社区功能和支持老年社团活动，提升了城市社区的健康性；完善多种服务设施，让老年人生活更加便捷。总之，良好的生态环境，深厚的文化底蕴，日益完善的公共基础设施建设，富有特色的饮食文化和丰富多彩的娱乐生活，让钟祥这座历史文化名城更加适宜老年人居住，也促进了区域长寿的持续发展。

关键词：老年宜居环境　长寿乡

在我国人口老龄化的进程中，全国涌现了一批生态环境与人文环境俱佳的长寿之乡。如何保证区域长寿的持续发展，成为科研单位、大专院校老年学专家学者广泛关注的问题。区域长寿是一个涉及老年学、社会学、生态环境、城镇建设等多学科的重大课题。随着我国城镇化建设步伐的加快，城市老年人口的大量增加，老年宜居城市建设与健康老龄化及区域长寿发展的关系也越来越密切相关。如何加强老年宜居城市建设，促进区域长寿持续发展，是一个值得认真探讨的重大社会问题。

一、老年宜居城市建设的丰富内涵

早在 1961 年，WHO 就提出了人居环境的基本理念。即安全性、健康性、便捷性、舒适性以及服务完善和情感归属等，这是宜居的本质要求，也是老年宜居城市建设的基本内涵。对于老年群体来说，宜居本质是以实现“健康老龄化”为目标的各种环境状况的综合，保证老年人群体的正常生存质量是评价城市宜居性的核心目标。老年宜居城市建设应围绕上述内涵，并结合当地人文环境和现实自然条件，设计出科学而人性的建设方案。

所谓安全性，是指采取将城市内发生的意外事故的概率降至最低的各种防范措施。应当包括居住安全、出行安全、灾难应急安全以及对各种灾害的宣传、应对、管理等。

所谓舒适性，是指城市环境在感官上给人带来愉悦或满意的状态。应当包括自然生态环境和人工物理空间或有关城市设施的合理设置。

所谓便捷性，是指老年人日常衣食住行的方便程度，应包括出行、购物、休闲娱乐等维持原本生活方式的便捷性。

所谓服务完善，是指为满足老年人的日常要求所提供的各种专业和便民服务。应包括医疗卫生、护理、教育、紧急求助以及家政、餐饮等服务。

所谓城市社区健康性，是指城市中和谐的人际交往关系和街道社区的制度建设。应包括老年人各类团体的数量，老年人团体的活动频率，尊老敬老文化，邻里关系状况，社会意愿表达环境等。

所谓情感归属，是指城市老年人对自己所住社区的主观归属感。具体体现在老年人对本城市本社区的满意度、责任感及居留意愿等。

二、建设老年宜居城市是社会发展的需要

随着人口老龄化的加快发展，老年人的各种社会需求成为社会健康发展必须面对和解决的问题。加快老年宜居城市建设，正是其中一个重要内容。

首先，建设老年宜居城市是社会经济发展的本质要求。目前，国际上对一个国家和地区的社会经济发展水平的衡量已经不再依靠传统的单一经济指标，而逐步扩展到包含各种社会指标，如幸福感、满意度等。老年人生存质量也将成为衡量国家社会经济发展的微系统指标之一。其中包括老年人社会生存环境质量，老年人的幸福感、满意度，老年人的健康指数等。而提高老年人的生存质量，一个重要内容就是要建设适宜老年人居住的城市社区，改善城市的各种硬软件设施，让城市社区真正成为老年人

安居的家园。

其次，建设老年宜居城市，是我国老龄化和养老事业迅速发展的现实要求。随着我国计划生育少子化和老龄化的迅速发展，在城市社区居家养老已成为未来养老的主要方式。建设适宜老年人居住的城市社区，为老年人提供整套优质的社会服务，是解决我国养老问题的重要途径之一。因此，提升老年人在城市社区生活的环境质量是现实的迫切要求。

最后，建设老年宜居社区是实现健康老龄化的需求。WHO 区分了四类促进健康老龄化的因素：20% 的遗传因素，20% 的环境因素，10% 的医疗照顾，50% 的生活方式。从人本主义的观点出发，老年人的社会宜居性最大化地涵盖了环境因素，医疗照顾因素和生活方式因素的各类因子。也就是说，加强城市建设，就可以从环境、医疗、生活方式等方面满足老年人的各种需求，有利于他们益寿延年，从而实现健康老龄化。

三、钟祥市加强老年宜居城市建设的成果

钟祥市 2008 年被中国老年学学会授予“中国长寿之乡”称号。为了充分运用长寿品牌，保证区域长寿持续发展，市委市政府进行多项科学决策，在建设老年宜居城市社区上，取得了显著成果。最近，又被国际人口老龄化长寿化专家委员会授予“世界长寿之乡”称号。

（一）加强生态环境的保护和建设，增强老年人的舒适感

钟祥有优良的自然生态环境。一是大气质量优良。4488 平方千米的版图，其中自然保护区、风景名胜区、江河湖库区、森林区就有 2000 平方千米，大气质量为一类，占全市总面积的 44%，而农田、特产地、牧草地和农村城镇居民区有 1700 平方千米，大气质量为二类。全市 80% 以上地区空气质量为一、二类。只有部分工矿区、交通区空气质量略低于二类。二是水资源优良，钟祥水资源丰富，人均占有量是全国人均占有量的 20 倍，且质量都在国家二级标准以上。同时土壤种类多，土质优良。矿产资源丰富。在获得长寿之乡称号后，钟祥更加注重环境保护。在维护原有生态环境的同时，加强对水土资源、森林草地等生态因素的调配建设。近几年，新建“绿色通道”195 千米，园林绿地 8.8 万平方米，完成人工造林 21.5 万亩，使森林覆盖率达到 32%。在城郊进行大口国家森林公园建设，由汇源集团投资 142 亿元建设汇源生态产业园，包括 5 万亩果木观光园和万亩花卉苗木园。由湖北紫园园

林有限责任公司投资，新建5000亩面积的紫薇园。还先后投资5000多万元建设镜月湖和莫愁湖景区，将钟祥打造成绿色环保城市、园林城市。与此同时，还创建美丽乡村示范村50个，绿色示范乡村63个。其中彭墩村获评“中国最美休闲乡村”，郜台、永隆入选全省“宜居村庄”，钟祥也荣获“魅力新农村十佳县（市）”，上榜“中国最美30县”。优良的生态环境建设，让钟祥老年人生活在山清水秀、鸟语花香的优美环境中，享受到了宜居的惬意。

（二）软硬件城市设施建设，增强了老年人的安全感

近年，钟祥完成了全域航测，编制了城市燃气、排水等专项规划，并逐步实施，完成了阳春广场地下人防工程及配套工程，对莫愁大道、承天大道、建设大道、南湖路等主要街道进行了黑化改造，排水管网全面配套，在主要街道铺设了盲道。加强了地震预报、暴雨、洪灾预警，流行病预防办法等应急办法。电视台、电台开设老年专题节目。提升了老年人的居住、出行及疾病预防、心灵慰藉等方面的安全感。

（三）人文关怀增强了老年人的归属感

多年来，钟祥市委、市政计下发文件和会议纪要，落实了多项关爱老年人的惠老政策。为促进区域长寿持续发展，早在2004年8月，钟祥市委就下发10号文件，实施五项惠老工程，即为百岁老人发放高龄补贴费，送彩色电视机，为百岁老人祝寿，上门慰问和免费体检。到2011年，又将百岁老人高龄补贴费由每人每月200元提升到505元，对百岁夫妻每人每月发905元，并为90岁以上高龄老人发放195元补贴费。落实70岁以上老人免费乘坐公交车，免费进旅游景点。在就医、缴费办证等服务业设立老年人优先窗品。由宣传、妇联、共青团等部门组织评选孝亲敬老楷模的活动，大力表彰敬老孝亲好儿女，弘扬敬老文化和传统美德。所有这些，让老年人增强了对本城市社区的居留意愿以及对社会家庭的亲切感和满意感。

（四）强化街道社区功能和支持老年社团活动，提升了城市社区的健康性

钟祥采取得力措施，强化街道社区为老服务功能。投资1400万元，建成了社会福利中心，有210张床位。鼓励支持民间资本投资，建设敬老院、颐养院4所。在街道社区建立老年照料所8处，在社区（村）建立互助养老服务站102所。市区建有离退休活动中心2处。扶持建立老年社团23个，包括长寿研究会、老年大学、老年体育协会、老年书画家协会、花木盆景协会、社会综合治理研究会、延安精神研究会、烹饪协会、抗癌协会等，政府提供活动场所，进行经费支持，鼓励其开展多种活动，拓宽老年人的活动范围和交往渠道，创造老年人和谐的社会生存环境。

（五）完善的服务设施让老年人生活更加便捷

近几年，钟祥新建“中百广场”“万昌中央广场”“金都国际广场”“阳春地下商城”等大型购物中心。市内有“莫愁湖国际大酒店”“东方国际大酒店”“王府国际大酒店”等多家四星、五星级酒店及数十家具有钟祥餐饮特色的酒店和休闲文化特色的游乐场。钟祥计生卫生产业加快发展，新建了规模宏大、设施齐全的武汉大学医院钟祥医院。在岗计生卫生专业技术人员由2008年的2589人增长到2015年初的3649人，医疗床位由2007年的972张增长到2014年底的4267张，千人床位由0.94张增长到4.14张。老年教育出现新局面。市老年大学由最初的3个班150人增加到2014年底的24个班1100余人。

总之，良好的生态环境，深厚的文化底蕴，日益完善的公共基础设施建设，富有特色的饮食文化和丰富多彩的娱乐生活，让钟祥这座历史文化名城更加适宜老年人居住，也促进了区域长寿的持续发展。

作者简介：

别道旭，男，钟祥市老年学学会、长寿研究会秘书长。

实践创新2·医养结合篇

医养结合有巨大的社会需求，却没有现成的模式和经验，因而提供了一个可以研究、尝试、创新、发展的广阔空间。各地提供的论文说明，基层具有极大的热情和创造力，能够创出丰富多彩的做法和经验。这些做法和经验，不仅能够为其他省份和机构提供借鉴，而且能够成为构建有中国特色医养结合发展之路的实践基础。

社区“医养结合”服务模式的探索与实践

李　杰

（北京市海淀区民政局　北京　110000）

摘　要：“医养结合”是一种集“生活照料、健康管理、疾病防治、院前急救、心理疏导、康复治疗、临终关怀”为一体化的养老模式。北京市建立了三种模式，一是“居家养老”医养结合一体化；二是“社区养老”医养结合一体化；三是“机构养老”医养结合一体化。我们的主要做法；一是明确方向、制定政策；二是加强基础建设、提高服务能力；三是建立养老护理人员培训机制。目前存在的主要问题和困难；一是政府责任部门认识不统一、未能形成合力；二是社区基础力量薄弱、管理与服务相互脱节；三是服务队伍力量不足、服务项目有限；四是国家相关政策措施不到位、制约并影响发展；五是养老机构人员流动性大、服务质量一般。

关键词：社区　医养结合　模式

目前我国老年人主要采取“居家、社区、机构”三种养老方式。如何在这三种养老方式的基础上，建立符合老年人实际需要的“医养结合”服务模式，是一个需要广泛、深入探讨的问题。

一、医养结合概念的界定

“医养结合”是一种集“生活照料、健康管理、疾病防治、院前急救、心理疏导、康复治疗、临终关怀”为一体化的养老模式。其核心内容是：通过整合“养老、医疗、产业、产品”等相关资源，建立能够为老年人提供连续性的、满足其个性化需求的产品和服务项目的“长效机制”。

二、“医养结合”的主要模式与发展方向

按照《海淀区“十二五”期间老龄事业发展规划》的总体要求，结合老年人的主要养老方式，我们建立了三种医养结合一体化服务模式。

一是“居家养老”医养结合一体化：以家政服务和家庭医生式服务为切入点，整合当地社区资源，建立“生活照料+健康管理+慢病防治+康复指导+心理慰藉+健康咨询”为主要内容的养老服务模式，主要满足社区居家能自理老年人的健康养老服务需求。

二是“社区养老”医养结合一体化：在社区中，组建以医疗单位（含民办医疗机构）、社区养老照料中心（含微型养老院）、家政服务中心等机构为核心的，以大医院为依托的养老服务机构，建立“生活照料+健康管理+慢病控制+康复护理+心理慰藉+健康干预+院前救治+双向转诊”为主要项目的服务模式，以满足社区中半自理或不能自理老年人的养老服务需求。

三是“机构养老”医养结合一体化：

- 支持各级各类专业养老机构内设医务室/与当地医疗机构建立长期合作关系；
- 支持医疗机构（含民办医疗机构）创新机制，设置“老年护理院”/开设老年专科门诊+老年病房，建立“生活照料+健康管理+慢病控制+康复护理+心理慰藉+健康干预+院前/院内救治+临终关怀”为主要项目的服务模式。

以上两种形式主要满足高龄且有特殊情况（孤寡、空巢、残疾、失独、低保等）老年人的养老服务需求。

表5－1　“医养结合”一体化模式与发展方向

序号	养老方式	一体化服务模式	服务对象	责任单位
1	居家	生活照料+健康管理+慢病防治+康复指导+心理慰藉+健康咨询	可自理老年人	家政公司 社区卫生服务团队
2	社区	生活照料+健康管理+慢病控制+康复护理+心理慰藉+健康干预+院前救治+双向转诊	半自理 不能自理老年人	街道养老机构 为老服务中心
3	机构	生活照料+健康管理+慢病控制+康复护理+心理慰藉+健康干预+院前/院内救治+临终关怀	高龄、有特殊情况（孤寡、空巢、残疾、失独、低保等）	养老专业机构

三、主要做法

（一）明确方向、制定政策

2013年，海淀区先后出台了《海淀区关于加快养老服务业发展的意见》和《关于2013—2015年深化医药卫生体制综合改革的实施意见》，率先在全市提出了“推动医疗机构、医疗资源与居家、社区、机构养老服务融合，构建老年健康管理、慢病干预、康复护理和临终关怀为一体的服务体系”的工作方向。

为确保“两个意见”的贯彻落实，海淀区有关部门先后密集制定了《海淀区医养结合管理工作实施方案》《提高海淀区老年人身心健康水平，控制慢病发展的实施意见》《海淀区助老服务管理办法》《居家养老健康管理（医疗）服务专项补助经费使用管理试行办法》《海淀区政府购买养老服务实施办法（试行）》《关于鼓励医疗机构建立“民办非企业单位”的指导意见》等一系列相关文件，为广泛推进医养结合事业的发展提供了政策保障。

（二）加强基础建设，提高服务能力

1. 鼓励养老机构设置医务室

截至2014年，全区运行的居家养老机构有39所，总床位数是8960张。其中，内设医务室的有16家，有11家有医保资质。

2. 鼓励养老机构与周边医疗单位建立长期合作关系

在39家养老机构中，内设医务室的有16家，其中11家有医保资质，与周边医疗单位签订协议的有25家。

3. 引进高技术提高老年人健康管理能力

- 配备“便携式健康管理监测设备”：2014年，为14家区属社区卫生服务中心的169支团队配备了169套“便携式健康管理监测设备”。重点对高龄、残疾、行动不便的老年人进行动态监测和及时的健康指导与干预。

- 在295个社区和28家社区卫生服务中心安装了“远程健康管理医疗服务视频系统”，开发了“老年人精神健康智能服务系统”，为老年人提供多元化慢病监测、精神慰藉和远程健康管理服务。

- 为全区3.5万户80岁以上老年人家庭配备了“一键式”家庭医生服务专属电话，提供24小时服务。实现了全区80岁以上老人在政策实施上的全覆盖。

- 建立医联体，提升基层医疗单位的诊疗能力：截至2014年底，全区已建立了以北京世纪坛医院、航天中心医院、海淀医院、北京大学第三医院、北京大学人民医院、解

放军309医院为核心单位的6个“综合医联体”，有15家医院和36家社区卫生服务中心成为医联体成员单位。构建了“资源互享、协调互动”的整合性医疗卫生服务平台，有效地缓解了当地居民，特别是老年人“挂号难、看病难、住院难、跑路远”的实际问题。

• 在综合医院和专科医院设置了老年病科，解决了患病老年人住院难的问题。目前，全区设置老年病科的医疗机构有12所，其中，专科医院有3所、综合医院有5所、社区医院有4所；共设床位1347张。

• 引进社会资源，探索多元化医养结合服务的有效途径。

一是建立“民办公助”全日制老年康复养护院：2012年将香山医院扩充至200张床位，在全市率先建立“失能老人护理中心”。

二是建立“公办民营”全日制老年康复护理院：2013—2014年，在玉渊潭社区卫生服务中心建成全市首家百张床位的“全日制老年护理院”。

这两所“护理院”的诞生，为“孤寡、高龄、失能、失智、失独”老人的养护问题提供了一条切实可行的解决途径。可在配给相同医保费用指标的情况下，为失能老人提供更多、更专业的护理服务。

（三）建立养老护理人员培训机制

• 设置培训专项资金，每年度对养老护理从业人员进行定期培训。

• 落实国家关于养老服务从业人员技术等级评定制度的相关规定。对在养老机构就业的专业技术人员，执行与医疗机构、福利机构相同的执业资格、注册考核政策。

• 社会办养老机构和养老服务企业在技术职称评定、继续教育、职业技能培训等方面与政府办养老机构享受同等待遇。

四、主要成效

表5－2　海淀区2014年医养结合服务情况

序号	服务指标	结果	备注说明
1	家庭医生式服务签约率（%）	86.25	2014年全区≥60岁的老年人有396391人，其中签约34.19万人
2	老年人慢病患病率（%）	47.65	在全区中慢病患者有188903人
3	慢病控制率（%）	85.95	慢病患者有188903人，实际控制162374人
4	设置家庭病床（%）	251张	累计查床3228次

续表

序号	服务指标	结果	备注说明
5	上门服务（次）	29684	
6	免费健康体检率（%）	8.58	实际体检34033人
7	医联体门诊老年人接诊所占比重（%）	14.00	全区总门诊量3017.37万人次，接诊老年人422.57万次
8	专业养老机构入住率		全区养老机构总床位8960张

五、主要问题

（一）政府责任部门认识不统一，未能形成合力

一是民政、卫生、残联等有关责任部门依旧是“各负其责，各管一段”。从计划、方案的制订到执行，以及对其过程的监督、考核、评估等都是以贯彻各自上级主管部门要求的观点出发，没有真正形成合力。

二是没有统一的信息化管理体系，网络建设滞后。各口管理和服务数据独立存在，无法对接，形成了“数据孤岛”，结果的可信度不高、可使用的价值不高。

（二）社区基础力量薄弱，管理与服务相互脱节

一是街道、乡镇政府，居委会尚未有效发挥引领和组织协调作用，造成地区“老年人的底数不清、服务资源不清、服务需求不清、服务能力不清、服务效果不清、服务满意度不清”等众多不清现象。造成各项工作大多采取“临时组织、集中时间”突击的形式完成。

二是分布在社区的服务资源尚未得到有效整合，在政府力量不足的情况下，社会资源未能及时跟进。

（三）服务队伍力量不足，服务项目有限

一是社区卫生服务中心由于受到人员编制所限，人力资源不足、团队服务能力有限。因此，在满足老年人“个性化”服务需求方面存在困难。

二是家政公司、养老机构中缺少医护力量，不具备承担医养结合任务的能力。

（四）国家相关政策措施不到位，制约并影响发展

一是医保政策；二是护理保险政策；三是服务价格政策；四是奖励补贴政策；五

是监督管理机制；六是医养机构设置准入标准。

（五）养老机构人员流动性大，服务质量一般

作者简介：

李杰，男，1962 年 11 月出生；1980 年参加工作；2010 年任海淀区民政局副局长，分管养老服务工作。全国老龄委办公室华龄健康 365 工程专家指导委员会专家成员。

邯郸模式“健康小屋”的实践与体会

周海平

（河北省邯郸市卫生计生委　河北　056000）

摘　要：“邯郸小屋”是河北省邯郸市卫生局打造“健康中国”、落实国家“预防为主”的一种基层“医养结合”的特色模式。“邯郸小屋”推行“未病先防”和“深化医改”两项工程，以胡大一教授提出的“五个健康处方”和余金明教授设计的评价体系为指导，坚持五大工作原则，推动两大资源整合，科学管理考核，在全市城乡基层创建了1600个以专家个人姓名命名的邯郸模式“健康小屋”，承担着“健康指路人”和“疾病防治者”的双重角色，为群众提供高质量的健康教育、健康咨询、健康干预和慢性病防控等服务，引导群众基层首诊，初步形成了重预防、强基层的新的医改模式。

关键词：邯郸模式　健康中国　健康小屋

习近平总书记指出，“没有全民健康，就没有全面小康”。李克强总理在政府工作报告中提出：不断提高医疗卫生水平，打造“健康中国”。为深入贯彻落实国家“预防为主”的工作方针，自2012年开始，河北省邯郸市卫生局积极探索“医防结合”的慢性病防治体系和健康促进新模式，周海平局长提出了“医生要当防病的主力军，好医生必须下基层，名医要到民间”的工作理念，推行“未病先防”和“深化医改”两项工程，组织城市专家走出“大医院”，带领团队下沉社区及乡村，在全市城乡基层创建了1600个以专家个人姓名命名的邯郸模式“健康小屋”，以国家卫计委健康教育首席专家、著名心血管病专家胡大一教授提出的“五个健康处方”和上海复旦大学公共卫生学院余金明教授设计的邯郸模式“健康小屋”评价体系为指导，为群众提供高质量的健康教育、健康咨询、健康干预和慢性病防控等服务，引导群众基层首诊，受到普遍欢迎，初步形成了重预防、强基层的新的医改模式。

一、建设宗旨

健康需求是民生需求的重要方面，人民群众的健康水平是全面建成小康社会的重要标志。家庭是社会的细胞，细胞健康，系统才健康，系统健康，整体才能健康。“打造健康家庭，共筑健康中国，实现中国之梦。”

二、主要做法

“健康小屋”非邯郸市独创，但邯郸模式“健康小屋”独具特色，它既不是一般意义上的体检小屋，也不是疾病诊疗小屋，而是承担着“健康指路人”和“疾病防治者”的角色。“健康小屋”有两大任务：一是开设健康讲堂，把课堂作为病房，提升公民的健康素养；二是打造健康厨房，把厨房变为药房，改变不良的生活方式，把住病从口入关。邯郸模式“健康小屋”采取了“政府主导、医院主建、专家指导、群众参与”的建设模式，以全市二级以上医院专家个人名字命名，带领团队在社区、在农村开办“健康小屋”，突出“人治”理念，重点在“人”，也就是在医生、专家上下功夫，让优质的医疗资源下沉到社区和农村，除了能为群众进行常规诊测外，更主要是开展防病知识讲座、防治措施指导、慢性病初期筛查、心理健康辅导等一系列预防、保健、康复知识传播。群众在邯郸模式“健康小屋”里见到的不是冰冷的检测机器，而是热情服务的医学专家。在具体工作运行中，突出了以下几项原则。

一是普惠性。邯郸模式“健康小屋”依托市主城区社区卫生服务中心（站）和乡、村卫生院（室）建设，服务对象覆盖全市城乡所有群众。2012 年首批在市主城区建立了 100 个试点；2013 年起，在市主城区和农村同步推进，目前已经建立邯郸模式“健康小屋”1600 个；2015 年底将建成 2000 个“健康小屋”，实现市主城区社区卫生服务机构和县区乡镇卫生院覆盖率 100%，村卫生室覆盖率达到 30%。

二是规范性。在所有邯郸模式“健康小屋”的具体设置上，给予了统一的规定和要求：一个由市卫生局统一颁发的以专家名字命名的“健康小屋”标牌；一个独立于诊室、治疗室的健康教育讲堂，面积控制在 30 平方米左右；一个以冠名专家为核心，基层医疗卫生机构配备相关人员组成的工作团队；一项针对某一类重点人群开展的特色服务；一套完整的工作计划、方案和流程。

三是专业性。所有冠名专家都是邯郸市二级以上医院副高及以上职称、经验丰富、热心卫生健康事业的知名专家，以在职专家为主，退居二线专家为辅。目前，邯郸模式“健康小屋”冠名专家医学专业已经涵盖了内科、外科、中医科、妇产科、儿科、眼科、耳鼻喉科、口腔科、康复、急诊科10个专业26个学科。

四是公益性。邯郸模式“健康小屋”建设是邯郸市重点公益性民生项目，冠名专家开展的所有健康咨询、健康教育和基本医疗服务等全部是义务的、免费的，不给群众增添任何经济负担。在活动日，医院专家团队到健康小屋进行现场健康宣讲和疾病干预指导；非活动日，则由小屋所在基层医疗机构医务人员向辖区居民宣传健康小屋活动计划、建立健康档案等。每个“健康小屋”都有一个以命名专家为核心的4—5人的工作团队，1600个“健康小屋”就代表着有近8000名医务人员常年活跃在基层促进群众健康。

五是便民性。邯郸模式“健康小屋”搭建起二级以上医院与社区、乡村卫生院等基层医疗机构之间的双向转诊平台，促进群众在基层首诊，并简化转诊大医院的就医流程，构筑“小病在社区，大病进医院，康复回社区”的分级诊疗就诊模式，让群众看病少花钱、少走路、真方便。依托邯郸模式“健康小屋”建设，探索建立了家庭医生“契约”服务，即以医院为后盾，以小屋专家团队为技术支撑，以基层医疗卫生服务机构全科医生为主体，组成了家庭责任医生团队。通过签订合约的形式，家庭医生为签约家庭提供“私人定制”式医疗服务，让群众足不出户就能满足小病治疗、康复护理、日常保健等需求。

三、目的作用

“健康强调管理，预防重于治疗”是现代医学发展的趋势。邯郸模式“健康小屋”对两大资源进行整合：一是医疗与疾控的整合；二是卫生与计生的整合。具体可以概括为“六个推动”。

一是推动“医防结合”，改变防治分家。专家下沉基层举办“健康小屋”并不是单一地将诊室搬家，而是将关口前移，改变医院医生坐堂行医等人得病，没病等得病，得病等复发的传统医学模式，把慢病预防与康复融入医疗保健服务中，从根本上改变了医院行医的模式和医生的职业行为。在“健康小屋”里，专家团队依据胡大一教授提出的“五个健康处方”，贯彻“预防为主、防治结合、中西医并重”的卫生工作方针，实行以患者为中心的全面全程服务与关爱，把药物治疗与生活方式治疗结合起来，把精神心理服务融入基层医疗保健服务中，从根本上改变了防治分家，实现了防治一体，弥合了公共卫生/预防医学与临床医学的裂痕。

二是推动基层慢性病防控网络的健全。邯郸市卫生局组织了 75 家二级以上医院建设的 1600 个邯郸模式“健康小屋”与基层医疗卫生服务机构签订了《邯郸市“健康小屋”建设协议书》，全面落实《邯郸市全民健康生活方式行动实施方案》，以“5 + X”为防控方式，以心脑血管病、糖尿病、恶性肿瘤、慢性呼吸疾患、精神疾患五种发病率最高的慢性病为主要防控目标，结合小屋命名专家的各自专业特色，建立由大医院专家与基层全科医生组成的管理团队，定期到“健康小屋”开展健康教育与健康促进活动。

三是推动优质医疗资源纵向流动。全市 1600 个“健康小屋”全部由市民耳熟能详的知名专家担任首席医生，经市卫生局审核备案并参加健康教育理论技能培训后，统一授予以个人姓名命名的邯郸模式“健康小屋”标牌，有效调动了专家积极性，增强了专家的荣誉感和知名度，使专家主动地融入基层，指导群众科学用药、合理膳食，提高居民对慢性病知识的知晓率和自我保健意识。同时，通过开展“全市城乡医生一帮一跟师带教行动”，以邯郸模式“健康小屋”为平台，全市二级以上医院作为带教医院，以大医院专家与乡村医生拜师结对形式，分期分批为基层全科医生提供系统、专业的培训，加大城市医院支援农村卫生工作力度，为基层培养高素质全科医生，有效促进了基层医疗机构疾病诊治和慢性病防控水平，推动城乡农村卫生事业全面协调可持续发展，方便农村患者就近得到更好的医疗服务。

四是推动病源基层首诊、分级诊疗。通过邯郸模式“健康小屋”的运作，使二级以上医院与基层医疗卫生服务机构建立了上下联动、分工协作的机制，搭建起了“双向转诊”平台。小屋专家利用健康宣讲、健康指导、健康咨询和建立健康档案等多种途径，了解辖区内居民的健康情况，进行早期筛查、登记、复诊，发现病患如果能在基层解决的留在基层医疗机构就诊，不能解决的则转诊到二级以上医院。同样，医院对于亚健康人群和需要康复治疗的病人则建议回社区用中医理疗方式调养，基本上可以在社区解决问题的患者留在社区诊疗，不能解决的则转诊到小屋建设医院，有效缓解了大医院人满为患、医疗资源紧缺而基层卫生机构无人看病、床位闲置的问题，既方便了群众就医，又节约了医疗卫生资源。

五是推动健康服务体系的完善。邯郸模式“健康小屋”坚持防治结合、中西医结合、专科与全科结合的工作模式，在专家配备上有西医、中医、疾控、营养师等，再加上所在社区的全科医生、护士，大家都各司其职，各负其责，各展其能，协同开展工作，这样保证每个“健康小屋”都各具特色，能够更好地满足居民的不同需求。同时整合全市二级以上医疗机构、中医机构、疾控机构、计划生育机构、社会团体等多方面人力资源，建立“健康小屋”的“五支服务队伍”，即西医队伍、中医队伍、疾控队伍、计划生育队伍、志愿者队伍，切实形成了预防、治疗、康复“三位一体”的健康服务体系，真正实现了从以病为中心到以人为中心的转变。通过专家团队的面对面指导，促使群众自觉养成健康的生活饮食习惯，主动掌握膳食、运动、控烟等方面控制危险因素的技能，实现未病先防、既病防变和愈后防复的目的，做到“自己的健康自己做主”。

六是推动卫生与计划生育资源整合。邯郸市卫生局将邯郸模式“健康小屋”由基层医疗机构延伸到基层社区，首创转变原计划生育“育龄妇女小组长”职能为“家庭健康小组长”的新举措，作为邯郸模式“健康小屋”的健康使者，定期入户到居民家庭中进行常见病和妇幼初级预防保健知识宣传和信息采集，对“家庭健康小组长”进行培训后颁发合格证。目前已在涉县、丛台区、邯郸县等地开展了“家庭健康小组长”试点工作。

四、管理考核

（一）管理体系

市县卫生局成立“健康小屋管理处”，全市二级以上医院已全部建起“健康小屋管理科（疾病控制科、治未病科）”。实行市、县区卫生局双重监管，对社区（乡镇、村委会）、“健康小屋”所在基层医疗机构、“健康小屋”屋主及其团队开展情况进行检查和考核。监督考核分为日常巡查和年终考核，督促提升“健康小屋”的利用率，督促“健康小屋”实现“每周有专家在屋，每月有工作目标，每年有数据对比”的基本目标，为“健康小屋”的后续发展积累工作经验。

（二）绩效评估

为检验评价邯郸模式“健康小屋”的运行成效，提升“健康小屋”工作人员的服务能力和水平，上海复旦大学公共卫生学院余金明教授团队顶层设计了“邯郸模式健康小屋”评价体系，于2015年4月启动评价项目。为保证项目的顺利实施，并为今后“健康小屋”的评价和推广奠定基础，市卫生局组织制定了《“邯郸模式健康小屋”对健康管理、服务的影响评价项目实施方案》，成立了项目领导小组、项目工作小组、项目专家组。项目选取邯郸市主城区、区县50个“健康小屋”作为试点进行评价，抽取邯郸市5000名社区居民，以健康促进五个优先活动领域为理论指导，以胡大一教授的五个健康处方：药物处方、运动处方、心理处方、营养处方、戒烟处方为重要的健康促进方法和手段，采用“5+X”模式推进工作，结合“健康小屋”命名专家的各自专业特色，开展以慢性病为主的健康干预前、干预后与实施干预、未实施干预对照调查分析。

五、主要效果

邯郸模式“健康小屋”建设工作自2012年开展以来，共举办群众健康防病知识讲座2.48万余次，干预指导、推广健康生活方式、健康管理群众80万余人次，发放健康知识宣传材料400多万份。民调显示，邯郸模式“健康小屋”建设得到了冠名专家、基层医疗机构和群众的一致认可。这一有益尝试得到了国家卫计委、省政府领导以及知名医学专家的充分肯定，多次被新华社、人民网、健康报、河北日报等国家、省级新闻媒体报道。

（一）群众慢性病防控意识逐步攀升

全市35—70岁慢性疾病普查显示，高血压、糖尿病、冠心病、肿瘤、慢性阻塞性肺疾病五种慢性病占到了病患总量的52.23%。邯郸模式“健康小屋”以“五个健康处方”为指导，对群众进行了普及培训，“大专家、小范围、面对面”的健康咨询和教育方式，帮助群众自觉养成健康的生活方式和习惯，提高了健康素养和健康知识水平。据调查发现，有50.23%的糖尿病患者、62.91%的高血压患者在饮食上做到了“热量控制，结构调整”和“低钠、低脂”，临床症状有了不同程度的改善。由于对慢性病防控知识的了解，居民在日常用药、药费开支等方面出现了明显变化，有18.77%糖尿病患者降糖药剂量减少，17.84%高血压患者联合用药种类减少，群众的医疗负担大幅度减少。

（二）大医院与基层卫生院所之间的协作度逐步攀升

一是以邯郸市在河北省率先建立的“3+2+1”医疗联合体服务模式为抓手，即由1家三级医院联合若干二级医院和社区卫生服务中心、乡镇卫生院，组成医联体，推动临床医学与社区公共卫生资源深度整合，通过上下联动，优势互补实现多赢。与上，加强与京津冀实力较强医院建立合作关系，推进医联体深入发展；与下，建立二级以上医院与基层医疗卫生机构的社区慢性病防治协作关系，在河北工程大学附属医院等3家三级医院医联体建设经验的基础上，通过建设“健康小屋”的方式，实施与基层医疗机构的一体化服务，推进“三综三专”医联体深入发展，对基层医疗机构进行人力支持、技术规范培训、业务和管理帮扶，带动其又好又快发展。二是依托建立居民健康档案，从控制危险因素、早诊早治和规范化管理三个环节入手，采取健康促进、健康管理和疾病管理三个手段，面向一般人群、高危人群和患者三类人群，开展慢性病社区综合防治，积极推动建立基层首诊、分级医疗、双向转诊、急慢分治、上下联动的格局。

（三）基层医务人员的技术水平逐步攀升

邯郸模式“健康小屋”建设要求冠名专家到基层建“健康小屋”，必须带徒弟，与“健康小屋”所在地医生结成“师徒关系”，以“师带徒”形式，提高基层医务人员对常见病、多发病的诊断、治疗水平和急诊处置、抢救能力。邯郸模式“健康小屋”还为基层医疗人员提供免费业务培训和实习、进修。开展以来，全市对基层医疗机构开展业务培训5000余次，安排5617名基层医务人员到二级及以上医院实习进修。

（四）基层就诊率逐步攀升

通过邯郸模式“健康小屋”的健康教育和筛查分流，“名医效应”在基层得到放大。调查显示，90%的辖区居民对基层医疗机构技术服务水平信赖感增强，对健康档案、基本公共卫生服务项目认知度、主动参与配合明显改善，2013年、2014年全市基层医疗机构门诊量和床位使用率均提高了30%，基层医疗服务体系的基础得到了巩固，同时也缓解了上级医院的就医压力。

（五）医患信任度逐步攀升

邯郸模式“健康小屋”冠名专家每月至少4次在基层开展多种形式的健康教育和健康促进活动，或是免费体检、免费讲座，或是免费诊疗指导等。“健康小屋”专家经常深入基层，活跃在群众身边，耐心细致地为群众讲解，与群众进行无障碍的交流，并从心理、情绪等方面予以疏导。一方面，使群众更加清楚地了解发病原因、掌握疾病防控的方法以及慢性病的发展和预后，提高了对疾病的认知程度，降低了患者对医生过高的期望值；另一方面，进一步加深了群众与医生之间的理解和认同，增进了双方的感情，从而有效避免了医疗矛盾的发生。2014年度全市共处置医患纠纷同比下降66.1%。

作者简介：

周海平，男，1964年9月生，河北武安人。中共党员，本科学历，硕士学位，主任中医师。现任邯郸市卫生计生委党委书记、主任。1982年在邯郸地区第二医院参加工作，任过医生、教师、院长，市食药监局局长。曾获全国卫生系统先进个人、全国第二届百名杰出青年中医、《中国卫生》“推进医改、服务百姓健康”2013年度十大新闻人物。

居家养老视角下老旧小区医养结合体系的建构

——以北京市朝阳区八里庄为例①

胡惠琴　徐知秋

（北京工业大学建筑与城市规划学院　北京　100124）

摘　要：我国已经进入老龄化社会，居家养老是未来的主要养老模式。本文基于居家养老的视角，以北京市老旧社区为对象，重点关注社区医疗服务设施，对于适老性方面存在的问题进行分析，提出改善医疗环境的途径，试图构建社区医养结合的体系。

关键词：居家养老　社区医疗设施　医养结合　老有所医

一、研究背景

随着老龄化社会的到来，北京市提出了“9064”的养老模式，即90%的老年人依靠社区养老。但是从居家养老的视角来看，目前的居住区、小区层面的医疗设施缺失、设施简陋、设备落后、医务人员配备缺少、药品不全，导致老年人不得不到离家较远的大医院去看病。上述问题尚不能支撑老年人在社区养老。特别是老年人随着年龄的增长，身体机能不断衰弱，除了大病就医外，平时的拿药、身体检查、医疗护理、康复治愈、急诊救护都需要就近解决。未来10年面对庞大的老年群体的就医，迫切要求医疗从对症型、收容型的医疗介护体系向预防型、在宅型的综合社会照料体系转换。同时随着后期老年人（75岁以上）的增加，要求365天的上门医疗、家访看护体系的确立，24小时支援连续照护型在宅介护制度的确立。让老年人在每个阶段都能在社区持续居住，借助一些介护尽可能自立、有尊严地在社区（自己熟悉的环境）中度过晚

① 国家自然科学基金项目（51378022）“生活支援体系下的既有住区适老性改造研究”。

年，直至终老是理想的蓝图，因此 Aging in Place（原居安老），Aging in Community（社区安老）成为关键词。

本研究基于这个目标，以北京朝阳区八里庄街道为对象，通过对医疗设施的规模、数量、可达性几个方面的分析，把握医疗设施的现状问题，试图提出改善老旧小区的医疗环境的途径，建构社区医养结合的体系。

二、既往研究

笔者检索了学界对社区医疗设施相关理论研究，以社区卫生服务中心为研究对象的论文有郝飞的《社区卫生服务中心建筑设计研究》，何真玲的《老龄化背景下的城市社区卫生服务中心建筑设计研究——以重庆市为例》，穆晓燕的《既有建筑改造为社区卫生服务中心设计研究》，田琦、龙灏的《城市社区卫生服务中心的模块化建筑设计策略初探》，郭银丽的《基于老旧建筑改造下卫生服务空间的设计研究》等，但缺少对社区卫生服务站的研究，对更加基层的社区服务站的研究还是一个未开垦的处女地，其空白点也是本文研究的创新之处。

三、我国社区医疗体系的现状

（一）社区医疗体系

目前我国的医疗体制是市区级设有大型的医院，街道设有卫生服务中心，社区（居住区）设有卫生服务站。卫生服务中心及服务站是按照国家医疗改革规划而设立的非营利性基层医疗卫生服务机构，服务宗旨是以健康为中心、家庭为单位、社区为半径、需求为导向，形成集预防保健、全科医疗、妇幼保健、康复治疗、健康教育、计划免疫、计划生育指导为主的“六位一体”的卫生服务构架（图5－1），以及家庭、社区卫生服务站中心、综合医院三级医疗网络体系（图5－2）。

（二）国家相关政策和标准的沿革

自2000年起，政府相关部门便开始了对社区卫生服务站的建设标准的尝试与探索。2006年发布的《城市社区卫生服务中心、站基本标准》，对城市社区卫生服务站的建设提出了一些具体的标准，内容涉及规模、科室设置、人员配置、房屋面积分配等方面。2009年，卫生部规划财务司发布了《社区卫生服务机构建设标准》，进一步深化了社区卫生服务站的设计要求。2013年《社区卫生服务中心、站建设标准（JB163－2013）》出台，这是目前国家关于社区卫生服务站最新的建设标准（表5－3）。

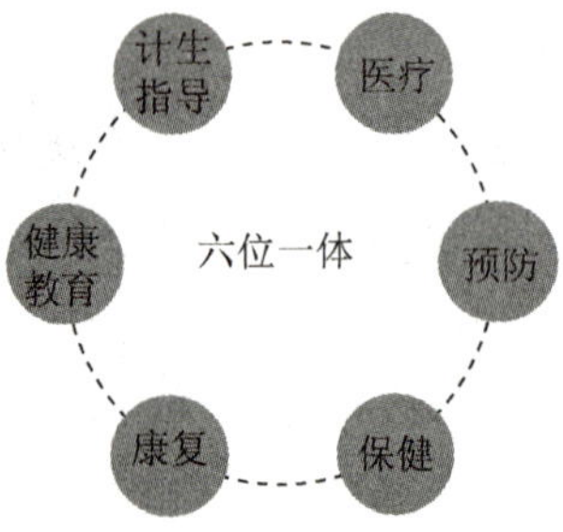

图 5-1 社区卫生服务站六位一体

资料来源：作者自绘。

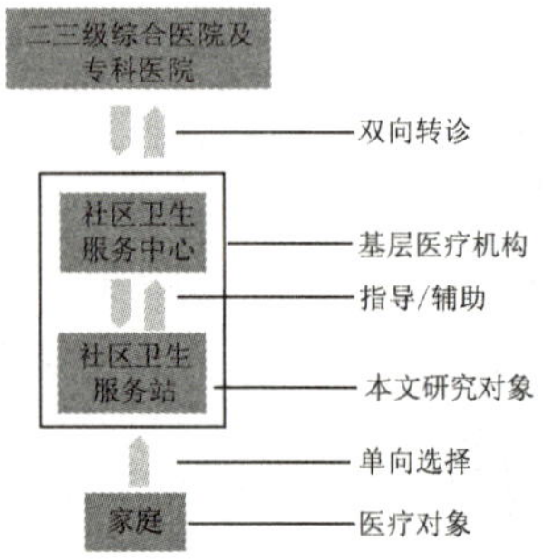

图 5-2 三级医疗网络模式

资料来源：作者自绘。

表 5-3 卫生服务机构建设标准对比表

规范名称	发布时间（年）	规模		床位数		科室设置	
		卫生服务中心	卫生服务站	卫生服务中心	卫生服务站	卫生服务中心	卫生服务站
城市社区卫生服务站设置指导标准	2000	使用面积不应少于400平方米，布局合理，体现无障碍设计要求	业务用房使用面积不应少于60平方米	根据社区卫生服务功能、居民需求、社区资源等可设置适宜种类与数量的床位	未说明	全科诊疗、护理、康复、健康教育、免疫接种、妇幼保健和信息资料管理等工作的专门场所	诊断室、治疗室与预防保健室，体现无障碍设计
城市社区卫生服务站基本标准	2006	建筑面积不少于1000平方米，设病床的，每设一床位至少增加30平方米建筑面积	建筑面积不少于150平方米，充分体现保护患者隐私、无障碍设计要求	日间观察床5张；根据当地医疗机构设置规划，可设一定数量的以护理康复为主要功能的病床，但不得超过50张	至少设日间观察床1张。不设病床	临床科室：全科诊室、中医诊室、康复治疗室、抢救室、预检分诊室（台）；预防保健科室：预防接种室、儿童保健室、妇女保健与计划生育指导室、健康教育室；医技及其他科室：检验室、B超室、心电图室、药房、治疗室、处置室、观察室、健康信息管理室、消毒间	全科诊室、治疗室、处置室、预防保健室，健康信息管理室

续表

规范名称	发布时间（年）	规模		床位数		科室设置	
		卫生服务中心	卫生服务站	卫生服务中心	卫生服务站	卫生服务中心	卫生服务站
社区卫生服务中心、站建设标准	2013	服务人口小于5万人（含5万人），建筑面积为1400平方米；服务人口5万—7万人（含7万人），建筑面积为1700平方米；服务人口大于7万人，建筑面积为2000平方米	服务人口宜为0.8万—1万人，建筑面积宜为150—220平方米	社区卫生服务中心原则上不设非康复治疗功能的病床，可设一定数量以护理康复为主要功能的床位宜设置0.3—0.6张床位。原则上一个社区卫生服务中心床位数不超过50张	社区卫生服务站不设床位	临床科室用房：全科诊室、中医诊室、康复治疗室、抢救室、预检分诊室等；预防保健科室：预防接种室、儿童保健室、妇女保健与计划生育指导室、健康教育室等；医技及其他科室：检验室、B超室、心电图室、药房、消毒间、治疗室、处置室、观察室、健康信息管理室	全科诊室、治疗室、处置室、观察室、预防保健室、健康信息管理室等用房

资料来源：作者自绘。

从医疗设施的规模来看，根据上述文件2000年社区卫生服务中心规模为400平方米，社区卫生服务站为60平方米，非常之小。到了2006年社区卫生服务中心扩大到1000平方米，社区卫生服务站扩大为150平方米。而到了2009年标准的制定更加科学，即按服务人口决定规模，社区卫生服务中心为5万人1400平方米，7万人1700平方米，10万人2000平方米，卫生服务站为1万人220平方米，可以看出规模不断扩大，加大了对医疗体系的投入和重视。对床位的设置社区卫生服务中心为每千人0.3—0.6床，不超过50床。而社区卫生服务站不设床位。

从设施的建设来看，根据2013年的最新标准，社区卫生服务中心包括临床科室、预防保健科室、医技及其他科室。社区卫生服务站包括全科诊室、治疗室、处置室、观察室、预防保健室、健康信息管理室等用房。

（三）社区卫生服务站的服务对象人群

根据《国务院关于发展城市社区卫生服务指导意见》，社区卫生服务站是以社区、家庭和居民为服务对象（同时涵盖患病人群和健康人群）的，而儿童、老年人、慢性病人、残疾人则是其重点服务人群。随着居家养老模式的发展，越来越多的老年人选择在家中或是在社区里养老，其基础医疗需求也随之增大。同时，老年人也较大可能与其他慢性病人等重点服务人群相重叠。从这个角度上来说，老年群体是城市社区卫生服务较为主要的一个服务主体（图5－3）。

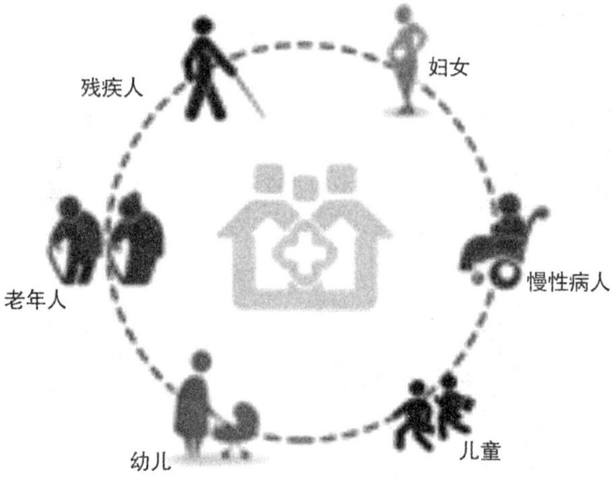

图 5－3 社区卫生服务站服务对象

资料来源：作者自绘。

（四）问题归纳

• 医疗设施的配置缺少小区级的考量；

• 床位设置按照床位数与服务范围内的老年人数的比例，目前的床位太少（国外为 1：10）；

• 医疗面对的服务人群庞杂，没有专门的老年门诊；

• 无障碍设施笼统，没有细节。

四、案例研究——北京市朝阳区八里庄街道

（一）研究范围限定

本文以 20 世纪八九十年代的老旧社区为研究时间范围。由于该时间段的居住区在建设时期，国家还没有出台社区卫生服务站建设的相关标准，因此这些社区在后期增加社区卫生服务站时，出现了位置不合理、设计不到位、服务不完善等问题。同时，又由于 20 世纪八九十年代的老旧社区里居住的老年人相对较多，对社区卫生服务站的需求也最为迫切，也是本文研究的现实性和必要性。

笔者首先对北京市 120 个居住区的社区卫生服务站进行了抽样调查，其中有社区卫生服务站的居住区为 35 个，约占总数的 30%（图 5－4）。这表明大部分居住区并没有配置社区卫生服务站。同时，北京市老年人口分布不均，市中心明显多于郊区。据

2010年第6次人口普查表明老年人口最多的是朝阳区，为442640人。老年人口密度也相对较大，位于所有区县第4位。养老问题更加突出，因此选择北京市朝阳区八九十年代的居住区作为研究对象更具有针对性（图5-5）。

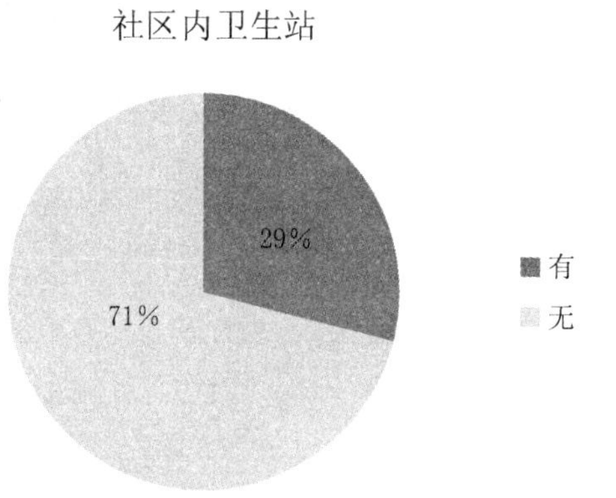

图5-4　社区卫生站统计数据。

资料来源：作者自绘。

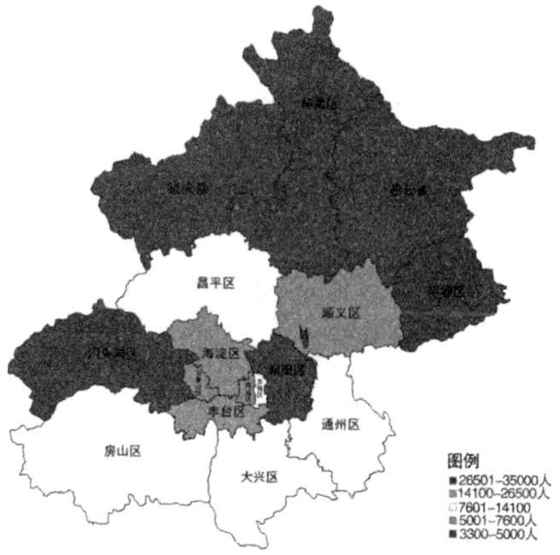

图5-5　北京市各区县老年人口数量示意图

（二）八里庄街道基本情况

朝阳区共有24个街道，其中八里庄街道老年人口数量排第二位，人口密度位于第三，老年人数量占街道总人数也很高（图5-6）。因此本文选择八里庄街道作为研究对象，采用测绘、拍照及访谈等方法对街道各个社区进行了实地调研。

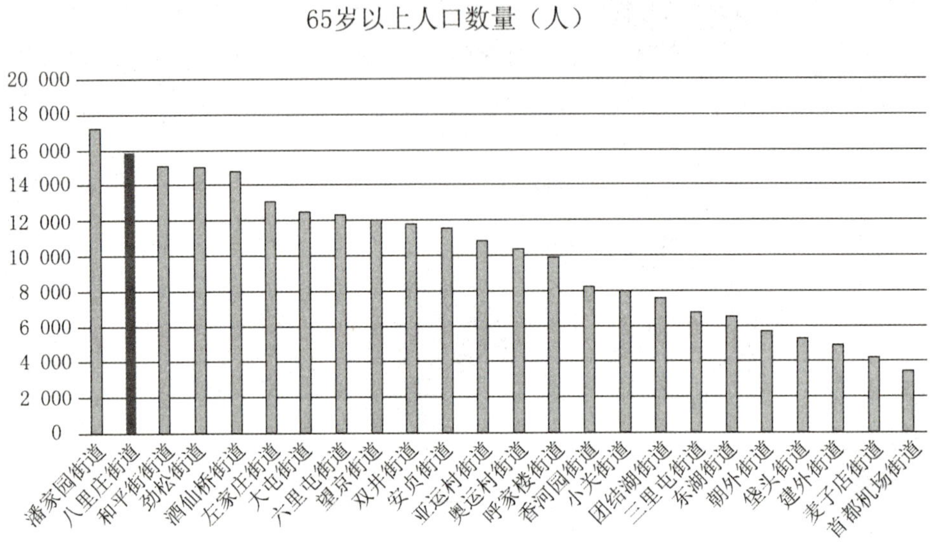

图 5－6　朝阳区各街道 65 岁及以上人口数量柱状图

数据来源：根据第六次人口普查绘制。

新中国成立初期，八里庄地区居住人口稀少，住宅只有零星的平房，房屋简陋破旧，所有建筑面积只有 1500 平方米，一片荒凉。20 世纪五六十年代城市建设开始了高速发展，到 80 年代，辖区住宅建筑面积达到了 130 多万平方米，出现了高层住宅。90 年代初期，十里堡、延静里、红庙、甘露园、慈云寺等居民住宅小区落成。进入 21 世纪，远洋天地、罗马嘉园、华贸中心等高档商品住宅相继建成。

八里庄街道共有 14 个社区（图 5－7）。常住人口约 12 万，65 岁的老年人达 1.4 万多，占街道总人口的 13.68%，属于超高龄街道（图 5－8—图 5－9）。

（三）社区卫生服务站设置现状

八里庄街道总面积约 4.4 平方千米，设有 2 个卫生服务中心，5 个社区卫生服务站（图 5－10）。面对近 8 万（户籍人口 79759）服务人口，其比例显然太低，特别是针对分布在 14 个社区中 1.4 万多老年人，医疗的力量更是严重不足。从外观来看，设施还十分简陋（图 5－11），内部的服务内容也很有限，更谈不上对老年人的特殊护理和照料（表 5－4）。

图5－7　八里庄街道各社区区域划分图

资料来源：作者自绘。

图5－8　各社区老年人口数量表示（①④⑤人数最多）

资料来源：根据八里庄街道官网数据整理。

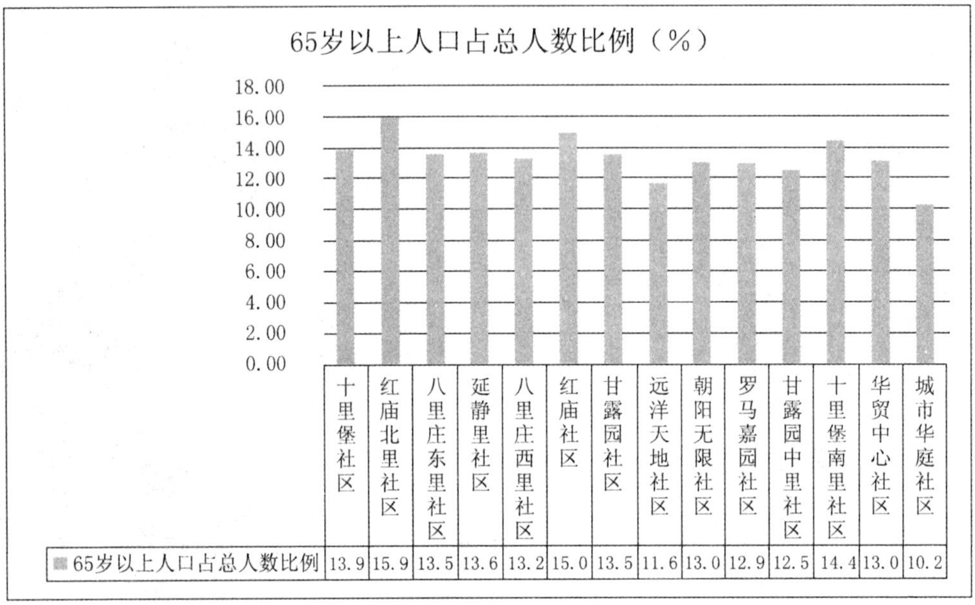

图 5-9 各社区 65 岁及以上人口占总人数比例柱状图

数据来源：作者自绘。

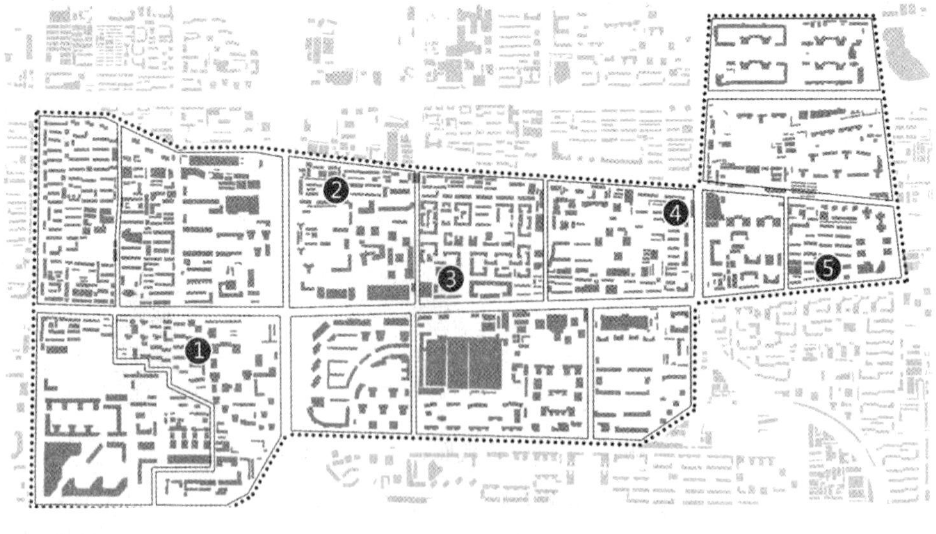

图 5-10 社区卫生服务站位置示意图

资料来源：根据实地调查绘制。

图5－11 各社区卫生服务站调研照片

资料来源：作者调研获取。

表5－4 社区卫生服务站调研统计表

序号	名称	所在社区	面积（平方米）	服务项目	医护人员数量	无障碍设计
1	英家坟社区卫生服务站	红庙社区	70	全科医疗 体格检查 健康咨询	4	无
2	八里庄西里社区卫生服务站	八里庄西里社区	180	无介绍	4	坡道
3	八里庄东里社区卫生服务站	八里庄东里社区	140	无介绍	7	坡道
4	十里堡东里社区卫生服务站	十里堡东里社区	130	全科医疗 健康咨询 家庭病床 预约出诊 中医中药 社区护理	5	无
5	甘露园社区卫生服务站	甘露园社区	100	无介绍	5	扶手 坡道

（四）社区卫生服务站便捷性分析

根据对老年人日常行为的分析，老年人的生活半径一般为500米。因此，根据问卷调查表明将近有60%的老年人选择去社区卫生服务站就医，仅有20%的老年人选择去综合医院。对老年人来说就医距离是其首选（图5－12）。这表明社区卫生服务站在医疗体系中的作用将会越来越突出。

从图5－13的八里庄街道社区卫生服务站的分布可以看出，服务半径远远超过500米的低限要求，其可达性也很差（图5－14），显示出社区老年人看病就医的距离障碍和心理负担。

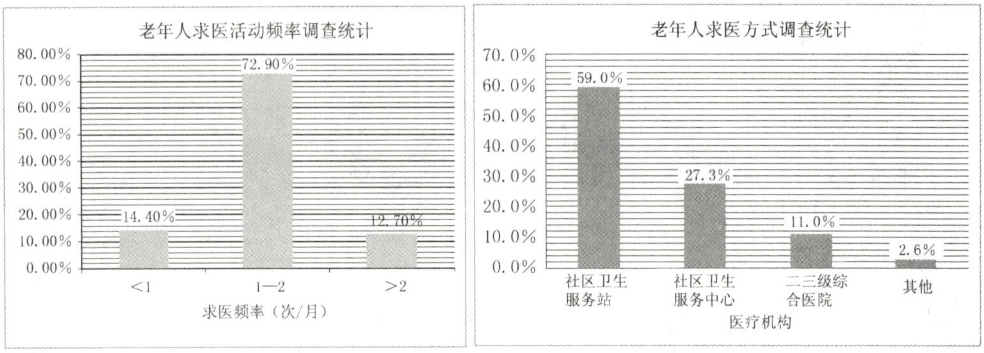

图5－12　老年人求医活动空间模式调查统计

数据来源：根据《中国城市老年人的活动空间》相关数据改绘。

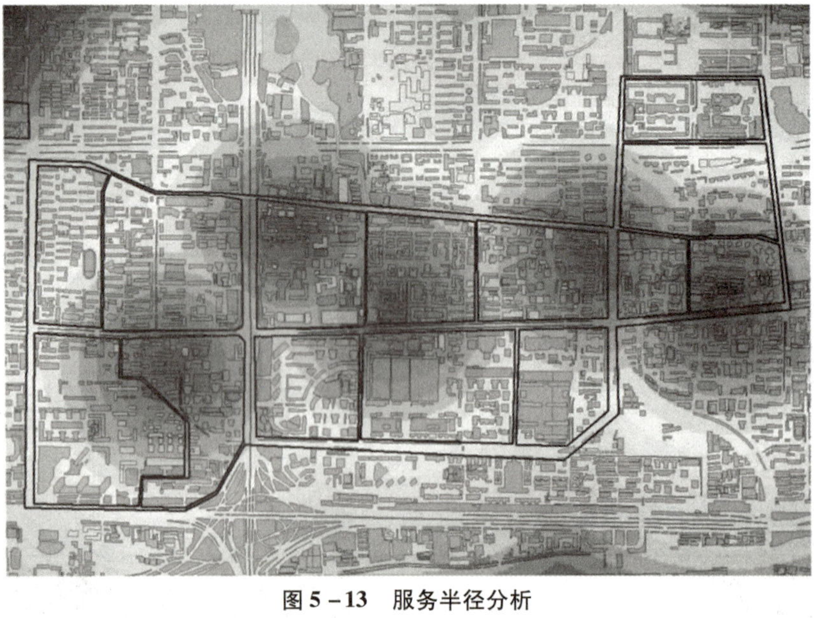

图5－13　服务半径分析

资料来源：作者自绘。

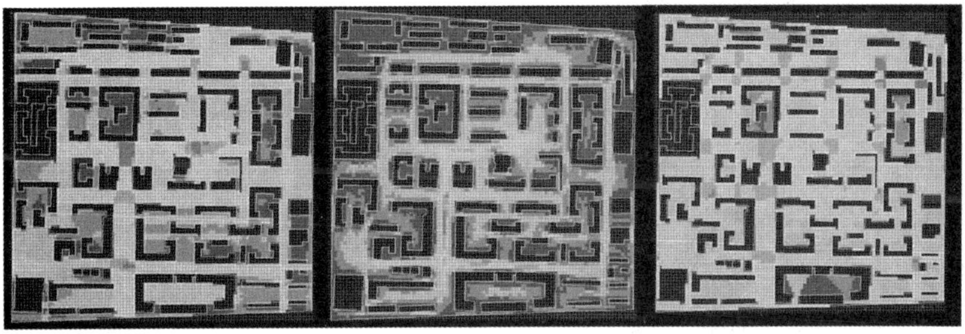

图5-14　可达性分析

资料来源：作者自绘。

（五）问题归纳

- 卫生服务站设置的数量不够，没有达到标准，没有覆盖整个街道14个社区；
- 设施外观简陋，服务内容有限；
- 缺少特别针对老年人的特殊服务；
- 卫生服务站距离远，服务半径过长，可达性低。

五、社区医疗设施的适应性

（一）潜在需求

社会整体人均寿命的进一步延长，现有的居住者不断衰老。大型医院远离社区，且就医过程烦琐耗时，日常看病委实不便。居家养老需要更便捷、更高效的医疗服务。

根据日本东京大学高龄社会综合研究机构秋山弘子连续20年跟踪6000名老人进行高龄期健康度（生活自理度）的变化调查表明，直至终老男性完全自立的只占10%，一般以72岁开始身体逐渐衰弱化，83岁左右生活自理困难，还有20%患者因心血管病或脑梗死，很早就卧床不起了。女性比男性晚些。

随着人体机能的衰减，老年人比其他年龄人群的疾病发病率高，看病的频率也相对较高。国家卫生部门对老年人的患病情况进行过统计。数据表明大多数老年人的患病特点多为慢性病，例如高血压、心脏病等。这些疾病具有患病时间长，突发性低，需长期护理等特点，针对这些疾病，则需要一种定时、定点、定量的服务体系。

另外根据2013年中国老龄事业发展报告统计，我国老年人69.2%患有高血压，30.8%患有脑血管病，26.2%患有冠心病，此类病最佳抢救时间不应超过4分钟，120

急救车的标准时间为15分钟，按照成年人正常步行速度计算（5千米/小时）4分钟的行动距离约为300米。既往研究表明老年人适宜活动距离为250—500米，目前的医疗体系并未覆盖到基层——住居小区，因此服务半径过长，需要补充小区级的诊疗所。

（二）社区老年人的医疗行为和诊疗所的功能

目前最大的问题是服务需求与设施服务定位间的差异。根据走访居民的调查发现，一般老年人的医疗行为主要为取药、日常检查、点滴注射、康复理疗、紧急救护等。社区诊疗所应区别于卫生服务站，以预防、保健为主，其主要功能应为健康检查（量血压、测血糖）、医疗护理（取药、注射、打点滴）、康复（理疗、按摩）、急救（在地紧急救护、救护车呼叫）、上门问诊等。这些日常性的医疗行为无须跑到大医院，健全社区卫生服务站，增设小区级的诊疗所是很必要的。现状设施最多见的服务内容仍是最基本的生活帮助，而非全面的和专业化的护理。

此外老年人牙齿自然脱落，患有牙病的较多，洗牙、护理治疗等牙科是非常必要的，还有中医养生等也应受到重视。老年专科门诊的设置势在必行。

六、构建社区医养结合体系的具体策略

- 在现阶段首先要增设卫生服务站，做到每个社区（居住区）或在一定的服务半径内拥有一个卫生服务站，并且升级目前的卫生服务站的设施品质。
- 物业提供一定的医疗功能，引进小区，降低老年人的支付门槛是核心吸引力，在小区建立小规模、多功能、就近分散布置的诊疗所。诊疗所不用过度设置，可以利用现有设施进行整合，也可以建一个小规模的。诊疗所备有日常检查设备（测量血压、血糖、心率），有一些应急药品，可以出诊，提供医疗咨询等服务，并选择一座级别高的医院作为合作单位。
- 差异性级配。小区周围如有良好的医疗服务设施，诊疗所的级别可以较低，功能设置可以较为单一，如果周围只有药店，小区的诊疗所级别就高一些。
- 充实在宅照料，与托老所（日间照料中心）一起，整合多终端数据，建立在宅照料体系。

以社区医疗保健、社区护理、社区急救通道、社区双向转诊为核心板块，即社区医疗保健——为保障社区老年族群日常基础医疗健康，促进个案管理需求服务；社区护理——为社区老年族群提供基本生活协助乃至不同阶段的连续性专业护理服务社区急救通道——为社区内老年族群提供高效的急救等相关服务；社区双向转诊——借助

其他综合医院的技术资源对养老社区医疗保健和护理服务，提供和补充必要的支援，建立起医养结合的社区医疗体系。

参考文献

[1] 郝飞．社区卫生服务中心功能配置设计研究［D］．哈尔滨工业大学，2013.

[2] 何真玲．老龄化背景下的城市社区卫生服务中心建筑设计研究［D］．重庆大学，2014.

[3] 穆晓燕．既有建筑改造为社区卫生服务中心设计研究［D］．北京建筑大学，2013.

[4] 田琦，龙灏．如何在高层建筑裙房中设置社区卫生服务中心［J］．中国医院建筑与装备，2011，12：20－23.

[5] 郭银丽．基于老旧建筑改造下卫生服务空间的设计研究［D］．湖南大学，2013.

[6]《城市社区卫生服务中心、站基本标准》卫医发〔2006〕240号．卫生部/国家中医药管理局．2006.

[7]《社区卫生服务机构建设标准》征求意见稿．2009.

[8]《社区卫生服务中心、站建设标准（JB163－2013）》建标〔2013〕62号．中华人民共和国住房和城乡建设部/中华人民共和国国家发展和改革委员会．2013.

[9] 后藤纯，活力ある超高龄化社会を共創する［J］．日本建築学会雑誌，2015. 2. p12.

[10] 杨玙珺．老年社区规划设计研究［D］．北方工业大学，2015.

作者简介：

胡惠琴，女，北京工业大学建筑与城市规划学院，教授，住宅研究所所长。日本昭和女子大学住居学专攻，获博士学位。兼任业内核心期刊《建筑学报》特约编辑、中日韩三国建筑学会共同主办的学术杂志《JAABE》的编委和中方联络人。主要研究方向为居住建筑与居住文化，近10年发表相关论文60余篇，出版专著、译著7本，多次获优秀论文奖。近年来从事既有住区、住房适老性研究，主持相关课题的国家自然科学基金项目2项，北京市教委基金项目1项。

老年宜居城市建设和医养服务业一体化发展研究

——滕州市建设区域性养老养生中心的实践与思考

孙金存 陈长龙 雷祥斌 杜东升 黄秀莲 丛后凯 赵 平

（山东省滕州市老龄办 山东 277500）

摘 要：随着我国人口老龄化进程逐步加快，老年人口总量迅速增长，其对宜居环境和医疗保健、护理康复等需求成为全社会关注的焦点。针对这一群体的需求，本文以山东省人口最多的县级市——滕州市为例，组织对20余个部门、单位、医院和21个镇街开展调研，掌握了老年人生活照料、医疗服务等基本情况，结合新型城镇化建设，提出建设区域性养老养生中心的战略构想，并阐述了实施路径和措施，对于完善基层养老服务体系，优化老年人宜居环境，提高老年人生活幸福感，具有重要的借鉴参考价值。

关键词：老年 宜居城市建设 医养服务 一体化 研究

一、前言

随着我国人口老龄化逐步加快，老年人口总量迅速增长，其对宜居环境和医疗保健、护理康复等需求成为全社会关注的焦点。为此，全国老龄委、中国老年学学会启动了老年友好型城市、宜居社区和老年温馨家庭创建工作，取得了明显成效，成为推进老年宜居环境建设的重要风向标；2013年10月，在《国务院关于加快发展养老服务业的若干意见》（国发〔2013〕35号）中，明确提出推动医养融合发展，并在部分省市开展试点，在完善为老服务体系、优化养老养生环境方面积累了宝贵经验。本文从这一背景出发，以滕州市为例，对20余个部门、单位、医院和21个镇街开展调研，掌握了基本情况，提出建设区域性养老养生中心的战略构想，明确了实施路径和措施，着力为老年人创造温馨、舒适、和谐的生活环境。

二、滕州市服务老年人基本情况

滕州市位于山东省南部，总面积1485平方千米，总人口169.63万，是全省人口最多的县级市，被省政府列入重点培育的十个大城市，被授予全国生态文明先进市、全国首批绿色小康县。目前，共有60岁以上老人27.1万，占总人口的16%；80岁以上老人3.63万，占总人口的2.1%；农村老人12.1万，留守老人12万，失能、半失能老人15243人，分别占老年人总数的44.6%、44.3%、5.62%，呈现出老龄化、高龄化、失能化、空巢化“四化叠加”的趋势。

（一）养老机构

“十二五”以来，滕州加大养老服务机构建设力度，累计投入2.6亿元，建成养老机构10余家，目前全市养老机构达到31家，总床位达到9000张，每千名老人拥有床位30余张，基本满足老年人机构养老的需求。其中，民办养老机构8家、床位2000余张，主要集中在城区及附近镇，其他全部是公办养老机构；总投资4100万元的市老年服务中心按照三星级宾馆标准建设，采用花园式组合结构，可为400位老人提供生活照料、心理调适、学习交流、社交联谊等服务；成立托老所、日间照料中心等居家养老服务组织50余家，服务社区和居家养老的高龄、失能、残疾、空巢等老年群体，居家养老服务的综合满意率达到99%。

（二）医疗机构

目前，滕州共有各类医疗卫生机构1043处，其中医院、卫生院、社区卫生服务中心41处，三级医院2处，二级医院1处，专业公共卫生机构6处，卫生室、社区卫生服务站、门诊部、个体诊所996处；全市共有开放床位6337张，卫生专业技术人员7384人，执业医师2796人，执业护士4020人。市中心人民医院作为三级甲等综合医院，专门设置老年医学科，每年诊治预防老年病患者12.3万人次。各类医疗机构围绕服务老年人群体，积极组织开展针对老人的健康直通车活动，每年免费为农村65岁以上老年人开展健康体检，年均体检19万人次以上。2014年，全市完成老年人门诊量145.5万人次，出院老年病人5.4万人次，有效解决了老年人的就医问题。

（三）为老服务

加强养老软硬件设施建设，认真落实优待老年人政策，不断优化老年人生活居住环境。软件方面，建立了覆盖城乡的城镇职工养老保险、城乡居民社会养老保险和城镇职工基本医疗保险、城乡居民医疗保险，以及针对特殊老年群体的五保供养、救济救助等制度；各级义工协会、“双拥”志愿者、红十字尚善志愿者每年开展“夕阳计划”等活动150余次，提供义诊、照料等服务4000余人次。硬件方面，投资建设了总投资30亿元的秀美荆河水系综合治理工程、小清河市民休闲绿色长廊项目及沿河慢行绿道，荆河公园、杏坛广场、龙泉文化广场等休闲活动场所20余处，老年活动中心、健身房、心理咨询室等文娱场所发展到30余处，搭建了老年人交流沟通的平台；对城区主要公共设施开展无障碍改造，老年人生活更加便利。

（四）存在的困难和问题

应该看到，滕州人口规模大，养老服务还存在一些问题：一是养老服务内容依然单一。金色老年家园、清水湾老年公寓等专业机构为失能、残疾老人提供全托养老服务，服务价格是一般养老机构的1.6—1.8倍，其他养老机构仅向具有自理能力的老年人开放，提供生活照料、住宿就餐等常规服务，部分经济能力较差的老年人只能选择在家养老，服务的专业化水平不高。二是医养融合不能满足老年人需求。一方面，现有养老机构医疗方面的服务极少，老年人生病只能到专业卫生机构就医，有的老年人将就心理特别重，“挨病”现象比较突出；另一方面，大型医院不允许老年人长期住院养老，有的老年人“压床”“赖床”，一定程度上说明了居家和社区护理资源不足。三是居家和社区设施的适老性较差。建于20世纪七八十年代的住宅小区多为原机关企事业单位的配套家属宿舍区，俗称“单位大院”，如赵王河小区、化肥厂小区等，这类建筑无障碍设施短缺，3—6层的多层楼房无电梯，住房卧室面积狭小，甚至容不下轮椅等设施，家庭内缺乏针对老年人疾病的基础护理条件。四是部分空巢、失独老人精神慰藉、情感关怀还需进一步加强，等等。这些问题涉及老年人的生活起居，必须引起高度重视，采取措施加以解决。

三、以创新完善医养融合服务模式为突破口，加快建设区域性养老养生中心

据预测，2020年滕州60岁以上老人将达到38万，其中80岁以上的老人9.8万。笔者设想，结合滕州建设区域性中心城市①的战略构想，充分发挥在生态建设

① 区域性中心城市：2012年初，滕州市委十二次党代会和市十七届人大一次会议就提出建设辐射半径100千米、辐射人口600万的区域性中心城市的目标；2013年8月山东省政府出台的《西部经济隆起带发展规划》，明确提出支持设区市和滕州、乐清、临清等人口聚集规模大的县城发展成为区域性中心城市。

上的资源优势，依托综合交通、医疗资源富集①等方面的良好基础条件，始终把创新完善多种形式的医养融合服务体系作为撬动经济社会加速转型、统筹解决养老问题、努力实现“五个老有”的重要突破口，延伸发展健康管理、康复护理、家政服务、文化教育、休闲度假等全产业链，加快建设让“外地人为之向往，本地人为之自豪”的区域性养老养生中心。到2020年，新增床位6600张，床位总数达到1.61万张，形成多层次、全方位和普惠型、经济型相结合的养老医疗服务供给体系。

（一）居家和社区养老：建立医养服务综合体，逐渐形成“一站式”服务网络

居家养老和社区养老都是在社区提供养老服务，两者没有明显的界线。居家养老是以家庭为载体的传统养老形式，家庭成员提供衣食住行等生活安排，当老年人自理能力较差时，社区辅助提供生活照料、餐饮配送等服务；社区养老是以社区内日间照料中心（或托老所）为载体的养老形式，老年人白天（有的是半天）在日间照料中心（或托老所）就餐活动，晚上被护送回家。下一步，围绕打造“医养结合、以养为主、健康亲情社区”的养老环境，加快医养服务综合体建设，逐步实现生活照料、医疗护理、健康咨询、精神慰藉、文体娱乐、紧急援助等“一站式”服务。在已建成的社区或村居，坚持就近就便、功能配套，整合日间照料中心（托老所）、村居卫生室等机构职能建设医养服务综合体，努力实现亲情化服务。在城乡新建的大中型社区，每个社区建立一处医养服务综合体（大型社区可按分片区或按管理单元设立多处），完善医养康复等服务体系。每个医养服务综合体都由全科医生、全科护士及社工按一定比例组成专业服务团队，向社区内老年人提供养老护理和慢病管理、健康咨询、预约诊疗、双向转诊、预防保健、上门诊视、家庭病床等个性化服务，除向日间照料中心（或托老所）提供服务外，与居家养老的老年人签订服务协议，指导老年人家庭实施住房适老化改造，安装家庭病床等。这种医养融合的方式把原来碎片化、单一功能的社区养老转变为全方位、链条式、社工化、多功能的医养结合服务，形成“15分钟社区居家养老服务圈”，使“养老不离社区，保健就在身边”成为社区养老最亮丽的名片。

（二）机构养老：拓展医疗服务范围，着力打造老年人身边的“护理院”

机构养老是指养老院、福利院、敬老院等为老服务专业机构，医养融合的方向是

① 医疗资源富集：2013年8月山东省政府出台的《西部经济隆起带发展规划》，明确指出支持聊城、济宁、滕州等地利用医疗资源富集优势，建设周边地区医疗中心。

紧紧围绕老年人养老和医疗服务需求，依托大型养老机构或条件较好的民营养老机构，积极开展医养融合试点，大幅增加慢性病管理、常见病诊治、医疗护理、健康咨询、康复保健等专业化医疗服务，提高护理床位的比重；也可以聘请高水平的医护工作者到机构中为老年人提供医疗服务，免去老年人的奔波之苦，确保“小病不出屋，大病不出寓”，着力打造养老院里的“护理院”。例如，市社区服务中心、金色老年乐园等大中型养老机构可以在内部设立康复医院、老年医院、护理院、中医馆和医疗服务站、医务室，引进专业医疗设备和专职医生，增加护理床位的比例；市光荣院、各镇街敬老院等中小型养老机构可以坚持“寓医于养、医寓一体”的理念，推动生活护理和医疗护理一体化，向失能、患有慢性病的老人提供生活护理、医药治疗、饮食调理、康复护理等多种服务。

（三）医疗机构：更加凸显老年人特色，分类转型担当医养服务的“主力军”

医疗机构的职责是为全社会提供医疗服务，但鉴于老年人是医疗消费的最大群体，必须充分考虑他们的需求，结合分级诊疗体系，加快建立双向转诊、预约就诊、急救绿色通道等制度，推动老年人就医在养老机构和医疗机构间的无缝衔接；对部分一二级医院，专科医院和业务量不足的中小型医院，牢固“医养结合，康复并重，先治后养，持续照料”的理念，积极探索转型为老年人康复院、护理院，实行“24小时无陪护服务”，增加生活护理等内容，使其成为医养服务的中坚力量。例如，市中心人民医院等大型医疗机构可以突出抓好急诊老人的救治，增加老年病床的数量，满足老年人医疗需求；与养老机构建立长期合作关系，通过定期巡诊义诊等方式，把服务触角延伸到社区和家庭；借助家庭病床等远程服务，为居家失能老人提供血压血糖监测、心电图检查等“零距离、互动式”的检查、治疗和护理。市中医院可以把中医的养生保健和“治未病”理念融入养老服务，提升老年人生活质量。枣庄市肿瘤医院暨王开传染病医院可以发挥在肿瘤治疗方面的专业优势，搞好内部结构功能调整，对癌症等生命垂危的老人提供集养老护理、疾病医治、临终关怀等养老送终服务，缓解垂危患病老年人的病痛，以较为经济合理的治疗手段，让其在有医护的环境中安静地、有尊严地离开人世。各镇街卫生院重点发展老年医疗护理服务，如需要新改扩建的，可以探索与镇办敬老院整合在一栋大楼内，底层是卫生院，上层是民办养老机构，真正实现“楼下看病，楼上养老”。原企事业单位办的职工医院、门诊部均可以向以老年康复为主的社区卫生服务机构转型，方便老年人就医。

（四）深度融合：发挥示范带动效应，规划建设大型高端养老养生基地

根据2014年5月孙金存等撰写的《浅析生态因素与健康长寿的关系》，以东部莲青山和荆泉水源地、羊庄“山间小盆地”及水源地两大生态圈为代表，原生态的自然环境保存良好，且高龄老人的比重最高，具备建设大型养老养生基地的基础条件。综合考虑这两大生态圈交通、人文、旅游等特点，建议在东部莲青山南麓、龙山东部、龙湖区域等荆泉水源地的准保护区①内，引进国家级老龄研究机构，建设国家创新型养老养生示范园区滕州基地，围绕建设鲁南地区最大的全龄化养老养生基地，遵循我国古代“天人合一”的思想，统筹考虑山、水、植被等因素，立足高品质、现代化和人性化，科学规划医疗、保健、康复、护理等设施，合理布局商业、教育、酒店等生活设施，全面提供医疗、护理、康复、养老、托老、健康教育、临终关怀“六位一体”的养老养生服务。医疗护理：为老年患者医治疾病，设置“无陪护全程托护病房”，提供疾病护理、专业护理、健康评估、康复训练等服务。生活照料：为老年人提供生活护理、营养支持等养老养生服务。健康养生：东北部莲青山森林覆盖率98%以上，是天然的“森林氧吧”，地势高于平原地区300米左右，是长寿老人生活的最佳区域；莲青山“情山情趣”、龙山“龙阳果香”是滕州重点打造的“五朵金花”乡村旅游景点，主要特产龙阳绿萝卜、东郭核桃、板栗、山楂都是健康长寿的食品；春季参加龙阳大樱桃采摘节，夏季感受莲青山泉风光、漂流垂钓，秋季到山上采摘果实，冬季到山下休闲滑雪，甚至可以让老年人亲手种植一些林果，圈养部分家禽，感受回归自然、拥抱自然，适量劳动、收获果实的喜悦和乐趣。（建成后形成的较高生态指标见下表）文化旅游：西部龙山的“龙岭晴云”被誉为“古滕八景”之首，清代刘墉等文学家留下名篇佳作，目前建成“三面观音”，正加快实施龙山善者文化产业园项目，重修龙泉寺、藏经阁、佛学堂；莲青山作为省级地质公园，有溶洞等20余处名胜古迹，老年人可以在探访活动中运动休闲、放平心态，达到颐养生命、增强体质、预防疾病、延年益寿的目的。养老地产：远期参照太阳城CCRC社区模式建设养老地产，吸引区域内中高端退休老年人来此定居、度假，带动养老养生关联产业发展。

---

① 根据2008年修订的《中华人民共和国水污染防治法》，禁止在饮用水水源一级保护区内建设与供水设施和保护水源无关的建设项目，禁止在二级保护区内建设排放污染物项目，禁止在准保护区内建设对水体污染严重的项目，这是目前对水污染防治的根本原则。

表 5－5　国家创新型养老养生示范园区滕州基地生态指标

名　称	海拔高度（米）	水质	林木覆盖率	空气质量（毫克/立方米）				噪声（分贝）	负氧离子浓度（个/立方米）
				总固体悬浮颗粒物（TSP）	二氧化硫	二氧化氮	PM10		
莲青山南麓、龙山东部、龙湖区域	300	地表水达到国家Ⅲ类标准	≥75%	≤0.12	≤0.03	≤0.015	≤0.05	≤40	≥4500

通过医养融合，老年人在突发危重病情时可以得到及时抢救治疗，提高生存率；在身患重病和慢性病时可以得到专业护理和医疗干预，降低病死率；在大病恢复期时可以得到长期、持续、有效、专业的医疗康复治疗和训练，提高生命质量，使其生活在健康环境中。

四、建议对策和配套措施

顺应滕州未来及“十三五”时期人口加速老龄化的新常态，充分发挥市场在配置养老资源中的决定性作用，结合正在实施的新型城镇化、“智慧城市”，扎实推动医养融合服务设施网点化、服务资源集约化、服务方式智能化、服务主体多元化，努力营造环境优美、居住舒适、设施齐全、服务完善的养老养生宜居环境。

（一）多措并举推进医养融合全覆盖

围绕培育壮大医养服务业并实现全覆盖，突出顶层设计，加大资金投入，形成品牌服务。一是坚持规划引领。把完善医养融合服务体系列入全市经济社会发展“十三五”规划和老龄、卫计等专项规划，明确发展目标和实施路径，依据老年人分布情况优化机构布局，搞好与现有养老和医疗机构的衔接，努力形成规模适宜、功能互补、安全便捷的健康养老服务格局。对新建小区，医养融合服务设施要与小区同步设计、同步建设、同步验收、同步交付使用。二是注重多元融资。加大政策扶持力度，把医养服务机构分为公益投入、微利运营、盈利运营三大类，灵活采取以奖代补、公建民营、民办公助、补助贴息、政府与社会资本合作（PPP）等形式兴办医养融合机构，增强医养服务业发展活力。对高龄、失能、贫困等特殊老年群体，可以采取政府购买医养服务的方式，提升机构设施利用率。三是实施品牌战略。积极开展招商引资，重点招引国内外投资规模大、综合实力强的养老服务企业品牌落户滕州，既可以通过特许经营兴办社区养老服务综合体，形成连锁品牌；又可以实施对专业医疗机构的改造，形成以康复护理等为特色的医养服务机构。

（二）高位运筹加快“互联网＋智慧养老”建设

抓住建设“智慧城市”的机遇，充分运用现代化的科技和信息手段，大力实施“互联网＋智慧养老”行动计划，形成为老服务的“神经中枢”。一是扎实推进“三个一”框架建设。即“一平台”，依托互联网、物联网技术，建立枢纽式的云服务综合管理平台，配套建设市、镇街、村居三级联网的养老服务数据库，采取模块化设计，新增终端业务随时拓展；“一热线”，整合市长公开电话、110、119、120 等热线功能，建立联通各方的“12349”为老服务热线，确保紧急情况及时处理；“一卡通”，借助正在实施的“居民一卡通”，集成老年人身份识别、电子凭证、电子支付、便民服务、健康档案等功能，未来在全国联网后可实现跨区域、跨机构数据交换、费用结算等业务。二是改造提升各类养老载体的信息化功能。在居家智能养老中，在家庭病床安装各种传感器并进行管理，提出全面、专业、个性化健康管理解决方案；通过集中控制器、智能网关，实现对家电、灯光、窗帘等家居功能的控制，老年人通过“一键通”呼叫服务系统对外寻求帮助。在社区医养服务综合体和机构养老中，建立基于企业和实体的养老管理系统，提升为老服务的效率和水平。三是健全完善智慧养老的服务功能。包括医疗服务、生活养老、精神文化、安全应急等方面的功能，形成共建共享的信息资源网络。例如，整合民政、卫计、医院等部门单位的信息资源，建立涵盖健康管理（健康教育、健康记录等）、在线健康监测（血压、血糖、血氧、心电等健康指标在线）、远程医疗协助的健康管理系统，实现急性诊疗、康复护理、日常照料、健康咨询等功能的日常管理。采取微信方式挂号，开通大型医院预约挂号，使老年人就医转诊更为顺畅。

（三）深化改革完善医养护理保障制度

结合整合医养机构，加快推进现有制度的改革与衔接，合理调整各类保险的具体内容，为实施医养融合提供制度保障。一是借鉴德国、日本等发达国家的经验做法，把慢性病、退行性疾病等老年人比重较高的疾病从医疗保险体系中分离出来，尽快建立低水平、广覆盖、强制性、社会化的长期照护保险制度（政府强制性保险或商业险种），保费可由政府、企业、个人按一定比例承担。二是扎实推进医疗保险与健康养老的结合，科学界定医保补贴报销范围，对医养服务机构中符合城镇职工基本医疗保险、城乡居民医疗保险发生的费用，优先纳入报销范围；对居家养老中符合家庭病床认定条件、接受社区日间照料、参与家庭医生签约服务的，可采取购买服务的方式，由医保基金给予适当比例的分担支付。三是在医保中增设“临终关怀”险种，让患癌症等生命垂危的老人以较为经济的治疗，消除或缓解身体病痛，排解心理问题和精神烦恐，在有医护的环境中安静地、有尊严地离开人世，有效解决“过度医疗”给家庭造成经济负担的问题。四是大力发展多样化的补充保险产品，支持鼓励老年人投保健康保险、意外伤害保险等人身保险，对符合条件的养老机构投保养老机构综合责任险，保障医养融合安全健康开展业务。

（四）综合施策规范医养融合行业管理

在总结医养融合试点的基础上，未雨绸缪，超前谋划，大力加强行业规范管理。一是严格市场准入。按照“卫生准入、民政扶持、医保定点”的要求，先由卫生部门批准资格准入，然后由民政部门批准其非营利性质的申请，最后纳入医保体系；本着对老年人负责的态度，明确医疗设备、人员资质至少达到一级医疗机构水平才能开设。对于批准设立的医养服务机构，国家出台相关政策，在税费、用地、贷款和水、电价格等方面给予优惠支持，着力破解“融资难”“用地难”“运营难”等瓶颈制约。二是明确各类标准。出台和完善医养融合服务标准和管理规范，制定医养机构和居住设施的适老性、无障碍建设标准，例如居家建筑要放宽过道尺寸，便于轮椅和担架进出；预留门洞便于老年人入住改造安装扶手和紧急呼叫系统等。三是完善职业体系。建立独立于医疗护理的具有国家注册职业资质的长期照护职业制度，把老年人护理学科专业纳入职教学历体系，加强老年医学、护理、康复、心理、社工等学科知识的融合，在高校、职业教育学校开设课程，提升医养服务专业化水平。对符合条件参加养老护理职业培训和职业技能签订的从业人员，加大补贴力度，切实解决护理服务队伍“三低三高”（社会地位低、流动性高，收入待遇低、劳动强度大职业风险高，学历水平低、年龄偏高）的问题。充分发挥社区医养服务综合体的实训基地作用，加大对专业护理人员、志愿者和义工等为老服务队伍的培训，努力培养更多的医养服务人才。四是强化行业监管。由民政部门牵头，协调好老年人长期照护服务对象、服务机构和保险机构的关系；卫计、物价等部门参与，统筹把握公益型养老与市场化服务的关系，紧紧围绕提升医养服务的性价比，结合老年人收入水平、心理承受能力，制定医养服务的市场指导价格。积极引导建立第三方监管居家和社区养老制度，对不具备生活自理能力的老年人进行评估分级，使不同层级的老年人得到相应的照护；及时反馈对各医养机构服务的综合评价，确保服务质量不断提升。

老吾老，以及人之老。为老年人创造医养融合的宜居环境，解决他们养老的后顾之忧，既是对中华民族传统敬老文化的积极传承，又是时代赋予我们义不容辞的神圣职责。我们要紧紧围绕建设区域性养老养生基地的目标，积极引导全社会转变养老理念，全面加快推进医养融合和宜居环境建设，努力实现更高水平的老有所养、老有优养，让全体老年人生活在充满健康、和谐、希望、尊严和安全的幸福家园。

参考文献

[1] 孙金存，陈长龙，雷祥斌，黄秀莲．浅析生态因素与健康长寿的关系．滕州市政府，2014年5月．

[2] 赵东霞，孙俊龄．我国城市老年人宜居环境评价指标体系研究．辽宁师范大学管理学院，2013年6月．

[3] 张力．老年社区居住环境探讨．昆明理工大学建筑工程学院，2007年4月．

[4] 孙金存，陈长龙，雷祥斌，黄秀莲等．敬老文化与特殊老年群体社会保护．滕州市政府，2014年10月．

作者简介：

孙金存，滕州市政府分管领导。

陈长龙，滕州市老龄办主任。

雷祥斌，滕州市政府调研室综合科长。

杜东生，滕州市卫生和计划生育局研究室主任。

黄秀莲，滕州市老龄办副主任科员。

丛后凯，滕州市政府调研室综合科科员。

赵平，山东昊达化学工业有限公司。

走多渠道多形式医养结合之路

——老年医养结合的太仓实践

陆健德　陶润钟

（江苏省太仓市老年学学会　江苏　215400）

摘　要：本文通过对江苏省太仓市老年医养结合的情况调查，介绍了太仓市老年医养结合的指导思想、工作方针、服务模式及取得的成效，同时指出了存在的不足，提出了进一步推进医养结合的建议。

关键词：太仓　医养结合　多渠道多形式

江苏省太仓市是人口老龄化程度相当高的县级市，2014 年底全市 60 周岁老年人口 13.888 万，占户籍总人口的 29.09%。面对滚滚而来的银发浪潮，太仓市委、市政府高度重视老龄工作，积极搞好养老服务，获得了可喜的成效；2009 年荣获富裕型地区“中国长寿之乡”称号；2010 年获评全国老龄工作先进单位。太仓市在养老服务上有很多创新之举，最近作者对老年医养结合工作作了一些调查研究，现将调研的情况介绍如下。

一、把宜居、健康、幸福、长寿作为养老服务工作的终极目标

太仓市地处苏南发达地区，是江苏省六个全面实现小康社会的县市之一，目前正在向基本实现现代化目标冲刺。他们提出要建设宜居太仓、健康太仓、幸福太仓、长寿太仓，市老龄委更是把这四个目标作为养老服务工作的终极目标，除了全面提档改造公办福利院加强机构养老、广泛建设社区日间照料中心和助餐点推进社区养老、引入社会力量承接社会化养老服务实现居家养老全覆盖、加强老年文体活动实行文化养老外，还十分重视老年医养结合，把老年医养结合列入政府实事工程。

他们重视老年医养结合是基于以下几个认识。

一是建设宜居太仓不仅要自然环境好，还要医养条件好。特别是老年人，进入老年期后，身体孱弱多病，更需要良好的养护。据太仓市老年学学会反映，他们在2012年对全市112387位60岁以上老人进行入户调查，其中有失能老人4142人，占老年总人口的3.86%。这些失能老人哪里最宜居？无疑在老年护理院里最宜居。所以，必须为失能老人建立更多宜居的场所。

二是打造健康太仓，必须让老人“老有所养、老有所医”。对没有病痛的老人，加强精神关爱，引导他们参加文体活动，让他们健康快乐；对有病的老人，就要探索医养结合的路子。让他们有病治病，无病疗养，早日康复。

三是老人的幸福，不仅仅体现在物质生活上，还要体现在健康水平、生活质量上。目前太仓城市职工人均年可支配收入已达4.3万元，农民人均年纯收入2.84万元。退休老人都有社保和农保。对80周岁以上老人政府每人每年补贴600元；90周岁以上老人每人每月补贴150元；百岁以上老人每人每月补贴500元，应该说物质生活有了保障。但幸福不单单是物质生活，更要体现在精神和身体上，健康快乐的晚年才是真正的幸福，搞好医养服务才能保障老人幸福。

四是保持“中国长寿之乡”荣誉必须进一步抓好养老服务，促进老年人健康长寿。2014年，太仓有80岁以上老人2.3万，占老年人口的16.5%；有百岁老人75人，占总人口的15/100000；平均预期寿命83岁。要保持长寿，决定因素很多，但抓好养老服务，让老人有养有医，延年益寿，无疑是重要因素之一。在宜居、健康、幸福、长寿这四大目标指导下，太仓各级老龄组织积极探索，大步迈开医养结合的新路子。

二、多渠道多形式推进老年医养结合

为了积极探索老年医养结合的路子，努力推进失能老人的医疗护理服务，太仓市提出了六条工作方针。

一是市委市政府政策支持。近年来，市委市政府多次下发关于加强养老服务工作文件，使养老工作有法可依，有章可循。2010年，把建设老年护理院确定为政府实事工程。

二是部门条线齐心协力。改变民政、卫生、人社局各管各的分割状况，成立建设老年护理院协调小组，共同牵头抓老年护理院建设。在政策上，确定医疗费用可以用医保卡到人社局报销。

三是医疗机构挑起重担。要求有条件的医疗机构积极办好老年护理院，没有条件的也要提供医务力量投身老年护理工作。

四是养老机构引医进门。提倡养老机构与医院联合起来办好养老护理院。

五是社区资源积极配合。重点是社区卫生服务中心要积极参与养老护理。

六是社会力量共同参与。包括私立医院、退休医务工作者、社会组织都可以参与养老护理工作。

在具体实践中，太仓市摸索出了六种医养结合的形式。

第一，公办医疗机构设立养老护理院。比如娄东护理院，就是由太仓市第三人民医院单独设立，设在医院内部，有100张床位。

第二，私立医院开设养老护理院。最早开设养老护理院的是民办的新安康复医院，设在市福利服务中心旁边，在2000年初就配合福利院为有病的老人做好康复服务工作，2010年正式单独开设新安养老护理院。2014年，友谊、仁慈两家私立医院也相继开设了老年医疗护理服务。

第三，公办养老机构和医疗机构联合开办老年护理院。2009年，沙溪、浏河、浮桥三个镇新建了沙溪、浏河、浮桥颐悦园。新建的三家颐悦园都有宽畅的土地、房屋资源。于是，他们腾出房屋与当地公办医院联合开办养老护理院，由医院派出医务人员和护理人员常驻老年护理院，提供便捷的医疗护理服务。

第四，社区卫生服务站与老年日间照料中心挂钩开展为老年医疗服务。现在，太仓每个社区基本都有卫生服务站，很多社区也开办了老年日间照料服务中心，让社区居家养老的老人早出晚归到日间照料中心养老，提供各种服务，其中一项服务就是请社区卫生服务站的医务人员为老人提供医疗服务。

第五，私立医院与社区挂钩开展为老年医疗服务。比如民办的长征医院地处城厢镇南区社区，他们主动与南区社区联系，每周派医务人员为社区里的老人开展义诊，这一形式已经坚持了3年多。

第六，居家养老服务增加医疗服务项目。对特殊对象和84岁以上的老人，太仓市政府花钱为他们购买居家养老服务，包括生活照料、精神慰藉、家政服务，其中也包括医疗服务，为需要看病的老人送医上门。

目前，太仓全市有正规的老年护理院8家，共设立524张床位，每年的服务对象达600多人次。有40多家老年日间照料中心开展老年医疗护理服务。有近4000多名政府扶持的居家养老服务对象，享受着包括医疗服务在内的各种服务。

三、医养结合有效地促进了老人幸福、家庭和睦、社会和谐

太仓市较早开展医养结合的为老服务，多年来的实践，已经显现出可喜的成效。

一是提升了老人的幸福感。上了年纪的老人或多或少都有一些慢性病，特别是那些失能、半失能老人，尤其感到痛苦。自从享受医养结合的服务后，特别是进了老年护理院后，日常生活有人照料，精神上有人关爱，文化活动有了场所，身体病痛有人医治，感到非常开心。沙溪老年护理院有位李兆芬老人，因为脑梗导致右侧身体行动不便，痛苦万分。2013 年进了护理院后，不仅生活有人照顾，而且有医生给她医治疾病，使她的半身不遂得到控制并不断好转，现在 81 岁的她行动灵活多了。她高兴地说："护理人员待我像亲人一样，我晚年过得真开心。"

二是减轻了家庭负担。太仓是计划生育先进地区，绝大部分都是独生子女家庭，一对夫妻供养四个老人，养老任务十分繁重。特别是老人患有疾病失能、半失能的家庭，老人要照顾，子女都要上班，负担很重，如果请护工费用高昂，很难承受。自从有了老年护理院，大大减轻了子女的负担，也促进了家庭和睦。

三是促进了社会和谐。太仓市开展多种形式的养老服务，尤其是实施医养结合的服务，民政、卫生、人社部门协力尽心，村居社区共同参与一片热心，护理人员、志愿者精心服务献出爱心，子女解脱困境感到放心，有病老人得到医治养护感到开心，整个社会爱心涌动，正气上升，近年来先后荣获国家卫生城市、国家人居环境范例城市、中国最具幸福感城市、中国最关爱民生城市、全国民政工作先进城市、全国生态文明建设试点城市、全国和谐社区示范市等荣誉称号。

四是彰显了社会制度的优越。过去人们反映：我们中国特色社会主义制度很好，但是人民的福利却比不上西方国家。改革开放后，我们的经济上去了，近年来各种福利也上去了，尤其是老有所养、老有所医、老有所乐。人们逐步改变了过去的认识，大家反映："我们社会制度的优越性越来越显示出来了。"

四、深入推进医养结合的几点建议

太仓市医养结合较早较好地迈开了步子，也取得了良好的效果，但比起上级和群众的要求，还有很多不足的地方，比如医疗机构办护理院的热情还不高；护理院的床位数还不多；护理院的设备、功能还须进一步改进；社区层面居家养老医养结合面还不广；护理人才严重缺乏，等等。为此，我们提出如下建议。

第一，进一步办好老年护理院。已办的要巩固、提高。要增强医疗机构办护理院

的积极性，尽可能为办院提供支持。要鼓励社会力量兴办护理院。

第二，把医养结合的重点放到社区。大力支持社区日间照料中心与社区卫生服务站或各种医疗机构挂钩，多渠道寻找医务力量为社区日间照料中心提供医疗服务。

第三，政府支持的居家养老服务要增加医疗服务。目前太仓已将政府支持的居家养老服务交由海阳服务中心实施，海阳的服务中可以增加医疗服务项目。

第四，探索建立老年医疗护理保险制度。根据先进地区的经验，探索建立老年长期医疗护理保险制度，凡是参加医保的退休职工、老年居民、重度残疾人、城镇非从业人员，可以同时参加长期医疗护理保险，参保人院护、家护、巡护发生的医药费用绝大部分由保险基金负担，以减少个人的负担。

第五，改进老年医疗护理的设备，可以设立和开通智能化家庭护理设备，与“居家养老服务平台”实行联网。

第六，大力培养护理人才。现在专业化的老年护理人才严重缺乏，要培养专业化、规范化的医养结合服务人才，尽可能做到有证上岗，为老年医疗护理提供人才保证。

作者简介：

陆健德，江苏省太仓市老年学学会副会长。

陶润钟，江苏省太仓市老年学学会秘书长。

实践“医养结合”模式，探索社会化养老服务

——大庆油田让北医院转型老年关怀医院的做法与建议

王文忠

（大庆油田无陪老年关怀医院　黑龙江　163114）

摘　要：随着社会老龄化问题日益突出，需要照料的失能、半失能老人数量剧增，他们的养老已经成为重大的社会问题。推动医疗资源和养老资源之间的多方式结合，使其资源共享、优势互补，建立并完善医养结合的服务模式也显得迫在眉睫。与此同时，许多一级、二级医疗机构工作量不饱和，医疗资源闲置浪费的现实客观存在。在这种形势下，大庆油田让北医院适时转型为老年关怀医院，以“完善社会化养老服务”为重点，实践“医养结合”模式，推进机构养老建设，为破解失能老人在医院不能养老，在养老院不能治疗，而家庭又因缺少专业条件照料不周的难题作出了有益探索。

关键词：老龄化　医养结合　转型

当前我国已经进入老龄化社会，由于一些“老年病”的常发、易发和突发性，让患病、失能、半失能老人的养老问题成为困扰千家万户的难题。为了顺应老龄化社会医疗需求不断增多的形势，大庆油田让北医院自2010年开始，逐渐由企业二级综合医院向老年专科医院方向转型。2012年3月，经市卫生局批准，医院正式冠名为大庆油田无陪老年关怀医院，2012年8月，在整合老年关怀病房养护区的基础上又成立了老年护理院，确立了“医养结合”的运营模式。医院的服务定位是老年人的医疗、养护、康复和生命关怀；服务特色是“医疗、养护、康复相结合”的一站式服务；服务模式是推行不需要家人陪护的无陪模式。努力破解长期患病、失能、半失能老人在养老机构不方便治疗，在医疗机构无法养老，而家庭又因缺少专业条件照料不周的难题。

一、实施“医养结合”模式的做法

大庆油田无陪老年关怀医院的前身是大庆油田让北医院，始建于1973年，是随着油田开放建设发展起来的一家企业医院，位于大庆油田北部边远矿区，占地面积2.1万平方米。医院目前有职工129人，外聘员工27人，养老护理员49人。医院由无陪老年关怀病房、老年护理院、老年人日间照料中心、志愿者服务基地、养护技能培训中心、社区卫生服务中心6个单元组成，目前开设床位120张。自2006年开始，随着辖区人口大量向市中心地带搬迁，医院业务量和收入逐年下降，医务人员工作量不饱和，大批医疗设施闲置，职工队伍不稳定。面对这种不利形势，2010年，医院开始积极转型，成为黑龙江省第一家实施医养结合新模式的老年关怀医院。经过几年的探索，医院已走出了一条“医养结合，以养促医”的发展之路，取得了良好的经济效益和社会效益，医院又重新充满了活力。在转型过程中，医院的主要做法和体会如下。

一是明确定位，找准方向谋发展。医院转型能否成功关键是定位。大庆是座移民城市，1960年，10万大军来到大庆参加石油大会战，之后一直到1972年，油田招工又来了大批人员。因此，大庆市老龄化进程呈现出阶梯与渐进式并行的特点。从统计数据上可以看出，70—79岁老人比较集中，这些人多数是参加油田早期开发建设的创业者，为我们国家的发展作出过重要贡献。他们在艰苦的条件下开展石油会战，又处在高血压、糖尿病、心脑血管病等慢性疾病高发的寒冷地域，目前到了老年，有60%以上的老人患有不同程度的慢性疾病，而且很多老人是一体多病。如何让那些曾为油田建设立下汗马功劳的老会战、老职工能够“老有所养”“老有所医”，一直是市委、市政府和油田领导认真研究和着力解决的大事。针对这一形势，医院对大庆市老龄化状况进行了细致的调研工作。据市老龄委统计，大庆市老龄人口（60岁以上老年人）数量达到41.56万，占大庆市总人口的14.7%，65岁以上的老年人增长的比重比全国平均水平1.91%还高出0.63个百分点，其中部分失能和完全失能老年人在8.1万左右，养老形势十分严峻。而大多数养老机构只能主要提供简单的生活照料服务，医疗服务相对较少，导致养老机构的覆盖人群出现结构性缺陷，针对有明确医疗需求老人的养老服务出现了“真空带”。为此分析，建立专为失能、半失能老人提供服务的医养结合型养老机构，为老年人提供连续的医疗、康复、护理服务应是大庆市机构养老工作的一项重点，也应该是医院转型发展的定位和方向。定位明确后，医院专程赴北京、杭州、南京等地考察，重点学习无陪老年关怀的管理和经营，看到了无陪老年关怀发展的良好势头，在得知黑龙江省内还没有专业的养老与医疗机构一体化运作的先例时，医院瞄准这一市场先机，率先推出医疗和养护相结合的运营模式，成为黑龙江省首家实施“医养结合”的老年关怀医院。

二是创新思维，科学管理促发展。医院实行的“医养结合”是以“先治后养、医养结合、兼顾康复、持续照料”为原则，采取全程无须家人陪护的医疗护理和生活护理相结合的养老模式。医院利用医疗资源的优势，主要为那些慢性病反复发作、脑血管意外后遗症、肿瘤终末期等需要医疗支持的失能、半失能老人提供服务。这些老年人在疾病的加重期进入医疗区治疗，在康复期和病情稳定时转入养护区进行休养和康复。医院根据老人“一体多病”的特点，由多学科医生组成的专业团队对老人身体进行综合评价，制订个性化的治疗方案；由护士、护工和心理师组成护理团队，为老人提供医疗、生活、心理护理相结合的整体护理。医院积极推行“治疗个性化、护理整体化、病房家庭化、服务亲情化、环境生态化、管理智能化、膳食合理化”的“七化”管理理念，让那些长期患病，生活不能自理，需要反复住院的老年人既能得到医学治疗，又能得到专业化的护理和生活照料，达到“为老人解难题，帮儿女尽孝心”的目的。在医院的73岁的李德凤老人因大面积脑梗死，处于植物人状态，在多次接到病危通知后，其家人已做好等待临终的心理准备，但抱着试试看的态度将老人转入医院进行治疗，经过医院医护团队的专业化治疗，李德凤老人意识基本恢复正常，能够坐轮椅到户外散心，能够与人简单交流。

三是改善环境，加强硬件提发展。在改善环境、完善设施上，医院充分考虑老年病人的心理需求和身体特点。在地面铺设了防滑防静电的PVC地胶；在卫生间、走廊安装了扶手，铺设了无障碍通道，病区设施最大限度运用圆角设计，减少意外损伤；室外进行了绿化、亮化，为老人提供室外活动场地。在整体装修、护士服颜色选取、病房装饰上都以暖色调为主，缓解了入院老人的焦虑、恐惧。病房配置了床头洗头车、洗澡床、便溺清洗机、能自动改变多种体位的机械保姆床、具有按摩功能的小保姆床、震动排痰机等现代化设施，确保了老人的安全、清洁、舒适。病房内设中央供氧、负压吸引、中央监护、中心呼叫，统一配备了空调、空气净化器、液晶电视等家用电器，安装了中央输液管理系统、中央监护管理系统，实现了病区的数字化、智能化管理；安装了远程探视系统，让患者家属在家里就能与亲人和医护人员进行视频交流，亲情沟通。医院还加强了相关配套设施的建设，改造了食堂、浴室、洗衣房，全方位为老人构建温馨、舒适的康复家园。

四是加强制度，规避风险保发展。医院从辅助设施、制度建设、合同管理、应急系统入手严把养老服务的设施关、制度关、合同关、出入关和应急关。通过安装电子门禁系统、安装无盲区监控对老年患者在监护区域内进行重点管理；通过制定预案、消防演练、突发情况应急救援等方法来强化老人安全管理；通过积极开展“标准化、规范化科室”创建活动，完善制度、流程；通过加强医患沟通、签订《意外风险告知书》规避风险和意外；通过与陪护中心签订合同、责任状，制定《护工管理条例》，明确了岗位职责、工作流程、考核标准，进一步降低了经营风险。

五是培育文化，打造品牌强发展。几年来，医院积极培育“家”文化，发挥文化的教育、引导和凝聚作用。开展了“推行十项服务举措，全面提升服务能力”等活动，从服务流程、服务观念、服务细节、服务规范等方面入手，采取宣传教育、集中培训、外出考察、内部考核、患者座谈等方法，夯实基础，提升素质，树立形象，创建品牌。医院提出了“奉若父母，情同亲生”的无陪病房服务理念和“发展老年事业，服务百年油田”的发展理念，实施了微笑、诚信、专业、标准、舒适、安全的“6S”服务标准，通过主动服务、用心服务、真情服务创造感动，努力实现家家放心、人人满意、处处和谐。

六是争取政策，多方扶持助发展。在发展过程中，医院多方举措，积极与政府部门和社团组织沟通，获得了多方面的支持和扶持。按照政府对医养结合服务机构实施“卫生准入、民政扶持、医保定点”的原则，医院积极向卫生部门申请，冠名了“大庆油田无陪老年关怀医院”，为医院谋求进一步发展叫响了品牌；同时医院整合养护区成立了老年护理院，在民政部门争取政策扶持，享受养老机构建设补贴和运营补贴；医院与残联、共青团等社团组织合作，定期举行志愿活动，提升了社会效应；医院与社保、物价等部门沟通，将部分医养服务纳入了医保，既缓解了老人及家属的经济负担和精神压力，同时还解决了发展瓶颈，促进了医院的可持续发展。2013 年，医院又与所在地的庆新社区工作站密切合作，启动了“养老护老大社区”项目，通过建设 10 分钟助老服务圈满足居家养老老人需求，建设日间照料中心满足社区养老老人需求，提升无陪老年关怀病房品质满足机构养老老人需求，实现了“医疗与养护相结合，持续照料与日间照料相结合，有偿服务与志愿服务相结合”的老年医养服务模式，为医院发展开拓了新道路。

二、转型以来取得的效果

无陪老年关怀医院运行以来，共为全市 2700 余人次的老年人提供了医养结合服务，为 192 名老人提供了临终关怀服务。无陪老年关怀病房由最初成立的 1 个病区发展到3个老年医疗养护区和1个老年康复区。2011年10月，医院加入全国老年医院联盟并成为理事单位；2012年11月，老年护理院被市民政局评定为五星级养老机构；2013年6月，大庆油田将医院命名为青年志愿者服务示范基地。中央电视台、健康报、中国石油报等多家媒体对医院的医养结合服务进行了采访报道，省内外多家医疗机构来医院参观交流。收到患者家属感谢信134封、锦旗68面，得到了全市居民和社会各界的普遍认可，取得了满意效果。

效果之一：解除老人子女家属后顾之忧。医院收治对象大多是失能、半失能老人，这些老人如果居家养老，子女很难保证有时间照看老人，而且随着独生子女家庭日益增多，子女面临工作和生活双重压力，这一矛盾更加凸显；如果聘请保姆，难以提供医疗服务而且服务质量很难保证。选择“医养结合”养老模式，不仅让这些老人既能得到专业化的医疗护理和生活照料，更能让子女减轻身心负担，全身心投入工作和事业，实现双赢。

效果之二：失能老人得到及时治疗和悉心照料。医院实施“三对一”服务，即固定责任医生、护士、护工，让患者得到长期连续的治疗和康复，推出“床等人”、转科不换床、床头康复等方便患者的服务举措。医院为老年人提供的“七化”服务，让老人享受到高品质医疗和养老条件，住得舒心安心。

效果之三：有效缓解城市养老压力。由于我国的人口老龄化超前于现代化，是在“未富先老”、社会保障制度不完善、城乡和区域发展不平衡、家庭养老功能弱化、社区服务严重不足的形势下发生的，养老机构成为当下解决失能老人养老问题的重要途径。但由于大部分养老机构难以满足老人的医护需求，而且养老机构的风险回避造成最需要入住养老机构的失能老人被排斥在市场之外，解决失能、半失能老年群体养老问题已成为社会难题。推广“医养结合”养老模式，不仅能够缓解失能、半失能老人养老床位严重不足的问题，而且能够解决这类老人长期“压床”加剧医疗机构资源紧张的问题。

效果之四：医院取得较好的经济效益。自转型以来，医院共收治患者2700余人次，油田老会战和退休人员占住院总人数的79%，接受临终关怀服务的老人占16%，接受无陪护服务的老人占86%。床位使用率由转型前的26%上升到89%，经常出现“一床难求”的现象。医院的年业务收入由转型前的800万元增长到1400万元，取得了可观的经济效益。

三、实施“医养结合”模式的建议

在实施“医养结合”模式的探索中，我们也曾遇到了许多难点和问题，对此我们有如下建议。

一是需要政府职能部门完善扶持政策，鼓励中小型医疗机构参与养老服务。目前一些中小型医疗机构的床位使用率偏低，大部分医疗资源闲置。积极鼓励中小型医疗机构开展“医养结合”是充分利用闲置的医疗资源，解决发展难题的有效途径之一。我们建议对已转型为“医养结合”的医疗机构给予政策扶持和运营补贴，拓宽“医养结合”机构的资金渠道，鼓励更多的医疗机构支持和发展养老服务，共同解决患病老人医疗和养护的难题。

二是制定行业标准，加快出台和完善相关服务标准、设施标准和管理规范。职能部门应尽快制定“医养结合”养老机构建设标准，建立“医养结合”养老机构准入退出机制，健全等级评定制度、评估制度、奖惩制度和科学合理的服务价格形成机制。根据养老机构资金投入、设备配置、医疗水平等具体情况，制定合理的收费标准，形成差异化的“医养结合”服务层次，让有不同需求的老人都能享受到“医养结合”养老模式的优质服务。

三是需要医保政策适度倾斜，加强老年人医疗保障。在规范医保资金监督管理的基础上，进一步完善医保结算方式，将养老护理费用适度纳入医保范围，切实解决部分高龄老人、失能半失能老人、长期患有慢性病老人经济负担较重的实际问题，让更多的老年人能够看得起病、养得起老。

四是提供人才支撑，保障养老护理人员储备。将“医养结合”养老服务从业人员技能培训纳入城乡就业培训体系，对在“医养结合”养老机构就业的专业技术人员，执行与医疗机构、福利机构同等执业资格、注册考核政策，护理人员经培训考试合格后颁发等级证书、持证上岗，努力培养一支能够满足全市养老需求的专业护理服务队伍。

五是引入商业保险机制，分担养老运营成本和风险。在社会保障体系建设中，发挥商业保险的作用，有利于降低社会管理成本，提高社会保障水平。进行医养的老人大多健康状况不佳，存在很多难以预测的潜在风险，更容易导致民事或医疗纠纷。引入商业保险参与到全社会养老服务行业中，有助于降低养老机构运行风险。

六是广泛开展志愿活动，动员社会力量参与养老服务事业。从目前来看，护工费用在“医养结合”养老费用支出中成本最高。建议通过倡导开展关爱老人志愿活动，充分发挥各级志愿者组织“社会互助”作用，在全社会培育从事养老服务的志愿者队伍，使之成为服务社会、服务老人的一项长期、有效的惠民工程，有效降低失能老人的养护成本。这也是传播生命关怀理念，树立社会新风尚，加强青年道德体系建设的有益探索和重要实践。

“医养结合”服务模式最大的特点是为老人提供及时、便利、连续的医疗服务。由于统筹了医疗与养老、医保与养老的关系，不但可以实现部分医疗机构闲置资源的再利用，更重要的是使医院具备了养老院的功能，履行起社会化养老的职能，同时降低了社会化养老的成本。从实践运行来看，这种模式具有很好的发展前景。相信通过政府部门来发挥主导作用，建立“医养结合”服务模式市场化运作机制，完善各项扶持政策，将医养结合的养老模式逐渐推广，将其作为服务社会、服务老人的一项长期、实效的惠民工程，一定会为老年人创造幸福、快乐、祥和的晚年生活提供强大的支持和保障。

作者简介：

王文忠，男，1964年11月生，中共党员，黑龙江省牡丹江人，大庆油田无陪老年关怀医院院长，神经内科硕士研究生学历，主任医师。1989年12月入党，1990年毕业于哈尔滨医科大学临床专业，大学本科；2002年毕业于哈尔滨医科大学神经内科专业，硕士研究生。大庆市让胡路区八届人大代表，黑龙江省医学会血流变专业委员会副主委。

医养护康结合模式在老年专科医院的实践与思考

文 英

（广东省江门市第三人民医院 广东 529000）

摘 要：我国老龄化程度日趋严重，而且发展快。第一代独生子女的父母已迈入中、老年，他们面临的养老问题非常严峻。为老年人提供“医养结合”的服务，逐步建立以高龄病残老年人为服务对象的“医养护康”服务无疑是符合实际的事。本文以广东省江门市第三人民医院应用“医养护康”结合的服务模式为例，对该模式在老年专科医院的实践进行分析并结合养老模式提出若干建议。

关键词：老年 医养护康结合 专科医院 实践

中国已进入人口老龄化快速发展期，全国老龄委办公室公布数据显示，2013 年老年人口超过 2 亿，到 2025 年，老年人口将超过 3 亿，2033 年超过 4 亿，平均每年增加 1000 万老年人口。随着老龄人口数量持续增长，照料和护理问题日益突出，养老服务需求日益增长，中国传统养老方式和保障体系正遭遇冲击。随着社会的发展，江门市第三人民医院不断尝试创新服务模式，近来更以“医养护康”结合服务模式为老年患者（特别是一些老年精神障碍、老年痴呆患者）提供及时、便利、可靠的医疗服务，现运营状况良好，取得良好的社会和经济效益。

一、老年人面临的若干问题

（一）疾病

国家卫生部门的一项调查显示：老年人群中 60%—70% 有慢性病史，60 岁以上老年人余寿中有 2/3 的时间处于带病生存状态。慢性障碍型疾病是威胁老年人的主要健康问题，主要疾患是运动性疾病、消化道疾病、心脑血管疾病和呼吸系统疾病四大类。值得关注的还有老年精神障碍、老年痴呆患者，虽然有病在身，寿命却可能很长，这些疾病治疗后主要依赖于长期的照料护理、临终关怀。

各种老年病成了很多老年人最大的威胁，容易发生意外，如跌倒、骨折、猝死等，对他们的日常生活造成了极大影响。

（二）家庭养老困难

第一代独生子女的父母已迈入中老年，特别是在计划生育政策的影响下，家庭结构逐渐转变为“4－2－1”型（少数是“4－2－2”型），即一对夫妻要赡养4位老人，抚养1个或2个子女。这种情况下，单纯地靠家庭养老模式来解决老年人的养老问题就显得苍白无力。如今，偕妻带子外出打工渐成趋势，农村将出现越来越多的空巢老人，据报道，农村留守老年人约4000万，占农村老年人的37%。空巢老人的生活照料缺位。

（三）养老机构与医疗机构的差异

医疗和养老机构分离很大程度上源于医疗机构可实行医保。大型医院无法为老年人提供长期的住院服务，虽然养老机构很多，但是服务单一，都只是以提供基本的生活照料服务为主，缺乏医疗、康复、护理功能，又不能使用医保。不能满足有病老年人特别是老年精神障碍、老年痴呆这一老年群体的高质量生存、生活的需求。对这一弱老群体的持续照料已成为困扰社会、家庭的一大难题。

二、江门市第三人民医院老年专科基本情况介绍

江门市第三人民医院是一所公立医疗卫生机构，创建于1959年，1997年经批准加挂“江门市老年人关怀医院”，是一所集医疗、教学、科研、康复为一体的地市级精神、心理、老年人关怀的专科医院，是江门市基本医疗保险定点单位。这里只介绍老年专科，老年病房有5个，还设有老年康复室，床位共340张，工作人员共135人，其中医生19人，护士91人。医院创办以来，一直紧紧围绕“老有所养、老有所乐、老有所为、病有所医”的服务理念来发展医院，得到政府部门、老年患者和家属及社会的好评。病房从1个科室发展到5个，其中一个科室在2014年开展“无陪护”护理服务模式，各病区入住率达98%，有需求的患者只能轮候，可见老年服务需求量大、供不应求。

三、医养护康结合的具体实践

结合社会老龄化的大趋势及基于对老年人面临的上述各种问题的考虑，医院利用专科优势，发展特色老年专科服务，特别对于一些老年精神障碍、老年痴呆的患者，养老机构基本不愿接收这类患者，而综合医院对于此类患者相对缺乏医疗诊治、护理

及管理经验；同时该院也是提供临终服务的机构，因此一些在综合医院已诊治无治疗价值的老年患者也会转至该院。

重视老年护理专业人才的培养。调查显示，缺乏高素质、稳定的服务人员队伍是目前养老院共同存在的问题。无论是社会还是护理人员，对老年护理的认识存在许多误区，认为老年护理主要是生活照顾，不需要专业知识和技能。医院一直重视护士培训工作，多次选派护理骨干外出学习，已培养1名静脉治疗专科护士、2名老年专科护士。近年更得到香港护理专家、太平绅士蔡永平女士的鼎力支持，分别对老年康复专业、老年护理专业进行人才培训和给老年康复室提供有关物资的资助，医院先后派出5批老年科护士共39人到香港雅丽氏何妙玲那打素护养院学习2周，领略“全人关怀”护理服务理念，将所学积极运用，同时挑出4名护士专门从事康复护理，她们也都经过香港物理治疗师的培训指导。

开展康复训练、护理工作。有调查显示98%的养老机构没有专职医务人员，更没有专职的康复护理人员。由于不具备医疗、康复护理的条件，或由于医疗、康复护理的条件太差，迫使一些养老机构不得不对入住者的身体健康状况作出种种的条件限制，一些身有残疾或有重病的老人无法入住，而综合医院不能提供长期的住院服务，导致老人选择困难，无法安享正常快乐的晚年生活，这是十分令人痛心的。医院一直关注着这个问题，为了让患者能够得到专业的康复训练和指导，在减少床位的情况下，也要空出一间大病房改造成康复室，这一举措得到有关香港护理专家的高度关注和认可，并给予大力的支持和帮助。同时医院也招聘了专业的康复师，联络各科康复护士为患者进行了针对性的康复训练指导，定期开展多种形式的康复活动。这一举措，得到了更多老人及家属的欢迎。

“无陪护”工作开展。“无陪护”是指患者住院期间的一切护理工作均由护士承担，并根据其不同需求提供个性化、人性化的护理服务。为了减轻家属的照顾负担，同时让患者受到更为专业的护理，给患者一个安静、舒适的疗养环境，减少交叉感染，经多方考察、调研及做了大量的前提准备，医院于2014年6月决定在其中一个病区实施“无陪护病房”工作，不再让家属或自聘护工来照顾患者，而是由经过专业训练的护理人员代替。由助理护士取代护工工作，助理护士是受过3年护理中专教育的，再经本院的基础护理及生活照护等综合培训。经过一段时间的运作，“无陪护病房”不但受到患者和家属的欢迎和接受，也有利于病房管理。同时“无陪护病房”改革创新服务也得到市、省政府、卫计委及社会的密切关注和重视。

四、实施效果

伴随我国人口快速老龄化、高龄化、空巢化和失能失智比例持续上升等特征，为该类群体提供集医疗、护理、养老、康复于一体的医养结合长期连续专业和日常照护服务渐成趋势，医疗养老最大的优势就在于，能用最集约的资源、最方便快捷的医疗护理，省去了家庭养老等中间环节，让更多的家属从繁重的“养老”中解脱出来，让老年人的养老更安全、更专业。医院在创办以来，运营良好，取得显著成效，满足老年人的医疗需求，同时促进医院的老年专科发展，特别是专病的发展，如老年精神障碍、老年痴呆，一举多得。

五、思考与建议

（一）建立转诊机制

以医院目前状况来看，病床紧张，有需求的患者得不到及时的满足，希望功能得到延伸和扩展，与社区养老机构建立双向转诊机制，制定地方相关标准、分流患者，缓解医院床位紧张压力，有效促进养老服务体系建设和卫生事业双赢发展。而基于医院收治病人的特殊性，需要经过一段时间来考究实施。

（二）加强老年护理专业人才的培养

例如在高等护理教育中增设老年护理的教育，培养高层次的专业护理人才；培训机构严格按照职业标准进行培训，养老护理员持证上岗；努力提高护理人员的待遇和地位，吸引更多的人从事养老护理工作。

（三）实施无陪护的困难

为保证无陪护病房的落实，医院投入了大量的人力物力，护理人员的工作量也是成倍增加，原来低廉的护理费显然是不合适的，目前广东省仍未出台相关的政策文件，继续维持一个低水平的护理价格势必挫伤护理人员的工作积极性。要让“无陪护病房”叫好又叫座，同时需要卫生、物价、医保等各方面的配合与支持，才能让护理工作更加贴近患者、贴近临床、贴近社会。

（四）面临社会保障的问题

医院是基本医疗保险定点单位，对于医院及老年患者来说得益不少，特别是对于一些需长期照护的老人，是一个提高老年生活质量的“家”。近期，江门市社会保险基金管理局的发文《关于进一步规范老年病区纳入基本医疗保险结算管理工作的意见》中显示，制定了纳入特定人群周期性结算的准入条件，每人每年总纳入次数不得超过3次，同时纳入基本医疗保险老年病区方式结算的床位数，按“一医二护”管理老年病区床数量不得超过5张床的标准计算，超过部分按定点医疗机构平均定额结算标准进行结算。虽然某种程度能加快床位的周转率，但对部分病人及医院管理还是冲击不小，有些确实需长期照护的病人得不到连续的照护，还要增加考虑费用的顾虑，等等；结合医院实际情况，哪怕是其他大型医院也难以做到医：护比为1：2。希望相关部门能够综合考虑实际情况、多方考察，制定一套完善的社会保障机制。

参考文献

［1］毛京沭．农村50岁以上独生子女父母的生存现状调查［J］．中华全科医学，2011（12）：（1920－1922）．

［2］许智．超老龄化背景下农村“空巢老人”养老问题的探究［J］．经济研究导刊，2013（3）：（51－52）．

［3］肖美莲．澳大利亚养老院护理工作见闻及借鉴［J］．护理学报，2011，18（2A）：22－24.

［4］杨雪莹，许翠萍，葛洪霞，等．护理人员对无陪护模式病房护士能级划分态度的质性研究［J］．护理学，2012，27（3）．

［5］人民网．“十二五”中国老年人口老龄化、高龄化、空巢化加剧［EB/OL］．http：//politics. people. com. cn /GB/1027 /14056751. html，2012 /12 /21.

［6］于卫华，林丹，陈雪羚．医养结合型长期照护的研究现状［J］．中国护理管理，2013，13（4）：91－93.

［7］Pallis M，Svoboda SJ，Cameron KL，et al. Long term care in United States：an overview［J］. *Am J Sports Med*，2012，40（6）：1242 －1246.

［8］谢红，王志稳，侯淑肖，等．我国养老服务需求现状及其长期护理服务策略［J］．中华护理，2012，47（1）：14－16.

作者简介：

文英，广东省江门市第三人民医院。

医养结合健康养老：医疗机构与养老机构一条互利共赢之路

——辉县市共济医院长寿老年公寓之启示

张　玲　张保金

（河南省辉县市老年学学会　河南　453600）

摘　要：随着我国老龄化的加速，社会养老任务也越来越大。如何使老年人健康养老，实现健康老龄化，提高老年人晚年生活幸福指数，成为全社会一个共同关心的问题。辉县市共济医院长寿老年公寓大胆探索和实践，对医养结合健康养老进行了一次有益尝试，也为基层医疗机构和社会养老机构互助合作互利共赢找到了一条成功之路。

关键词：医养结合　健康养老　共济医院

随着我国人口老龄化速度不断加快，社会养老压力也越来越大。近些年来，为满足不断增长的社会养老需求，国家与各地政府出台了不少优惠政策，促进了社会养老机构的发展。然而，在各类养老机构中，还存在着一些问题。例如，收费较低的公办养老机构床位紧张；民办养老机构则良莠不齐，有的入住费用过高，使普通百姓之家难以承受，有的质量太差，不能满足入住老人基本生活需求。另外，还有一个共性问题，就是不少养老机构服务功能单一，缺乏医疗保障，不能保证入住老人健康养生。如何解决这些矛盾和问题，促进社会养老事业的健康发展，实现健康老龄化，成为全社会共同关心的一大课题。

为探讨社会养老事业发展中的情况和问题，最近，我们对辉县市部分养老机构进行了一次调研，发现辉县市共济医院长寿老年公寓实行医养结合，实现互利共赢的做法颇具典型意义，使人很受启发。现将其具体做法和情况介绍于后，供其他养老机构和医疗机构借鉴参考。

一、基本情况

辉县市共济医院长寿老年公寓建立于2009年，是在辉县市共济医院的基础上，利用医院空闲资源建立起来的一座民办养老机构。

2007年，民营性质的辉县市共济医院创立。该院位于辉县市城区西南城乡结合部，占地面积87360平方米，建筑面积22482平方米，绿化面积26000平方米，环境幽静，景色优美，是一座花园式医院。医院由门诊部、住院部、生活区、绿化区四部分组成，设有普内、普外、心内、妇幼、孕育、中医、急诊等科室，购置有CT、DR、数字透视机、电子胃肠镜、宫腔镜、利普刀、深部热疗仪、四维彩超、B超、颈颅多普勒、骨密度检查仪、全自动生化分析仪等国内外先进仪器，固定资产总投资达6000余万元。为吸引患者就医，医院招聘各类医护人员近百人，其中主任医师12人、副主任医师9人、主治医师9人、主管护师3人，其他有职称的医护人员50余人。并特聘河南省二院、解放军371医院、新乡医学院三附院、新乡市人民医院等单位知名专家定期坐诊。除此之外，还与郑州大学一附院联合，在该院设立了食管癌联合研究防治基地。还将医院争取为辉县市“新农合”定点医院，“120”急救中心及残疾人定点医院。

然而，由于医院创办晚，经营时间短，资历浅，加上群众爱去公立医院看病的传统习惯，医院开业后，经营状况并不理想，甚至入不敷出。

面对惨淡的经营形势，如何扭转被动局面，成为医院领导昼思夜想的一大难题。这时有人提出，进入21世纪后，我国老龄化越来越快，城乡老年人越来越多，社会养老问题越来越突出，何不利用医院的闲置房产和环境条件，发挥医院优势，办一座医养结合的养老院，很可能吸引老年人入住，使医院走出困境。

这个建议引起医院高度重视，经过院董事会认真讨论，大家决定试一试。于是，医院申请政府有关部门批准，将住院楼进行重新布局和改造，一、二层继续作病房，三至五层改建成老年公寓，每间安排2张床位，共设床位250张。为方便老人生活，每个房间都建了卫生间，安装了电视、空调、暖气等设施。为适应老年人的饮食需要，医院专门建立了老年食堂，聘请了富有经验的专职厨师，并针对老年人饮食特点安排了食谱。为保证老年人的个人卫生，公寓修建了男女洗浴室、理发室、洗脚室、足疗室等设施，供入住老人随时使用，保证每月免费洗浴3次。为满足老年人的精神文化需求，建立了图书阅览室、棋牌室、麻将室、文艺演出厅，定期组织老年文艺活动，并邀请社会文艺团体进行演出。为促进老年人活动和锻炼，公寓设立了健身房，配备了各种健身器材，在绿化区为老年人开辟了专门的休闲区域，供老年人散步、聊天、健身锻炼。就这样，一座设备功能齐全的老年公寓建了起来，命名为"辉县市共济医院长寿老年公寓"。

为吸引老年人入住，除加强硬件建设外，共济医院还参考周边养老院的情况，为老年公寓制定了比较优惠的收费标准和比较灵活的经营办法。正常入住老人每人每月960元，含床位费、生活费、洗浴费、理发费、水电费、空调费、卫生管理费、护理服务费等。冬季4个月每月加收100元取暖费。不能自理的失能老人每月收费2000—3000元。在经营方法上，实行长年入住与季节性入住相结合，来去自由，进出方便，尽量满足不同类型老人不同时段的入住需求。

二、经营状况

看了以上介绍，大家可能都会关心，辉县市共济医院长寿老年公寓建立之后，经营状况到底如何？经调查，长寿老年公寓建起的2009年，入住老人35人，以后逐年增多，2010年60人、2011年87人、2012年135人、2013年260人，2014年冬季入住老人继续增加，人数达到290多人，公寓床位已不能满足需要，只好让工作人员腾出宿舍，临时安排了40多位老人。2015年初，院方已向上级写出报告，要求将老年公寓进行扩建，以接纳更多的入住老人。与此同时，共济医院的业务量也有了很大变化，2009年，医院的门诊数量为15084人，住院数量为1462人，总收入6922365元；2014年门诊数量19146人，住院数量2671人，总收入14536275元；门诊、住院、总收入分别提高了27%、83%、110%，医院扭转了亏损局面，走上了良性发展的道路。

看了上述经营状况，许多人可能会提出第二个问题，辉县市共济医院与长寿老年公寓为什么会越办越红火，实现养老与医疗双丰收？共济医院董事长李喜琴认为："之所以取得上述成绩，主要原因就是我们在医院和老年公寓的发展中采取了医养结合的经营方式。首先，在经营理念上，我们一开始就树立了健康老龄化的观念，将老年公寓定位为老年人健康养生的场所。我们认为，生老病死是人生的自然规律，人老之后，各种生理机能都会下降，大部分老人都会罹患各种各样的慢性疾病。所以，人的养老不能只局限于维持生命，而应将治病与养生结合起来，实行健康养老，只有这样，才能提高老年人晚年生活幸福指数，使老年人安度晚年、欢度晚年。因此，我们在老年公寓的经营中，不光在物质生活方面对老年人关心和照顾，而且针对老年人健康养生需要，制定了一整套医养结合的护理制度，并认真予以落实，使入住老人既有物质生活保障，又有医疗保障，心情愉悦，健康养生，也使长寿老年公寓比其他养老院增加了更大的吸引力。”

共济医院和长寿老年公寓实行医养结合的具体做法如下。

一是实行入住体检制度。凡是入住老年公寓的老人，都要在共济医院免费进行一次全面体检，并逐人建立健康档案，使医院和老年公寓对每个老人的健康状况全面掌握，因人而异，进行有针对性的监护和照顾。入院体检，也使老年人本人和家属对老人身体状况有了全面了解，积极配合健康养生。特别是一些农村老年人，平时很少体检，有的通过全面体检，发现了不少隐性疾患，甚至大病。例如，北云门镇九圣营村81岁老人申有，2013年入住体检时，发现肺部异常，医院建议家属送新乡市中心医院复查，确诊为早期肺癌。经过及时治疗，病情稳定后，他坚决要求重回共济医院长寿老年公寓。他说：“要不是在这里体检，我的病肯定会耽误治疗，这里的医生负责任，住到这里我放心。”

二是实行定期巡诊制度。为搞好医疗服务，共济医院指定专门医生，每周对入住老人进行两次巡诊查房，发现老人身体不适，及时进行治疗。对一些患慢性疾病的老人，免费提供诊疗服务。辉县市化肥厂退休干部秦启文说：“我已79岁了，患有糖尿病。过去在家时，每天都得到医院打胰岛素，很不方便。2010年我和老伴来到老年公寓，这里的护士每天免费为我打针，医生定期查房，血糖一有变化就及时调药，可比在家方便多了。住到这儿我感觉就像住进了疗养院，心里既踏实、又轻松。”

三是床床安装呼叫器。为应对突发疾病，共济医院给老年公寓每个床位都安装了呼叫器，并要求工作人员做到呼之即来，叫之即到。平时老人有什么事情需要帮忙，可以随时呼叫，特别是发生急病时，呼叫器就发挥了重要作用。例如，高庄乡孙村81岁的焦春富和79岁的老伴陈秀英，2014年住进了老年公寓。一天夜里，陈秀英突发急性哮喘，呼吸困难，焦春富赶紧按响呼叫器，医护人员迅速赶到，将其移送到院部病房进行抢救，经过吸氧、用药，缓解了症状，数天后痊愈。焦春富老人感慨地说：“这要是在家里，可能就没命了。”像这样的例子几乎每月都有发生。胡桥乡退休干部董玉亭，87岁，和老伴已在这里3年多了。他说：“年老之后，几个孩子都说让俺跟他们一起过，我想想不行。他们都有工作，平时在不了家。我有心脏病，说不清啥时候就会发作，必须离医院近点，离医生近点。找了好几家养老院，觉得这儿比较保险。来这儿后，我已经犯过两次病，要不是医生在跟前，抢救及时，早没命了。其他养老院只能养老，不能治病，这个养老院医养结合，既能养老，又能治病，最适合我们这些身体有病的老人居住，确实不错。”

四是实行重病转院制度。几年来，入住老年公寓的，既有 90 多岁的高龄老人，也有 60 岁左右的病残老人。为保证入住老人的生命安全，共济医院长寿老年公寓与家属约定，每个老人入住时，家属要预交 1000 元急病备用金，如老人突发急病，医院有权及时救治，直至转院，家属要在一个小时之内赶到。几年来，老年公寓曾发生多起急病救治事例。例如，峪河镇四街入住老人何继尧，平时患有高血压病，2014 年秋一天夜里，突发脑出血，老年公寓工作人员一边通知家属，一边将其送院部进行 CT 检查，发现出血较多，需手术治疗。医院立即用救护车将其送到新乡市中心医院，实施了开颅手术，因抢救及时挽回了生命，随后赶到的家属十分感谢。老人出院后，继续选择共济医院长寿老年公寓进行休养和后续治疗。

五是提供特种护理和康复服务。老年公寓运营后，一些失能老人也要求入住，为满足这些老人的护理需求，老年公寓又投资十几万元，购置了 10 张多功能护理床和 2 张多功能洗浴床，设立了特护房间，并从新乡市高薪聘请了有经验的特护人员，对失能老人进行特殊护理，大大减轻了这些老人的痛苦和家属的负担，受到老人家属的充分肯定和认可。城关镇东新庄村失能老人张海泉的儿子和女儿对我们说：“看到护理人员昼夜陪伴老人，不怕脏、不怕累，给老人喂吃喂喝，擦屎擦尿，洗澡洗脚，我们都很感动，作为子女侍候老人也不过如此。”为给一些慢性病人提供康复服务，共济医院成立了康复科，定期请洛阳按摩学院康复科主任医师来老年公寓进行诊疗指导，受到老人们的热烈欢迎。城关镇城后村 75 岁老人霍文香，儿女都不在身边，2014 年冬天入住长寿老年公寓，来时坐着轮椅，经过三个多月康复治疗，现在已行动自如。她激动地说：“真没想到，我还能站起来，来这里真是来对了。”像这样的事例每年都有。

三、感想与体会

共济医院长寿老年公寓是辉县市首家医养结合型养老机构，经过几年运作，已基本步入良性发展的轨道，2013 年，该养老机构被河南省老龄产业协会吸收为会员单位，2014 年被新乡市老龄委授予“三星级养老公寓”称号。

他们的感想体会主要有以下两点。

第一，医养结合，可以使“三方”放心，促进老年人健康养老，安心养老，晚年幸福。长寿老年公寓负责人王五亮说：“经过这几年和老年人及家属打交道，我发现他们有两怕：一怕老人平时生活无人照顾，二怕突发疾病身边没人。特别是一些子女不在身边的空巢老人家庭，老人和子女这种担心更重。共济医院和长寿老年公寓实行医养结合，解决了这个问题，免除了他们的后顾之忧。老年公寓有医院作后盾，作保障，可以使老人、家属、管理人员‘三放心’。”他还举了一个例子，冀屯乡亮马台村80岁老人李科是一位空巢老人，两个儿子都在深圳工作，长年在外，不放心父亲一人在家生活，怕万一生病没人管。2013年春节回家，经过多方了解，决定将父亲送进长寿老年公寓养老。谁知老人住了一段，听别人说另一个养老院更好，就私自换了地方。孩子们听说后，从深圳打来电话，劝他重新回来。李科在那个养老院体验了几天，感到那里环境条件虽不错，但离医院较远，也没医生，生了病很不方便，就又回到了长寿老年公寓，孩子们也放了心。王五亮说：“这几年，入住老人越来越多，周边县市也有老人前来入住，临近的胡桥乡还将本乡20多位五保老人送到这里集中供养，主要原因就是他们相中了养老公寓的医养结合，有了病能及时治疗，可以安心养老。”

第二，医养结合，资源共享，可以增加医患资源，促进医院健康发展。共济医院办公室负责人刘志刚说：“由于共济医院与长寿老年公寓实行医养结合，给医院增加了许多医患资源。不光在这里入住的老人看病吃药，老人家属有病也来这里看。亲戚朋友来看望老人，看到医院医生不错，设备不错，环境不错，服务不错，来看病的也多起来。几年来，医院的门诊病人和住院病人不断增多，总收入也逐年增长。医院的医疗资源和老年公寓共享，得到了充分利用，不但富余人员有了用武之地，而且还安置大学生13人，下岗职工10多人，医院和老年公寓实现了互利双赢。”

四、几点建议

从共济医院长寿老年公寓的发展历程不难看出，发展医养结合型社会养老事业，是基层医疗机构和社会养老机构一条互助合作互利共赢之路，也是实现健康老龄化的一项有效措施和发展方向。因此，建议上级对这类成功做法和经验给以宣传和推广。

目前，我国基层社会养老事业发展还比较缓慢，特别是医养结合型养老机构数量还很少，如我们辉县市只此一家，周边县市也不多见，不能适应日渐增长的社会养老需求。因此，建议地方政府在制定养老机构区域设置规划时，将养老机构建设与医疗机构建设统筹考虑，使其有机结合，多发展一些医养结合型养老机构，以满足老年群体健康养老的需要。

目前，有许多基层医疗机构（例如乡镇卫生院）经营状况不佳，有的基本靠国家

"新农合"政策过日子；而一些已建成的社会养老机构（大多为民营养老机构），经营形势也不理想。为盘活现有社会资源，扭转双方被动局面，建议基层医疗机构和已建的基层养老机构，借鉴共济医院长寿老年公寓的成功做法，互相联姻，实行医养结合，走资源共享、互助合作、互利共赢的良性发展之路。

医养结合健康养老是一种新型养老模式，目前尚处于起步阶段，发展中难免会出现这样那样的困难和问题，如医养机构的扶持补助，医养服务的项目内容，护理人员的资格培训，医疗卫生部门与养老机构的工作协调，等等，都需要逐步解决。因此，建议国家有关部门深入探讨和研究，制定和完善有关政策，对医养结合型养老机构给予必要的扶助和支持，以促进其持续健康发展。

作者简介：

张玲，新乡市老年学学会副会长、辉县市老年学学会会长。

张保金，新乡市老年学学会常务理事、辉县市老年学学会副会长。

安徽太和县中医院创办老年医养服务业的本土特色及经验

张新宇　王向荣　王民选　赵　军　潘　欣

（安徽省阜阳市老年学学会、太和县老年协会　安徽　236600）

摘　要：全国文明单位、全国示范中医院、全国县级首家三级甲等中医医院——太和县中医院创办老年医养服务业的本土特色及经验。16 年来他们创新老年服务，由起步、创办、固化模式、进一步发展和提升，打造了自己的品牌，走出了一条以医为导、以养为本、医养融合、至精至爱的健康养老之路，挑起了“太和县医养中心”的重担，是一个引领老年医养服务业稳健发展的典型。吸引全国多家政府机关或医疗单位到太和县医养院参观学习。

关键词：以医为导　以养为本　医养融合　忠诚敬业　至精至爱

全国文明单位、全国示范中医院、全国县级首家三级甲等中医医院——安徽省阜阳市太和县中医院，16 年来创新老年服务，走出了一条以医为导、以养为本、医养融合、至精至爱的健康养老之路。

太和县中医院创办老年医养服务业，始于 20 世纪末。当初，他们在管理中发现，部分老年病人因儿女工作忙，无力照顾，病基本治愈了仍不愿出院。这种情况下，医院设置了几间老年病房，10 多张床位，只收床位费用，并设有伙房、娱乐室，让上述老人住。他们一边医疗（吃出院后带的药），一边养病。这种做法得到他们的充分认可。在此基础上，他们于 2000 年正式创办老年公寓，设置 200 多张床位。经过多年的实践，丰富了经验，固化了模式，形成了自己的品牌，得到了广大有需求老人的认可，在社会上树立了良好的形象，又进一步得到发展和提升，将县里老年公寓托管起来，挑起了“太和县医养中心”的重担，至精至爱，老年医养服务业越做越大，越做越好，是一个引领老年医养服务业稳健发展的示范典型。太和县中医院1994年荣获全国示范中医院的殊荣，2002年被评为全国文明单位。全国有20多家单位前来参观学习。

一、应对需求，树立健康养老服务新理念

信息化、工业化、城镇化、农业现代化的新时代，农民大量涌向城市务工。农村出现一些空巢老人，以及独生子女无暇照顾老人，依托家庭养老难度增大，也为医院的发展带来了新挑战、新机遇。面对新形势下老年人医养的需求，院领导班子认为，医院的职责是急病人所急，想病人所想，做病人所做，我们中医院又是先进单位，更应勇挑重担，积极探索，为病人、为社会、为政府分忧。于是2000年初领导班子成员研究决定，拿出5间病房10多张床位，作为老年人专用，一是用于老年脑梗、老年哮喘、老年骨损等老年病的临床研究，二是老年人可在这里养老、康复、健身，进出自愿。这项为老年人服务的工作开展一段时间后，要求住医院看病养老的人越来越多，呼声也越来越高。于是院领导产生了扩大医院老年人住养场所，办老年公寓的念头。在征求班子成员和职工的意见时，大家的想法不一，有的赞成支持，也有的想不通，讲什么，“办老年公寓又不能赚钱，搞那干什么”“办老年公寓是其他部门、单位的任务，不是医院的职责”“我们医院床位少、没资金、没条件，办老年公寓是胡吊弄”等。针对不同的意见，院领导耐心地从多方面引导职工提高认识，统一思想，认识到办老年公寓是老年人的渴求，如今社会进步了，人民的生活水平提高了，老年人不仅要过好晚年，还要提高生活质量，治病防病，健康长寿。老年人既要养，又要医。医的需求，正是医院的优势、长处。医院办老年公寓，医养融合，统筹医养服务资源，既有利于管理，提高医疗资源的使用效率，又能降低养老成本，还能极大改善老人的健康状况，提高老人的生存质量，一举多得，可实现多赢、共赢。只要思想不滑坡，办法总比困难多。大家对医院办老年公寓达成了共识，提高了积极性。全院职工集资1100多万元，共计投资2000万元，征地10亩，于2001年底建成4层、总面积达10000平方米、设置208张床位的老年公寓。

二、积极探索，创建医养融合养老新模式

太和县中医院老年公寓规模较大，设备齐全，采用宾馆式配置，按照老年人身体状况的不同需要，设有自理、半自理、不能自理、临终关怀4个区，分单人间、双人间、3人间、夫妻间，房间布置温馨，设备齐全。设有医疗室，有专业医生、护士、

护工人员。老人可根据自身情况，自行选择生活护理、基础护理、半护理、全护理不同服务方式。实行 24 小时值班制，每天定时到房间查房，给老人量体温、脉搏、心率、血压及检查身体，大病、重病及时转有关科室治疗。还特设老年餐厅，合理调配膳食，保证老年人饮食的多样化。还建有棋牌室、书画室、活动室、健身房、文化乐园等娱乐服务场所，丰富老年人的精神文化生活。这一切都能让老人得到家一般的感受，得到身体和精神上的双重康复。

刚开始时，入住率不高，宣传不够，加之有的老年人不愿离开子女，子女感到父母住医院养老自己没脸面，不让住老年公寓。但由于医院对公寓老年人的精心照护，以治疗、康复、预防为先导，以养生、保健为根本，将医养融为一体，关心细致入微，老年人医得好、住得好、吃得好、玩得好，很开心，他们现身说法，一传十、十传百，住院的老人不断攀升，一年后入住率达到 86%，再往后一直稳定在 90% 以上。

太和县中医院老年公寓良好的医养服务，赢得了广大老人和社会的良好信誉，太和县委、县政府也更加重视和支持。2014 年，县里建好的老年公寓暂时闲置，如再增加功能，还有不少困难。于是县政府研究决定，将太和县老年公寓、儿童福利院、光荣院等交由太和县中医院托管。太和县中医院又投资 1100 万元对中心进行配套改造、装修、添置设备，这项医养服务业进一步得到提升和发展。

太和县医养中心位于县城北面民安路北段，环境优美，交通方便，占地 66 亩，是一所由县政府和县中医院出资兴办，县中医院托管，集医疗、护理、康复、养老、休闲娱乐、临终关怀为一体的综合性老年医养机构，开放床位 300 余张。

中心有 70 人，其中行管 6 人、医生 10 人、护士 18 人、护工 36 人。根据老人需要设有食堂、超市、洗浴室、健身房、娱乐室、书画室、多功能室等，陶冶老人情操，丰富老人文化生活。房间设有自理、半自理、夫妻、失能、特护、临终关怀六类床位，不能自理的占 70%、半自理的占 20%、基本自理的占 10%，多数都是农村来的老人。房间内设施完善、功能齐全。配有空调、数字电视、电脑、自动麻将桌、多功能床、餐桌、衣柜、无障碍独立卫生间、应急呼叫、监控系统。中心设有楼层管理员、联络员及护理员，全天候照护老年人的生活起居。中心依托中医院医疗优势，专业医护人员测血糖、血压，每天查房，及时了解老人身体状况，填写健康档案，老人不出户就可以在公寓养老、看病、住院治疗。医护人员至精至爱的医养双重服务，让入住老人舒心、子女放心、医院和医护人员称心、政府省心。

中心设有医护学校。他们除了做好本中心入住老人的医养服务工作外，还要担负起对全县各乡镇、村（社区）老年公寓、医养院、日托所医生、护士、护工的培训工作。中心开业以来，已培训二期护士、护工人员200多人，深受欢迎。

三、科学管理降成本，不图赚钱为老人

太和县中医院老年公寓、太和县医养中心能够稳健发展，实质的因素是能够正确处理经营者与医养老人之间的利益关系，不图赚钱为老人，各得其所优惠、让惠老人，把老年公寓办起来、办得好，使广大农村老人住得上、住得起。

为实现这一目标，他们统筹谋划，科学管理，加强经济核算，不断降低经营成本，适时妥善解决了投资、收入、支出、分配，以及国家、集体与个人之间的相互关系，天平向老人倾斜，使老年人晚年幸福。

当初办老年公寓认识问题解决了，模式定下来了，瓶颈问题是资金。为解决资金的难题，他们采取自筹资金的办法，利率1.2%，比国家银行贷款利率高一点，仅为国家规定的民间信贷利率的一半。这样既符合国家的金融政策，又调动了社会的积极性，把老年公寓办了起来。医院对老年公寓从人、财、物多方面给予大力支持。医护人员统一调配，待遇从优。国家对公寓老人的床位补贴每人每年1000元，按时足额拨付。太和县医养中心为国家、集体相结合的股份制公益性非企业单位，财务独立核算。县民政局2014年7月，对医养中心依规签订了托管合同，保持公益性不变，国有资产保值，严格执行国家医药等法规政策，接受各方面的监督。

医养中心的一个突出难题是招护工难、用护工难。年轻的不愿干，太吃苦，又嫌没面子。年富力强又有经验的留不住，常跳槽。县医养中心招聘护工人员注重思想素质，加强技术业务培训，待遇从优，月工资在2300—4800元不等。目前正考虑建立五险一金制度。

医养中心对老人的医养收费标准从本土农村经济条件、生活水平出发，优惠从低，每人每月床位费、护理费700元、900元、1750元不等。这和经济发达地区，请个护工月工资5000—6000元相比，广大农村空巢老人入住太和县医养中心，很多家庭是能够承受的。

四、忠诚敬业强自身 至精至爱为老人

太和县中医院老年公寓能够越办越好，并发展成为太和县医养中心，根本因素在于在为老人服务的实践中，不断提升自己，在社会上树立了良好形象，打造了精诚关爱老人的服务品牌。

人是事业成功的根本因素。他们注重组织、思想、作风、业务建设，坚持实施六个机制，即学习机制、责任机制、约束机制、奖励机制、督察机制、惩罚机制，16 年来，一步一个脚印在医养服务的年年月月、日日夜夜，历练了一个服务思想牢、态度好、作风正、技术精、质量高、自律严的团队。每个医护人员努力践行“忠诚敬业强自身，至精至爱为老人”的诺言，构建了医患之间和谐的关系。医护人员切身体会到自己所做的工作是光荣神圣的，是在保护和抢救人的生命，自己的思想作风关乎生命，质量就是生命，使命高于生命。中心常务副主任王敏说：“老人是家里的宝，国家和社会的功臣，儿女们和政府心系老人，我们自己也有老人，也会老，共同的心愿让老人健康长寿，晚年幸福。”

医护人员知行合一，做到一切以老人为中心，尊重老人的人格和权利，忠诚关爱，至精至爱。接诊老人热心、解释病情耐心、检查诊断细心、治疗护理精心、听取意见虚心。想老人所想、急老人所急、帮老人所需、解老人所难、忍老人所怨。对老人多理解、多体谅，微笑服务，使老人有亲近感、信任感、安全感。

他们不怕困难，不怕脏，不怕累，努力为老人提供个性化服务、超值服务，做到让老人满意、亲属满意、自己满意。76 岁老人张凤兰，因患有卒中后遗症，常年瘫痪在床。2014 年 4 月入住公寓时，多处患有压疮，经常大便干燥，解手困难。护理员侯素芹常为老人用手掏大便。老人吞咽功能弱，每顿饭要喂一个多小时。她每次为老人清理压疮、换尿布、伺候大小便时从不戴手套，说戴手套不知道被褥是干是湿，不利于照顾老人。多么朴实简单的语言，验证了她一颗善良的心。由于医生和侯素芹精心细致地照护，老人的压疮全部好转，身体得到康复。每当张凤兰的家属问起她的辛苦时，她总是说：“对老人就是将心比心，伺候好老人会有福的。”87 岁的老人薄建华 2009 年 2 月 18 日入住老年公寓，年高体弱，患有压疮，经常大便排不出，护理员王子彬轻翻老人成侧卧姿，用热毛巾捂在老人肛门处，待大便稍微软化一些，用耳挖轻轻地往外扒，扒不出时就直接用食指一点一点抠，待大便完全排出他心里才踏实。更难以伺候的是老人性格孤僻、怪异。薄大爷总是对护理员王子彬挑毛病、发脾气，甚至怀疑护理员给端的饭有毒药，要害他，故意把剩饭倒被窝里，还曾经在碗里小便。但

护理员王子彬本着一颗诚挚之心对待老人，从不和老人计较，常说的一句话："实实在在地伺候老人是我的本分。"经过长时间的照护，王子彬和老人唠家常、给老人理发剃胡、泡脚按摩、捶揉疼痛处、帮他挠痒等，护理员的行动感化了薄建华老人，他说："你对我这么好，就像我的儿子一样。"

在医院老年公寓、在县医养中心，医护人员忠诚敬业、至精至爱的事迹说不完。他们精心照护老人，为老人看病，做到痛苦最小、耗费最少、疗效最好。帮助老人洗衣、剪指甲、洗澡、打扫卫生、收拾房间等生活的照料，热心、细心、耐心。每位工作人员对待老人，就像对待自己的亲人一样，帮助了老人，快乐了自己。老年公寓和医养中心建立以来，收到老人和患者很多锦旗、奖匾和感谢信，称赞"善待老人如亲眷，热情护理暖人心""视老人如亲人""贴身服务，温暖到家""医养融合，德医双馨""忠诚敬业，至精至爱""杏林春暖，大爱无疆"。

五、一点启示

太和县中医院坚持 16 年来医养融合，管理体制一元化，面向农村、城市中的低收入群体，为有需求的老年人解决就医和养老问题，精诚服务，深受欢迎，发挥了国家倡导的"公办养老机构的托底作用"。在全国加快养老服务业发展上，这种医养融合模式的本土特色及经验，值得重视和推广。

作者简介：

张新宇、王向荣、王民选、赵军、潘欣，安徽省阜阳市老年学学会、太和县老年协会。

医养结合　创新办院
助推民营养老机构良性发展

曹　伟　田芸台

（陕西省宝鸡伟芝堂姜炎老年公寓　陕西　721000）

摘　要：宝鸡伟芝堂姜炎老年公寓是2007年由宝鸡伟芝堂医院投资创建的一家集托老养老、爱心护理、医疗康复、健康疗养、心理慰藉、临终关怀为一体，具有医养融合特色的民营养老服务机构。经过近8年的实践与探索，走出了一条“医养结合”的养老新模式，做到了常见病、多发病不出楼就治疗，有效解决了入住老人的养老、保健、医疗、康复等问题，获得了较好的社会效益与经济效益。

关键词：医养结合　民营　养老机构

宝鸡伟芝堂姜炎老年公寓是2007年由宝鸡伟芝堂医院投资创建的一家集托老养老、爱心护理、医疗康复、健康疗养、心理慰藉、临终关怀为一体，具有医养融合特色的民营养老服务机构。公寓占地9856平方米，建筑面积8059平方米，共设床位350张。环境优美、交通便利、设施齐全、温馨舒适。除了一般老年公寓具有的功能和设施外，还设有医务室、康复治疗室、心理咨询室、临终关怀室及中国红十字会曜阳健康小屋等，为入住老人开展全方位的医疗康复服务。经过近8年来的实践与探索，走出了一条“医养结合”的养老新模式，做到了常见病、多发病不出楼就可以治疗，有效地解决了入住老人的养老、保健、医疗、康复等问题，赢得社会各界特别是老年人的赞誉，获得了较好的社会效益与经济效益。2013年获“陕西省优秀爱心护理院”，2014年获“全国爱心护理示范基地”“宝鸡市3A级社会组织”等称号。院长曹伟也由此先后获得“全国老年心理关爱与精神疾病预防先进个人提名奖”及“陕西省十大孝亲敬老楷模”“宝鸡市十大新闻人物”“宝鸡市有突出贡献拔尖人才”“宝鸡市劳动模范”等荣誉称号。

一、主要做法

（一）配备专业医护人员服务老人

宝鸡伟芝堂姜炎老年公寓充分利用伟芝堂医院的医疗资源，在公寓配备了12名资深的专业医护人员，包括全科医师、康复医师、营养师、护理师等。伟芝堂医院是经市卫生行政部门批准成立的正规医院，设施齐全，服务规范，属于宝鸡市职工、居民医保、农村新农合医疗的定点单位。医院在公寓配备的专业医护人员，竭尽全力为入住老人服务，极大地方便了入住老人的就诊。尤其是宝鸡市老年医学研究会依托伟芝堂医院成立，会员由全市各大医院著名专家组成，它以独特的人才优势，在为伟芝堂医院提供技术支撑的同时，也为姜炎老年公寓的入住老人提供了健康保障，使姜炎老年公寓具有得天独厚的医疗优势。

（二）全面体检，为老人建立健康档案

老人入住公寓后的第一件事，就是为他们做全面、细致的体检。除了一般项目外，还包括血、尿常规，肝功，肾功，血糖，血脂，心电图，腹部B超等检查，并仔细询问老人现病史、既往史、家族史、过敏史以及预防接种等情况。全面了解记录评估老人的身体状况，建立健康档案，从而为入住老人制订营养、保健、预防、治疗护理方案提供科学、可靠的依据。这样的体检每年一次，动态地掌握了老人的健康状况。

（三）加强健康教育，做好分类管理与指导

公寓定期举办健康讲座，邀请医疗专家为老人讲解养生保健知识，教会他们在生活当中应当注意什么，怎样进行合理运动。营养师指导他们合理用餐，从养生保健角度精心搭配，保证老人吃得健康、吃得满意。公寓还将根据老人的身体状况和营养需要，将药膳加入老人日常饮食，开展食疗，配合老人的日常保健和疾病治疗。同时，针对老人的个体状况，分类进行慢性病管理和健康指导，每天上午在院内举行保健操、太极拳、八段锦等锻炼，把保健工作落到了实处。

（四）为老人提供全面的医疗服务和康复治疗

公寓把入住的老人分自理、介护、特护三个层次进行日常护理。入住的老人中，多数是失能、半失能、体弱多病的老人，人均患有两三种疾病，常涉及身、心、精神健康和社会等多方面的问题，像卒中后遗症、糖尿病、冠心病、肺心病、老年痴呆等，都是老年人的常见病种。这些老人病程长，需要持续、综合的医疗康复和护理。公寓的医护人员实行24小时值班，每天早晚查房，老人有什么不适，随时都可以得到治

疗。一旦病情加重或者出现危急状况，医务人员在第一时间就能赶到老人的床前进行治疗和抢救，赢得了最佳的治疗时机。8 年来，从死亡线上挽回老人生命的就有 200 多人次。杨世宏老人，患有冠心病、心绞痛、心肌梗死，经常发病。有一天晚上，老人突然出现呼吸困难，剧烈胸痛，大夫护士立刻抢救，半小时后病情基本稳定。老人的孩子说："如果不是在你们这里养老的话，老人早就不在了。"

公寓与宝鸡市的三甲医院建立了双向转诊关系，对于病情过重的老人，我们会及时请上级医院的专家进行会诊，指导治疗。或者转入上级医院进一步检查治疗，病情稳定后又转回公寓进行康复护理。这样虽然给公寓的养老工作带来了不少的难度，但医护人员用专业技术和爱心提供服务，对老人实行既养又医，为众多家庭排忧解难，让老人安度晚年。

根据入住老人失能、半失能及残障人多，公寓设立了"康复治疗室"。依据老人的实际情况，制订康复计划，进行系统的康复治疗，以提高老人的自理能力和生活质量。长期卧床的老人，生理机能衰退，康复医师对他们进行针灸、推拿，起到刺激穴位，改善血液循环，维持提高生理机能的作用。郑涛平老人患有脑血栓后遗症 2 年，刚来公寓时右侧肢体不能活动，康复室为他安排了治疗与功能训练，经过 3 个多月，康复效果非常明显。

（五）开展临终关怀，让老人有尊严地离去

对于因病重无法医治，快要走到人生终点的老人，公寓开展了临终关怀服务，为临终者提供全面的照护，包括医疗、护理、心理、精神等方面的服务，护理人员日夜守候在老人的身边，用爱心安抚老人，解决了子女们的后顾之忧，减轻了老人的痛苦，让老人安详地离去，享受生命的尊严。

二、体会与启示

（一）医养结合的养老模式深受欢迎，值得推广

一是医养结合让入住老人"老有所医"。随着人口老龄化的加速，养老问题成为不可回避的社会问题，越来越多的养老机构也担起了让老年群体"老有所依"的重任。然而，"老有所依"却解决不了老年群体在住进养老机构后的生病看病问题，也无法给患病老人一个专业的护理和治疗。

宝鸡伟芝堂姜炎老年公寓积极开展的"医养结合"养老模式，就是在养老服务的基础上加以充实和提高，重新审视养老服务与医疗服务之间的关系，将入住老人的健

康医疗服务放在更加重要的位置。在为老年人提供生活照料、精神慰藉服务的基础上，提供医疗护理服务、大病康复服务以及临终关怀服务等项目，不仅让入住老人“老有所依”，更让入住老人“老有所医”。

二是医养结合可及时全面掌握老人身体健康状况。公寓在老人入住后，全面检查身体，建立健康档案，每日早晚查房，每年进行一次体检，比较详细而动态地掌握老人的身体状况，使医务人员及护理员做到心中有数，便于平时做好保健计划，在患病时有条不紊地进行治疗。

三是医养结合可以使老人得到及时抢救和治疗、护理。传统的养老机构和医疗机构相互独立，自成体系，往往使老人在突发疾病或旧病复发时不能得到及时有效的治疗，老人不得不经常往返于养老院、医院之间，甚至延误最佳治疗时机，既耽误治疗，也增加费用，给家庭带来负担。公寓开展“医养结合”的养老模式，有效地解决了这一难题。老人患病，医护人员可以第一时间赶到老人床前进行诊断治疗，极大地方便了入住老人，深受老人和家属的欢迎。

四是医养结合让患病老人不占“病床”，减轻经济负担。一些急性病恢复期和慢性病晚期姑息治疗的患者，需要得到长期的医疗护理服务，有些老年病人甚至在医院住一到两年，原因是医院里有专业医护人员，还能享受医药费报销。老人这种“压床”“赖床”现象屡见不鲜，从而造成医院床位紧张，增加了医院床位的负担。“医养结合”是一种有病治疗、无病疗养、医疗和养老相结合的新型养老模式，其优势在于整合养老和医疗两方面的资源，在日常生活照料的基础上为老人提供持续性的医疗护理服务，这种模式可以让有病的老年人既不长期占用医院病床，又能满足老人对老年疾病漫长的护理要求，经济上也减轻了老人和家属的负担。

总之，医养结合的模式有益于老人，有益于老人的子女及家庭，有利于缓解医院病床紧张，深受人们的欢迎，值得在养老机构中推广。

（二）坚持“特色办院”，让民营养老机构走出困境

我国老龄化日益加剧是不可逆转的趋势。经济社会的快速发展，人们跨地域就业和工作压力的增大，使许多老人无法得到子女的照顾。这样一来，对养老机构的需求也将会越来越大。正是看到了这个领域的商机和国家政策上的鼓励与支持，许多民资开始纷纷进入养老机构这个行业。然而，进入容易，经营、发展却很难。由于养老机构公立和民营在国家支持力度上差异很大，两者存在严重的不平等竞争，致使公立养老院一床难求，民营养老院入住率却十分低，加上国家的优惠补贴政策落实不到位，

使许多民营养老机构在经营上陷入了困境。宝鸡伟芝堂姜炎老年公寓也是一家民营养老机构，如何不重蹈覆辙，是必须认真思考的严峻问题。经过大量、细致的市场调研和分析，我们决定扬长避短，借助现有伟芝堂医院的医疗资源，走“医养结合、特色办院”之路，让老人住在这里就能够得到生活照料、医疗康复、爱心护理、保健疗养、心理慰藉、临终关怀等一系列服务，这些是公立养老院所达不到的，所以开业以后很受广大家庭和老人的欢迎。几年来一直出现床位爆满，排队预约登记的现象。

为了把事业做大做强，为老年人提供更加优质的服务，我们认真总结宝鸡伟芝堂姜炎老年公寓的办院经验，经陕西省民政厅批准，在宝鸡高新区兴建“陕西伟芝堂老年公寓”。该项目占地120亩，建筑面积10万平方米，设置床位3000张。规划按国家二级医院标准建设的老年病医院，为了提升医养结合及防治老年病的水平，已与民政部国家康复研究中心、陕西中医药研究院建立了协作关系。另外开办一所老年大学，秉承生态环境、医疗康复、品质安居、养生饮食、运动休闲、公共服务、文化教育、养游互动、智能管理九大核心理念，让入住老人在这里真正实现国家老龄委提出的“六个老有”。项目目前已经开工建设，一期工程2016年5月即可入住，整个项目竣工后将使宝鸡市乃至陕西关中地区的养老事业更上一个新的台阶。

三、几点建议

（一）解放思想，转变观念，充分发挥政府的主导作用

就养老服务业未来发展趋势来看，推行“医养结合”的养老模式将成为养老服务的主流。各级党委和政府要真正把加快老龄服务业及推广“医养结合”养老模式列入重要议事日程，做到认识到位，工作到位，投入到位。建议政府尽快出台促进医养结合服务模式的意见规划。政府各相关部门协调合作，制定相关促进发展的扶持政策，把老人在养老机构就医费用列入医保、新农合报销范围。建立和完善“医养结合”养老机构的建设标准和服务规范，使“医养结合”型养老机构健康有序发展。

（二）加大对民营养老机构医养结合服务模式的财政投入和支持力度

在以政府为主导的基础上，鼓励社会力量多渠道、多形式参与“医养结合”养老机构的建设与发展。制订具体的吸引社会力量参与投资的方案。支持、鼓励民间资本投资兴办以康复医疗服务为特色的养老机构。明确“政府补贴”“购买服务”等相关措施的内容，制定社会化养老资助办法和资助标准，完善医养结合的设施和器械装备。通过政府购买服务等多种方法加大对民营养老机构的财政支持力度，对已规定的“建

设补贴”和“床位补贴”应及时落实到位。可在慈善、残疾人公益金和国家福利彩票收益中，明确用于养老事业的开支项目和比例标准，切实有力地推动医养结合养老模式的健康发展。

（三）加强培训和业务指导，建立医养结合专业队伍

加强对养老机构工作人员医疗护理知识的培训，使每个工作人员都能掌握一定的医疗保健知识。采取得力措施，制定优惠政策，提高待遇和地位，鼓励和吸引更多的医学院校毕业学生从事养老工作。建议在中、高等职业院校增设老年护理学科，培养专业护理人才。依托大专院校和优秀的医养结合老年机构建立养老服务培训基地，加强对现有老年护理人员专业培训，从而建立一支职业道德好、业务水平高、服务质量优的专业服务人员。

（四）完善特殊人群补贴支持政策

建立健全对经济困难的高龄、失能等长期患病老年人的补贴制度，建议政府对这些人群按不同程度补助标准给予扶持补贴，提高他们的疾病治疗和生活水平，让他们和大家一起分享经济社会的发展成果。

（五）提高民办养老机构的社会地位

养老机构工作人员工作辛苦，责任重大，应该得到社会的承认和尊敬。各级领导要多去民办养老机构走一走，看一看，帮助他们解决实际困难。节庆日要到民营养老机构慰问老人和工作人员，以资鼓励。新闻媒体要多宣传民办养老机构的地位和作用，宣传他们中的感人事例，大力宣传“孝道文化”，促进形成良好的爱老、敬老、孝老的社会氛围。

作者简介：

曹伟、田芸台，宝鸡伟芝堂姜炎老年公寓。

社区医院是实现“医养结合”推动居家养老步入新常态的重要条件

——以重庆市桔园社区为例

吴醒黎[1]　冯地万[2]

（1. 重庆市万州区科委　重庆　404100；
2. 重庆市万州区人民医院　重庆　404100）

摘　要： 如何发挥社区医院在“医养结合”服务居家养老中的作用？重庆市万州区白岩社区卫生服务中心（医院）以实施积极老龄化战略的高度自觉，主动联合有关部门和单位，充分发挥自身技术优势和资源优势，协助橘园社区开展“医养结合”服务居家养老工作所提交的这份答卷，从结合居家养老，发挥资源优势，担当护老责任（基本情况）；“医养结合”打造社区居家养老新亮点（主要成绩）；夯实基础、稳定队伍、落实措施、狠抓联动（基本做法）；不断探索创新、提高服务水平（今后打算）四个方面作了介绍，有力地论证了社区医院是实现“医养结合”推动居家养老步入新常态的重要条件。

关键词： 社区　医养结合　居家养老

2004年，笔者曾呼吁积极发展符合中国国情的养老模式——居家养老。终因人微言轻，未见社会反响。2008年全国老龄办、发改委等十部委发出《关于全面推进居家养老服务工作的意见》，加快了我国居家养老进程。虽然2015年通过的《北京市居家养老服务条例》是全国首部居家养老法规，标志着我国居家养老迈入一个新的阶段，但发展尚不平衡。一方面，这项工作没有纳入所有单位领导班子工作的议事日程；一方面，老年人的期盼却在与日俱增，时间不等人。重庆市万州区白岩社区卫生服务中心（以下简称白岩社区医院）是一个积极推进医养结合并取得成绩的单位。

一、结合居家养老，发挥资源优势，担当护老责任

重庆市万州区白岩社区医院位于万州区城市中心的橘园社区，建筑面积约1500平方米，2008年6月由万州区人民医院领导筹建并经区卫生局批准成立。内设全科诊室、中医诊室、口腔科、康复科等12个科室。编制床位49张，拥有全自动生化分析仪、B超机、心电图机、照片机等常规检查设备；医院现有职工37名，其中医生17名，取得全科医师资格的9名；护士13名，取得全科护士资格的8名，专职公卫人员7名，另有兼职1名。医院承担了包括橘园居委会社区在内的太白街道所辖的8个居委会社区、常住人口80484人的基本公共卫生服务和基本医疗服务任务，是万州区城镇职工和城乡合作医保定点单位，就诊患者（住院、门诊）最高达到每天近百人，极大地方便了辖区居民的就医需求。

社区医院是近年来社会管理的创新，更是扩大医疗覆盖面，破解我国目前看病难、看病贵难题，惠及亿万百姓的重大举措，特别有利于满足失能半失能老人就近就便医疗保健的需求。建院初期，院领导带领本院医务工作者对所辖8个社区特别是驻地橘园社区老人的年龄结构、性别、职业、经济条件、健康状况等以及当地和附近的服务行业、机构（包括养老）进行了全面了解。

感到：橘园社区老龄化程度较高——总人口6493人，60岁以上老人1553人，老龄化达24%，高于重庆14%的平均水平而与上海相当；经济条件较好，人均年收入近20000元；退休人口占到在职人口总量的39%；居家养老人数多，占老人的73%；健康状况好，但常见病、多发病、慢性病较为普遍；社会化照料居家养老占比高，请保姆和钟点工服务的达51%。同时，教育（包括老年大学、民教）文化、旅游、物管、餐饮、宾馆、超市、维修、农贸市场等单位在当地多且集中，具有较好的居家养老物质条件。

认为：橘园社区内的青少年和上班族一般选择二、三甲医院看病就医，而且，除橘园社区外的其他7个社区离本院相对较远，就医者甚少。因此把本院服务的主要对象放在橘园社区退休人员特别是60岁以上的居家养老人员，是非常切合实际的。这既抓住了社区公共卫生服务工作的重点，可以全面推动社区公共卫生事业的发展，也符合国家关于居家养老服务的政策要求，对于应对老龄社会的发展、进一步创新社会管理，加快全面小康建设、构建和谐社会具有积极意义。同时，客观环境——教育、餐饮、购物、维修等养老单位和设施齐全，也为居家养老提供了更多的有利条件。只要医疗卫生工作跟上，不仅能把居家养老工作开展起来，而且能够使之进入一个良好的

状态。于是，全院上下认识统一、目标一致、齐心合力，围绕居家养老，发挥资源优势，强化“医养结合”，联合有关部门和单位，精心规划，组织力量，分工合作，积极实施，在居家养老服务方面迈开了步伐。

二、“医养结合”打造社区居家养老新亮点

从“普世行医”到“重点服务”，从“医疗理念”到“民生工程”，从“单纯医疗”到“医养结合”，白岩社区医院经历了一个认识不断深化、实践不断刷新、收效不断提高的过程。强势推进居家养老进入新常态，“医养结合”服务居家养老亮点不断闪现。

亮点一，全社区60岁以上老人95%建立了个人健康档案，每年进行一次免费健康体检，内容包括身高、体重、血压、脉搏、血脂、血糖、心电图、血常规、尿常规、肝功、肾功、中医体质辨识等项目。

亮点二，对常见病、多发病、慢性病和重症病老人按病种分类建立专案，包括高血压、心脏病、糖尿病、肺气肿等，针对病情制订治疗方案，及时提供治疗。

亮点三，开展了签约服务，对签约居家老人，发放健康材料，给予一季度一次的饮食指导、运动指导、用药指导和疾病康复咨询。到2014年底，共与老年患者签约415户，上门服务达258人次。

亮点四，改进服务方式，实现服务“零障碍”，并实现由疾病治疗向健康管理的转变，由过去等候服务向主动服务、上门服务以及个性化服务的转变。

亮点五，开辟医疗卫生科普专栏12个，举办公共卫生知识讲座12次，受众达683人次。

亮点六，医患结对子152人。常年咨询有关疾病防治、健身运动、准确用药等问题。

亮点七，走家串户为居家老人服务受到社会肯定，电视台等新闻媒体多次报道，医务人员余定燕、凌红梅等的实地工作被录制了专题片广为宣传。

亮点八，2014年，医院收到患者及其家属、亲属口头和书信感谢10多次，提高了居家养老人员的满意度。

亮点九，形成了基本医疗制度和机制，包括业务培训、效果调查、考核评估、选优奖励等制度；建立了应急预案，包括专家会诊、转院急救等手段，落实到人，控制了病情恶化和事故，提高了居家养老人员的健康水平。

三、夯实基础　稳定队伍　落实措施　狠抓联动

（一）基础工作解决三大要素即人才、设施和经费

人才：社区医院是社会管理创新出现的新生事物，它的生存、发展、提高对其工作的参与者具有较高的要求。因此，白岩社区医院选择了素质较高的业务和管理人员，不仅热爱社区医疗服务工作，而且知识面广、技能过硬、精力旺盛，善于沟通，同时尊敬老人、爱心感人、乐于助人。在职的 37 名工作人员平均年龄仅 32 岁，全科医师和全科护士达到 57%，基本满足了居家养老对医疗服务的需要。

设施：白岩社区医院用房面积达到 1200 平方米，绿地、活动场所、停车场 300 平方米；设置全科诊室、中医诊室、口腔科、康复科等 12 个科室和中西医药房；医疗器械已相当过去县级医疗机构配备，拥有全自动生化分析仪、B 超机、心电图机、照片机、血常规检测议、尿常规检测议、电解质仪、诊室常用器械、出诊医药包等常规检查设备；开设病床 49 张。同时，还可与距此仅有 1000 米的三甲医院——万州区医院资源共享，保证了社区医疗工作的顺利进行。

经费：社区医院的最大特点就是方便患者，普惠群众，体现公益性。因此，该院本着零利润原则，经费来源主要靠政府财政拨款，2014 年拨入经费 230 万元。

扎实的基础工作为“医养结合”服务居家养老创造了条件。

（二）重人才、增情感、讲奉献、抓培训、稳队伍

社区医院既是新生事物又是医疗体系中最基层的机构，社会对此缺乏认识是不可避免的，有的认为社区医院人员是素质差、水平低、收入少、无人要，这在一定程度上伤害了医务人员的自尊，影响了工作积极性。为了保证“医养结合”正常开展并长期坚持下去，不断提升居家养老服务质量，白岩社区医院党政领导从实际出发，把思想认识和解决具体问题结合起来，做了大量的深入细致的工作。

首先，党政一班人轮流带领医院人员进区入户访问老人和患者，了解他们的困难和病情，听取他们的倾诉与需求，让大家看到老人的期盼、家庭的渴望、社会的需要，强烈地认识到自己工作的意义、情感的深切、责任的重大、使命的光荣，从而以积极向上的昂扬精神投入“医养结合”工作，保证了队伍的稳定，实现了居家养老的良好状态。

其次，发挥榜样的力量，大力宣传模范先进事迹。如在战火纷飞年代不讲条件、忘我工作、自我牺牲的白求恩大夫，身边的乡村最美医生重庆市北碚区柳荫镇西河村

乡村医生周月华等，用他们的先进模范事迹教育人，感染人、激励人，帮助社区医院工作人员增强了组织观念，提高了服务意识，发扬了奉献精神。

最后，照顾特殊保证待遇。由于社区医疗工作的特殊性，不可能像大医院一样按部就班，工作不规律、甚至错时进行并时有延长，不可避免地会影响职工个人或家庭的生活。院领导采取人性化管理，贴近职工，交换情况，照顾特殊，解决困难，把工作需要和职工个人要求统一起来，及时调整工作时间安排，受到了大家的认可，使之心情舒畅，工作愉悦，认真负责。而且，制定了职工专业培训制度，每周二下午组织业务学习，认真学习规范，人人掌握规范，严格按规范操作，提升了职工的业务素质和服务技能，既有利于工作，也让职工有了奔头。同时，在医院坚持零利润原则、没有额外收入的情况下，积极争取拨款，保证了职工与区医院同类人员的待遇水平。

（三）工作到位 措施具体

普查：由院领导带领本院医务工作者对橘园社区老人的年龄结构、性别、职业、经济条件、健康状况等以及当地和附近的服务行业、机构（包括养老）进行了全面了解，做到了心中有数。

教育：采取发放健康教育宣传资料，设置健康教育专栏，开展健康教育讲座、健康咨询，免费义诊等多种方式传播健康知识，促进健康行为养成。医院设健康教育专栏 4 块，每两个月更换一次宣传内容，已制作健康教育宣传专栏 6 期，共 72 块；开展主题宣传日活动 14 次；举办健康教育讲座 12 次；发放各种健康教育宣传（单）册及健康教育处方共计 19 种 16824 份；义诊咨询 2365 人次。通过这些活动，对引导老人防病治病和养成健康行为生活方式起到了积极作用。

建档：电话通知能够行走的老人到医院或利用业余时间采取入户面对面的方式为 65 岁以上老人建立了健康档案（纸质和电子档案），建档率达 95%，其项目包括老人的姓名年龄等基本情况、家族病史、发病情况等。

体检：每年对建档老人体检一次，项目包括血常规、尿常规、血糖、血脂、肝功、肾功、心电图 7 项。同时，为居家养老老人提供疾病预防、自我保健及伤害预防、自救、中医体质辨识等健康指导 1258 人次。

签约：开展家庭医生签约式服务，目前，已签约的居民家庭 415 户，管理 1268 人次，主动上门服务 258 人次，健康评估 1268 人次，促进了分级诊疗、有序就医格局的形成，提升了老人的健康保障水平。

管理：对常见病、多发病、慢性病和重症病老人按病种分类建立了医疗专案，包括高血压、心脏病、糖尿病、肺气肿等。并定期进行随访和免费体检，高血压患者规范管理率达80%，控制率90%；糖尿病患者规范管理率达80%，控制率89%。

（四）加强配合、坚持联动、形成合力

养老是满足老年人生活生命活动需求的经济社会活动，它包括养老资源和养老方式（含精神慰藉）。西方称“三M”（即钱、医、神），我国叫“五个老有”，因此，居家养老服务涉及的部门和单位很多，需要解决老人的吃、住、衣、行、学、娱、医，等等。社区医院和有关部门、单位共同研究、共同行动、共同完成是实现“医养结合”服务居家养老的必然要求。居委会是辖区内的综合联系机构，因此白岩社区医院加强了与橘园居委会的合作，分工负责，坚持联动，形成合力，推动“医养结合”服务居家养老进入新常态。

第一，社区实行“医养结合”服务居家养老联席会议（筹备中）制度，由工作涉及单位主要负责人组成。

第二，共同研究。凡总体规划、信息收集、贯彻意见、总结工作等等，要求“医养结合”服务居家养老联席会议成员参加研究，使之心中有数，以便发挥各自优势，拧成一股绳，做好“医养结合”服务居家养老工作。

第三，共同优惠。“医养结合”服务居家养老联席会议成员单位对居家养老人员都实行优惠服务，如餐厅盒饭已实行优惠12.5%的标准。医疗、社区维修等都有了自己的免费或优惠规定。

第四，共同慰问。在老年节及其他法定节日，对居家老人或重诊患者，“医养结合”服务居家养老联席会议成员单位抽人共同参加慰问活动。

第五，共同巡访。不定期组织“医养结合”服务居家养老联席会议成员单位人员在辖区内共同巡回访问居家老人，倾听老人意见和需求，发现问题及时解决。

四、不断探索创新　提高服务水平

今后，白岩社区医院将严格以2011年版服务规范为标准，全力打造标准化的社区卫生服务，进一步探索“医养结合”服务居家养老工作的新办法新措施。

第一，协助完善并尽快实施“医养结合服务居家养老工作联席会议制度”，圆满解决医养结合服务居家养老工作的组织形式。

第二，在自身范围做到七个加强。

一是进一步加强与卫生局、上级业务部门、街办、派出所、居委会的联系，加大领导的支持力度。

二是加强宣传，扩大宣传范围，让辖区居家老人进一步了解社区医院和公共卫生服务项目和具体办法。

三是加强人才队伍建设，创新服务模式，加强人员培训，采取措施吸引更多的高职称人才到该院工作；同时，加强与上海对口支援万州区的医疗机构的联系，不定期地组织引进高级医疗人员来院开展义诊和培训活动，既服务患者又帮助该院人员提高医疗水平。

四是加强健康档案的信息化管理，提高健康档案的使用率和利用率。

五是加强绩效考核，充分调动医务人员的积极性，提高工作效率和质量。

六是加强基本医疗服务和公共卫生服务有机结合，二者互相促进。进一步加强对居家养老慢性病老人患者重点人群的管理工作。

七是加强推广中医药适宜技术，发扬国医精髓，完善适合老年人医疗保健的中医馆。

参考文献

[1] 吴醒黎.《从郝麦收现象看中国养老走向》，原载2005年《西南师范大学学报》(人文社会科学版).

[2] 吴醒黎.《中华孝文化合理内核初探》，原载2006年《中华文化论坛》.

[3] 乌沧萍.《社会老年学》.中国人民大学出版社，1999年10月.

作者简介：

吴醒黎，四川大学党政干部专业、中央党校经济管理专业毕业，重庆市万州区科委副县处级退休干部。现为中国老年学学会老年人才开发委员会会员，重庆市万州区老年学学会常务理事、副秘书长。

关于成立村级医养服务工作室的思考

陈光复

（陕西省宝鸡市眉县老年学学会　陕西　722300）

摘　要： 随着人口老龄化时代的到来，老年人口不断增加，养老问题越来越突出。如何让农村老人老有所依，老有所养，老有所康，老有所安，老有所乐，是民生的大问题，亦是摆在各级党委、政府面前急需办理的大事。

《国务院关于促进健康服务业发展的若干意见》中明确指出："加快发展健康养老服务，推进医疗机构与养老机构等加强合作。增强医疗机构为老年人提供便捷，优先优惠服务的能力。"

眉县政府医疗机构在加快发展健康养老服务方面，创新机制，进行了卓有成效的探索。大大维护了老年人的利益，赢得了全县老年人群乃至社会各界的赞誉。

英国哲学家休谟说："一切人类努力的伟大目标都在于获得幸福。"随着我国综合国力的不断增强，我国人民的生活幸福指数在普遍提高，老年人的晚年幸福更应优于其他人群。眉县在老年医养方面所做的工作，跟国家的要求和老年人的需要还有一定差距，我们要立足现实，积极应对，分析研究，找出解决问题的办法，才能不断开拓老年医养工作的新局面。

一、眉县农村老人养老存在的困境

一是养老资源缺乏。县、镇公办养老院数量少，镇办养老院设备差，缺少配套的医疗设施。文体生活单调，缺乏专业护理人员。二是思想束缚。受传统观念影响，即使经济条件宽裕的家庭，儿女因怕落下不孝之名，受到亲属和社会舆论的谴责，不愿送老人进养老院。三是现实困境。城镇化建设进程的加快，大量农村青壮年劳力转向城市，农村的留守老人、空巢老人越来越多，他们身边无人，缺乏最基本的生活照顾，没有亲情，没有温暖，有病无人管，精神空虚，思想包袱沉重。对汤峪镇老年群体的调查，这类老人约占5%。四是自我养老困境。一个五六口之家，有土地八九亩，其中种猕猴桃、李子、葡萄等果树六七亩，活路繁重。孩子们外出打工，留守老两口既要干农活，还要管孙子的吃、穿、安全、上学接送等，疲于奔命。这类情况的老年群体，汤峪镇约占25%。五是还有几种特殊困境。其一，子女不成器，游手好闲，惹是生非，嗜赌成性，订不下媳妇，成不了家也立不了业，经济和精神的双重枷锁，压得老人喘不过气来。其二，子女不给老人钱花，国家给老人仅有的一点养老补贴也为子女所掌控而享受不到。其三，老人患大病，无钱治疗，求借无门，只能在死亡线上挣扎。其四，悍妇当家，儿子懦弱无能，老人受虐待而痛苦不堪，只有忍气吞声，任其宰割，不知道拿起法律武器来捍卫自己的正当权益。

二、居家养老的重头戏仍然在农村

首先，城乡一体化的发展，加快了宜居社区的建设步伐，虽然城中理想的居住环境，具备了安全、健康、便捷、舒适、服务完善和情感归属六大优势。然而近年来，汤峪镇有30%左右的经济条件较好的农村家庭，从便于照料老人的生活、安全和健康考虑，在县城或镇区买下了住宅，而绝大部分农村住户因经济能力达不到，为老人在城镇购房的愿望是可盼而不可企及，这些老人仍然需栖居在农村养老。其次，土地所有权归属农民个人，作为生活和生产资料的政策出台后，调动了一部分人经营农业的积极性，加上国家对“三农”越来越多的优惠服务，大大缩小了城乡之间的差别，农民的生活条件和生存环境不断得到了改善，田园生活的魅力，令城里人也羡慕起来，一部分城里人也谋划着在农村置房养老。再次，大部分农村老人过惯了艰苦朴素的生活，习惯了农村的山清水秀，天蓝地宽，对城市的繁华和温馨反倒不适应，喜欢在农村安度晚年。最后，我国的人口多数在农村，综合各种因素，我国养老工作的主体仍然在农村。所以，我国养老事业的发展，重头戏在农村、在农民。

三、农村医养服务对老年健康幸福的重大作用

2013年9月，国务院出台《关于加快养老服务业的若干意见》，第一次提出了“医养融合”的概念，明确提出“积极推进医疗卫生与养老”服务相结合。也就是说，今后的养老方向，是走“医养一体化”的道路。在养老服务中融入了健康理念，是我国现阶段养老工作的创新发展。我国要实现“全世界第一个人均寿命过百岁的民族”

的梦想，就必须提倡健康养老，落实健康养老，就必须整合医疗和养老两方面的资源，实现医疗、护理、养老、康复等一体化服务。这种模式的实施，是一项为民生幸福的大工程，惠利诸多：一是可以减轻家庭养老的负担，且便于提高老人的幸福指数，能让做子女的放下心来在外干好自己的工作。二是可以为医疗单位增加医疗资源，使医疗单位的设备、人力、技术等资源得到更为充分的利用，有利于其经济效益的提高。三是可以缓解民政工作的压力，使之从繁芜的救济事务中解脱出来，集中力量办大事。更重要的是民生幸福的指标提高了，社会矛盾减少了，社会更加安定团结，我国的国际竞争力和威望必将不断增强。

四、农村医养服务的途径探索

第一，充分发挥政府部门的主导作用。应将医养服务结合模式建设纳入区域老龄发展规划、卫生规划和医疗机构设置规划的总盘子中统筹安排，并出台具体、细致、可操作的优惠政策，提高养老与医疗服务的连续性、接续性、协调性和整体性。

第二，积极探索建立社会力量参与机制。老年医养是整个社会需要面对的问题，要调动各方面的积极性，整合多方服务整体的资源，明确各自分担的职责和任务，营造“齐心协力、共建医养”的新局面。

第三，针对服务对象特点，明确服务模式和服务内容，因情制宜，促进医院转型。

第四，成立村级医养服务工作室。村级医养，是“养在居家、医在合疗”的一种养老形式。眉县汤峪镇钟吕坪、严家堡等村的医务室，开展了为65岁以上的老人每季度量一次血压、体重，对老人实行信息化管理，建立电子档案。组织老人每年在镇卫生院进行一次体检，为高血压、糖尿病等慢性病患者及其家属讲授戒烟、控制油盐、用药等方面的护理知识，为失能病人开展上门医疗服务。这些做法已经为农村医养工作迈出了可喜的一步，如果再加以指导完善，实现规范化管理，那么，农村的医养工作将会更上一层楼。

村级成立医养服务工作室，把农村卫生院和居家养老服务中心“打包”建在一起，既可节约资源，又能缓解医务压力，“养有所医”在家门口即可触手可及。

村级医养服务工作室的职能，要点是：

- 制订本村医养工作规划和实施方案并督促实施。
- 摸底排查，建立老年人健康档案，因人制宜，开展慢性病随访，指导用药、帮助选医、自我保健、自我管理等服务。

•重点做好失能老人的管护工作，确定人员，明确责任，加强检查，协助解决困难，真正落实安全监护。

•组织志愿者服务队伍，为家庭缺乏管护能力的失能老人和大病患者开展打扫卫生、洗衣服、整理床铺、理发、剪指甲、洗头、洗脚等服务。

•开展健康教育活动。定期举办老年健康知识讲座，指导老人在家中收看“百姓健康”“幸福人生”等电视节目。心理健康是健康教育的重要方面，“心宽则病除”，引导他们确立“与人为善”“淡泊宁静”“平安是福”“以和为贵”等人生态度，使他们正确待人处事，保持一个良好心态。指导老人科学膳食，少荤多素，多食瓜果蔬菜，控制饭量，勿暴食暴饮。

•动员组织老年人参加文艺活动，以求得“悦耳”和“养眼”。听音乐不如唱音乐，有医务人员从唱贝多芬《弥撒曲》的人的唾液里检测出的抗感染的体液含量，要高于一般人240倍。人在艺术化的环境中，机体的抗感染力会增强。外科医生作过调查，如果让一个手术后能起床的病人去观赏园林景色，其伤口愈合的时间将会大大提前。组织老年人跳广场舞，活跃文化生活，对老年人的身心健康大有裨益。农村老年人不是不喜欢跳舞唱歌，而是无人组织。“太白山杯·舞动三秦”音乐舞蹈大赛，各地的老年人纷纷登台亮相，展示风采，给自己带来了幸福，给观众带来了快乐。

•指导老年人加强体育锻炼。科学研究证明，60岁以上的夫妇，如果两个人每天都手牵着手去散步，他们的寿命会延长5年以上。现在农村街道硬化，广场有健身器材，锻炼条件很好。农闲季节，组织老年人做健身操，互相感染，形成群体氛围，既锻炼了身体，又愉悦了心情。为创建“百岁”民族而推出的“康姿百德”健身操，设置科学，易于掌握，便于锻炼，很值得推广。还可以组织老年人打乒乓球、台球、太极拳等。

•开展亲情服务活动。俗话说“老人的心在儿女上，儿女的心在石头上”，一些长期在外务工的子女亲情淡薄，很少回家探望老人，就连电话也很少打，造成了老人的心情不适，精神抑郁，以致生出病来，甚至失去了活下去的信心。医学实验证明：亲情（友情）能使人产生安全感，体内的压力激素水平大大降低，免疫功能得到改善，从而提高存活率。一个法国女孩得了宫颈癌，八次手术、七次化疗，她想到了自杀。在亲友的开导帮助下，她坚定了活下去的信心，坚持在湖面划船。一小时，两小时，天天坚持，两年后检查，身体的所有指标全部正常，后来她还得了世界女子划船冠军。“恩宠细胞”使她战胜了病魔，获得了成功。心理学认为，信念会调动自身的免疫细胞，增强自愈力。

村级医养工作室应动员空巢老人的子女常给老人打电话，常回家看看，把关注老人的生活和健康放在心上，尽到做儿女的孝老责任。

村级医养工作室由村委会负责筹建和管理，应设在村卫生室附近，确定一两名负责人，下设若干个服务小组，使之各负其责。这种模式利用农闲时间办公，不影响作务庄稼，投资少、成本低、服务面广、见效快，也便于落实。这是浅层次的医养资源对接，是对公共卫生服务的延伸。要创造条件兴办村“幸福院”，让广大农村老人“不离乡、不离土、少花钱、多受益”，真正享受到居家医养的幸福。

第五，镇级医养服务。镇卫生院与敬老院连接一起，是医养服务的深度融合。医疗资源与养老资源优势互补，可降低社会化养老的成本，老人不花钱或少花钱，即能享受更专业、更人性化的服务：就诊零距离、护理全方位，紧急救助落得实，各项服务细致周到，文化生活丰富多彩，老人们住得起也住得好，从而开心每一时，快乐每一天。

作者简介：
陈光复，陕西省宝鸡市眉县老年学学会。

老年医学与医养结合

老年医学是医养结合的重要构成。老年医学发展了，实现医养结合的基础就更雄厚更坚实了。老年医学赋予医养结合的，既有医疗知识，更有疾病预防、健康促进、保健康复等方面的指导。无论是医养结合，还是养医结合，医的部分都是需要大力增进的。

从中西医融合肿瘤康复实践探医养结合发展之路

刘为易　杨宇飞

〔中国中医科学院西苑医院肿瘤诊疗部（中心）　北京　100091〕

摘　要： 恶性肿瘤是严重影响人类生存时间和生活质量的一种难治性疾病。随着现代诊疗技术的发展，肿瘤患者的痊愈率提高，生存期延长，使得人们对肿瘤康复的需求不断增加。探索适合我国国情的肿瘤康复服务模式，对于充分发挥祖国医学优势，将医疗资源与养老资源相结合，实现社会资源利用的最大化有着重要的意义。

关键词： 肿瘤康复　中医　中西医融合　医养结合

一、肿瘤康复发展概况

（一）肿瘤康复的概念及目的

随着医疗技术的发展，恶性肿瘤的治疗手段越来越多，治愈率有了很大提高。但无论是内科治疗、放疗，还是外科手术的治疗，对病人的身体都有一定程度的损伤。恶性肿瘤康复医学是新近发展起来的康复医学和肿瘤学的一个分支。肿瘤康复的概念最早由美国在1971年国家癌症计划中提出，并自此展开相关研究。1972年美国国立癌症研究院举办了癌症康复计划会议，将肿瘤康复明确划分为：社会心理支持、体能优化、职业辅导（帮助患者恢复职业技能）、社会功能优化四个方面。根据肿瘤的不同时期、不同情况，肿瘤康复的目的也不同：①预防性康复：广泛普及防癌、致癌的知识，采取积极措施预防肿瘤的发生，对肿瘤患者应尽早明确诊断，尽早治疗，预防或减轻身心功能障碍的发生。②恢复性康复：患者肿瘤得到治疗控制、进入恢复期时要使患者的身心功能尽快减轻到最低限度或得到代偿，得以自理生活，参加力所能及的工作，回归社会，提高生存质量。③支持性康复：治疗后患者的肿瘤没有得到控制而带瘤生存或病情继续进展时，应尽量减缓肿瘤的发展，预防或减轻并发症，延长存活期，改善健康和心理状况，减轻功能障碍。④姑息性康复：患者肿瘤进入晚期应尽可能减轻症状，预防和减轻并发症，使其精神得到安慰和支持，直至临终。

（二）我国肿瘤康复的发展

根据2015年全国肿瘤登记中心公布的监测数据显示，我国每年新增癌症病例337万，相当于每分钟就有6.4人患癌，且仍呈逐年升高态势。在经过医院的治疗后，后续的康复治疗缺位，常常导致肿瘤患者或因肿瘤进行手术而不能重新恢复原来的工作而另选职业，或因肿瘤遗留的慢性疼痛或器官功能衰减而饱受折磨，所有这些都需要一些积极的康复措施来解决；加之现代诊疗技术的发展，使得肿瘤患者的痊愈率提高，生存期延长，必然使得人们对肿瘤康复关注的增加。如何根据生理、疾病特点，合理制订肿瘤康复治疗方案是目前面临的一个重要难题。

我国医疗体制具有中医、西医两条腿，一味照搬国外模式并不适合国情。只有学会两条腿走路，坚持中西医传承与融合并举，创新有中国特色的中西医融合肿瘤康复模式才是唯一的可行方法。

二、中西医肿瘤康复方法

（一）心理康复

癌症的诊断与治疗对于每一个个体患者而言，都是严重的负性生活事件，会导致患者产生不良情绪，如焦虑、抑郁等，严重地威胁着患者的身心健康。不少研究表明，情绪因素和癌症的发生与预后有着密切的关系。鄢薇等对60例恶性肿瘤患者及60例正常体检者进行统一量表的问卷调查，研究表明，虽然肿瘤患者的职业、年龄、文化水平、家庭背景不同，但都会产生抑郁、焦虑、悲观、绝望的心理障碍，并且癌症患者具有高于正常人的高度敏感性的心理应激状态，而且出现了严重的抑郁表现及心理焦虑。有相关统计资料显示：食管癌患者中，有抑郁、急躁、暴怒史者占56.5%～69%；患病以前有过强烈的精神刺激和有过重大的不幸者占52.4%。另有研究发现，肿瘤的死亡率与抑郁情绪有密切的关系，高抑郁者死于肿瘤的人是其他人群的2倍，说明抑郁情绪可导致或加速肿瘤的发展。

中医学理论体系中，情志致病是对肿瘤病因认识的一个重要方面。《素问·举痛论》中记载："百病生于气也。怒则气上，喜则气缓，悲则气消，恐则气下，寒则气收，炅则气泄，惊则气乱，劳则气耗，思则气结。"七情过度，导致脏腑功能失调，肝郁气不得舒，脾虚水湿难化，经络瘀滞，血脉壅遏，痰湿郁阻，留而不行，渐积成块，形成岩瘤。有学者对七情过度致病的机制与现代医学心身医学、生理学结合进行了深入的研究，结论归纳为：①强烈的恶性刺激必然影响人体的生理状况，造成机体内环境稳定状态失调，自主神经功能紊乱，使体内生理变化失常，从而使细胞生长失控，突变而生肿瘤。②由于心理紧张因素的不断强刺激反应，通过神经递质的作用，改变人体的内分泌，使儿茶酚胺浓度升高，破坏了内环境的平衡，造成了正常细胞的畸形生长，导致了癌的形成。③恶劣的情志抑制人体的免疫系统功能，如抑制胸腺功能，影响T细胞的再循环等，使人体免疫系统不能及时发现并消灭突变的细胞株而导致肿瘤的发生。

（二）食疗康复

中医学养生体系下的食疗对肿瘤的康复治疗有许多值得借鉴的地方。WHO明确指出："根治癌症最有希望的国家在中国，食疗药膳大有潜力。"另有相关报道显示30%肿瘤病因可归于不良饮食和营养，并且癌症患者的营养消耗大于正常人。因此健康良好的饮食不仅可以预防肿瘤的发生，对于肿瘤的治疗与康复也有着积极的作用。中医食疗是在中医辨证论治的基础上建立的，强调整体性与系统性并存，认为"药食同源"，通过调动人体各脏腑的生理功能，调和阴阳，以达到防治疾病的目的。

《内经》中指出："毒药攻邪，五谷为养，五果为助，五畜为益，五菜为充，气味和而吸之，补益精气。"指出药物用来攻除邪气，而食疗则可以用来补益精气、扶助正气，以利于疾病康复。众多专家认为，癌症患者的病理特征为：本虚标实。本虚多有先天、后天亏虚，气血阴阳亏虚，五脏六腑亏虚等不同。标实多为痰、湿、瘀等病理产物停滞。中医讲究药食同源，食物和药物一样具有四气五味。因此中医的食疗康复应根据患者的性别、年龄、体质、疾病阶段、生活习惯、季节特点、居住环境而辨证施治，对肿瘤患者进行个体化的中医食疗康复模式。

（三）针灸康复

针灸疗法作为传统的中医治疗方法之一，在肿瘤康复领域有着广泛的应用。有不少研究证实，针灸对于肿瘤的康复治疗，如在减轻放化疗毒副反应，提高患者生活质量等方面较单纯西医治疗有着明显的优势。英国著名医学杂志《柳叶刀》曾发表文章说："对针刺术的兴趣，部分反映了西方有很多的病人仍然要求非正常医学（指不属于西医的常规疗法）去治疗西方医学无能为力的疾病。"

魏海等研究认为针灸能有效改善肿瘤患者的生存质量，如针灸对淋巴结清除术后患者能有效减轻疼痛，提高痛阈，提高肢体运动功能，针对不同的毒副反应应使用不同的针灸疗法。彭桂原等总结俞云教授的切脉针灸疗法，并将其应用在鼻咽癌放化疗后的康复过程中，观察得出切脉针灸对于减轻放化疗导致的骨髓抑制反应、口腔黏膜炎、消化道反应、中耳炎及抑制鼻咽癌复发及远处转移等方面具有重要意义。

（四）音疗康复

音疗康复，首推中医五行音乐。五行音乐是将中医基本理论中的阴阳五行与音乐相结合而成。五音，即角、徵、宫、商、羽，分别与中医五行（木、火、土、金、水），中医五脏（肝、心、脾、肺、肾），音调中（3——咪音，5——嗦音，1——哆音，2——咪音，6——啦音）相对应。中医理论认为：五音通五脏，可直接或间接影响人的情绪和脏腑功能，从而影响人体气机的运行。清代吴师机在《理论骈文》中记载："七情之病也，看花解闷，听曲消愁，有胜于服药者矣。"古人认为音乐可以"通神明"，可以"动荡血脉、流通精神"，可以"使人喜，使人悲"，以调畅情志。

目前不少医院都在应用中医五行音乐疗法对肿瘤患者采取干预，如中国中医科学院西苑医院肿瘤科、广东省中医院肿瘤科、上海龙华医院肿瘤科等都在应用此种非药物疗法。不少临床实验证实中医五行音乐对恶性肿瘤患者的康复预后有着积极的作用。廖娟等对 67 例晚期肠癌患者进行随机化设计，按照 2∶2∶1 比例将患者随机分配到 3 组（中医五行音乐组、西洋乐组、对照组），其中中医五行音乐组、西洋乐组每接受 5 天音乐治疗休息 2 天，对照组不接受任何音乐治疗，治疗前后观察患者的生活质量评分，KPS 评分。3 组两两比较，结论显示中医五行音乐组与西洋乐组和空白组对照差异具有统计学意义（$P<0.05$）。

（五）运动导引康复

《内经》中记载："积为导引服药，药不能独治也。"气功是一种以呼吸的调整、身体活动的调整和意识的调整（调息、调形、调心）为手段，以强身健体、防病治病为目的的一种身心锻炼方法。导引从三个方面作用于人体：意念——导意令行，"意到气到"；呼吸——导气令和，"气行血行"；肢体——导体令柔，"畅通经脉"。气功导引在帮助病人解除恐惧、焦虑、烦躁等方面有独到的效果。气功强调心静，心静则神定，神定则息调，息调则气平，气平则血和，从而有利于癌症的康复。

运动导引康复包括很多内容：如郭林气功、五禽戏、站桩、太极拳、八段锦等都是具有中医特色的运动康复方法，其相同点是动静相兼，需要依靠病人自己的主观努力来主动进行锻炼。相比于其他的被动疗法来说，中医运动疗法更能调动患者自身的主观能动性，通过动静结合的方法调节气息运动，进而达到激发经气，疏通经络，和谐气血，增强功能，调节体质，提高抗病能力。

不同的气功具有不同的康复功效：五禽戏可用于癌症康复期四肢部位功能的锻炼，有助于肢体活动能力的康复，如乳腺癌术后上肢抬举、外展困难者；站桩可用于癌症术后体力恢复较慢者、放化疗期间出现消化道等不良反应者；太极拳的适应范围较宽，男女老少均可练习，对体力较差的癌症病人更为适宜。

三、构建中国特色的肿瘤康复服务体系

我国肿瘤医疗领域迫切需要一种规范、高效、多学科、个体化、符合中国国情的医疗康复模式，中医传承了中华文化精髓，其辨证论治、天人合一、同病异治、异病同治的思想既强调整体观念又注重个体化，是通天彻地、包罗万象的大道理、大智慧。

癌症病人的康复涉及众多领域，实现中西医融合的多学科一体化康复模式对肿瘤病人的康复大有益处，其中需要中西医临床医生、心理专家、食疗营养家、运动专家、社会志愿者等多方面人员的共同参与。将多学科的资源整合，积极开展学科间交流，实现中国特色的多学科诊疗模式，为患者量身定做肿瘤康复服务包，构建有中国特色的肿瘤康复服务体系，为医养结合探索发展方向，需要各领域人员的共同努力。

参考文献

[1] 鄢薇，卢宏达，王纯．恶性肿瘤患者的心理状态与康复对策［J］．中国老年学，2013，07：1649－1650.

[2] 孙桂芝．癌症患者的中医心理康复和饮食康复治疗［J］．中国康复理论与实践，2002，06：5－7.

[3] 糜迅，陈建斌，邵银进．癌症康复的研究进展［J］．中国伤残医学，2012，10：154－156.

[4] 吴整军．中医情志为病论与肿瘤发病、康复中精神心理因素的作用［J］．中国临床康复，2004，27：5950－5951.

[5] 孙晓生，陈鸿霓，林龙．初探中医食疗在恶性肿瘤康复中的运用［J］．中国医药指南，2012，28：240－241.

[6] 郑敏芝，柴晓阁．针灸疗法在肿瘤临床治疗及康复中的应用前景［J］．光明中医，2012，02：305－306.

[7] 魏海，吴焕淦，裴建．肿瘤康复与针灸治疗［J］．中国临床康复，2002，23：3599－3600.

[8] 彭桂原，杨朝杰，杨黎，俞云．切脉针灸在鼻咽癌放化疗后康复治疗中应用体会［J］．新中医，2014，06：255－256.

[9] 廖娟，杨宇飞，吴煜，何小宁，郝玉芳．五行音疗对晚期癌症患者生存质量影响［J］．现代仪器与医疗，2013，05：80－82.

作者简介：

杨宇飞，中国中医科学院西苑医院肿瘤诊疗部（中心）主任，主任医师，教授。

社区居家养老模式下的骨质疏松症预防研究

马占山　李学军

（山东英才学院　山东　250104）

摘　要：目的：研究社区居家养老模式与传统家庭养老模式下骨质疏松症的预防效果。方法：设立居家养老模式为研究组共106位老年人，传统家庭养老模式为对照组共138位老年人，研究组通过健康教育、饮食和生活习惯干预、运动干预、用药干预等手段提高骨质疏松症人群的骨密度，预防骨质疏松症性骨折的发生。结果：经过36个月的积极干预，研究组骨密度均数为0.941，标准差0.101，对照组均数为0.824，标准差0.211，经SPSS统计学分析t值为5.26，差异有高度显著性。说明研究组人群骨密度明显高于对照组。研究组发生病理性骨折6例，对照组18例，平均年发生率分别为1.89%与4.35%，统计学分析X^2值4.91，$P<0.05$，有统计学差异。说明研究组骨折的发生率明显低于对照组。结论：积极的社区干预可以提高老年人的骨密度，预防骨质疏松症所致病理性骨折。

关键词：社区养老模式　骨质疏松症　疾病预防

2010年11月第六次全国人口普查结果显示，中国大陆31个省、自治区、直辖市和现役军人的人口中，60岁及以上人口占13.26%，其中65岁及以上人口占8.87%。伴随人口老龄化及经济社会发展，社会养老模式也发生了相应的变化，社区居家养老是以家庭为载体，以社区为依托，通过上门服务和社区日托的形式，对居住在家中的老年人进行生活照料、康复护理、家政服务和精神慰藉，以满足老年人不同层次需求的规范化养老服务体系。社区居家养老在经济成本、文化观念、服务人数、服务效果、社会效益等方面具有明显的优势，是家庭传统养老与机构养老之间的一种模式。

骨质疏松症（osteoporosis，OP）是以低骨量及骨组织微结构退变为特征的全身性骨骼疾病，伴有骨脆性增加，易于发生骨折。骨质疏松症已是目前世界上发病率、死亡率及保健费用支付较大的疾病之一，对中国将是一个严重的社会经济问题。

本研究以社区为依托，以参与社区居家养老的老年人为研究对象，研究调整生活方式及药物对骨质疏松症的防治效果。社区居家养老是以社区养老服务中心的形式体现。

一、资料与方法

（一）一般资料

研究对象社区建立于2010年10月，2011年6月建立社区养老服务中心，2012年1月开始本研究项目，截至2014年12月共3年时间，此期间在社区居家养老中心生活的老年人共324人，经医院体检诊断为骨质疏松症的患者106人设为研究组，以同社区传统居家养老的老年人138人为对照组，两组中均排除骨代谢疾病（如糖尿病）的患者。两组人群在年龄、性别、体重指数、居住环境均无明显差异，研究之初进行老年人常规查体及骨质密度专项检查，两组人的一般症状及骨密度值亦无明显差异，具有可比性。

（二）方法

养老服务中心人员在社区卫生服务中心人员的统一培训下，掌握本研究的方法，熟悉骨质疏松症的危险因素及防治对策。

两组人群从研究开始，研究组由医护人员进行健康知识教育，讲解骨质疏松症的基本知识、危害及防治措施，并从饮食、运动等生活方式及用药方面进行干预，而对照组为家庭散居，未作任何干预。3年中对研究组随时进行病情变化记录，将两组人员每12个月进行一次常规查体，36个月后再次进行骨密度检查，并同时收集两组人群中因骨质疏松症发生骨折的病例资料，进行整理并统计。

研究组干预方法：

- 健康教育：由社区卫生服务中心对研究组老年人进行日常健康宣传，每3个月由社区卫生服务中心请相关专业专家进行专题讲座1次。
- 饮食和生活习惯干预：在集体生活期间，每日上午10点、下午3点饮用新鲜牛奶200毫升，食谱中多用豆制品、虾皮、鸡蛋等含钙丰富的食品及蘑菇、木耳、绿叶蔬菜、鱼、禽、瘦肉，限制饮酒、咖啡及碳酸饮料。集体活动中禁止吸烟，指导老年人按时起床、休息，行走不便时使用扶持物，避免跌倒。

• 运动干预：选择户外有氧运动，如快走、慢跑、骑自行车、游泳等，运动强度及持续时间实施个体化，以老年人在运动中感觉稍有费力，无心慌、气短，微出汗即可，一般为上下午各 30 分种，每周坚持 5 天以上。

• 用药干预：根据医师的指导，选用葡萄糖酸钙，每次 2000 毫克，每日 1 次，每日用量 2000 毫克，每日补充维生素 D 400 单位。

（三）统计方法

所有数据采用 SPSS20.0 软件处理，两组一般情况的计量资料用 t 检验，计数资料用 x^2 检验。

二、结果

（一）两组骨密度的比较

用双能 X 线吸收仪（DXA）进行骨密度检测，检测部位为腰椎（L2—L4），研究开始前检查结果经统计学分析无明显差异。经过养老模式改变生活方式，研究结束时再次检查，经 SPSS 检验结果见表 1，显示 t 值 5.26，$P<0.01$，差异有高度显著性，说明社区居家养老模式对老年人骨密度较传统养老模式有明显提高。

表 6－1　两组人群骨密度（克/平方厘米）比较

	研究组	对照组
均数	0.941	0.824
标准差	0.101	0.211
例数	106	138
检验水准	0.05	
df	242	
合并方差	0.029630091	
tStat	5.262800805	t 值
P（T<=t）单尾	1.5633E－07	
t 单尾临界	1.651174514	
P（T<=t）双尾	3.12661E－07	
t 双尾临界	1.969815079	

（二）两组病理性骨折的比较

两组人群在研究期间的3年中共发生骨折24例，其中研究组6例，对照组18例，骨质疏松症人群骨折的平均年发生率分别为研究组1.89%，对照组4.35%，两组人群经统计学分析 X^2 值4.91，$P<0.05$，有统计学差异。说明对照组骨折的发生率明显高于研究组。

表6－2　两组人群病理性骨折比较

组别	未发生骨折数	病理性骨折数	合计
研究组	100	6	106
对照组	120	18	138
合计	106	138	244

三、讨论

（一）社区居家养老模式的意义

我国的社区养老服务是在20世纪80年代末发展起来的。目前全国各地功能完善的社区均建立了养老服务机构为载体的居家养老服务，形式上多以养老服务中心的方式体现，功能是为居家的老年人提供专业化的生活照料、医疗康复等服务。社区居家养老模式可以说汲取了传统家庭养老和机构养老的优点，主要表现在以下几个方面。①养老功能的全方位性。居家养老服务模式可以满足老年人不同层次的需要，涉及日常生活及医疗保健等多方面。②养老资源的多元性。完成各方面养老功能的资源既来自政府，也来自个人及家庭。③养老体系的多层次性。居家养老能够根据老年人的具体养老生活状态、养老条件和养老需求合理分配养老资源，规划养老设施。④养老体系的开放性和优势互补性。居家养老模式“家”的概念，不再是仅由亲缘关系成员所组成的家庭概念，而是在生活功能上扩展到其所处社区的广义家庭概念，这在一定程度上减少了老年人的孤独。

（二）普及骨质疏松症防治知识，预防病理性骨折是重点

据世界卫生组织（WHO）的统计资料显示，骨质疏松症已经成为全球性健康问题，其严重性仅次于心脑血管病。目前，全世界约2亿人患有骨质疏松症，骨质疏松症发病率在慢性病中已跃居第七位。在中国，65岁以上的老年人半数以上患有骨质疏松症，比30年前增加了3倍。随着老龄化社会的到来，骨质疏松症已成为一个严重的社会公共健康问题。骨质疏松症预防重点在社区，骨质疏松症发病与其知识、

行为有着密切的关系。如果平时生活中能从这些方面多加注意，就可起到积极预防的作用。社区养老服务中心的对象是本社区居民，做好骨质疏松症的一级预防是其服务的重要内容，在患者接受医疗保健服务的同时，及时了解患者的心理、文化、社会、传统观念等情况，进行系统的指导，有针对性地解决实际问题，即实施个性化的健康宣教干预是最有效的措施。

（三）规律的运动是老年人防治骨质疏松症的重要措施

适度运动不仅能增加肌肉、关节的柔软性，平衡身体，减少摔跤概率，还可增加维生素 D 的合成，促进钙的代谢，提高骨盐。据文献报道，每天运动 25 分钟，坚持 1 年，比不做运动的人全身骨盐量增加 5%。本文结果显示，有运动干预的研究组比对照组的骨密度增高，骨质疏松症性骨折也明显减少。

（四）适当的药物补充对防治骨质疏松症有直接作用

骨质疏松症主要是由于钙的丢失过多引起，钙是骨的最主要成分。我国卫生部门提出成人每天钙摄入量应为 800 毫克，一般正常饮食每天只能摄入钙 500 毫克左右，所以每天补充量为 200—300 毫克。本研究组在饮食中适度补充含钙高食品的同时，对每个研究者每日补充葡萄糖酸钙片 2000 毫克，另加维生素 D 400 单位，有效地预防了骨质疏松症性骨折，所以，合理应用药物预防也是减少骨折发生一个重要的措施。

四、小结

中国已进入老龄化社会，老年人口数量逐渐增加，养老问题是全社会的一个大问题。社区居家养老是一种较好的养老模式，它有老年人不离家而能得到相应社区服务的优点。骨质疏松症是老年人常见的一种慢性病，严重影响老年人的健康，积极的社区干预可以提高老年人的骨密度，预防骨质疏松症所致病理性骨折，提高老年人的生活质量和减轻社会经济负担，是一个值得推广的方式。

参考文献

［1］赵青．我国社区居家养老模式的现状及问题浅析［J］．今日南国，2010，7：4－5.

［2］吴孟超，吴在德．黄家驷外科学（第七版）［M］．北京：人民卫生出版社，2008：3177.

［3］沈夏英，沈序英，邝海东，等．社区骨质疏松症防治健康教育模式探讨

[J]. 当代医学. 2008, 9 (149): 13-14.

[4] 乔慧玲, 安红缨, 李红博. 谈谈怎样补钙 [J]. 中国骨质疏松, 2000, 6 (5): 92.

[5] 郭惠敏. WHO 呼吁关注骨质疏松问题 [J]. 国外医学社会医学分册, 2001, 18 (3): 138.

作者简介:

马占山, 男, 山东英才学院老年服务与管理学院教授。研究方向: 老年康复与教育。

李学军, 山东英才学院。

发展中国特色的老年医学

杨耀学

（山西省汾阳医院　山西　032200）

摘　要：老年医学的特征：衰老，使病与非病的界限模糊，拓宽了老年医学的研究领域，心理因素明显，防病与养生成为重要内容，有独特的疾病谱。与普通的综合医院相比，老年医院应有下列特色：第一是在门诊服务上，诊疗与筛查、宣教并重。第二是在急诊业务方面，设立出诊科。第三是病房工作必须注重护理。第四是科室结构自成特色。第五是医疗器械的配备必须满足老年人需求。第六是随访工作极其重要，是老年医院的职责和任务之一。我国老年医学的特色：第一是在社会主义制度下，一项惠民、利民的政策举措容易成为全社会行动。第二是我们有大批医疗后备力量，老年医疗事业方兴未艾。第三是祖国医学经几千年积淀，对老年病研究有丰富渊源和宝贵经验，是灿烂的民族医学文化，有强大的凝聚力，是我们的独特优势和传家之宝。中国的老年医学，应该符合中国特点和能够满足中国老年人的需要，不能机械模仿西方模式。中国老年人健康长寿的美景，必将到来。

关键词：老年医学　中国特色

人口老龄化是不可抗拒的历史趋势，也是人类社会进步的界碑。21 世纪是全球人口老龄化的世纪。老年疾病的预防、治疗及康复已日益引起人们的关注。老年人的生活质量和人的平均寿命，已成为一个国家卫生水平、文明程度乃至发达程度的重要标志。然而，我们的现状是老年医院和老年病专业医生很少，老年医学作为一门学科，有待大力发展提高，目前的水平显然不能适应形势的需要。笔者在农村、城市社区，各级医院、老年大学及涉老机构，进行了大量的调查研究，分析了许多数据，并与 14 个大城市的同人进行了广泛切磋，认为：大力发展中国特色的老年医学，提高老年病防治水平，改善老年人生活质量，让老年人健康、幸福、长寿，具有极其重要的社会意义，关乎国家稳定，是执政兴党的要务之一。

一、老年医学的范围与特征

关于老年医学的服务对象，参照各国标准，结合我国的退休政策及有关规定，目前60岁以上即为老年人。

老年医学的特征，如以下几点。

第一，衰老使病与非病的界限模糊，拓宽了老年医学的研究领域。

由于自然衰老，脏腑老化，功能减退，老年人出现大量亚健康状态。老年人许多症状是由衰老造成。不像年轻人，患病与健康有明确的界限。资料显示，对70岁以上老年人常规体检，极少有完全健康、没有任何主诉、各项检查指标全部正常者。从这方面来说，老年人的疾病和衰老，都是老年医学的内容，所有的老年人都是老年医学服务的对象。

第二，心理因素明显。

人到老年，会遇到一些年轻时不存在的心理和社会问题，如退休、离休、家庭结构变化、对外界适应能力下降等等。老年人衰老和疾病过程中，情志因素明显，往往出现笨拙、痴呆、健忘、烦躁、抑郁等病状。不少人悲观、厌世，行为古怪，甚至有自杀行为。这就使老年医学必须包括精神卫生、心理健康内容。

第三，防病与养生成为重要内容。

养生有预防疾病、延缓衰老、提高生活质量，达到健康长寿的作用，故老年医学离不开养生。养生在我国起源很早，有丰富经验，包括饮食、运动、情志、药饵等许多方面。当前，老年人普遍重视养生。给予正确的指导、普及科学的养生方法，提高养生的效果，是老年医学的重要方面。

第四，有独特的疾病谱。

老年病分三类：老年期特有疾病、老年期多发疾病、与其他年龄段共有疾病。特有疾病如老年期痴呆、老年性白内障等。老年期多发疾病如脑梗死、骨质疏松、脑萎缩、高血压、高脂血症、糖尿病、颈椎病、肿瘤等。即使是各年龄段的共有疾病，老年患者也有其特征。这些均是老年医学的研究内容。

二、老年医院和老年科的设置

目前各省份都有儿童医院，但老年医院为数很少。一般三级综合医院都设立儿科（年龄界限为14周岁以下），而老年科的设置，虽有人呼吁、提倡，但实际设立老年科的医院尚很少，远不能适应需要。根据有关专家的论证，50万人口以上的城市，应有老年医院。二级以上综合医院，应有老年科。

与普通的综合医院相比，老年医院应有下列特色。

第一是在门诊服务上，诊疗与筛查、宣教并重。应设体检科或体检中心，定期对各阶层、各部门老年人进行健康体检，同时开办各类型学习班、讲座，广泛联系各界老年人。

第二是在急诊业务方面，设立出诊科。鉴于老年人行动不便，应有具备丰富经验的高年资医师随时上门服务，或设置家庭病床，这是借鉴欧美各国的经验，也是老年医院区别于一般医院的一大特色。

第三是病房工作必须注重护理。老人患病，变化快、并发症多、生活自理能力差，不少人有心理障碍。这就要求提供温暖细致的人文服务。一般应分设普通病房、抚慰病房（注重心理关怀，针对有精神症状者）、关怀病房（针对临终病人）。

第四是科室结构自成特色。一般医院的分科，主要依据是病种，如呼吸科、消化科、心血管科等。老年医院的分科，应考虑老年人特点，因老年人是多脏器功能衰退，且互相影响，分科不宜过细，医务人员应是全科大夫。

综合医院的老年科，应根据本院病人来源及住院病人构成，规定若干标准。如有的医院规定，75 岁以上老人住老年科。这方面的划分，有待继续积累经验。

第五是医疗器械的配备必须满足老年人需求。比之青年、中年病人，老人们对器械有特殊要求。除担架、轮椅、拐杖、床垫等外，更重要的是康复器材，如北京天爱医院，是专门从事老年人康复医学的医院，对头部、上下肢、腰部等因脑血管病、颈椎病、关节炎造成的活动障碍，有精致的、针对性的各类器材，并建立了作业疗法学科。但上述器材目前尚未普及。各级老年医院及各医院老年科应配备上述器械，融医疗、康复保健、体育锻炼于一体。办出老年特色。

第六是随访工作极其重要，是老年医院的职责和任务之一。医院应设立专门的回访中心。凡是住过院的，医院都应登记在案，并有准确的联系方式。医生应组织自己的患者群定期开会。利用卫生节日（如 10 · 8 高血压日、4 · 15 肿瘤日，3 · 10 肾脏病日、5 · 31 哮喘日、11 · 14 糖尿病日等），召集病友，联谊、查体、做科普宣传，指导用药及养生。还可以通过到社区及农村义诊、电视讲座等形式，为老年病友服务。这样，患各类疾病的老年人都能得到经常的关心及具体帮助，学会自防自治自救，生命获得可靠保障。

三、我国老年医学的特色

我国老年人基数大，防病治病任务繁重，而我国的经济条件和医疗技术与发达国家相比，存在一定差距。但是，我们也有许多其他国家所不具备的优势。充分利用和发挥这些优势，将使我国的老年医学后来居上，获得长足发展，作出应有的贡献。这些优势大致有以下几个方面。

第一是在社会主义制度下，一项惠民、利民的政策举措容易成为全社会行动。只要政府重视，会迅速形成规模。多年来，我们已形成覆盖全社会的医疗保健网。当年的赤脚医生就是活跃在每一个农村的老年健康事业的工作者。近年来，党和政府重视社会福利，大力推进医疗保险系统工程。全社会老年人的身体健康得到基本保障，“老有所医”逐步成为现实。这样，我们就可以形成各级政府、涉老社会团体、社区和乡镇工作人员、热心于慈善事业和社会救助的有识之士、医疗专业人员、老年人自己几方面共同组成的老年病防治队伍，形成对于老年病社会各阶层、各部门齐抓共管的局面。各地的经验证明：60 岁以上的老年人，可以组织起来，成为老年健康自身维护的生力军。在这样的社会环境和制度背景下，老年医学势必振兴，我国人民的平均寿命将会逐步得到提高而位列世界前茅。

第二是我们有大批医疗后备力量，老年医疗事业方兴未艾。近年来的高等教育，培养出大批等待就业的青年医务人员；而全民所有制医疗单位用人量有限，供过于求，许多学医者就业困难。如果我们转变观念，把“我应该去什么单位”变成“我应该选择为哪类人服务”，并进而吸引这些人献身于老年医学，倡导刚参加工作的青年医务工作者做全科医生、老年病医生，这样就会出现百万青年服务于亿万老人的宏伟局面。老年人得到了健康，青年人得到了事业，这是多么喜人的景象！老年医学理应登堂入室，在医学教育中占一席之地，有专门科系、写入教科书，成为很多人的研究方向。出版书籍杂志，召开学术会议，进行国际交流。对于在职的赤脚医生，农村和社区医生，必须定期进行关于老年病防治的集中培训。汾阳医院曾于 2009 年在省卫生厅支持下举办过一次“山西省老年人耳鼻喉病专题学术会议”，将老年人作为研究专题，新颖而实用，广受好评，在全省开了好头。在其他科室和其他专业，也可以举办类似活动。

第三是祖国医学经几千年积淀，对老年病研究有丰富渊源和宝贵经验，是灿烂的民族医学文化，有强大的凝聚力，是我们的独特优势和传家之宝。中国人民眼中的老年医学，并不只见到西方世界的成就。儒学创始人孔子认为衣食住行与长寿有密切关系，力主尽孝养老，让父母安康；老子和庄子则主张顺乎自然，少私寡欲，以祛病延年。中医奠基的经典著作《黄帝内经》最早提出人的自然寿限和老年界限，并据此提出预防早衰的根本大法。后世医家逐渐积累老年病的临床经验和心得，强调食疗与药疗结合，重视摄生保健、精神协调。至唐代，老年医学体系已具备雏形。宋代出现了老年医学专著《养老奉亲书》，之后元代的《儒门事亲》《摄生消息论》，明代的《老老恒言》《食治养老方》，将抗衰摄生、孝老事亲、健身益寿提高到全新水平。中医老年病学历史悠久，疗法繁多，卓有成效。西医传入后，传统中医与西医接轨，老年病学走上现代化道路。中西结合融汇，养生保健研究已在分子水平展开。中国中医研究院西苑医院老年病科被国家中医药管理局命名为全国中医老年病医疗中心。美国斯坦福大学医学中心已开始了对中国的太极拳、气功、针灸、药膳对老年人平衡功能及骨代谢水平影响的系统研究。所以，研究老年病，我们有得天独厚的条件。中医老年病学是古老的，又是有蓬勃生命力的；它是中华民族的，但又是全人类的。我们要弘扬中医药学，建立有中国特色的老年医学。中国科学院、国家卫生计生委、中国中医药管理局已作出战略决策，与中国老年学学会、中国老龄学会、中国老年大学学会、老年基金会联手，开展老年病的研究，可以坚信，老年医学的鼎盛时期，全国老年人健康长寿的美景，必将到来。

作者简介：

杨耀学，山西省汾阳医院主任医师，汾阳老年学学会医卫保健委员会主任，特约研究员。

健康引导教育对老年精神障碍患者实施康复功能训练的研究

彭晓梅　卢佩兰　邓　丽

（广东省江门市第三人民医院　广东　529000）

摘　要：目的：探讨健康引导式教育对老年精神障碍患者康复功能训练的效果。方法：研究对象为2011年10月至2013年10月江门市第三人民医院老年精神科收住院的老年患者伴精神障碍者188例，分为A、B两组，各组94例，A组（干预前）患者给予老年精神科常规治疗和康复训练，B组（干预后）患者在A组患者的基础上给予健康引导式教育；采用中文版简易智力状态检查（MMSE）和巴氏量表进行比较。结果：干预前两组无显著差异（$P>0.05$）；实施健康引导式教育干预后，B组患者的中文版简易智力状态检查（MMSE）和巴氏量表的得分分别为21.04及82.07，均显著高于A组患者的18.63及63.65，有统计学意义（$t=1.556$、9.537，P值均<0.05）。结论：健康引导式教育应用于老年精神障碍患者康复功能训练干预，可明显提高老年精神障碍患者认知能力，改善其生活质量，值得临床上推广应用。

关键词：健康引导式教育　老年精神障碍患者　认知能力　康复功能训练

老年患者原本多种疾病同时存在，由于各种原因所诱发机体功能致残率高，况且伴精神障碍老年患者，其行为、心理发生障碍，身为老年精神科护士，不但要具备老年内科护理知识，还要掌握精神疾病护理知识及良好的心理素质，需要承受患者性格改变，精神及心理障碍所致的攻击行为造成的压力。因此，本研究针对2011年10月至2013年10月江门市第三人民医院老年精神科收住院的老年患者伴精神障碍者188例，分为A、B两组，A组（干预前）患者给予老年精神科常规治疗和康复训练，B组（干预后）患者在A组患者的基础上给予健康引导式教育；通过此项研究探讨健康引导式教育对老年精神障碍患者康复功能训练的效果。

一、对象与方法

（一）研究对象

研究对象为2011年10月至2013年10月医院老年精神科收住院的老年患者伴精神障碍者188例，分为A、B两组，各组94例，病程5—15年，平均病程10.23±4.27年。疾病诊断均按老年内科及精神科标准，两组患者除老年精神障碍外，还伴有多种老年内科疾病同时存在。A组包括男48例，女46例；年龄61—90岁，平均年龄为75.5±11.61岁；文化程度包括高中以上41例、初中以下53例；多种疾病种类包括老年痴呆23例、肺心病18例、脑梗死后遗症38例、糖尿病11例、其他4例。B组包括男50例，女44例；年龄60—89岁，平均年龄为74.5±13.72岁；文化程度包括高中以上43例、初中以下51例；多种疾病种类包括老年痴呆24例、肺心病19例、脑梗死后遗症39例、糖尿病9例、其他3例。两组患者在性别、年龄、文化程度、疾病种类等方面无统计学差异，具有可比性（$P>0.05$）。

（二）方法

A组患者给予老年精神科常规治疗和康复训练，B组患者在A组患者的基础上给予健康引导式教育，具体如下。

老年科开办以来，在注重患者躯体、心理治疗外，现逐步形成了开创老年患者康复训练工作。老年科护士通过出港参观学习，吸取很多的康复训练的经验和方法，利用工作之余，精心挑选材料，变废为宝，制造几种康复训练的小器材，经临床多次实验，这些小创造发明在临床中有较强的实用性，为预防老年痴呆和加强偏瘫患者的肌力训练，起到了很好的作用，深受患者的喜爱，同时受到家属及患者的高度好评。自己动手创造发明康复训练的小器材有：手部滑轮器、手臂车、推沙盒、数字型挂钩认知板、梯形肩膊（手指）训练器等。例如：临床使用设计有数字型挂钩认知板使用说明书及它的适应证为：①智力障碍或部分智力障碍人员的认知功能训练；②老年人的智力退化引起记忆力减退的认知功能训练；③智力障碍或记忆力减退，同时伴双上肢手指或肢体障碍的认知功能训练；④言语障碍基本语言能力训练。其功能：通过大量反复练习，提高患者个体认知、智力、言语、思考、运算、判断、执行等基本认知功能的能力。操作要求：由一名医务人员指导一个或一个以上患者进行完成。操作方法：①取出认知板放于平稳桌面，同时将有数字型标号锁匙摆放于桌面认知板前面；②操作者坐于桌前，双手放于桌台面上；③每一次用手拿取一个有数字型标号锁匙，查看出是什么数字号；④根据手上拿锁匙数字号在认知板上寻找出相同的挂钩数字号；⑤要求操作者自行将锁匙对号挂上认知板；⑥要求操作者自行将数字型挂钩认知板上所有数字大声读出来；⑦要求操作者完成随意两个数字的加减或乘法运算。

还开展“动动脑筋——我来回答”“健康操——长者齐参与”“集体运动——快乐丢沙包”“有氧运动——打软皮球”“文娱活动——下棋”“开动手、眼、脑功能训练——捡豆分类”“乐开怀——划拳”“偏瘫肢体功能——综合训练”“开发思维——散步聊聊天”“工娱治疗——填鸭画”等文娱活动，锻炼患者独立思维能力，调动其康复积极性。

利用特色图书，即一种专供大人涂抹的画册，这种图书把各种名画集成没有颜色的画册，然后让患者按照自己的意愿涂上颜色，完成之后就成为一张只属于自己的“名画”，主要采用以开发个人趣味为主的书，使其成为中老年人预防老年痴呆的一种工具。并设作品展览区，与他人分享患者作品成果。

进行健身运动如传递排球，节日举办医护患者联欢会，鼓励与家属合唱，鼓励患者朗诵诗句。并指导患者进行关节松动训练及平衡功能训练。

（三）观察指标

采用中文版简易智力状态检查（MMSE）和巴氏量表进行比较。

1. 中文版简易智力状态检查（MMSE）

MMSE 共 19 项，30 小项。项目 1—5 是时间定向。项目 6—10 为地点定向、项目 11 分三小项，为语言即刻记忆。项目 12 为五小项，检查注意和计算。项目 13 分三小项，查短程记忆。项目 14 分两小项，为物体命名。项目 15 为语言复述。项目 16 为阅读理解。项目 17 为语言理解，分三小项。项目 18，原版本为写一个句子，考虑到中国老人教育程度，改成说一个句子，检测言语表达。项目 19 为图形描画。共 30 项题目，每项回答正确得 1 分，回答错误或答不知道评 0 分，量表总分范围为 0—30 分。测验成绩与文化水平密切相关，正常界值划分标准为：文盲 >17 分，小学 >20 分，初中及以上 >24 分。

2. 巴氏量表

最高分 100 分，最低分 0 分，分值高为优，分值低为差。0—20 分极严重功能缺陷；25—45 分严重功能缺陷；50—70 分中度功能缺陷；75—95 分轻度功能缺陷；100 分为能自理。

（四）统计学分析

数据采用 SPSS19.0 统计软件对数据进行分析。计量资料比较采用 t 检验，计数资料比较采用 $\chi 2$ 检验，设 P<0.05 为差异有统计学意义。

二、结果

两组干预前后 MMSE 及巴氏量表得分情况如表 6-3，B 组患者的中文版简易智力状态检查（MMSE）和巴氏量表的得分均显著高于 A 组患者，有统计学意义（P 值均<0.05）。

表 6-3　两组干预前后 MMSE 及巴氏量表得分情况

组别	例数	干预前		干预后	
		MMSE	巴氏量表	MMSE	巴氏量表
A 组（干预前）	94	17.85±5.74	51.24±13.02	18.63±6.33	63.65±15.09
B 组（干预后）	94	17.79±6.09	51.08±14.71	21.04±8.05	82.07±16.11
T		0.025	0.018	1.556	9.537
P		>0.05	>0.05	<0.05	<0.05

三、讨论

引导式的教育为匈牙利的一位教授 peto 在结合了他个人对于神经学、教育学、心理学和康复学等的知识，为中枢神经受损系统的成年人或儿童创建的一种综合的治疗方法。我国正加速进入老龄化社会，而在老龄人口中，患有精神问题和心理问题的数量逐年升高。专家建议，老年人应根据个人兴趣爱好适当参加活动，保持大脑活跃，防止脑萎缩。此外，应避免精神刺激，保持心情舒畅，乐观豁达，不要有情绪波动，尤其不要忧虑过度。老年性精神病是可以治疗的，而且越早发现、越早干预，效果越好。因此，老年精神病人的健康教育逐渐成为整体护理的重要内容，对促进疗效，缩短治疗周期，降低疾病复发有重要作用。

老年人的病情评估方面，虽然也可应用标准化的智力检查，如韦氏成人智力测验，但对人力和时间的要求较高，不易取得老年人的合作。简易智力状态检查（mini-mental state examination，以下简称 MMSE），是最具影响的认知缺损筛选工具之一，具有快速、简便的优点，能全面、准确地反映被试者智力状态及认知功能缺损程度，对评定员的要求不高，只需经过简单的训练便可操作，适用于社区和基层，可为进一步检查和诊断提供依据。巴氏量表又称为巴式指数（Barthel Index）是一种日常居家看护生活功能评估量表，依据此巴氏量表（BarthelIndex）来评估个案的日常生活功能状况，被广泛使用于复健、医院看护老年病患的领域，用来测量病患的治疗效果及退化的情形。

基于此，我们将2011年10月至2013年10月医院老年精神科收住院的老年患者伴精神障碍者188例，分为A、B两组，A组（干预前）患者给予老年精神科常规治疗和康复训练，B组（干预后）患者在A组患者的基础上给予健康引导式教育；采用中文版简易智力状态检查（MMSE）和巴氏量表进行干预前后两组比较，结果发现，实施健康引导式教育干预后，B组（干预后）患者的中文版简易智力状态检查（MMSE）和巴氏量表的得分分别为21.04及82.07，均显著高于A组（干预前）患者的18.63及63.65，有统计学意义（$t = 1.556$、9.537，P 值均 < 0.05）。可见，引导式的教育是一种为中枢神经系统的受损而导致的活动机能有所失调者设计的一个很有效的治疗方法。本文研究健康引导式教育应用于老年精神障碍患者康复功能训练干预，明显提高老年精神障碍患者认知能力，促进其康复，改善其生活质量，值得临床上推广应用。

参考文献

[1] 彭晓梅. 优质护理对老年患者住院满意度的提升［J］. 深圳中西医结合，2010，20（6）：389－399.

[2] 张垣. 引导式教育在脑瘫儿童康复中的应用与效果——实施中国残联贫困残疾儿童抢救性康复项目的体会［J］. 中外健康文摘，2011，8（16）：19－20.

[3] 张耀文. 奎疏平与利培酮治疗老年精神分裂症的疗效与安全性对比［J］. 中国现代医生，2014，52（1）：143－144.

[4] 王书灵. 不要轻视老年人情感认知障碍［J］. 中国社区医师，2013，41：48.

[5] 曾元香. 应用引导式教育理念护理对脑瘫儿童康复效果的影响［J］. 中外医疗，2012，31（16）1：16－17.

作者简介：

彭晓梅、卢佩兰、邓丽，广东省江门市第三人民医院。

血浆致动脉硬化指数与老年高血压患者下肢动脉硬化风险相关性研究

杨　彤[1]　李亚刚[2]

（1. 一汽总医院　吉林　130013；2. 吉林大学第四医院　吉林　130011）

摘　要：目的：研究老年高血压合并下肢动脉硬化发生风险与血浆致动脉硬化指数（AIP）的相关性。方法：纳入397例老年高血压住院患者，其中单纯高血压组183例，高血压合并下肢动脉硬化组214例。收集患者一般资料，采集静脉血检测相应生化指标，计算血浆致动脉硬化指数（AIP），并行统计学分析。结果：（1）与单纯性高血压病组比较，高血压合并下肢动脉硬化组收缩压（SBP）、舒张压（DBP）、总胆固醇（TC）、甘油三酯（TG）、低密度脂蛋白胆固醇（LDL－C）、脂蛋白LP（a）及AIP均显著性增高（$p<0.05$，$p<0.01$），高密度脂蛋白胆固醇（HDL－C）显著性降低（$p<0.05$），组间年龄、性别无统计学差异（$p>0.05$）。（2）二元Logistic回归分析结果表明，高血压患者是否发生下肢动脉硬化发生与SBP、DBP、TG、LDL－C、LP（a）及AIP呈显著正相关（$p<0.05$，$p<0.01$），与HDL－C呈显著负相关（$p<0.01$）。结论：AIP可作为老年高血压患者动脉硬化形成的重要预测指标之一。

关键词：血浆致动脉硬化指数　老年高血压　下肢动脉硬化

下肢动脉硬化是高血压病患者常见的大血管并发症之一，是心脑血管疾病的基础。目前，动脉功能经典指标的检测，如颈—股PWV、颈动脉及主动脉反射波增强指数（augmentation index，AI）的测量均需要配备昂贵的检测设备及专业操作人员，不适用于大规模临床应用及推广，寻找一种简单有效的评价方法对动脉硬化程度进行准确预测，从尚未发生心脑血管并发症的单纯高血压患者中尽早筛选出高心血管风险者，对高血压心脑血管并发症的防治具有积极的意义。

致动脉粥样硬化指数（atherogenic index of plasma，AIP）是TG与HDL－C比值的

对数转换值，能够间接反映小而密低密度脂蛋白（sLDL－C）颗粒的大小，较TG、LDL－C等传统血脂参数能更好地预测动脉粥样硬化发生的风险，且该检测方法简单易行，易于推广。sLDL－C由于颗粒小，易于侵入并沉积于动脉壁内膜，造成胆固醇的沉积，具有强烈的致动脉粥样硬化的作用，是动脉粥样硬化发生的独立危险因素。宋醒良等对中国健康人群各年龄段的血脂分析发现，AIP能较好地避免对TG、HDL－C分析的影响，认为其在预测动脉硬化以及心脑血管疾病风险方面优于单项血脂的测定。本研究拟评价AIP与老年高血压患者发生下肢动脉硬化风险的相关性。

一、资料与方法

（一）一般资料

选取2009年1月至2013年12月本院未经门诊治疗的老年（年龄60岁以上）高血压病患者，排除继发性高血压、高血压危象、急性冠脉综合征、急性心肌梗死、肺源性心脏病、风湿性心脏病、肝肾功能不全、慢性心衰、BMI指数（body mass index）≥$30kg/m^2$者及影响血压监测的其他情况（如心房纤颤和其他主要心律失常）。分为单纯性高血压病组183例，男117例，女66例，年龄61—84岁，平均69.02±6.08岁；高血压合并下肢动脉硬化组136例，均经下肢动脉超声明确诊断为下肢动脉硬化，男99例，女37例，年龄60—84岁，平均69.33±5.68岁。

（二）方法

1. 样本采集

通过个人访谈和医疗记录，收集基线临床资料，包括年龄、性别、吸烟饮酒状况、收缩压（SBP）、舒张压（DBP）、用药（治疗高血压，高血脂）情况。高血压诊断标准符合《1999WHO/ISH高血压指南》。所有纳入患者应在4周内未使用过降脂药物。纳入患者均签署知情同意书，经吉林大学第四医院伦理委员会批准。

2. 血脂检测

禁食禁水8小时后于次日晨采取静脉血，测定TC、TG、HDL－C、LDL－C、LP（a）等指标。其中TC、TG、HDL－C采用标准酶法测定，LDL－C按照friedewald公式计算。以上测定均严格按照仪器，试剂和方法学的操作规程进行，用高、低2个水平质控进行。根据AIP＝Lg（TG/HDL－C）计算AIP值。

3. 下肢动脉超声检查

采用PhilipSONOS7500型彩色多普勒超声诊断仪做行下肢动脉超声检查。检查部位为双下肢股总动脉、胫前胫后动脉、股浅深动脉及足背动脉。下肢血管动脉硬化诊断标准参照《老年人四肢动脉粥样硬化性疾病诊治的中国专家建议（2012）临床诊断标准》。

（三）统计学方法

所有资料均采用 SPSS17.0 软件进行统计处理。计数资料以例（%）表示，计量资料以均数 ± 标准差表示，组间比较采用卡方检验，两样本均数比较用独立样本 t 检验，多样本均数比较采用单因素方差分析，AIP 值与其他危险因素间相关分析采用 spearman 等级相关分析，高血压并下肢动脉硬化的危险因素评价采用二元 Logistic 逐步回归单因素分析。以 $p<0.05$ 表示差异有统计学意义。

二、结果

（一）基础临床资料比较

表 6－4 显示了两组研究对象的相关基本临床特征的平均值和标准偏差。与单纯性高血压病组比较，高血压合并下肢动脉硬化组的 SBP、DBP 水平以及糖尿病的患病率显著高于单纯高血压病组（$p<0.05$），两组间患者的性别、年龄及吸烟率无显著性差异（$p>0.05$）（见表 1）。

表 6－4　两组间患者基础临床资料比较

组别	单纯高血压病组	高血压合并下肢动脉硬化组
例数	183	136
性别（男/女）	117/66	99/37
年龄（岁）	69.02 ± 6.08	69.33 ± 5.68
吸烟/例（%）	59（32.24）	57（41.91）
糖尿病/例（%）	50（27.32）	53（38.97）*
SBP（mmHg）	163.58 ± 8.49	173.49 ± 16.54*
DBP（mmHg）	102.59 ± 5.81	105.89 ± 9.72*

注：与单纯高血压病组比较 * $p<0.01$.

与单纯性高血压病组比较，高血压合并下肢动脉硬化组 TC、TG、LDL－C、AIP 及 LP（a）水平均显著升高（$p<0.05$，$p<0.01$），而 HDL－C 水平显著低于单纯高血压病组（$p<0.05$），两组间血糖水平无明显差异（见表 6－5）。

表 6－5　两组间 AIP 及血脂指标比较（$\bar{X} \pm S$）

组别	单纯高血压组	高血压合并下肢动脉硬化组
例数	183	136
TC（mmol/L）	5.33 ±0.74	5.51 ±0.85[a]
TG（mmol/L）	1.889 ±0.671	2.237 ±1.127[b]
HDL－C（mmol/L）	1.22 ±0.22	1.17 ±0.16[a]
LDL－C（mmol/L）	3.74 ±0.77	4.05 ±0.91[a]
AIP	0.17 ±0.22	0.22 ±0.22[b]
LP（α）（mg/L）	318.86 ±91.06	373.91 ±92.4[b]
空腹血糖	5.12 ±0.62	5.09 ±0.55

注：与单纯高血压病组比较[a]$p<0.05$，[b]$p<0.01$.

（二）高血压合并下肢动脉硬化组 AIP 与其他危险因素的相关性

Spearman 等级相关分析结果显示，高血压合并下肢动脉硬化组中的 AIP 与 TG、TC、LP（a）、LDL－C 及血糖呈显著正相关（$p<0.01$ 或 $p<0.05$），与 HDL－C 呈显著负相关（$p<0.01$）（见表 6－6）。

表 6－6　高血压并下肢动脉硬化组 AIP 与其他危险因素水平的相关性分析（r 值）

指标	TG	HDL－C	TC	LDL－C	LP（a）	空腹血糖
AIP	0.883	－0.397	0.099	0.104	0.073	0.064
p	0.000	0.000	0.000	0.037	0.021	0.043

（三）老年高血压下肢动脉硬化的二元 Logistic 回归分析

二元 Logistic 回归分析显示，高血压病患者是否出现下肢动脉硬化与 TC、空腹血糖无明显关联，而 SBP、DBP、TG、LDL－C、LP（a）及 AIP 的增高，HDL－C 的降低均与老年高血压出现下肢动脉硬化显著相关（见表 6－7）。

表 6－7　高血压并下肢动脉硬化危险因素 Logistic 回归分析

自变量	β（B）	OR	P
AIP	0.781	2.183	0.016
TC	0.175	1.191	0.058
TG	0.361	1.434	0.000

续表

自变量	β（B）	OR	P
LDL	0.396	1.487	0.000
HDL－C	－1.033	0.356	0.006
LP（a）	0.006	1.006	0.000
空腹血糖	0.084	0.900	0.370
SBP	0.061	1.063	0.000
DBP	0.058	1.060	0.000

三、讨论

下肢动脉硬化也称为周围动脉硬化性病变（PAOD），主要累及四肢，以下肢较多见，尤其是腿部动脉，患者出现血供障碍，严重者可有持续性疼痛，下肢动脉尤其是足背动脉搏动减弱或消失，动脉管腔如完全闭塞时可产生坏疽。目前我国随着人口老龄化比例的增加，PAOD 的发病率亦逐年增加。老年高血压患者，常以脉压增大为特点，反映出动脉壁硬化增厚，顺应性减低，同时血压的增高加重动脉壁的侧压、损伤，促进动脉硬化的发展，加速下肢动脉硬化的形成。Leven 等研究发现，下肢动脉硬化患者与同龄正常人群相比，下肢动脉硬化的患者收缩压明显增高，舒张压仍在正常范围内，并且动脉顺应性与动脉收缩压的升高程度正相关。Safar ME 等观察到在收缩压增高的高血压患者和下肢动脉硬化患者中，动脉壁顺应性减低是由于动脉壁的结构改变引起的，而动脉结构变化是大动脉为了适应升高的血压引起的血流变化进行的自身调节的结果，两者互为因果，形成恶性循环。

动脉粥样硬化由多种因素作用形成，高龄、高血压、高脂血症、吸烟、糖尿病、高凝状态、血液黏着性增高等均为 PAOD 的危险因素。其中脂代谢紊乱是 PAOD 发生、发展的重要原因。在传统血脂分析中，高 TG、低 HDL－C 及 sLDL 增多的脂质三联症有极强的致动脉粥样硬化作用。近年研究表明，AIP 是脂代谢紊乱的敏感指标，能间接反映 LDL 直径大小，随着 AIP 值的增加，小而密低密度脂蛋白（sLDL）比例增高，同时，AIP 与 HDL 的酯化速率（FERHDL）有良好的相关性。FERHDL 与心血管病、致动脉粥样硬化、血脂异常、脂质三联征及其他心血管疾病关系密切，有可能在心血管危险性评价中发挥重要的作用。但 FERHDL 对样本要求高，不适宜在临床进行标准化检测。而 AIP 检测方法简便无创伤，易于在临床上推广。

本文探讨了老年高血压患者 AIP 与动脉粥样硬化发生风险之间的关系。在本研究中，调整了年龄和性别的影响后，高血压合并下肢动脉硬化患者的 TC、TG、LDL－C、AIP 及 LP（a）水平均显著高于单纯高血压病组，而 HDL－C 水平显著低于单纯高血压病组；进一步 Logistic 单因素回归分析显示，SBP、DBP、TG、LDL－C、LP（a）及 AIP 的增高，HDL－C 的降低是预测老年高血压下肢动脉硬化的独立危险因素。以上结果提示在预测老年高血压动脉硬化以及心脑血管疾病风险方面，AIP 可作为除传统动脉硬化血脂危险因素外的重要指标之一。

临床实践中，对老年高血压患者除注意有效控制血压外，还应关注动脉粥样硬化的多种独立危险因素。AIP 的检测会更有利于对高血压合并下肢动脉硬化危险因素的评估，减少下肢动脉硬化的发生，为疾病早期预防及干预治疗提供依据。

参考文献

［1］宋醒良，胡兵，连金泉．血浆促动脉硬化指数（AIP）在血脂分析中的应用探讨．中国实验诊断学，2007，11（10）：1405－1407.

［2］老年人四肢动脉粥样硬化性疾病诊治中国专家建议写作组．老年人四肢动脉粥样硬化性疾病诊治中国专家建议（2012）［J］．中华老年医学，2013，32(2)：121－131.

［3］Leo W，Westrych R，Bissinger A，et al. Effect of the acetylosalicyd acid（ASA）and tichopodine therapy on clinical condition and parameters of blood platelets in patients with peripheral arterial occlusive disease（PAOD）［J］. *Pol Merkur Lekarski*，2007，23（137）：335－9.

［4］Levenson JA，Simon AC，etc. Systolic hypertension in arteriosclerosis obliterans of the lower limbs. *Clin Exp Hypertens* A. 1982；4（7）：1059－1072.

［5］Safar ME，Simon AC，Levenson JA. Structural changes of large arteries in sustained essential hypertension . *Hypertension*. 1984 Nov－Dec；6（6Pt2）：III 117－121.

［6］Breccia M，Efficace F，Alimena G. Progressive arterial occlusive disease（PAOD）and pulmonary arterial hypertension（PAH）as new adverse events of second generation TKIs in CML treatment：who's afraid of the big bad wolf［J］. *Leuk Res*，2012，36（7）：813－4.

［7］叶平．血脂的基础与临床［M］．北京：人民军医出版社，2002，1，1：

75 - 115.

[8] 郑黎强，李觉，于金明，等. 冠心病患者尿酸与外周动脉阻塞性疾病的相关性研究［J］. 中华流行病，2006，27（2）：161 - 164.

作者简介：

杨彤，一汽总医院。

李亚刚，吉林大学第四医院。

270例老年患者ADR报告分析

朱　娜　杨　海　赵　鹏　刘雪丽

（青岛市中心医院　山东青岛　266042）

摘　要：目的：分析2013—2014年本院270例老年患者药品不良反应（ADR）发生的规律及特点，为老年人临床合理用药提供参考。方法：使用国家ADR监测系统检索青岛市中心医院2013年1月1日至2014年12月31日期间上报的所有ADR，对年龄在60岁以上的老年患者发生的ADR进行回顾性分析。结果：本院2013—2014年共上报520例ADR，其中60岁以上老年患者ADR共计270例，占51.92%。270例ADR中，一般ADR（系指药品说明书中已载明的不良反应）为184例（68.15%）；给药途径主要为静脉给药，静脉滴注242例（89.63%），静脉注射6例（2.96%）；引起ADR的药品种类排在前3位的依次为心血管系统药物49例（8.15%）、中药注射剂49例（18.15%）和抗微生物用药48例（17.78%）；发生ADR前5位的药品依次为前列地尔注射液11例（4.07%）、舒血宁注射液10例（3.7%）、乳酸环丙沙星注射液9例（3.33%）、乳酸左氧氟沙星氯化钠注射液9例（3.33%）和丹参川芎嗪注射液8例（2.96%）；按照主要累及器官/系统排序，前3位分别为皮肤及其附件79例（29.26%）、心血管系统58例（21.48%）及神经系统47例（17.41%），对症治疗后痊愈或好转。结论：老年患者用药易出现ADR，临床医务人员应该提高对老年患者ADR的认识，密切关注老年患者身体情况，给予适当药品用量、选择恰当用药方式，根据药品说明书严格规范操作，重视辨证施治，加强临床用药监护，以期最大限度地减少老年患者ADR发生，保证用药安全。

关键词：老年患者　ADR　报告分析　合理用药

随着现代生活水平的提高和医药科技的进步，人们的平均寿命明显延长，社会老龄化程度越来越明显。老年人由于身体机能下降，常伴随多种慢性疾病，药物维持治疗仍是提高老年人生活质量的重要措施之一。由于老年人身体机能下降，药物在体内的药代动力学特点同样发生变化，机体对药物处置能力及药物对机体的反应性均发生较大差异。据统计老年人 ADR 发生率是青年人的 2—7 倍。因此，积极探讨老年人使用药品的安全性，健康及合理用药，减少或避免 ADR 和药源性疾病的发生，具有重要的现实意义。本研究通过对 2013—2014 年本院 270 例老年患者 ADR 进行统计分析，探讨可能引发老年患者 ADR 发生的高风险因素，为老年患者临床用药安全提供参考。

一、资料与方法

（一）资料

从国家 ADR 监测系统检索青岛市中心医院 2013 年 1 月 1 日至 2014 年 12 月 31 日期间上报的所有 ADR，不良反应报告类型为一般、严重、新的一般、新的严重。按照 ADR 关联性评价 6 级标准，将关联性为可能、很可能、肯定的患者纳入本研究，从中筛选出年龄在 60 岁以上患者用药期间发生的 ADR。

（二）方法

回顾性分析 270 例老年患者 ADR 报告表及患者病历资料，主要分析项目为怀疑药物，采用 Excel 软件针对老年患者的性别、年龄、引发 ADR 的给药途径、药品种类、发生 ADR 前 12 位的药品、ADR 累及的器官/系统损害、ADR 的临床表现、ADR 相关性评价等进行分类、归纳与总结。

二、结果

（一）一般资料

1. ADR 报告类型

270 例老年患者 ADR 报告中，新的一般 ADR 82 例；一般 ADR 184 例；严重 ADR 3 例，均未导致住院或住院时间延长；新的严重 ADR 共 1 例，未导致住院或住院时间延长。由此看出药品说明书中提及的不良反应占较大比例，发生严重 ADR 比例较小，见表 6 - 8。

表 6 -8 ADR 报告类型及构成比

项目	例次	构成比（%）
新的一般	82	30. 37
一般	184	68. 15
严重	3	1. 11
新的严重	1	0. 37
合计	270	100

2. ADR 关联性评价及转归

按照我国目前 ADR 关联性评价标准，270 例老年患者 ADR 报告中，涉及药品项目肯定 44 例，很可能 185 例，可能 41 例。出现 ADR 后停用可疑药品，或同时给予对症治疗均治愈或好转，好转 218 例，痊愈 52 例，未有死亡病例。见表 6 -9。

表 6 -9 ADR 关联性评价及转归

项目	例次	构成比（%）
肯定	44	16. 30
很可能	185	68. 52
可能	41	15. 19
好转	218	80. 74
痊愈	52	19. 26

3. ADR 中患者性别及年龄情况

270 例老年患者 ADR 报告中，男 123 例，女 147 例，女性患者比例略高于男性，但两者无显著差异。从年龄分布看，年龄最小 60，最大 95 岁，划分为 4 个年龄段进行统计，数据表明 60—70 岁患者发生不良反应的概率较大，占 50%。见表 6 -10。

表 6 -10 ADR 中患者性别及年龄

项目（年龄：岁）	例次	构成比（%）
男	123	45. 56
女	147	54. 44
60—70	135	50. 00
71—80	84	31. 11
81—90	20	18. 52
91—100	1	0. 37

4. ADR 中给药途径情况

270 例老年患者 ADR 报告中，给药途径主要为静脉给药，静脉滴注给药引起不良反应的患者最多，共计 242 例；其次为口服给药 20 例，静脉注射 5 例。不同给药途径引起 ADR 的情况见表 6 - 11。

表 6 - 11　不同给药途径引起 ADR 的病例数及构成比

给药途径	例次	构成比（%）
静脉滴注	242	89.63
静脉注射	6	2.96
口服	20	7.41
合计	270	100.00

（二）老年患者 ADR 发生情况统计

1. 引起老年患者 ADR 的药品种类情况

各类药物均可引起患者发生不良反应，270 例老年患者 ADR 报告中，心血管系统药物和中药注射剂引起不良反应最多，均为 49 例，占 18.15%；其次是抗微生物用药，为 48 例，占 17.78%。见表 6 - 12。

表 6 - 12　引起 ADR 的药品种类及构成比

药品种类	例次	构成比（%）
心血管系统药物	49	18.15
中药注射剂	49	18.15
抗微生物用药	48	17.78
中枢神经系统药物	39	14.44
抗肿瘤药物	28	10.37
营养支持药物	24	8.89
消化系统药物	8	2.96
呼吸系统药物	7	2.59
维生素类	5	1.85
泌尿系统药物	3	1.11
其他类	10	3.70
合计	270	100

2. 发生ADR前12位的药品通用名称

270例老年患者ADR报告中，按照药品通用名称对发生例数排在前12位的药品进行统计，前列地尔注射液发生不良反应最多，为11例，占4.07%，主要累及皮肤及其附件和心血管系统；其次是舒血宁注射液，为10例，占3.70%，主要累及皮肤及其附件、心血管系统、神经系统、消化系统和全身性损害。见表6-13。

表6-13 发生ADR前12位的药品及构成比

排名	药品名称	例次	构成比（%）	药品类别	累及系统/器官
1	前列地尔注射液	11	4.07	心血管系统药物	皮肤及其附件、心血管系统
2	舒血宁注射液	10	3.70	中药注射剂	皮肤及其附件、心血管系统、神经系统、消化系统、全身性损害
3	乳酸环丙沙星注射液	9	3.33	抗微生物用药	皮肤及其附件、消化系统
4	乳酸左氧氟沙星氯化钠注射液	9	3.33	抗微生物用药	皮肤及其附件、消化系统、其他
5	丹参川芎嗪注射液	8	2.96	中枢神经系统药物	皮肤及其附件、神经系统、消化系统、全身性损害
6	谷红注射液	7	2.59	中枢神经系统药物	皮肤及其附件、神经系统、全身性损害、其他
7	注射用奈达铂	6	2.22	抗肿瘤药物	心血管系统、神经系统、呼吸系统
8	注射用奥拉西坦	6	2.22	中枢神经系统药物	心血管系统、神经系统、全身性损害、其他
9	参芪扶正注射液	6	2.22	中药注射剂	皮肤及其附件、心血管系统、全身性损害、其他
10	银杏达莫注射液	5	1.85	心血管系统药物	神经系统、全身性损害
11	注射用哌拉西林钠他唑巴坦钠	5	1.85	抗微生物用药	皮肤及其附件、心血管系统、全身性损害、
12	注射用他唑巴坦钠/哌拉西林钠	5	1.85	抗微生物用药	皮肤及其附件、全身性损害、呼吸系统

3. ADR累及的系统/器官及临床表现

参照《WHOADR术语集》规范270例ADR名称，按照累及的系统/器官进行分类。由于部分 ADR 造成了多种临床表现，累及了多个系统或器官，因此本研究以不良反应过程描述中提及的最主要临床表现进行分类统计。结果表明 270 例 ADR 中皮肤及其附件损害最多，为 79 例，占 29.26%，其主要临床表现为皮疹、瘙痒、疼痛等，其次心血管系统损害，为 58 例，占 21.48%。见表 6－14。

表 6－14　ADR 累及系统/器官及临床表现

器官/系统	例次	构成比（%）	主要临床表现
皮肤及其附件损害	79	29.26	皮疹、瘙痒、疼痛、黏膜水肿、潮红、水泡
心血管系统损害	58	21.48	胸闷、心悸、血压降低/升高、心律失常、静脉炎
神经系统损害	47	17.41	头晕、头痛、头胀、眼不适、肢体麻木、兴奋、精神障碍
消化系统损害	30	11.11	恶心、呕吐、腹泻、腹痛、厌食、咯血、肝功能异常
全身性损害	30	11.11	寒战、高热、过敏反应、多汗、乏力
呼吸系统损害	16	5.93	憋气、呼吸急促、咳嗽、呼吸困难
其他损害	10	3.70	发音困难、上肢或下肢疼痛、肌痉挛、关节痛、视觉异常、耳鸣

三、讨论

（一）关注老年患者自身生理因素

本院 2013—2014 年上报的 ADR 共计 520 例，其中老年患者 270 例，占 51.92%，ADR 发生率最高。老年患者由于身体各系统、器官及组织的生理功能衰退，患病的概率明显提高，与之相应的是用药的概率也相应提高，而机体对于药物的吸收、分布、代谢、排泄等药代动力学也相应改变，对药物的反应性及药物处置能力相应降低。多数老年人罹患多种基础疾病，如肝、肾、心功能不全及高血压病高脂血症糖尿病，等等，病情复杂需要同时服用多种药物，由此增加药物的毒性和发生潜在性药物相互作用的风险，增加 ADR 发生的可能性。因此老年人应该根据自身的生理特点，遵循从小剂量开始，逐渐达到适宜于个体的最佳剂量，合理选择、使用药物，方能达到防病治病同时减少药品引起的 ADR。

（二）关注老年患者 ADR 监测

本研究中 270 例老年患者 ADR 中，药品说明书中未载明的新的一般 ADR 不良反应占 30.37%，已载明的一般 ADR 占 68.15%，占比例很大，同时关联性评价中很可能占68.52%，所以在使用药品之前医务人员要更多关注药品说明书等临床资料。同时，在引发ADR的给药途径中以静脉给药居多（92.59%），其中静脉滴注占89.63%，静脉注射占2.96%，显著高于其他给药途径引发的ADR，分析主要原因是静脉滴注使药品直接进入血液，而不经胃肠道吸收和肝脏的转化过程，从而导致快速发生ADR或使ADR更严重。另外由于老年患者神经系统机能的衰退使一些病症不易被发现，ADR发生时常被认为是患者出现新的临床症状或者已患疾病进展，因此医务人员应熟悉掌握各类药品在使用过程中可能引起的ADR，特别在老年患者联合用药情况下，做好用药交代，用药教育及药物咨询工作，临床密切观察，高度重视和加强对老年患者ADR的监测，积极地做好预防以及出现ADR后的治疗工作。

（三）关注心血管系统药物和中药注射剂引发的ADR

本文分析中引起ADR最多的是心血管系统药物和中药注射剂，均为49例，各占18.15%。心血管系统疾病是全球死亡率居首位的疾病，老年心血管病患者具有多病共存的特点，因此联合应用多种药物的情况较为多见，老年患者每天同时服用4—5种心血管系统药物的情况较普遍。一方面，部分药物单独作用于人体产生相对明确的药理作用，而当多种药物合并应用时，由于药物体内相互作用，可使药效加强或减弱，甚至出现不应有的不良反应，加之慢性病用药周期长，易导致药物间的相互作用，大大增加了ADR的发生率。另一方面，导致老年患者心血管系统药物ADR的重要原因是重复用药情况，主要表现在溶栓、降血脂药物、活血化瘀类药物重复使用。有研究表明溶栓及多种活血类药物同时应用于老年患者有时可致出血；含有HMC-COA还原酶抑制剂的洛伐他汀，与其他他汀类药物同服，易出现肌病、肝脏损害等不良反应，等等。本文分析同时发现心血管系统药物前列地尔注射液共发生11次老年患者ADR，是发生不良反应最多的药物。因此，老年患者心血管系统疾病治疗过程中，临床医生应该科学评估，明确诊断，对其不同的危险因素，有针对性地用药，即使经临床试验证实对慢性疾病有效并在临床指南中推荐的药物也要根据患者自身情况实施个体化给药方案，有相同作用或相同不良反应的药物应尽量避免合用，一般合用药物以控制在4种以内为宜，降低药源性疾病风险，降低ADR发生率，提高药物治疗质量。

中药注射剂是传统医药理论与现代生产工艺相结合发展起来的新剂型，具有剂量准确、疗效迅速、生物利用度高等优点，临床广泛使用。但随之出现了诸多的不良反应/事件，引发人们对其安全性的讨论。从本文的分析可以看出中药注射剂ADR发生率占整个ADR发生率的18.15%，舒血宁注射液共发生10次老年患者ADR，位列第二。中药注射剂引发 ADR 的原因一方面是其本身成分相对复杂，不同产地名称相同的中药材，所含成分和含量都会有较大差异，这样会直接影响中药注射剂的质量，质量不稳定，导致了疗效不稳定，加之我国生产工艺要求尚未标准化，受工艺等因素的限制，药物的纯度不够都会导致 ADR 的发生。另外中药注射剂与西药相比临床前及临床研究不完善，药品说明书中关于 ADR 的资料不完整、不翔实；另一方面，中医理论讲究辨证施治，中药治病药症相符才能起到治疗作用，中药注射剂不能完全按照传统中医理论进行辨证施治、对症治疗，药症不符时就会导致发生 ADR，加之药物剂型改变，中药口服无不良反应，制成注射剂后其理化性质及毒性也可能随之改变，直接入血后导致 ADR 的发生。因此，医务人员应严格按照中药注射剂适用证，辨证施治，个体化给药，输液前 30 分钟密切监测，发生不良反应及时处理，从而避免严重不良事件的发生，发挥中药注射剂在疾病治疗中的优势。

（四）关注老年患者 ADR 的危害

分析发现，老年患者 ADR 发生临床表现呈现多样化。有些症状在相对较短的时间内就能够产生明显的变化，例如皮肤及其附件损害造成的皮疹瘙痒等，患者及医护人员易于察觉，占比例 29.26% 最高。而有些不良反应如心血管系统损害中的血压升高或降低、神经系统损害中的精神障碍、全身性损害中的寒战高热等，需要医护人员密切并长期观察、诊断才能确定为 ADR。当出现相对严重的不良反应，如呼吸困难、过敏性休克时如果抢救不及时会造成严重后果，甚至危及生命，导致死亡，造成严重 ADR，这就提示临床医务人员当 ADR 发生时要积极采取治疗措施，高度警惕此类 ADR。

四、结语

综上所述，老年患者 ADR 发生率较高，对老年患者进行用药教育，提高用药依从性，尽量减少合并用药，同时加强 ADR 监测及预防是老年医学临床实践的重要内容。需要医生在循证医学指导的前提下，患者和家属共同努力下，合理用药，正确用药，最大限度提高药物疗效、防范 ADR，提高老年患者的生活质量和健康水平。

参考文献

［1］钟劲松，张彦东．老年人用药安全问题探讨［J］．现代食品与药品，2006，16（2）：86－87.

［2］周菊林．老年医学理论与实践［M］．沈阳：白山出版社，2002：38－40.

［3］国家 ADR 监测中心．ADR 报告和监测工作手册［S］．2005－09.

［4］朱敏．144 例中药注射剂不良反应报告分析［J］．中国药业，2014，23（4）：64－66.

［5］国家 ADR 监测中心．《WHO ADR 术语集》［M］．北京：中国医药科技出版社，2003.

［6］郭敏，付伟．从药物代谢动力学角度谈老年人药物治疗原则［J］．卫生职业教育，2010，28（3）：135－136.

［7］李倩，冯端浩，李国栋，刘蔚，赵冠人．老年人用药风险分析［J］．中国医院用药评价与分析，2012，12（2）：175－179.

［8］林建华，张敬一，邱毓霭．1000 例老年患者用药合理性分析［J］．解放军保健医学．2006，8（2）：83－85.

［9］朱书志，陈盛新．对合理用药的理论思考［J］．解放军药学报，1999，15：45－47.

［10］吕小燕．心血管系统疾病不合理用药浅析［J］．中国现代药物应用，2014，8（9）：158－159.

［11］马进，陈璐．我院 120 例中药注射剂不良反应报告回顾性分析［J］．中国中医药信息，2014，21（2）：119－121.

［12］李鹂，欧伟文，李毅，等．中药不良反应产生的原因及对策［J］．时珍国医国药，2009，20（1）：254－256.

［13］朱磊，黄萍，李颖．519 例严重药品不良反应病例分析［J］．中国医院药学，2015，35（2）：147－152.

作者简介：

朱娜、杨海、赵鹏、刘雪丽，青岛市中心医院。

老年人夫妻依恋的测量及与一般依恋的关系

王大华[1] 王 岩[1] Richard B. Miller[2]

(1. 北京师范大学发展心理研究所 北京 100875;

2. Brigham Young University Utah, USA)

摘 要:通过对697名60岁以上、配偶健在的老年人进行调查,对《老年人夫妻依恋问卷》进行修订及信效度的检验,并应用该问卷对老年人的夫妻依恋风格进行划分,考察夫妻依恋风格与一般依恋之间的吻合程度。结果显示修订后的《老年人夫妻依恋问卷》具有稳定的三维度结构以及良好的信效度;聚类分析显示老年人夫妻依恋以安全型和专注型为主,而一般依恋以安全型和冷漠型居多。在老年人中仅有39.9%的个体具有相同类型的夫妻依恋与一般依恋,呈现出较低的一致性。

关键词:夫妻依恋 一般依恋 老年人夫妻依恋问卷 依恋风格 老年

一、引言

依恋最初指孩子与其抚养者之间一种特殊的情感联结(Bowlby, 1973)。在与抚养者不断的交往过程中,个体逐渐形成了关于关系中自我和他人的内部表征,即依恋的内部工作模式(internal working models),引导个体加工和处理未来的关系(Collins, 1996)。因而,依恋不仅仅是婴幼儿期特有的心理过程,还是"从摇篮到坟墓"贯穿生命始终的重要发展命题(Bowlby, 1973)。

(一)一般依恋与特定关系依恋

随着年龄的增长,个体拥有的依恋关系不再单一指向其父母等早期抚养者,而是变得越来越复杂多样。如Trinke和Bartholomew(1997)就发现青年人拥有至少5个依恋对象,包括家庭成员、恋爱伴侣和朋友。其中,婚恋依恋(romantic attachment)作为成年阶段最为重要的依恋关系备受研究者的关注。特别是对于老年人而言,随着父母的离世和朋友圈的缩小,他们的依恋对象数目会减少(Van Assche, Luyten, Bruffaerts, Persoons, Van de Ven, & Vandenbulcke, 2012），婚恋依恋的重要性则更加凸显（Antonucci, Akiyama, & Takahashi, 2004）。研究者普遍认为婚恋依恋与其他关系中的依恋存在很大差异（Furman, Simon, Shaffer, & Bouchey, 2002; Klohnen, Weller, Luo, & Choe, 2005）。如与自幼形成的亲子依恋相比，处于婚恋关系中的双方地位是平等的，他们互为彼此的依恋对象（Imamo lu & Imamo lu, 2006）；与同为同伴依恋的朋友依恋相比，虽都具有亲密的特点，但是亲密程度有显著差异（Acevedo, Aron, Fisher, & Brown, 2012）。

由此可见，特定对象的依恋关系具有独特性。Collins 和 Read（1994）进一步认为成人的依恋模式或风格并非单一的，而是一个复杂的层级组织：最高阶的层级为个体最一般的依恋模式，它是从个体生命早期与抚养者的交往经历中抽取出的依恋表征；而较低层级则为特定关系中的依恋模式，如亲子依恋模式、婚恋依恋模式和朋友依恋模式等，这些是在与特定关系对象的交往中逐渐形成的，并只在该特定关系中表现出来。最初，Bowlby（1969）认为依恋风格是早期依恋经历中形成的一种稳定的特质，持续一生。然而随着依恋领域研究的推进，越来越多的研究者对依恋风格的特质性假说提出了质疑（Baldwin, Keelan, Fehr, Enns, & Koh - Rangarajoo, 1996; Collins & Read, 1994）。在考察了一般依恋和多种特定关系中的依恋后，很多研究发现同一个体在不同关系中的依恋风格可能不同，特定关系中的依恋风格与一般依恋风格的一致性程度也仅仅为中低等水平（Cozzarelli, Hoekstra, & Bylsma, 2000; Klohnen et al., 2005; Pierce & Lydon, 2001; Treboux, Crowell, & Waters, 2004）；当预测特定关系的质量时，特殊依恋比一般依恋具有更强的预测力（Cozzarelli et al., 2000; Ross & Spinner, 2001）。在中国年轻人的样本中也得到了类似的结果，如 Wang 和 Wang（2012）发现个体的婚恋依恋与亲子依恋的相关仅在 0.13—0.19，与一般依恋的相关为中等程度（相关系数为 0.42—0.47）。

然而，对一般依恋与特定关系依恋一致性的研究多集中于年轻人样本，老年期依恋模式结构的情况还未有实证研究。因此，该领域研究者尚无法对依恋层级间关系进行生命全程地描述。根据 Fraley（2002）提出的原型理论，自幼形成的一般依恋模式会始终影响个体处理各种人际关系。故，即便人们不断成长、不断经历新的人际关系，但是一般依恋与特定关系中的依恋会一直存在密切关联。但是他同时也强调了情境的作用，因此认为随着个体年龄的增长，一般依恋与特定关系依恋的相关程度会有所下降，但最终会维持在一个非零常数。Fraley 为从毕生发展的视角理解依恋构建了理论框架，但是缺少对老年期的实证研究。我国台湾的老年依恋研究发现一般依恋类型分布中安全型占最大比例，其次是冷漠型（刘敏贞，2000），而特定关系中的依恋则以专注型和安全型为主（吴文嘉，2006），这可能间接说明了老年阶段一般依恋与特定关系依恋存在较低的一致性。故本研究期望同时考察老年人的一般依恋与特定关系依恋（夫妻依恋），以探索老年期依恋模式的一致性问题。

（二）特定关系依恋的测量

在已有的研究中，对于成人特定关系依恋的考察通常利用一般依恋问卷。例如，研究者使用 RQ 关系问卷（Relationship Questionnaire，Bartholomew & Horowitz，1991）、ECR 亲密关系体验量表（Experience of Close Relationship Scale，Brennan，Clark，& Shaver，1998）、AAS 成人依恋量表（Adult Attachment Scale，Collins & Read，1990）等，对不同依恋关系进行考察时，只是更换问卷中的依恋对象称呼，而不改变原有的项目。但是，如前文所述，不同的依恋关系具有不同的表征特点，用同样的题对不同关系进行测量则不可避免会造成偏差。基于此，翟晓艳等人（2010）针对老年夫妻关系，编制出了《老年人夫妻依恋问卷》。他们共收集了 18 份成人依恋问卷，得到不重复的 196 个项目。通过让老年人进行评定，保留 85 个描述适用于老年夫妻的项目形成最初的项目库。474 位老人参与了项目库的测量，经过项目分析和探索性因素分析，形成了 18 个项目的《老年人夫妻依恋问卷》。最终问卷共包含 3 个维度，即依恋安全、依恋焦虑和依恋回避，每个维度包含 6 个项目。国外研究者编制并常用的成人依恋问卷通常为两维度（依恋焦虑和依恋回避）结构（Mikulincer & Shaver，2007），而此测量工具多了依恋安全维度。这样不同的结构是否合理呢？实际上一些依恋问卷在编制过程中也曾发现依恋的非二维结构，如 AAS 和 ASQ 依恋风格问卷（Attachment Style Questionnaire，Feeney，Noller，& Hanrahan，1994），但为应用方便，这些问卷在后期处理过程中仍然选择将某些维度合并以配合通用的依恋焦虑—依恋回避这个二维框架（Mikulincer & Shaver，2007）。然而，采取权宜之计减少维度的策略以及依据因素间的相关进行维度合并的方法是否合宜是值得商榷的。

在一系列研究中发现，《老年人夫妻依恋问卷》3 个维度分数对夫妻关系质量的预测作用吻合理论构想。例如，依恋焦虑和依恋回避维度能够显著预测个体的消极支持行为、夫妻冲突和较低的婚姻满意度，而依恋安全维度分数恰巧可以显著预测积极支持行为、较少的夫妻冲突和较高的婚姻满意度（王倩蓉，王大华，陈翠玲，2010；王大华，张明妍，2011）。由此可见，三维度结构有其存在的合理性，但是自该问卷编制至今，缺少对其信效度的再次检验，特别是结构效度。因此，本研究存在两个主要目的。首先，收集一批新数据，对《老年人夫妻依恋问卷》的信效度进行检验，探讨三维测量结构的合理性，并对该量表进行必要的修订，使其结构得以优化。其次，利用《老年人夫妻依恋问卷》对老年人的特定关系依恋（夫妻依恋）进行测量，考察在老年期特定关系依恋与一般依恋的一致性程度，以期为从生命全程角度理解一般依恋与特定依恋的一致性提供老年期的实证资料。

二、研究方法

（一）被试

本研究在北京的社区召集老年被试，总共有 697 名 60 岁以上、配偶健在的老年人参加了本研究。其中男性 316 名（45.3%），女性 381 名（54.7%），平均年龄为 67.86 岁（SD =5.24），平均婚龄为 42.35 年（SD =6.78），平均受教育年数为 11.53 年（SD =3.67）。

根据本研究需要，筛选出符合精神状态正常的老年人 611 名作为最终研究样本。筛选标准为：画钟测验得分等于 3 分，老年抑郁量表 GDS 得分小于 8 分。最终保留了 611 名被试的数据，将被试随机分成两组，第一组共 305 人，用于进行探索性因素分析。此部分被试的年龄分布为 60—83 岁，平均年龄 67.63 岁；第二组共 306 人，用于进行验证性因素分析，年龄分布为 60—85 岁，平均年龄 67.36 岁，两组被试在年龄的平均值上不存在显著差异（$t=0.64$，$p>0.05$）。进一步考察两组被试在年龄分布上是否存在差异，在两组被试中 60—69 岁的老年人分别有 193 名（63.30%）和 206 名（67.30%），70—79 岁的老年人分别有 110 名（36.00%）和 95 名（31.1%），而 80 岁及以上的老年人分别有 2 名（0.70%）和 5 名（1.60%），并且对两组被试的年龄组分布进行了差异检验，结果发现两组分布无显著差异（$z=-0.95$，$p>0.05$）。除此之外，在性别分布（$\chi^2=1.41$，$p>0.05$）、婚龄（$t=-0.75$，$p>0.05$）和受教育年限（$t=0.14$，$p>0.05$）上两组被试之间也不存在显著差异。

表 6-15 被试信息表（括号中为标准差）

组别	人数	男性	年龄	婚龄	受教育年数
全体	611	273	67.49 (5.08)	41.83 (6.46)	11.84 (3.480)
EFA 组	305	141	67.63 (4.92)	41. 88 (6.29)	11.86 (3.534)
CFA 组	306	132	67.36 (5.25)	41.78 (6.63)	11.82 (3.430)

（二）研究工具

1. 老年人夫妻依恋

采用翟晓艳等人（2010）编制的《老年人夫妻依恋问卷》。该问卷共包含 18 个项目，要求被试根据自己与配偶的相处情形进行 7 点评定，其中 1 代表“非常不同意”，7 代表“非常同意”。问卷包含 3 个分量表：①依恋安全：分数越高代表个体在关系中越自信、开放、信赖配偶、与伴侣相处自在；②依恋焦虑：分数越高代表个体在关系中越不自信、担忧配偶不理解或不爱自己；③依恋回避：分数越高代表越回避与配偶的亲近。

2. 一般依恋风格

采用《关系问卷》（RQ；Bartholomew & Horowitz，1991）对被试的一般依恋风格进行测量，该问卷共包含四段描述，每段描述对应一种依恋风格，分别为专注型、恐惧型、安全型和冷漠型。要求被试根据自己平时与他人相处过程中的通常表现，从四段描述中选择出最吻合自身情况的一段，所选类型即为被试的依恋风格。

3. 婚姻满意度

选自《ENRICH 婚姻质量问卷》（ENRICH；Olson，Fournier，& Druckman，1983）的婚姻满意度分量表用于测量老年被试的婚姻满意度。ENRICH 婚姻质量问卷包括 12 个因子：过分理想化、婚姻满意度、性格相融性、夫妻交流、解决冲突的方式、经济安排、业余活动、性生活、子女和婚姻、与亲友的关系、角色平等性及信仰一致性。其中婚姻满意度分量表包括 10 个题目，要求被试进行从 1（代表完全不赞同）至 5（代表完全赞同）的评定，通过测定婚姻 10 个方面满意度，得出总的满意度。评分高表明婚姻关系大多数方面是和谐与满意的；评分低则反映婚姻不满意。本研究该问卷的内部一致性信度 $\alpha = 0.79$。

4. 老年抑郁

采用《老年抑郁量表 15 题版》（GDS－15；Brank，1992）。该量表考察老年人近一周的心理感受，专用于老年人抑郁的筛查。共 15 题，采用“是—否”作答。本研究中该问卷的内部一致性为 0.70。根据梅锦荣（1999）的研究结果，在中国老年人中，此量表应用时的筛查标准为：8 分及以上被认为具有抑郁症，故本研究采用“抑郁<8”为标准，剔除具有抑郁症的被试 26 名（占总体样本的 3.73%）。

5. 老年痴呆筛查

画钟测验（clock drawing test，CDT）是较为理想的检查老年性痴呆的早期筛查工具。它要求被试在白纸上独立画一个钟表的表盘，把数字标注在正确的位置上，并用表针标出指定时间（8 点 20 分）的位置。该测验有多种计分方法，本研究采用的国内常用的三分法（孟超等，2004）：（1）画出圆形，得 1 分；（2）正确标记表盘数字，得 1 分；（3）标出正确的时间，得 1 分。本研究按照“画钟≥3 分”的标准筛选出认知基本正常的老年人。

（三）研究过程

本研究采用一对一问卷形式，每次由一名主试协助一位老年人在一个独立的空间内完成测验。被试首先填写知情同意书，了解本研究关注的是夫妻情感相关内容；然后在主试的协助下，被试完成基本信息问卷、老年抑郁问卷、画钟测验、老年人夫妻依恋问卷和婚姻满意度问卷。每位被试平均用时 40 分钟。

（四）统计方法

本研究采用 SPSS17.0 和 Mplus7.0 软件对数据进行统计分析。首先采用随机分半的方法将所有数据分为两半，其中一半用于探索性因素分析；另一半用于验证性因素分析。根据因素分析的结果对《老年人夫妻依恋问卷》进行修订后，考察修订版本的信度、效度等测量学指标。最后应用全部数据进行聚类分析，应用《老年人夫妻依恋问卷（修订版）》对老年人的夫妻依恋风格进行分类，并考察与一般依恋风格的一致性。

三、结果

（一）共同方法偏差检验

本研究中试用了两种方法对共同方法偏差进行检验。首先，使用 Harman 单因素检验法（周浩，龙立荣，2004），对总体 28 个项目进行验证性因素分析，结果显示模型拟合不好（$\chi^2=1963.53$，df = 351，RMSEA = 0.09，CFI = 0.77，TLI = 0.75）。其次，采用单一方法潜因子法（周浩，龙立荣，2004；熊红星，张璟，叶宝娟，郑雪，孙配贞，2012）进行检验。第一步，对本研究四个潜变量及其指标构成的四因子模型进行检验，结果显示四因子模型拟合较好（χ2 = 1120.90，df = 344，RMSEA = 0.06，CFI = 0.89，TLI = 0.88）。第二步，形成加入方法因子后的竞比模型，拟合指数（χ^2 = 1116.60，df = 343，RMSEA = 0.09，CFI = 0.89，TLI = 0.88），虽然 $\Delta\chi^2/\Delta df$ 显著，但是其他模型拟合系数均为发生变化。结合两种方法的结果来看，本研究中共同方法偏差问题不明显。

（二）《老年人夫妻依恋问卷》的结构检验

首先，利用抽取出的305名被试的数据进行探索性因素分析，初步检验《老年人夫妻依恋问卷》编制时确定的结构是否可靠。经检验，《老年人夫妻依恋问卷》的KMO系数为0.925，Bartlett检验系数为2365.59（df = 159；$p<0.001$），数据表明适合作因素分析。故采用主成分法进行探索性因素分析。由于依恋维度间存在相关（Mikulincer & Shaver，2004；Green，Furrer，& McAllister，2011；Donges，Kugel，Stuhrmann，Grotegerd，Redlich，& Lichev，et al.，2012），故对其进行Direct Oblimin斜交旋转，Delta值固定为0（Harman，1976）。结果发现18个项目依然可提取出3个特征根大于1的因素，3个因素累计可解释56.30%的总体变异。这样的结果表明，翟晓艳等人（2010）编制此量表时发现的三维度结构在本研究的数据中得到了验证。

然而，根据表6－16中呈现项目载荷情况（表中只呈现出载荷大于或等于0.40的数值），个别项目仍需调整。具体而言，原量表的第12题在两个因素上均有大于0.40的相似载荷，原量表的第2、10题在构想的因素上载荷过低（不足0.40），故删除这3个测量指标不良的项目。对剔除了这3个项目的量表进行检验，KMO值为0.914，Bartlett检验系数在0.001水平显著，故依然满足进行探索性因素分析的条件。15个项目量表的探索性因素分析结果显示，依旧可提取出3个特征根大于1的因素，3个因素累计可以解释59.53%的变异。全部15个项目均表现出题项单极化并且最大载荷均出现在原量表构想的维度上，载荷分布在0.51—0.89。

表6－16　18个项目的因素载荷

项　目	因素1	因素2	因素3
原量表依恋安全维度			
7. 我能自在地与老伴保持亲密的感情	－0.67		
8. 老伴能真正理解我的需要	－0.71		
9. 我觉得我的老伴像我在乎他/她那样在乎我	－0.67		
12. 我很喜欢和老伴在一起	－0.42	0.47	
13. 与老伴相处时，我觉得很自在	－0.79		
15. 我对自己和老伴的关系觉得满意	－0.80		
原量表依恋回避维度			
6. 我不喜欢和老伴太亲近		0.81	
11. 我喜欢和老伴保持一些距离		0.70	
14. 我不喜欢和老伴有亲密的接触		0.88	
16. 当老伴主动亲近我时，我就想躲开		0.65	
17. 我会避免跟老伴太亲近		0.84	
18. 与其和老伴在一起，不如我一个人更自由		0.64	
原量表依恋焦虑维度			
1. 我担心老伴会嫌弃我			0.44
2. 我担心老伴不会像我关心他（她）那样关心我	0.47		
3. 当我向老伴表达感情时，我怕他/她并不能真的理解我的感受			0.61
4. 老伴对待我的方式让我不自信			0.67
5. 老伴似乎只有在我生气的时候才会注意到我			0.79
10. 当我真的需要帮助的时候，我不知道老伴是不是会帮助我			

为了进一步验证《老年人夫妻依恋问卷》三因素的结构是否稳定，利用第二部分的306份数据进行验证性因素分析。共建立两个模型：①模型1：共18个项目，分属于依恋焦虑、依恋安全和依恋回避3个因素，每个因素包含6个项目；②模型2：修订后的15个项目，依恋焦虑因素包含4个项目、依恋安全共5个项目、依恋回避包含6个项目。根据研究者的共识，在对模型进行评价时应同时考察绝对拟合指数和相对拟合指数等多个模型拟合指数，一个良好模型的拟合指数应吻合以下标准：CFI、TLI大于0.90；RMSEA小于0.06；WRMR小于1.00（Hu & Bentler，1999；Yu，2002）。表

6－17 中呈现出了两个模型的拟合指数，可见修正后的问卷验证性因素分析模型拟合得更好，RMSEA 和 WRMR 指数都比模型 1 有了明显的提升，并且 $\Delta\chi^2 = 168.38$（$\Delta df = 46$，$p < 0.05$）。综合探索性因素分析及验证性因素分析的结果，最终确定《老年人夫妻依恋问卷（修订版）》具有 15 个项目，分属于 3 个维度，即依恋安全（5 个项目）、依恋焦虑（4 个项目）和依恋回避（6 个项目）。

表 6－17　验证性因素分析模型拟合指数

模型	χ^2	df	χ^2/df	RMSEA	CFI	TLI	WRMR
模型 1	343.48	124	2.77	0.08（90% CI：0.07～0.09）	0.98	0.97	0.93
模型 2	175.10	78	2.25	0.06（90% CI：0.05～0.08）	0.99	0.98	0.72

（三）《老年人夫妻依恋问卷（修订版）》的信效度检验

使用全部 611 名被试作为样本，对《老年人夫妻依恋问卷（修订版）》的信度进行了检验，结果显示依恋焦虑分量表的内部一致性信度 Cronbach α 为 0.68；依恋回避分量表的内部一致性信度 Cronbach α 为 0.87；依恋安全分量表的内部一致性信度 Cronbach α 为 0.80，处于可以接受的范围。

相比于翟晓艳等人（2010）的编制过程，本研究选择了新的效标——婚姻满意度，同样使用全体被试数据对《老年人夫妻依恋问卷（修订版）》的效标效度进行检验。结果发现婚姻满意度与依恋焦虑、依恋回避和依恋安全均在 $p = 0.01$ 水平呈现显著的中等程度相关，相关系数分别为 －0.57、－0.57、0.67。这样的结果显示了老年人夫妻依恋的效标效度良好。

（四）老年人夫妻依恋的类型分布

使用《老年人夫妻依恋问卷（修订版）》可以获得老年人在依恋焦虑、依恋回避和依恋安全 3 个维度上的分数，但是如若希望了解每个个体的依恋风格，则需要将依恋维度分数转化成依恋类型。根据 Bartholomew 和 Horowitz（1991）综合已有的成人依恋的问卷及访谈研究，发现将成人依恋划分为 4 种类型能够更好地对其进行刻画，这 4 种类型分别为安全型、专注型、冷漠型和恐惧型。因此，本研究对《老年人夫妻依恋问卷》的 3 个维度分数进行标准分的计算，然后应用 K－means 聚类法对老年人的夫妻依恋类型进行划分。结果见表 6－18，可以分成 4 种类型：①安全型（共 268 人，占 43.86%）：在依恋焦虑和依恋回避维度上得分均较低，而在依恋安全维度上得分较高；②专注型（共 140 人，占 22.91%）：依恋焦虑维度分数较高，依恋回避维度分数较低，依恋安全维度分数较低；③冷漠型（共123人，占20.13%）：依恋回避维度分数较高，同时依恋安全维度分数较低，依恋焦虑维度分数较低；④恐惧型（共80人，占13.09%）：依恋焦虑和依恋回避维度分数均较高，依恋安全维度分数较低。4种夫妻依恋类型在依恋焦虑、依恋安全和依恋回避3个维度分数上均存在显著差异 $F(3,607)_{安全}=111.64$，$p<0.001$；$F(3,607)_{焦虑}=135.99$，$p<0.001$；$F(3,607)_{回避}=142.98$，$p<0.001$）。在老年人中安全型（43.9%）和专注型（22.9%）占据了相当大的比例。

表6－18　老年人夫妻依恋类型分布

依恋维度	安全型	专注型	冷漠型	恐惧型
依恋焦虑中心	-0.74	0.57	-0.09	1.64
依恋安全中心	0.66	-0.29	-0.26	-1.62
依恋回避中心	-0.73	-0.10	1.06	1.30

作为一种特定关系的依恋，老年人夫妻依恋风格与其一般依恋风格是否具有一致性呢？本研究中使用RQ问卷对老年人的一般依恋类型进行了考察，利用列联表分析老年人夫妻依恋与一般依恋类型之间的吻合程度，结果见表6－19（其中有2名被试未完成RQ问卷，故在本阶段分析中剔除），一般依恋类型中所占比例最大依然是安全型，高达59.93%，其次是冷漠型（28.57%），专注型和恐惧型均不足10%。从直观上而言，与夫妻依恋类型的分布是不同的。对数据进行分析后，发现仅有39.90%的个体拥有一致的一般依恋类型与特殊（夫妻）依恋类型，一致性较低（$\chi^2=29.78$，$p<0.001$；$Kappa=0.09$，$p<0.001$；$r=0.15$，$p<0.05$）。可见在老年人中，在特定关系如夫妻关系中的依恋类型并不能由一般的依恋类型来表征。

表6－19　老年人夫妻依恋与一般依恋的一致性（人）

夫妻依恋类型	一般依恋类型				
	安全型	专注型	冷漠型	恐惧型	合计
安全型	176	12	74	6	268
专注型	80	14	34	10	138
冷漠型	68	9	46	4	123
恐惧型	41	12	20	7	80
合计	365	47	174	27	609

四、讨论

（一）老年人夫妻依恋的测量与维度

自成人依恋的概念出现后，研究者便致力于编制出合适的测量工具对其进行考察。Bartholomew 和 Horowitz（1991）提出成人依恋的两维度 - 四类型模型，认为根据成人依恋研究，将传统意义的回避型分解成单纯回避性的冷漠型以及渴望与回避亲密关系并存的恐惧型更为合宜，故成人依恋可分为 4 个类型，即安全型、专注型、冷漠型和恐惧型，而这 4 个类型即为依恋焦虑和依恋回避两个维度的组合（Griffin & Bartholomew，1994），并根据此模型开发出了关系问卷（RQ），成为至今仍广为使用的成人依恋问卷。并且，此模型也得到了研究者的广泛认可，当下成人依恋领域应用较多的多项目问卷均依照此模型构建出两维度 - 四类型的结构。例如，亲密关系经历量表（ECR）就是依照此模型编制出的两维度问卷，在应用问卷时可以根据维度分数将个体分为上文中提到的 4 种类型。而其他一些量表，如成人依恋量表（AAS）、成人依恋问卷（Adult Attachment Questionnaire，AAQ；Simpson，Rhole，& Phillips，1996）和依恋风格问卷（ASQ），虽然最初编制时形成了多于两维度的结构，但也会根据维度间的相关进行一定的合并，从而迎合两维度 - 四类型的模型。

然而自《老年人夫妻依恋问卷》编制之时至今日再次修订，无论是探索性因素分析还是验证性因素分析均发现本量表共包含 3 个维度，即依恋焦虑、依恋回避和依恋安全，说明了这样的结构具有一定的稳定性和可靠性。同时，这样的结构也有其合理性。最后，在以往的问卷中的确发现过非二维结构，简单根据维度间相关合并成二维结构的做法值得商榷。其次，依恋的二维结构中两个维度均为消极评价，对于依恋的积极方面，如依恋安全的测量敏感度较低（Klohnen & John，1998），而《老年夫妻依恋问卷（修订版）》中的依恋安全维度恰恰弥补了这个不足。最后，三维度的结构也许是中国老年人依恋的特有表现。尽管 Bowlby 的依恋理论强调这种对于人类存活至关重要的依恋系统是人类普遍的特征，具有跨文化的一致性（Cassidy & Shaver，1999）。然而，随着依恋研究数量的增加，一些研究者开始质疑依恋理论的文化普适性（Rothbaum，Weisz，Pott，Miyake，& Morelli，2000），这种在西方文化背景、意识形态、社会价值观下产生和发展起来的理论能否解释非西方文化下的亲密关系呢？在一些跨文化研究中的确发现了不同文化背景下依恋有所差异的结果。例如，成人依恋风格的分布存在文化差异，相对于西方个体，东方群体中专注型个体比例更大、依恋焦虑水平更高（Wei，Russell，Mallinckrodt，& Zakalik，2004；You & Malley - Morrison，2000）。

针对在依恋表现上的文化差异现象，有研究者提出在不同文化下使用相同的成人依恋测量工具可能是不精确的（Wang & Mallinckrodt，2006）。在 Schmitt 等人（2004）的研究中，共收集了 62 个国家或地区的成人被试，对 RQ 问卷的两维度－四类型结构进行了跨文化的检验，结果发现在非洲和亚洲文化下 RQ 问卷中的自我模型和他人模型并非独立的两个维度，也不能很好地由这两个维度分数划分出 4 种不同的依恋类型。而 ECR 的结构虽然在不同文化得到了印证（Wei，et al.，2004），但是 Wang 等人（2006）提出东西方文化对安全依恋的表征是不同的，基于西方依恋理论编制而成的 ECR 问卷并不能很好地测量东方文化下的安全依恋。故《老年人夫妻依恋问卷（修订版）》所发现的三维度结构，也许正是中国人依恋的特有结构，依恋安全是其结构中不可忽视的一部分。

（二）老年人的夫妻依恋的特点

已有研究发现，老年人依恋对象的数目和相对重要性有别于年轻人（Van Assche，et al.，2012；Antonucc，et al.，2004），婚姻关系对老人而言格外重要（Antonucci，et al.，2004），而婚姻关系对于老年人身心健康的重要性也已得到充分证实（Banerjee & Basu，2014；Besser & Priel，2008；Kafetsios & Sideridis，2006；Timm & Keiley，2011；Wang，Wang，Li，& Miller，2013）。对于夫妻依恋的深入研究，有助于提升老年人的夫妻关系，从而提升他们的生活质量和幸福感。然而，因缺少适用于老年人婚姻关系的测量工具，当前多数研究沿袭了成人依恋工具，而这些测量工具是针对年轻成年人的恋爱关系或者亲密关系体验编制的，老年人也许会因为那些备选的答案并不适合他们目前的婚姻状况，而表现出更多的冷漠倾向，曲解了老年人依恋模式的真实情况（Shaver & Mikulincer，2004）。故应用基于老年人、聚焦于婚姻关系而编制成的《老年人夫妻依恋问卷（修订版）》对其进行依恋模式的考察是更为合理的。研究结果显示，中国老年人的夫妻依恋风格分布中安全型依然占有最大的比例，专注型次之，这与中国台湾老年人特定关系依恋的分布类似（吴文嘉，2006），而有别于国外老年人夫妻依恋呈现出的专注型随年龄减少趋势（Kafetsios & Sideridis，2006）。其实这样的群体差异在年轻人的婚恋依恋类型分布上也有展现，例如 Schmitt 等人（2004）发现东亚文化下个体专注型的表现更明显。在中国传统文化的影响下，人们更加注重在亲密关系中与伴侣的联结、依赖和相互的责任，因而容易表现出高依恋焦虑（Wang &Mallinckrodt，2006）。

（三）老年人夫妻依恋与一般依恋的一致性

国内外老年依恋的研究均发现老年人的一般依恋类型的分布不同于年轻人，冷漠型的比例大大增加，同时专注型的比例随年龄骤减（Fiori，Consedine，& Magai，2009；Magai，Cohen，Milburn，Thorpe，McPherson，& Peralta，2001）。Magai 等人（2001）的研究发现在65—86 岁的老年人中有高达78% 的个体为冷漠型依恋，而专注型的比例通常不超过 10%（Condedine & Magai，2003；Zhang & Labouvie - Vief，2004）。在我们的研究中也发现了类似的结果，老年人的一般依恋风格分布中专注型比例仅有7.06%，远远低于夫妻依恋风格中的22.91%；一般依恋风格分布中的冷漠型虽未达到国外研究结果的数值，但是也超过了在夫妻依恋风格中的比例。Ross 和 Spinner（2001）的研究也发现在特定关系中冷漠型的比例少于一般依恋。对于老年人一般依恋风格中冷漠型比例增加与专注型比例减少的这种现象，研究者推测是因为老年人尽量减少过度亲密或者复杂化的接触从而维持自身良好情绪（Zhang & Labouvie - Vief，2004）。这与社会情绪选择理论（Socioemotional Selectivity Theory，SST）不谋而合，该理论认为老年人以情绪目标为主导安排自己的社会交往，故会减少外围交往，把更多的精力集中在重要关系上，从而提升自己的积极体验（Carstensen，Turan，Scheibe，Ram，Ersner - Hershfield，& Samanez - Larkin，2011）。这就不难理解为何在本研究中发现老年人夫妻依恋中专注型的比例高于一般依恋，因为老年人更加投注在重要的婚姻关系中。

不仅从整体分布上来看，老年人一般依恋风格与夫妻依恋风格有着明显差异，从个体角度而言，一般依恋与夫妻依恋一致的个体也是较少的。有研究者发现，成人的婚恋依恋与亲子依恋风格存在明显差异（Imamo lu & Imamo lu，2006；Furman，Simon，Shaffer，& Bouchey，2002），尽管基于亲子依恋形成的一般依恋模式为人们处理各种亲密关系奠定了基础（Baldwin et al.，1996），但是亲子关系与婚恋关系的巨大差异使得早期依恋模式的适应性不足，导致了个体在具体关系中发展出了特定的依恋风格（La Guardia，Ryan，Couchman，& Deci，2000）。

（四）成人期特殊依恋与一般依恋的关系

从毕生发展观的理论出发，研究者期望描绘出一生中一般依恋与特定依恋关系的发展和变化的趋势。2002 年 Fraley 的元分析报告中综合当时已有的考察一般依恋与特定依恋关系的研究，发现 1 岁以内二者相关在 1.00，到幼儿期时两者相关为 0.32 到 0.35，到青少年期时是 0.27。此后一些涉及成年早期个体的研究也发现，一般依恋与婚恋依恋之间的相关在 0.30—0.47（Pierce & Lydon，2001；Treboux，Crowell，& Waters，2004；Wang & Wang，2012）。而本研究将对这个问题的探讨延伸到了成年晚期，在老年人人群体中婚恋依恋（夫妻依恋）与一般依恋存在显著的低相关（$r = 0.15$，

$p < 0.05$）。具体到婚恋依恋与一般依恋的关系，结合前人研究结果，我们尝试勾勒出从成年早期到成年晚期的随年龄变化趋势图，如图 6－1 所示。

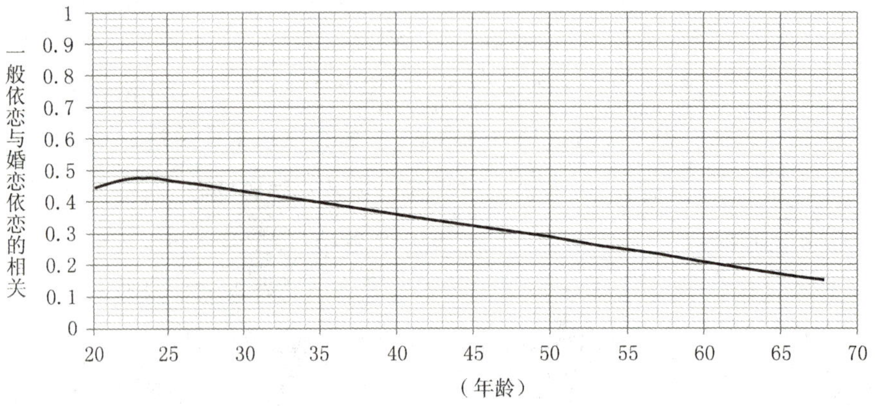

图 6－1 成人期一般依恋与婚恋依恋的相关模式示意图

研究者曾构建出原型模型从毕生发展的角度阐述依恋模式的变化，该模型认为自幼形成的一般依恋模式会像原型一样一直保存在个体的认知结构中，虽然会因环境因素的影响而作用减小，但是两者的相关会一直存在，最终趋近于一个非零常数，并且通过数据拟合，发现相关系数会稳定在 0.39（Fraley，2002；Fraley & Brumbaugh，2004）。然而，本研究得到的老年期的数据却小于原型模型所预期的相关系数，这样的结果暗示在婚恋这一特定关系中积累的交往经历会对相应的婚恋依恋产生影响，甚至逐渐超过依恋原型的影响（Dinero，Conger，Shaver，Widaman，& Larsen－Rife，2011）。但是由于缺乏中年期的数据，所以还难以判断从成年早期到晚期的下降是否为单调模式，且由于缺乏高龄老年人的数据结果，目前并不清楚老年期的下降是否会持续、还是会停留在一个稳定的值。

五、结论

经过检验和修订，《老年人夫妻依恋问卷（修订版）》具有良好的信效度和稳定合理的三维度（安全，焦虑和回避）结构，可以应用于老年人夫妻依恋的研究。老年人夫妻依恋及一般依恋的比较结果显示，在老年期，特定关系依恋与自幼发展起来的一般依恋之间的吻合程度较低，老年期的特定依恋受到依恋原型影响较小。

参考文献

[1] Acevedo, B. P. , Aron, A. , Fisher, H. E. , & Brown, L. L. Neural correlates of long – term intense romantic love. *Social cognitive and affective neuroscience.* (2012), 7 (2), 145 – 159.

[2] Antonucci, T. C. , Akiyama, H. , &Takahashi, K. Attachment and close relationships across the life span. *Attachment & Human Development.* (2004), 6(4), 353 – 370.

[3] Bailey, H. N. , Paret, L. , Battista, C. , & Xue, Y. Attachment anxiety and attentional control predict immediate and delayed emotional stroop interference. Emotion. (2012), 12 (2), 376 – 383.

[4] Baldwin, M. W. , Keelan, J. P. R. , Fehr, B. , Enns, V. , & Koh – Rangarajoo, E. Social – cognitive conceptualization of attachment working models: Availability and accessibility effects. *Journal of Personality and Social Psychology.* (1996), 71, 94 – 109.

[5] Banerjee, S. , & Basu, J. Personality factors, attachment styles and coping strategies in couples with good and poor marital quality. *Psychological Studies.* (2014), 1 – 9.

[6] Bartholomew, K. , & Horowitz, L. M. Attachment styles among young adults: a test of a four – category model. Journal of Personality and Social Psychology; *Journal of Personality and Social Psychology.* (1991), 61 (2), 226 – 244.

[7] Besser, A. , & Priel, B. Attachment, depression, and fear of death in older adults: The roles of neediness and perceived availability of social support. *Personality and Individual Differences.* (2008), 44 (8), 1711 – 1725.

[8] Boey, J. Reliability and validity of GDS and GHQ short form for the aged, *Chinese Journal of Psychiatry.* (1999), 1, 40 – 42.

[9] 梅锦荣. 老年抑郁量表和普通健康问卷（简本）信度和效度的研究. 中华精神科杂志. (1999), 1, 40 – 42.

[10] Brennan, K. A. , Clark, C. L. , & Shaver, P. R. Self – report measurement of adult attachment: An integrative overview. In: Simpson, J. A. & Rholes, W. S. (Eds.). *Attachment theory and close relationships.* New York: The Guilford Press. (1998), 46 – 76.

[11] Bowlby, J. *Attachment and loss: Vol. 1. Attachment.* New York: Basic Books, (1969).

[12] Bowlby, J. *Attachment and loss: Vol. 2. Separation: Anxiety and anger.* New

York: Basic Books, (1973).

[13] Carstensen, L. L. , Turan, B. , Scheibe, S. , Ram, N. , Ersner – Hershfield, H. , & Samanez – Larkin, G. R. , et al. Emotional experience improves with age: evidence based on over 10 years of experience sampling. Psychology and aging. (2011), 26(1), 21 – 23.

[14] Cassidy, J. , & Shaver, P. R. (1999). Handbook of attachment: Theory, research, and clinical applications. New York: Guilford Press, (Eds.).

[15] Chris Fraley, R. , Niedenthal, P. M. , Marks, M. , Brumbaugh, C. , & Vicary, A. Adult attachment and the perception of emotional expressions: Probing the hyperactivating strategies underlying anxious attachment. *Journal of Personality.* (2006), 74 (4), 1163 – 1190.

[16] Collins, N. L. , & Read, S. J. Adult attachment, working models, and relationship quality in dating couples. *Journal of personality and social psychology.* (1990), 58 (4), 644 – 663.

[17] Collins, N. L. , & Read, S. J. Cognitive representations of attachment: The structure and function of working models. In K. Bartholomew & D. Perlman (Eds.), Attachment processes in adulthood. London: Jessica Kingsley. (1994).

[18] Collins, N. L. Working models of attachment: Implications for explanation, emotion, and behavior. *Journal of personality and social psychology.* (1996), 71(4), 810 – 832.

[19] Consedine, N. S. , & Magai, C. Attachment and emotion experience in later life: The view from emotions theory. *Attachment & Human Development.* (2003), 5(2), 165 – 187.

[20] Cozzarelli, C. , Hoekstra, S. J. , & Bylsma, W. H. General versus specific mental models of attachment: Are they associated with different outcomes. *Personality and Social Psychology Bulletin.* (2000), 26 (5), 605 – 618.

[21] Dinero, R. E. , Conger, R. D. , Shaver, P. R. , Widaman, K. F. , & Larsen – Rife, D. Influence of family of origin and adult romantic partners on romantic attachment security. Couple and *Family Psychology: Research and Practice.* (2011), 1, 16 – 30.

[22] Donges, U. S. , Kugel, H. , Stuhrmann, A. , Grotegerd, D. , Redlich, R. , & Lichev, V. , et al. *Adult attachment anxiety is associated with enhanced automatic* neural response to positive facial expression. Neuroscience. (2012), 220, 149 – 157.

[23] Feeney, J. A. , Noller, P. , & Hanrahan, M. Assessing adult attachment. In

M. B. Sperling & W. H. Berman (Eds.), *Attachment in adults: Clinical and developmental perspectives New York: Guilford Press.* (1994).

[24] Fiori, K. L., Consedine, N. S., & Magai, C. Late life attachment in context: Patterns of relating among men and women from seven ethnic groups. *Journal of cross – cultural gerontology.* (2009), 24 (2), 121 – 141.

[25] Fraley, R. C. Attachment stability from infancy to adulthood: Meta – analysis and dynamic modeling of developmental mechanisms. *Personality and Social Psychology Review.* (2002), 6, 123 – 151.

[26] Fraley, R. C. & Brumbaugh, C. C. A dynamical systems approach to conceptualizing and studying stability and change in attachment security. In W. S. Rholes, & J. Simpson (Eds.), *Adult attachment: theory, research, and clinical implications.* New York: Guilford. (2004).

[27] Furman, W., Simon, V. A., Shaffer, L., & Bouchey, H. A. Adolescents' working models and styles for relationships with parents, friends, and romantic partners. *Child Development.* (2002), 73, 241 – 255.

[28] Green, B. L., Furrer, C. J., & McAllister, C. L. Does attachment style influence social support or the other way around A longitudinal study of early head start mothers. *Attachment & human development.* (2011), 13 (1), 27 – 47.

[29] Griffin, D. W., & Bartholomew, K. Models of the self and other: Fundamental dimensions underlying measures of adult attachment. *Journal of personality and social psychology.* (1994), 67 (3), 430 – 445.

[30] Harman, H. H. *Modern Factor Analysis* (3rd Ed.). Chicago: University of Chicago Press. (1976).

[31] Hu, L – T., & Bentler, P. M. Cutoff criteria for fit indexes in covariance structure analysis: Conventional criteria versus new alternatives. *Structural Equation Modeling.* (1999), 6, 1 – 55.

[32] Imamolu, S., & Imamo lu, E. O. Relationship between general and context – specific attachment orientations in a Turkish sample. *The Journal of Social Psychology.* (2006), 146 (3), 261 – 274.

[33] Jacobvitz, D., Curran, M., & Moller, N. Measurement of adult attachment:

The place of self – report and interview methodologies. *Attachment & Human Development.* (2002), 4 (2), 207 –215.

[34] Kafetsios, K. , & Sideridis, G. D. Attachment, social support and well – being in young and older adults. *Journal of health psychology.* (2006), 11 (6), 863 –875.

[35] Klohnen, E. C. , & John, O. P. Working models of attachment: A theory – based prototype approach. In Simpson, J. A. & Rholes, W. S. (Eds.) . *Attachment theory and close relationships.* New York: Guilford Press. (1998) .

[36] Klohnen, E. C. , Weller, J. A. , Luo, S. , & Choe, M. Organization and predictive power of general and relationship – specific attachment models: One for all, and all for one *Personality and Social Psychology Bulletin.* (2005), 31 (12), 1665 –1682.

[37] Liu, M. *The interpersonal intimacy, adult attachment and their relationships with well – being of elderly people* (Unpublished master's thesis) . National Kaohsiung Normal University. (2000) .

[38] 刘敏珍．老年人之人际关系、依恋风格与幸福感之关系研究（硕士学位论文）．高雄师范大学．(2000)。

[39] Magai, C. , Cohen, C. , Milburn, N. , Thorpe, B. , McPherson, R. , & Peralta, D. Attachment styles in older European American and African American adults. *The Journals of Gerontology Series B: Psychological Sciences and Social Sciences.* (2001), 56 (1), S28 –S35.

[40] Meng, C. , Zhang, X. , Wang, H. , Sun, H. , Liu, H. , Tang, Z. , & Chen, B. Clock Drawing as a cognitive screening test. *Chinese Journal of Nervous and Mental Diseases.* (2004), 6, 452 –454.

[41] 孟超，张新卿，王姮，孙厚亮，刘宏军，汤哲，陈彪．画钟测验检测认知功能损害．中国神经精神疾病杂志．(2004), 6, 452 –454。

[42] Mikulincer, M. & Shaver, P. R. *Attachment in adulthood: Structure, dynamics, and change*, New York: Guilford Press. (2007) .

[43] Olson, D. H. , Fournier, D. G. , & Druckman, J. M. PREPARE/ENRICH *Counselor's manual. Minneapolis*, MN: Prepare –Enrich Inc. (1983) .

[44] Pierce, T. , & Lydon, J. E. Global and specific relational models in the experience of social interactions. *Journal of Personality and Social Psychology.* (2001), 80 (4),

613 - 631.

[45] Roisman, G. I., Holland, A., Fortuna, K., Fraley, R. C., Clausell, E., & Clarke, A. The Adult Attachment Interview and self - reports of attachment style: An empirical rapprochement. *Journal of Personality and Social Psychology.* (2007), 92 (4), 678 - 697.

[46] Ross, L. R., & Spinner, B. General and specific attachment representations in adulthood: Is there a relationship *Journal of Social and Personal Relationships.* (2001), 18 (6), 747 - 766.

[47] Rothbaum, F., Weisz, J., Pott, M., Miyake, K., & Morelli, G. Attachment and culture: Security in the United States and Japan. *American Psychologist.* (2000), 55 (10), 1093 - 1104.

[48] Schmitt, D. P., Alcalay, L., Allensworth, M., Allik, J., Ault, L., &Austers, I., et al. Patterns and universals of adult romantic attachment across 62 cultural regions are models of self and of other pancultural constructs. *Journal of Cross - Cultural Psychology.* (2004), 35 (4), 367 - 402.

[49] Shaver, P. R., Belsky, J., & Brennan, K. A. The adult attachment interview and self - reports of romantic attachment: Associations across domains and methods. *Personal Relationships.* (2000), 7 (1), 25 - 43.

[50] Shaver, P. R., & Mikulincer, M. Attachment in the later years: A commentary. *Attachment and Human Development.* (2004), 4, 133 - 161.

[51] Simpson, J. A., Rholes, W. S., & Phillips, D. Conflict in close relationships: an attachment perspective. *Journal of personality and social psychology.* (1996), 71 (5), 899 - 914.

[52] Simpson, J. A., & Rholes, W. S. (Eds.). *Attachment theory and close relationships.* New York: Guilford Press. (1998).

[53] Timm, T. M., & Keiley, M. K. The effects of differentiation of self, adult attachment, and sexual communication on sexual and marital satisfaction: A path analysis. *Journal of sex & marital therapy.* (2011), 37 (3), 206 - 223.

[54] Treboux, D., Crowell, J. A., & Waters, E. When "new" meets "old": configurations of adult attachment representations and their implications for marital functioning. *Developmental psychology.* (2004), 40 (2), 295 - 314.

[55] Trinke, S. J., & Bartholomew, K. Hierarchies of attachment relationships in

young adulthood. *Journal of Social and Personal Relationships*. (1997), 14, 603 -625.

[56] Van Assche, L., Luyten, P., Bruffaerts, R., Persoons, P., van de Ven, L., & Vandenbulcke, M. Attachment in old age: Theoretical assumptions, empirical findings and implications for clinical practice. *Clinical psychology review*. (2012), 33, 67 -81.

[57] Wang, C. D., & Mallinckrodt, B. S. Differences between Taiwanese and US cultural beliefs about ideal adult attachment. *Journal of Counseling Psychology*. (2006), 53 (2), 192 -204.

[58] Wang, D., & Zhang, M. The features of spouse support and its relationship with marital attachment and marital satisfaction among older adults. *Psychological Development and Education*. (2011), 2, 195 -201.

[59] 王大华，张明妍．老年人配偶支持的特点及其与夫妻依恋、婚姻满意度的关系．心理发展与教育．(2011), 2, 195 -201.

[60] Wang, F. & Wang, D. Chinese college students′ general and relationship - specific representations of adult attachment: Variable - centred and person - centred analysis. Asian *Journal of Social Psychology*. (2012), 15 (4), 314 -320.

[61] Wang, Q., Wang, D., & Chen, C. The features of marital conflicts and their relationships with marital attachment among old adults. *Psychological Development and Education*. (2012), 2, 167 -174.

[62] 王倩蓉，王大华，陈翠玲．老年人夫妻冲突一般特点及其与依恋的关系．心理发展与教育．(2012), 2, 167 -174.

[63] Wang, Q., Wang, D., Li, C., & Miller, R. B. Marital satisfaction and depressive symptoms among Chinese older couples. *Aging & mental health*. (2014), 18(1), 11 -18.

[64] Wei, M., Russell, D. W., Mallinckrodt, B., & Zakalik, R. A. Cultural Equivalence of Adult Attachment Across Four Ethnic Groups: Factor Structure, Structured Means, and Associations With Negative Mood. *Journal of Counseling Psychology*. (2004), 51 (4), 408 -417.

[65] Wu, W. *The relationship of social support and depression of attachment styles of elderly people* (Unpublished master' s thesis). Soochow University, Taipei. (2006).

[66] 吴文嘉．不同依附风格老人之抑郁与社会支持之关系（硕士学位论文）．东吴大学．(2006).

[67] Xiong, H., Zhang, J., Ye, B., Zheng, X., & Sun, P. Common method variance effects and the models of statistical approaches for controlling it. *Advances in Psychological Science.* (2012), 20 (5), 757 – 769.

[68] 熊红星，张璟，叶宝娟，郑雪，孙配贞．共同方法变异的影响及其统计控制途径的模型分析．心理科学进展．(2012)，20 (5)，757 – 769.

[69] You, H. S., & Malley – Morrison, K. Young Adult Attachment Styles and Intimate Relationships with Close Friends A Cross – Cultural Study of Koreans and Caucasian Americans. *Journal of Cross – cultural psychology.* (2000), 31 (4), 528 – 534.

[70] Yu, C. Y. *Evaluating cutoff criteria of model t indices for latent variable models with binary and continuous outcomes* (Unpublished doctoral dissertation), University of California, Los Angeles, CA. (2002).

[71] Zhai, X., Li, C., Wei, H., & Wang, D. The development of the questionnaire of marital attachment for older adults. *Psychological Development and Education.* (2010), 2, 197 – 204.

[72] 翟晓艳，李春花，魏红，王大华．老年人夫妻依恋问卷的编制．心理发展与教育．(2010)，2，197 – 204.

[73] Zhang, F., & Labouvie – Vief, G. Stability and fluctuation in adult attachment style over a6 – year period. *Attachment and Human Development.* (2004), 6, 419 – 438.

[74] Zhou, H., & Long, L. Statistical remedies for common method biases. *Advances in Psychological Science.* (2004), 12 (6), 942 – 950.

[75] 周浩，龙立荣．共同方法偏差的统计检验与控制方法，心理科学进展．(2004)，12 (6)，942 – 950.

作者简介：

王大华、王岩，北京师范大学发展心理研究所。

Richard B. Miller Brigham Young University, Utah, USA.

家庭支持与朋友支持对不同自理能力老年人抑郁水平的影响

唐　丹　姜凯迪

（中国人民大学人口与发展研究中心　北京　100872）

摘　要：探讨社会支持中的家庭支持和朋友支持对不同自理能力老年人抑郁水平的影响作用。结果发现：（1）社会支持可有效缓解老年人抑郁症状；（2）对个体而言，家庭支持是较稳定的支持来源，受个体年龄和健康水平的影响较小，而朋友支持变动较大，随年龄增长和健康水平的下降，朋友支持逐渐减少；（3）对于生活可完全自理的老人，朋友支持比家庭支持有更大的预测作用，而对于生活不能完全自理的老人，家庭支持的作用更大；（4）社会支持对不可完全自理老年人抑郁水平的解释率高于对可完全自理老年人抑郁水平的解释率。

关键词：老年人　自理能力　社会支持　抑郁

一、问题提出

抑郁是反映心理健康的重要指标，是老年人群中发生率最高的心理症状，已有大量研究证明社会支持对老年人抑郁水平有缓解作用。研究结果表明相比社会支持相对匮乏的个体，那些拥有来自配偶、朋友和亲戚提供的物质和精神支持的个体往往表现得更健康（Broadhead，Kaplan，James，et al.，1983），个体遭遇社会隔离和社会支持受损后，会出现严重的或者重度的抑郁症状（Bruce，2002；王兴华，王大华，申继亮 2006；唐丹，2010）。

老年人的自理能力也是抑郁水平的重要预测变量，自理功能受损后，个体与物理、社会环境的互动能力受到限制，而增加了个体的抑郁风险（Bruce，2001；Yang，2006；唐丹，2010）。同时有研究发现个体拥有的社会资源（社会支持）和心理资源

（控制力和自尊感），能够在失能与抑郁之间起到中介作用，从而减轻失能对心理健康的负面影响（Thoits，1995）。

社会支持是一个复杂的系统，研究者从不同的角度对社会支持的结构进行分析，其中从来源的角度可划分为家庭支持、朋友支持和组织支持（Blumenthal，1987）。西方研究者认为，与家庭支持相比，朋友支持是一种“可选择”的社会交往（Lee & Shehan 1989；Litwin，2001），根据社会情绪选择理论（Carstensen，2006），老年人会选择保留对自己最有意义最积极的朋友交往，其所获得的朋友支持往往是高质量的；而家庭支持是无法选择的，质量也难以保障，因此朋友支持比家庭支持对老年人心理健康有更大的预测作用（Blau，1981；Lee & Ishii - Kuntz，1987；Lennartsson，1999）。在东方家庭观念的影响下，在中国社会“差序格局”框架下，家庭支持与朋友支持对老年人心理健康的作用与西方的研究结果不完全一致。一方面，部分研究证实了家庭支持比其他类型的支持更有效地抑制了老年人抑郁（王丽娜、唐丹、许晶晶、申继亮，2006；王兴华等，2006）；另一方面，一些研究却发现朋友支持比家庭支持对老年人抑郁（唐丹，2010）和焦虑（唐丹、王大华，2014）等心理症状的保护性作用更大。

国内目前有关朋友支持与家庭支持对老年人抑郁作用的结论不完全一致，有可能受限于样本特点。西方研究发现朋友支持比家庭支持有更大的预测力，前提是朋友关系是“可选择的”，因此，老年人必须具有选择朋友支持的权利和能力，其朋友支持才能起到相应作用。中西方老人的生活模式存在明显差异：西方代际交换为“接力式”，父辈将子辈抚养成年后，子辈并没有赡养父辈的义务，因此西方老人对家庭支持的依赖较少，大部分研究都发现朋友支持作用大于家庭支持；而中华文化中代际交换为“反哺式”，父辈子辈将抚养成年后，子辈有赡养父辈的义务，因此中国老人整体上对家庭支持依赖要多于西方老人。若国内研究所用样本中老年人整体自理能力较差，更多依赖家庭支持，可能会出现家庭支持作用大于朋友支持；若所用样本中老年人整体自理能力较好，作用则会相反。国内现有研究中，并未把自理能力或健康状态作为分组变量，对不同状况的老人进行讨论。

本文将根据自理能力对老年人进行分组，讨论社会支持在不同自理能力水平的老年人中作用的区别，尝试验证以下假设：①在不能完全自理的老年人中，社会支持对抑郁有更大预测力；②在完全自理的老年人中，朋友支持对抑郁的预测力大于家庭支持；在不完全处理的老年人中，家庭支持对抑郁的预测力大于朋友支持。

二、方法

（一）数据来源

本文所用数据来自2006年中国城乡老年人状况追踪调查样本的10%，有效样本为60—102岁的老人1897名，其中城镇老人964人，农村老人933人。

表6-20 被试性别年龄构成

		60—64岁	65—69岁	70—74岁	75—79岁	80岁以上	合计
农村	男	87	128	131	84	66	496
	女	94	92	99	80	72	437
	小计	181	220	230	164	138	933
城镇	男	74	138	133	82	52	479
	女	79	150	138	41	77	485
	小计	153	288	271	123	129	964
合计	男	161	266	264	166	118	975
	女	173	242	237	121	149	922
	小计	334	508	501	287	267	1897

（二）变量选择

1. 抑郁

以简版老年抑郁量表（GDS-15）测量老年人抑郁水平，总分为0—15分，分数越高抑郁症状越严重。本研究中量表内部一致性为0.793。

2. 社会支持

使用社会网络量表（Social Network Scale）测量老年人的社会支持，该量表通过测量老年人所知觉到的家庭和朋友的支持，以测量老年人的社会隔离状态（Lubben, Blozik, Gillmann, Iliffe, von Rentein Kruse, et al., 2006）。以老年人可交往的亲戚和朋友的项目得分作为指标。调查分别询问了老年人可见面的、可说心里话的、可帮忙的亲戚和朋友的人数等级，各6等。以亲戚交往作为家庭支持指标，以朋友交往作为朋友支持指标，维度总分为0—15，得分越高表示社会支持水平越高。本研究中两类社会支持维度内部一致性分别为0.862和0.898。

3. 健康状况

健康状况包括自理能力和患慢性病的数量。其中患慢性病数量以老年人在常见的

25 种慢性疾病中患病的种类之和作为指标；自评生活生理能力以生活自理能力量表得分作为指标。生活自理能力量表一共 16 个项目，老年人对独立完成每个项目的难度进行评价，不费力得 1 分、有些困难得 2 分，做不了得 3 分，累积 16 个项目总分，分数越高表示生活自理能力越差；在完成其中任何一项任务中存在困难都将其归为不完全自理。

4. 人口社会经济变量

婚姻状况（在婚和不在婚）、性别、年龄、户籍、收入状况。

收入状况由 12 个项目整合得到年收入，包括月退休金（转换为年退休金）、过去一年的政府求助、集体求助、企业养老补贴、子女给的钱、孙子女们给的钱、其他亲戚给的钱、其他人情收入、其他补贴、储蓄利息收入、保险给付、其他收入。

三、结果

（一）不同自理能力老年人基本情况

根据生活自理能力的得分，完成所有任务都不存在困难的老人共计 757 人，归为完全自理组；另 1140 名老人在完成一项或多项任务过程中存在困难，归为不完全自理组。对两组老年人年龄、自理能力、慢性病数量、年收入、家庭支持、朋友支持及抑郁进行独立样本 t 检验，结果发现，完全自理和不完全自理的老人在上述变量的得分上均存在显著差异。

表 6-21 完全自理和不完全自理两组老人的差异检验

	自理能力分组	平均数	标准差	t	df*
年龄（岁）	完全自理	68.18	5.60	-17.12***	1833.20
	不完全自理	73.17	7.02		
自理能力	完全自理	16.00	0.00	-35.34***	1139.00
	不完全自理	23.95	7.60		
慢性病数量	完全自理	1.61	1.75	-7.37***	1836.50
	不完全自理	2.29	2.21		
年收入（元）	完全自理	8897.54	9988.98	7.71***	1359.90
	不完全自理	5565.21	7907.92		
家庭支持	完全自理	7.69	3.93	4.25***	1895

续表

	自理能力分组	平均数	标准差	t	df*
	不完全自理	6.90	3.97		
朋友支持	完全自理	6.09	4.47	9.00***	1895
	不完全自理	4.27	4.21		
社会支持	完全自理	13.78	7.29	7.82***	1895
	不完全自理	11.18	6.99		
抑郁	完全自理	4.25	3.07	-14.20***	1735.10
	不完全自理	6.39	3.42		

注：方差齐性检验显示，除家庭支持、朋友支持和社会支持外，各变量方差在两组间差异显著。***为 $p<0.001$；**为 $p<0.01$；*为 $p<0.05$；下同。

（二）抑郁水平影响因素的相关分析

相关分析发现，多个变量之间存在显著相关。年龄与家庭支持相关不显著，而与朋友支持呈负相关，说明随年龄增长家庭支持并不会发生变化，而朋友支持将会下降。抑郁与所有的变量间的相关均显著，与年龄、自理能力、慢性病数量为正相关，而与家庭支持、朋友支持及社会支持总分负相关。

表 6-22　各变量之间的相关系数

	年龄	自理能力	慢性病数	年收入	家庭支持	朋友支持	社会支持	抑郁
年龄	1.00	0.43***	0.11***	-0.04	-0.04	-0.14***	-0.11***	0.17***
自理能力		1.00	0.21***	-0.15***	-0.10***	-0.21***	-0.18***	0.41***
慢性病数			1.00	0.15***	-0.07**	-0.01	-0.05*	0.20**
年收入				1.00	0.09**	0.24**	0.20**	-0.30**
家庭支持					1.00	0.49**	0.85**	-0.23**
朋友支持						1.00	0.88**	-0.26**
社会支持							1.00	-0.28**
抑郁								1.00

（三）不同自理能力的老年人抑郁水平影响因素的回归分析

对年龄、性别、婚姻、户籍、慢性病数量、自理能力、年收入、家庭支持和朋友支持与抑郁总分进行标准化。以抑郁标准分为因变量，以人口社会学变量（年龄、性别、婚姻、户籍）、健康水平（慢性病数量、自理能力）、经济水平（年收入）、社会支持（家庭支持、朋友支持）为自变量，根据被试的自理能力，验证多个线性回归模型：模型一为全体老人抑郁水平回归模型，以抑郁为因变量；模型二为完全自理老人抑郁水平回归模型，由于完全自理老人生活自理能力量表得分均为16，因此将自理能力从自变量中删除；模型三为不完全自理老人抑郁水平回归模型，沿用模型二的自变量；模型四将自理能力分组进行虚拟化，并与朋友支持及家庭支持乘积，将这三个变量作为自变量纳入模型，以考察朋友支持和家庭支持对抑郁的预测作用在两组被试中的差异（UCLA，2014）。

回归结果显示，对于全体被试而言，性别、婚姻、户籍、慢性病数量、自理能力、年收入均可有效预测老年人的抑郁水平，在上述变量进入方程后，家庭支持和朋友支持仍可显著预测抑郁水平。分自理能力进行回归分析发现，家庭支持和朋友支持在不同自理能力的老年人中作用存在差异。对于完全自理的老年人，家庭支持的预测力（-0.08）小于朋友支持（-0.09），且家庭支持的回归系数不显著；对于不完全自理的老年人，家庭支持和朋友支持的回归系数均显著，且家庭支持的预测力（-0.16）大于朋友支持（-0.10）。模型四进一步分析发现，自理能力分组*家庭支持的回归系数为负且显著（-0.08），即家庭支持对两组老年人抑郁水平的回归系数存在差异，说明家庭支持可更有效地降低不可完全自理的老年人抑郁水平。从模型的解释率上，社会支持对完全自理老人抑郁的解释率为1.8%，而对不完全自理老人的解释率为4.6%。可见，社会支持对不完全自理老人的抑郁水平有更强的保护作用。

表6-23　抑郁水平线性回归分析结果

	模型一 全体老人	模型二 完全自理老人	模型三 不完全自理老人	模型四 调节效应检验
年龄	-0.03	0.04	0.04	0.04
性别	-0.04*	-0.07	-0.02	-0.04
婚姻（无配偶=0）	-0.07**	-0.20**	-0.07*	-0.08**
户籍（农业=0）	-0.11***	-0.13**	-0.12***	-0.12***
慢性病数量	0.19***	0.20***	0.25***	0.22***
自理能力	0.30***			
年收入	-0.20***	-0.20***	-0.25***	-0.21***
家庭支持	-0.13***	-0.08	-0.16***	-0.08*

续表

	模型一 全体老人	模型二 完全自理老人	模型三 不完全自理老人	模型四 调节效应检验
朋友支持	-0.07**	-0.09*	-0.10**	-0.06
自理能力分组（完全自理=0）				0.16***
自理能力*家庭支持				-0.08*
自理能力*朋友支持				-0.04
加入社会支持前 R^2	26.82	11.63	15.27	19.11
总 R^2	29.61	13.44	19.89	25.03

四、讨论

（一）年龄并不是抑郁水平的敏感预测变量

老年群体与非老年群体之间心理健康不一定存在显著差异，但老年群体内部，随着年龄增长，抑郁水平呈上升趋势（孟琛、汤哲，2000；胡志、徐若陵、徐晓超等，2007），研究者一般认为这种差异往往是由与年龄相关的其他因素造成，如健康水平、婚姻丧偶等。本研究进一步支持这个结果，在未控制其他变量作用的前提上，年龄与抑郁水平之间正相关，但在加入了婚姻、户籍、健康水平、经济收入等变量之后，年龄并不能显著预测抑郁水平，说明年龄与抑郁之间的关系是通过第三变量起作用的。

（二）健康与抑郁之间的稳定关系

健康对老年抑郁水平有稳定的预测作用，从全体老年人的模型上看，人口学变量解释了抑郁10.8%的变异，而慢性病数量和自理能力所解释的变异高达13.5%。进一步比较健康水平不同指标的作用，自理能力的回归系数较慢性病数量的回归系数更大，而相应的变异解释率为8.9%和7.2%，也就是说自理能力比所患慢性病数量对老年人抑郁具有更强的解释力。因此，一旦老年人患慢性病后，应该及早进行规范治疗，减少因病致残，保持良好的自理能力，老年人的心理健康亦可得到保护。

（三）朋友支持的“选择性”与家庭支持的“天然性”

相关分析发现，社会支持的不同成分与各背景变量之间均存在一定的相关，但相关系数存在显著差异。家庭支持与年龄、自理能力和收入水平等变量之间的相关系数较小，甚至不显著，说明能够对家庭支持产生影响的变量较少。家庭支持几乎不受年龄的影响，自理能力、收入水平等变量的影响作用也相对有限，因此认为家庭支持是一个相对稳定的支持来源，是一种“天然”的存在。而上述这些变量与朋友支持的相关性明显大于它们与家庭支持的，朋友支持的获得与个体的年龄、自理能力及收入水平密切相关，是一个更具灵活性的支持来源，具有更强的“选择性”。

（四）社会支持对抑郁的具体作用因群体而异

在控制多个相关变量后，社会支持仍可有效预测老年人的抑郁水平，社会支持的增加能够使得老年人抑郁程度有所下降。但不同方面的社会支持对于不同自理能力的老年人来说，作用存在差异。当不对老年人的自理能力进行分组时，家庭支持的回归系数显著大于朋友支持，与国内已有研究结果一致（王丽娜等，2006；王兴华等，2006）。

分组之后，对于生活完全自理的老年人，知觉到的朋友支持越多，其抑郁程度越低；而家庭支持对他们的抑郁程度的影响并不显著。该结果与西方研究结果一致，当老年人尚可自主行动时，自主选择所保留的朋友支持对心理健康的保护作用更大（Litwin，2001；Catstensen，2006）。

对于生活不完全自理的老年人，在控制了其他变量之后，社会支持对其抑郁水平的回归系数和 R2 增量都较在全体老人和完全自理老人的模型上所得到的相应指标大，可以在某种程度上判断，社会支持对于生活不可自理的老年人有更强的保护作用。同时，知觉到的家庭支持和朋友支持均与抑郁程度呈现显著负相关；并且相比朋友支持，家庭支持的作用更大。

对于老年人来讲，社会支持对其心理健康有着很强的保护作用，家庭成员应主动给予老年人支持，同时鼓励老年人积极参加社会活动和社会组织、广交益友，能够很好地保护老年人免受抑郁之苦。而对于生活完全能够自理的老人，日常生活对亲属的支持依赖较少，更应该通过增加社会活动、获得高质量的朋友支持。但是很多老年人由于自理能力下降使得个体活动范围有限、管理日常生活变得困难，阻碍了社会关系的融入和社会角色的扮演。老年人随着年龄的增长，逐渐丧失生活自理能力，有些甚至变成极度功能障碍患者，他们往往活动受限，与朋友、家庭成员隔离，社会联系减少、社会支持质量下降，这时来自家庭的支持将是其心理健康的最大保护力量。

五、结论

社会支持可以有效预测老年人抑郁水平。影响老年人的家庭支持的因素较少，是较为稳定的支持来源；朋友支持受年龄、自理能力等因素影响，灵活性更大。对于生活可完全自理的老年人，朋友支持可预测抑郁水平；对于生活不可完全自理的老年人，家庭支持和朋友支持均可预测抑郁水平，家庭支持的预测力更大。总体而言，社会支持对生活不可完全自理老年人的心理健康有更大的保护作用。

参考文献

[1] Blau, Z. S. *Aging in a changing society*. New York: Franklin Watts. (1981) .

[2] Blumenthal, J. A. , Burg, M. M. , Barefoot, J. , Willinams, R. B. , Haney, T. , Zimet, G. Social support, type a behavior, and coronary artery disease. *Psychosomatic Disease*. (1987), 49, 331 -340.

[3] Broadhead, W. E. , Kaplan, B. H. , James, S. A. , Wagner, E. H. , Schoenbach, V. J. , Crimson, R. , Heyden, S. , Tibblin, G. , & Gehlbach, S. H. The epidemiologic evidence for a relationship between social support and health. *American Journal of Epidemiology*. (1983), 117, 521 -537.

[4] Bruce, M. Psychosocial risk factors for depressive disorders in late life. *Biological Psychiatry*. (2002), 52, 175 -184.

[5] Bruce, M. Depression and disability in late life: directions for future research. *American Journal of Geriatric Psychiatry*. (2001), 9, 102 -112.

[6] Carstensen, L. L. The influence of a sense of time on human development. *Science*. (2006), 312, 1913 -1915.

[7] Lee, G. R. & Shehan, C. Social relations and the self - esteem of older persons. *Research on Aging*. (1989), 11, 427 -442.

[8] Lee, G. R. , & Ishii - Kuntz, M. Social interaction, loneliness and emotional well - being among the elderly. *Research on Aging*. (1987), 9, 459 -482.

[9] Lennartsson, C. Social ties and health among the very old in sweden. *Research on Aging*. (1999), 21, 657 -681.

[10] Litwin, H. Social network type and morale in old age. *The Gerontologist*. (2001), 41 (4), 516 -524.

[11] Thoits, P. A. Stress, coping, and social support processes: where are we What next. *Journal of Health and Social Behavior*. (1995), 35, 53 -79.

[12] Lubben, J. , Blozik, E. , Gillmann, G. , Iliffe, S. , von Rentein Kruse,

W. , Beck J. C. , & Stuck, A. E. Performance of an abbreviated version of the Lubben Social Network Scare among three European community – dwelling older adult populations. *The Gerontologist.* (2006), 46 (4), 403 – 513.

[13] Yang, Y. How does functional disability affect depressive symptoms in late life The role of perceived social support and psychological resources. *Journal of Health and Social Behavior.* (2006), 47 (4), 355 – 372.

[14] 胡志，陈若陵，徐晓超. 农村社区老年抑郁症患病率影响因素调查. 中国公共卫生. (2007), 23 (3), 257 – 258.

[15] 孟琛，汤哲. 北京城乡老年人抑郁症状的分析与比较. 中国老年学杂志. (2000), 20 (7), 196 – 199.

[16] 唐丹，王大华. 社区老年人焦虑水平及影响因素. 心理与行为研究. (2014), 12 (1), 52 – 57.

[17] 唐丹. 城乡因素在老年人抑郁症状影响模型中的调节效应. 人口研究. (2010), 34 (3), 53 – 63.

[18] 王立娜，唐丹，许晶晶，申继亮. 社会支持对老年人抑郁影响的性别差异. 中国临床心理学杂志. (2006), 14 (1), 70 – 72.

[19] 王兴华，王大华，申继亮. 社会支持对老年人抑郁情绪的影响研究. 中国临床心理学杂志. (2006), 14 (1), 73 – 74.

作者简介：

唐丹，女，中国人民大学人口与发展研究中心副教授。

姜凯迪，女，中国人民大学人口与发展研究中心硕士研究生。

互联网 + 医养结合

我们已进入互联网时代。互联网将改变社会的方方面面，也改变我们每一个人的生活。医养结合需要互联网，互联网将赋予医养结合新的理念、新的内涵、新的形式。充分利用互联网、物联网，大力推动智慧型养老，努力倡导科技助老，是医养结合发展的方向，也是医养结合机构和工作者应有的眼光。

宁波云医院建设实践与探索

水黎明

（浙江省宁波市江东区卫生和计划生育局　浙江　315000）

摘　要：在深化医疗卫生体制改革的大背景下，通过介绍宁波云医院的建设情况、面临的困难，探索互联网+时代医疗体系改革与创新的路径与方法，缓解群众看病难、看病贵问题。

关键词：云医院　互联网+　健康管理

宁波的云医院是政府主导、市场化运营、采用O2O模式的区域性医疗机构，线上是一个虚拟医院，线下是一家混合所有制医院，力争通过3—5年的建设，建成互联网上的医联体，医疗健康领域的“天猫商城”，大数据时代的“教研平台”和医疗服务业的“联盟平台”。

一、宁波云医院的建设背景

深化医疗卫生体制改革的目标是努力实现全民基本医保，建立健全基本药物制度，逐步实现人人享有基本医疗卫生服务。当前，重点是要在缓解群众看病难、看病贵问题、实现居民群众健康管理上取得突破。宁波云医院的出现有三个方面的有利条件。

一是互联网+技术发展为云医院建设提供了政策支持。2015年全国两会上，“互联网+”首次进入政府工作报告，被纳入国家顶层设计，互联网+在社会上形成新的共识。国务院《关于积极推进互联网+行动指导意见》中指出，大力发展线上线下消费和基于互联网的医疗、健康、养老等新兴服务。在新医改大幕开启的大背景下，互联网+在医保、医疗、医药电商以及整个大健康领域的触网探索，将促使互联网撬动整个医改困局。2014年5月16日浙江省政府《关于促进健康服务业发展的实施意见》明确提出了由宁波探索发展网络医院，提出过互联网、云计算、大数据、物联网等IT

技术，开展导医、预约、咨询、指导、随访、监测等在线健康管理服务，探索网上诊疗活动，突破现有医疗机构内设备、人员、床位和信息等的物理限制，达到共享优质医疗资源、创新医疗服务，优化就医秩序、提升医疗效率、改善就医体验的目的。

二是医药卫生体制改革为云医院建设提供了发展空间。在推进医药卫生体制改革中，卫生信息化作为医药卫生体制改革四梁八柱之一，是深化医药卫生体制改革的重要手段。当前，由于医疗信息不畅、医疗资源两极化、医疗监督机制不全导致的问题，成为社会关注的焦点，如何通过信息化手段构建数字卫生系统，强化电子健康档案、电子病历、健康体检等信息资源的整合，实现分级诊疗落地，打通服务群众的最后一公里，进一步缓解看病难、看病贵问题。

三是宁波市良好的信息化基础为云医院建设提供了现实可能。近几年，通过建设市智慧健康保障体系，全市已建成覆盖11个县市区的统一的医疗卫生专网、统一的数字化集成平台、统一的数据中心、统一的居民电子健康档案与电子病历、统一的居民健康卡，为在医改的大背景下，利用信息技术手段重置优质医疗资源，重构医疗卫生服务体系，重塑更为合理的就医流程，构建一个更为高效的医疗卫生服务新模式奠定了信息化基础。

二、宁波云医院的实践

宁波云医院，主要通过线上医院的信息化建设及运营，线下的实体医院的运行，实现线上线下门诊、住院、检查、体检等预约服务，定制的健康管理、咨询、干预与指导服务，针对特定人群、特定病种的诊疗服务，实现双向转诊、分级诊疗和家庭医生制度的落地。为推进宁波云医院的全面落地，江东区作为试点单位，围绕“不出社区看名医、足不出户看云医、医生网上做随访、我的健康我做主、公共卫生云路径”五个方面，促推落地。

一是不出社区看名医。主要解决疑难杂症人群看病难问题，通过选取三家街道社区卫生服务中心建设远程诊室，以云计算、物联网、移动互联网以及大数据为技术支撑，音视频同步，与北京、上海等多地专家通过实时共享病历、诊疗和历史健康记录等，为患者提供病情分析、疾病诊断、确定治疗方案等远程专家门诊、远程会诊服务，方便社区居民家门口享受大医院的专家医疗服务。目前，三个远程诊室已投入运营，对接全国300多家大医院开展远程诊疗服务。

二是足不出户看云医。主要解决高血压、糖尿病等慢病病人网上看病问题。通过云医院，慢病病人可随时随地与云医院签约医生进行复诊，交流，云医生根据病人情况提供健康咨询及诊疗服务，并通过云医院 HIS 系统开具处方流转至病人附近药房或网上药店，病人可选择就近药房现场取药或接受药品配送上门，方便病情稳定，初诊明确，需长期用药治疗的慢病人群就诊。目前，宁波云医院线上医院已完成云 HIS 系统、视频门诊系统、慢病管理系统等线上服务应用系统的建设，并与宁波市卫生信息平台大数据对接，已注册 355 名云医生，开放 11 个高血压、糖尿病、心理咨询等云专窗，可通过网上支付进行线上诊疗。

三是医生网上做随访。主要解决慢病人群进行慢病管理问题。国家基本公共卫生服务要求对慢病人群按要求开展各级慢病管理服务，云医院为基层慢病管理医生提供慢病管理新的途径。慢病管理医生在云医院将慢病管理资料发送至慢病人员手机 APP 中，慢病病人在云医院上填报近期病情等相关信息，并上传随访数据，将慢病管理数据流转至本地健康档案系统，利于慢病病人掌握自身慢病进展情况，同时也有利于减轻慢病管理医生工作量。目前，糖尿病、高血压网上随访慢病管理功能已初步实现，云医生可在云医院对签约的居民开展慢病随访。同时慢病复诊病人就诊流程已打通，并与宁波四明大药房、森海药房合作，实现电子处方的网上流转。

四是我的健康我做主。主要为全人群服务，居民通过自身穿戴设备将健康数据上传云医院，云医生依据居民健康状况，利用云医院制订个性化的健康教育、健康监测、健康评估及健康干预方案，满足居民随时随地管理自身健康的需求。依托家庭医生契约式服务，目前已签约 2200 余名居民，线上家庭医生通过绑定签约居民，预约为签约居民提供近 10 项家庭医生服务。

五是公共卫生云路径。主要是解决孕产妇、婴幼儿人群预防保健服务需求，通过云医院签订家庭医生，云医院线上家庭医生对签约的孕产妇、婴幼儿人群提供健康信息精准推送、门诊预约、数据监测、营养干预等系列公共卫生服务。公共卫生服务逐步推进。目前，已初步实现针对妇儿保人群开展孕产妇、婴幼儿保健预约、健康信息精准推送。

三、宁波云医院发展面临的困难

宁波云医院是医疗卫生领域的新生事物，在政策、医保支付及运营等方面存在一些难点问题，亟待解决。

一是政策支撑问题。云医生利用网络媒介进行诊疗，其线上诊疗服务的合法性、医生多点执业的管理、网上医疗风险管理等，目前缺乏法律依据。同时，大数据开放带来的数据安全、数据利用、数据标准规范，也需要政策层面指引与规范。另外，云医院的物价收费、运营管理等缺乏相应的政策支持。

二是医保结算问题。互联网＋医疗是对传统医疗服务体系的改造，是一项新的医疗服务模式，也是普通大众利用互联网医疗受益的基础。传统的医保结算，通过病人医保卡的划卡、医保系统自动扣费实现，网上支付如何与医保结算系统并轨，实现实时医保扣费，成为云医院建设的瓶颈。

三是监管问题。宁波云医院在线下是一家混合制的民营医疗机构，在线上是一家与全国多家知名医疗机构合作的医疗卫生单位，如何有效地实施监管、保障居民群众的利益，还是空白。

四是医生绩效分配问题。医院的生命力离不开科学的绩效管理。云专家开展远程诊疗服务、家庭医生利用碎片时间进行慢病管理服务等，无现成的绩效分配方法可以参考，对于有效提高云医生的工作积极性还有待探索。

下一步，宁波云医院将进一步加大医保结算、医生绩效分配等难题的探索力度，统一结算平台，实现网上预约、健康咨询、健康管理等。

参考文献

[1] 王仁元．看政府怎么主导“云医院”[J]．中国卫生，2015（5）．

[2] 李妍．互联网医疗撬动医改困局 [J]．中国改革，2015，3：23－31.

[3] 王才有．十二五卫生信息化发展规划研读 [J]．中国卫生信息管理，2012，9（2）：13－16.

[4] 宁波市卫生局．宁波市构建智慧健康保障体系 [J]．中国信息界：e 医疗，2014，2：31.

[5] 姜天一．远程医疗政策解读 [J]．中国卫生杂志，2015（5）．

[6] 姜天一．互联网医疗的痛点分析 [J]．中国卫生杂志，2015（5）．

作者简介：

水黎明，宁波市江东区卫生和计划生育局局长、党组书记。

社区居家养老服务信息平台建设与发展对策思考

——以山东省泰安市泰山区为例

刘庚常

（泰山医学院人口研究所　山东　271016）

摘　要：本文以山东省泰安市泰山区养老服务信息平台建设为例，详细介绍了泰山区居家养老服务信息平台建设的特点、创新和经验，在分析社区居家养老服务信息平台建设影响因素的基础上，提出了社区居家养老服务平台建设发展对策的思考。

关键词：社区　居家养老　养老服务信息平台

山东省泰安市泰山区是泰安市委、市政府驻地，总面积336平方千米，辖5个街道、2个镇，1个国家级农业科技园区、1个省级工业园区、1个省级旅游度假区，71个城市社区、126个行政村，总人口76.6万。2005年全区进入老龄化社会，目前到了快速发展期，据统计，全区现有60岁及以上老年人4.66万，占自管人口的13%，基本上是未富先老、伴病而老、未备而老。泰山区按照党中央、国务院关于积极应对人口老龄化，加快建立社会养老服务体系和发展老年服务产业的要求，从实际出发，坚持“政府倡导、市场助力”的理念，充分整合、利用社会资源，不断探索创新，构建了“以居家养老为基础、社区服务为依托、机构养老为补充、社会各界广泛参与”的养老服务体系，健全了“一三四”养老服务新机制（“一”，即打造一个平台——“12349”泰山区居家养老服务信息中心；“三”，即创新三级联动，区级养老服务信息中心、街道镇养老服务中心、城市社区老年人日间照料中心和农村幸福院三级联动；“四”，即助推四方协同，推动专业养老服务队伍、志愿者、社会组织、“助力夕阳红”企业参与养老），逐步实现养老服务由特定人群向社会公众拓展，社会福利由“补缺型”向“适度普惠型”转变。2010年11月，泰山区被民政部表彰为全国养老服务示范单位，2012年12月，被山东省民政厅表彰为全省养老服务示范单位。2012年11月

26 日，全国社区建设泰山区“五个一”模式观摩会在泰山区召开。2014 年 5 月 30 日，《民政部参阅文件》以《山东省泰安市泰山区努力建设居家养老服务信息平台》为题，在全国推广了“12349”泰山区居家养老服务信息中心的典型经验。

一、泰山区居家养老服务信息平台建设实践

（一）泰山区居家养老服务信息平台建设的主要特点

1. 引入社会化，坚持平台建设与培育社会组织相结合

泰山区高度重视培育社会组织参与养老服务，在平台建设中坚持适合由社会组织提供的服务和解决的事项交由社会组织承担，使社会组织能够在竞争和服务的过程中得到发展，较好地解决了社会影响力、独立运作能力、服务承接能力不足的问题。泰山区委托泰安市泰山养老护理协会提供平台运营保障，依托协会 70 多家会员单位为老年人提供服务。随着平台影响力日益扩大，泰山大姐养老护理协会、“小天使”康复中心、雅卓健康驿站、泰颐社工等 132 家社会组织在平台注册，活跃在为老服务一线。

2. 探索契约化，坚持平台建设与政府购买服务相结合

泰山区在平台建设中，将政府购买服务作为转变政府职能、创新社会治理、改进政府提供养老服务方式的重要方式，注重公众参与、平等协商、绩效管理和结果导向。泰山区委、区政府出台《关于规范政府购买社会组织公共服务的实施意见》，区财政局、区民政局下发《关于建立政府购买居家养老服务工作的意见》，政府购买居家养老服务的经费由财政承担，并列入预算。泰山区对 1500 名经济困难老人配发手机，并给予话费补贴。对其他社会老人，则改传统“补话费”为“补服务”，以低于市场价的服务让老年人享受到实实在在的便利。

3. 突出多元化，坚持平台建设与撬动社会资源相结合

泰山区把平台建设作为有效凝聚社会资源的重要手段，努力构建多层次、多方式、多元化的养老服务供给体系，探索出“以专业服务队伍为主、志愿者队伍为辅、爱心企业为补充、社会组织广泛参与”的养老服务协同机制，为老年人提供多样化、个性化、专业化服务。平台连接社区医疗服务机构，老年人通过血压计、血糖仪等采集终端获取数据，系统对健康数据变化进行分析，出现重大变化时将及时通报社区医疗人员。在生活服务方面，家政服务、健康医疗等 6 大类 30 多项服务均由平台加盟的服务企业提供，有效利用了各类社会化服务资源。

4. 倡导公益性，坚持平台建设与弘扬慈善文化相结合

泰山区利用信息服务手段，搭建慈善组织、志愿者参与为老服务平台，使公益慈善成为助推养老服务的新动力。泰山区通过开展“助力夕阳红”系列活动，引导泰山燃气集团、泰安视通有限公司、漱民平民大药房等147家企业在信息中心登记备案，加盟企业以低于市场价的价格为老年人提供各类服务和优惠，减免费用总计达576万元。泰山区还开展“五彩晚霞关爱老人认领服务”活动，以红、绿、橙、蓝、紫五色代表资助生活、健康卫生、青年志愿、法律服务、文化娱乐等特色志愿服务。目前，在信息中心注册的志愿者达2000多人，可提供救助、医疗、法律、文化等5大类志愿服务。

5. 提升集约化，坚持平台建设与完善养老体系相结合

泰山区以建设平台为切入，重点在服务高效、优质上用硬功，织密为老信息服务网。居家养老服务信息中心除提供综合性为老服务外，还兼具养老服务业务培训和指导全区老年公寓、敬老院、镇街养老服务中心、社区日间照料中心、农村幸福院等设施的管理功能。平台将71个城市社区服务中心、13家养老机构、23家社区日间照料中心、10所农村幸福院和82家卫生医疗机构纳入统一管理，建立医护人员、志愿者、服务人员以及康复护理设备信息台账，根据养老中心等的实际需求，可进行人员、物资的统一调配。同时在养老机构和场所安装摄像头，对老人生活和服务人员工作情况实行远程监控。社会养老服务体系的系统化、一体化水平显著提高。

（二）泰山区居家养老服务信息平台建设的主要创新之处

1. 创新投入分担机制，财政投入做减法

泰山区居家养老服务信息平台以企业运作为主要方式，由中国电信泰安分公司与江苏鸿信系统集成公司联合建设，政府只提供初期投入、服务场地、老年人信息数据库支持和业务指导，信息平台以民办非企业单位性质进行注册。财政性资金充分发挥引导和杠杆作用，采取“办事养人”，改变“养人办事”的财政支出方式，将政府输血改为引导自身造血，重在吸引和调动社会资本投入，提高了财政资金使用效益。

2. 创新运行维护机制，社会力量做乘法

信息平台技术支持由泰安电信负责，信息接入服务人员由蓝天家庭服务业协会负责培训并支付报酬。通过政府购买服务方式，改变政府大包大揽的传统做法，更好地发挥市场机制作用，吸引更多社会力量参与提供养老服务，服务供给能力成倍增长。

3. 创新评估回访机制，动态管理做除法

信息平台对每单服务的发生持续时间、内容、人员等自动记录，在服务结束后，信息平台还要进行电话或上门回访，对提供服务过程、结果和评价进行全方位监管，对反映出的问题及时调查处理，并予以通报。问题严重的，解除合作协议，实现了有进有出，动态管理。

4. 创新风险管控机制，安全服务做加法

针对为老服务需求复杂、风险点多的特点，信息平台与服务加盟商、政府购买服务承接者等签订风险管理条款，并指导蓝天家庭服务业协会等主要承接主体与协会会员订立合同，明确服务纠纷解决途径，细化责任主体和承担方式，以改革倒逼的方式，提升为老服务的安全性，更好地维护老年人合法权益。

（三）泰山区居家养老服务信息平台建设的主要经验

1. 总结信息平台建设模式，解决好谁来建、怎么建的问题

要认真总结泰山区，以及其他地区在建设社区居家养老服务信息平台建设方面的经验做法，归纳出可复制、可推广的模式，重点是引导社会参与，完善相关鼓励扶持政策，优化发展环境，更多地鼓励社会组织、电信、商贸流通企业投资建设。

2. 完善建设运行管理机制，解决好谁来管、如何管的问题

要推行政府购买服务、市场化运作的方式，实行费随事转，减轻财政支出压力，提高政府管理和服务社会效率，特别是要建立政府、市场和社会等多元主体之间的良性互动机制，激发市场主体的创造活力和内生动力。

3. 凝聚充实多元服务资源，解决好谁提供、供什么的问题

要形成养老服务提供主体的多元化格局，有效发挥市场主体、专业力量和慈善志愿组织在提供养老服务、改善社会治理方面的积极作用。要按照老人急需、服务专业的标准，优先提供与老年人日常生活密切相关的服务项目，同时做好对低收入等困难老人的保障工作。

4. 促进养老信息消费增长，解决好惠民生、促增长的问题

要以实施养老服务信息试点专项为抓手，引导培育老年人信息消费需求，鼓励相关企业和机构加大投入，更好地促进老年健康监测产品、康复护理等信息产品的研发、推广和应用，努力做到惠而不费，提升互联网、物联网等高新技术在养老领域的应用水平。

二、居家养老服务信息平台建设的影响因素

（一）传统养老观念依然浓厚

坐落在五岳之尊——泰山脚下的泰安在养老观念上深受传统观念的影响，无论老人还是社会都认为养老是儿女的事情，社区养老不仅让老人感觉不适，而且也会容易给人产生子女不孝的印象。

（二）公共服务理念缺失使社区养老资金缺乏

政府作为唯一的管理及服务主体，导致社区居家养老服务资金来源有限，主要依靠财政拨款和民政部门投入。虽然政府投入的养老资金不断上升，但相对于日益增长的老年人口及其养老服务需求，政府投入仍处于较低水平，无法满足社区居家养老需要。而民政部门的社区养老经费更为有限，且有很大的不确定性。

（三）服务人员专业化程度低

社区养老服务人员虽然受过养老服务培训，但他们一般只能开展家政服务，无法满足社区居家养老服务的更多需求。一些居家养老志愿者队伍，虽然能够在传统节日期间做些养老服务项目，但缺乏连续性和长久性，志愿者也没有养老专业服务水平。

（四）服务资源有限与服务需求强烈的矛盾比较突出

随着人口老龄化程度的日趋严重，养老服务需求日渐强烈，但社区居家养老服务公共设施仍然缺少，服务水平较低，场地严重缺乏。城镇社区办公共用房原本紧张，无法建立居家养老服务平台，一些老社区的困难更大。此外，社区养老还缺少养老服务专业人员。这都影响了社区居家养老服务平台的建设和服务。

（五）社区居家养老服务无法满足特定老年人的需求

所谓特定老年人是指高龄、独居、失能、失智等老年人口，空巢化、单身化、高龄化、失能化现象的进一步加剧，失能和部分失能老年人口在不断增加。基础性、普惠型的居家养老服务根本无法满足这些特定老年人的特殊照护需求。此外，社区养老服务人员的业务多限于生活料理和家政服务，而难以应对特定老年人的各种需求。

三、社区居家养老服务平台建设的发展对策思考

山东省泰安市泰山区“以居家养老为基础、社区服务为依托、机构养老为补充、社会各界广泛参与”的养老服务体系和“12349”泰山区居家养老服务信息平台的建设得到了老年人和社会的广泛认可。社区居家养老服务在初创时期虽然存在一些影响因素，但仍然是未来城市社区解决养老问题的发展趋势。对此，在总结山东省泰安市

泰山区社区居家养老服务平台建设的基础上，进一步积极探寻未来发展对策，以便使社区居家养老服务更加完善。

（一）加大平台宣传力度、提升社区老年人参与度

社区居家养老信息平台运行的关键因素之一，在于社区老年人的参与。社区老年人的参与力度的提升与社区居家养老服务宣传密切相关。首先，在社区通过宣传栏、报刊、网络、电视等媒体，以及开展宣传活动和讲座，大力宣传社区居家养老服务平台，鼓励老年人口及其子女参与其中。其次，推动企业、社会团体加入社区居家养老服务工作，提升社区居家养老服务水平。

（二）构建政府为主的社区居家养老服务

政府是社区居家养老模式的主导者，政府不仅要从政策上来支持社区养老模式建设，完善与老年人相关的法律法规。而且，政府要不断加大财政投入力度，确保社区养老经费稳定增加。此外，政府还是社区养老服务的资源动员者，动员各企业事业单位、社会团体以及 NGO 等积极参与，提升老年人社区服务水平。

（三）走专业化人力资源培养之路，提高社区居家养老服务水平

首先，加强养老服务业务培训，逐步推行社区养老服务从业人员的职业资格认证和持证上岗制度。其次，在社区建立较为稳定的志愿者队伍，为社区居家养老服务的发展提供人才保障。最后，政府可以通过整合或政府购买方式实现辖区内的机构（如养老机构、医疗机构、老年大学、企事业单位）资源共享，为社区居家养老服务提供更多的专业化服务。

（四）建立和完善社区居家养老服务的绩效考评机制

建立社区居家养老服务的绩效考评机制。对社区居家养老服务的内容、质量与效果等进行评估，激励社区不断提升居家养老服务水平。

（五）发展老年社会工作专业服务体系

专业化的老年社会工作有利于科学有效地解决老年人问题，是老年社会工作发展的趋势。老年社会工作作为一种专业和职业产生于西方国家，由于我国的国情不同于其他国家，因此在发展老年社会工作中，并不能照搬西方的模式，而应该根据自身的经验和现状，通过积极借鉴国外的成功方法，来发展适合本国国情的老年社会工作模式，实现其本土化发展。我国老年社会工作发展的重点应该放在老年人的生活照顾方面。我国老年社会工作的发展还处于初级阶段。从整体上来考虑，老年人的日常生活照顾方面还未达到完善，生存状况问题是老年问题中的首要问题。因此，我国老年社

会工作应将重点放在解决老年人日常生活的照顾上。老年社会工作的实施需要相关社会政策的支持，在相关社会政策的指导和约束下，老年社会工作才会更加科学规范地进行，从而实现老年社会工作的专业化、社会化发展。

（六）走“互联网 + 养老服务”之路，打造智慧养老平台

养老服务信息平台，融移动互联技术于居家养老服务之中，走“互联网 + 养老服务”之路，打造智慧养老平台。可以为每位老人建立电子档案，档案内容包括家庭构成、身体指标、生活喜好、照护重点等多方面，而后进行评估，社区养老服务人员据此制订出符合老年人需求的居家养老计划，然后根据系统记录情况，查找与老年人需求较为吻合的专业服务人员。专业服务人员上门为老人提供服务。每次服务完成后，专业服务人员及时在系统中填写服务日志，信息平台负责人审核日志。网络数据化的管理不仅提高了工作效率和管理水平，还有效地保证了照护老人生活的连续性，不必因为服务人员的更换而给老人生活带来麻烦。

参考文献

[1] 李文君．城市老年人养老服务需求及洛阳市养老机构的分析［J］．中国老年学，2011（13）．

[2] 陆斌．厦门市社区居家养老模式分析及政策建议［J］．哈尔滨职业技术学院学报，2015（1）．

[3] 钟春洋．社会化居家养老服务的发展对策——以宁波市为例［J］．老龄科学研究，2014（11）．

[4] 曹冲．城市社区居家养老模式的发展困境及对策［J］．南京工程学院学报（社会科学版），2011（12）．

作者简介：

刘庚常，男，山东泰安人，1965 年 11 月出生，教授，泰山医学院人口研究所所长、社会工作系主任。主要研究方向：人口社会学、老年人口学、医务社会工作。社会兼职：中国人口学会会员，山东省人口学会理事，山东省人口和计划生育专家，山东省老年学会理事，山东省社会工作协会专家，山东省人口学会人口教育专业委员会副主任。

论老龄智能化管理与养医护结合的政策走向

董之鹰

（中国社会科学院　北京　100732）

摘　要： 本文论述了在现代信息社会中老龄智能化管理服务的政策走向。作者认为，为实现老龄智能化管理与养医护管理融为一体的总目标，搭建智慧养老平台，实施“幸福养老工程”，迫切需要政策调整。建立养医护相结合的目标，用大数据开启老年人数字化养医护新生活，从传统养老管理服务与医护管理服务分离走向支持养医护结合政策，创造绿色养老与医护优质高效服务环境；建立以国家财政资金引领养医护服务资金的目标，加大吸引社会资本投入老龄服务业的政策支持力度；建立老龄管理纳入现代智能管理信息系统的目标，促进老龄事业朝着更加智能化、专业化、职业化的养医护管理服务方向发展。

关键词： 智能化　养老　医疗　护理　政策走向

在老龄管理中，政策设计是主要任务。政策是指“国家或政党为实现一定历史时期的路线和任务而制定的行为准则”①，这是指宏观层面。从微观具体政策层面分析，为老服务政策是指政府或社会为满足老年群体的服务需求而制定的行动准则和行动路径。由此表明，政策具有导向性和影响力。判断为老服务的政策走向是政策设计的前提，需要针对老龄智能化管理与养医护结合的目标和任务，调整和制定政策，以促进老龄事业的健康发展。

所谓养医护服务智能化，是利用计算机、网络、信息化手段，以科学新理论、新技术，开发潜能，启迪智慧，进行创造性思维，研究求解养医护问题，提出化解养医

---

① 中国社会科学院语言研究所词典编辑室编：《现代汉语词典（修订本）》，北京：商务印书馆，1996，第1608页。

护风险的最佳政策、措施和方法。养医护服务智能化结构十分复杂，包含智能社区、智能家庭、智能医院、智能养老康复护理机构等。养医护服务智能化支持政策是让养医护走出传统仅靠家庭+资金救助政策支持，逐步替换以简单劳动为主的服务手段，转向靠智能化+专业化+职业化的政策保障，让孝道关怀充满智慧。

一、从幸福养老资源缺失看智能化服务政策走向

在老龄社会，养老难、医疗难、护理难的问题凸显。难的原因有多种，主要是赡养需求增长，而资源有限。如养老成本、医药成本和护理成本逐年增高，而支付资源有限；养老从业人员匮乏，队伍素质不高，而培训资源有限；服务手段落后，智慧养老资源缺失。传统管理的老常态，赡养资源以家庭为主，养医护服务分离，当养老因医疗、护理而滞后，老年人会陷入因病致贫、因病返贫的恶性循环而不能自拔，老人权益保障就会落空。老人一旦患大病，面对残疾，失能、失智状况，家庭不堪重负。“久病床前无孝子”就会出现在许多贫困家庭中。

从对老年人有关幸福养老的情况调查分析（见表7-1），比较幸福与不幸福的感受，我们看到幸福养老的障碍所在。调查数据显示，老年人仅靠自身和家庭难以获得幸福感，需要来自国家和社会的养医护资源：包括患病能够医疗治愈，生活能够有人照料，有安全感，子女孝顺并事业有成。调查数据还显示，乡村的幸福感和生活满意度低于城镇，老年农民的养老、医疗和护理保障在政策覆盖上已有较大突破，但仍处于低水平线上。遇有大病，则陷入困境，幸福和生活满意度都低于城镇。城乡老年人担忧的问题大体相同，但位置上有差距。排在城镇首位的是担心子女失业，如果子女不能事业有成，反而成为啃老族，养老生活水平将下降。而农村是担心自己没钱治病，老年农民一旦生大病，家庭难以支付巨额医疗费。而排在后位的是子女不孝，感到孤独。数据表明，老年人的赡养观念发生了很大变化，尽管家庭子女尽孝是幸福感的重要因素，但最担忧的仍是养老金、医疗、照料、护理问题，期待从传统的家庭养儿防老转向靠家庭和社会双层保障养老。

表7-1 城乡老年人的幸福感、生活满意度及担忧问题状况调查表

类别		比较幸福	一般	比较不幸福		
幸福感（%）	城镇	58.73	37.38	3.65		
	乡村	35.06	55.11	8.76		

续表

类别		非常满意	较满意	一般	不太满意	很不满意
生活满意度（%）	城镇	9.80	51.36	29.47	5.01	4.08
	乡村	6.56	39.12	39.70	8.63	4.46
类别		子女失业	交通安全	社会不安定	自己没钱治病	养老金不够
担忧问题（%）	城镇	52.2	49.0	42.7	42.4	31.6
	乡村	50.8	46.0	38.2	59.1	51.1
类别		自己需要时无人照料	自己没有生活费来源	子女不孝	孤独	
担忧问题（%）	城镇	31.6	27.5	17.5	16.5	
	乡村	46.0	50.8	32.2	28.6	

资料来源：2010年中国城乡老年人口状况追踪调查数据分析．吴玉韶、郭平等．中国社会出版社，2014年5月版，492—495页。

老年人担忧的问题反映了我国“未富先老”（养老难）、“未备先老”（医疗难）和“未强先老”（护理难）的状况亟待改变，发展养医护结合的社会赡养服务业，需要降低赡养成本，节约医护资源，提高人力资本，提升智慧养老手段，必须靠智能化服务支持政策。要让数字化网络逐步进入城乡社区、为老服务产业集团和老年家庭，学会用网上服务解决养老、医疗、护理之所需，实现省时、省力、省财的服务手段。据医学专家评估，70%的疾病可以通过预防的方式避免发生，或降低发病率。学会利用智能硬件和软件，如用智能设备测血压、血糖、脂肪含量、骨密度等身体数据，用软件进行大脑记忆力和注意力的训练，实现合理的生活方式和健康管理方式；用微信，视频与亲人聊天，观看老年大学课程、电影戏剧，共享文化教育；建立老年人社交网络，形成新老朋友圈，忘年交圈，互帮互促，则会消除老人的寂寞孤独感。2015中国家电博览会揭示，海尔智能家庭战略规划正在将电器变网器，用智能人机交互系统，解决健康用水、健康空气、安全、美食、卫生、娱乐等生活需求。各类机器人的诞生，将创立智慧养老的新阶段。

智能化服务是改革开放所带来的最大发展成果，让老年人融入网络社会，也是老年人共享社会经济发展成果的最重要方面。智能化服务在信息产业浪潮中不断提到新高度，更加高效、节能、环保、人性化。从第一次信息产业浪潮，以计算机为核心，电脑进入了赡养管理机构，无纸化、键盘操作、微机计算等功能节约了大量时间和办公资源；第二次信息产业浪潮是以网络为核心，推动信息技术进入网络化时代，网络进入了社会生活，电子邮件、报刊阅读等网络功能，加速了信息交流；第三次信息产业浪潮是以感知为核心，进入物联网时代，让任何物品（商品）与互联网相连接，进行信息交换和通信，实现智能化识别、定位、跟踪、监控和管理，对“万物”的“管、控、营”一体化，将引领社会进入智能生活时代。不管个体主观意愿如何，老年人作为社会人也进入了智能化、网络化时代，想要长久保持独立、尊严的生活，就不能被排斥于网络社会之外。从家庭养老走向社会养老，将老龄管理纳入现代化管理智能系统，促进管理工作程序化、标准化、规范化，满足老年人多层次多类型需求，是老龄事业发展的需要。

二、从赡养管理手段变化看数字管理政策走向

21 世纪是信息时代，传统赡养管理方式被数字化网络改变。传统日常管理靠手工操作，统计数据滞后，不能及时按实际状况变动数据，不能及时了解供求双方，政策依据就较为盲目。现代老龄管理智能化系统，是由现代通信与信息技术、计算机网络技术、行业技术、智能控制技术汇集，针对老龄管理应用而成的智能合成系统。创建智能社区、智能家庭、智能医院和智能护理康复机构，都是老龄管理智能化系统的组成部分。

老龄管理实现数字动态管理需要政策支持。老龄阶段是一个较长的阶段，没有大型数据库，不仅管理成本巨大，而且管理效率极低。老龄管理对象每年都有新变化，包括年龄、家庭、身体状况等多方面变动。据统计，2014 年我国 60 岁及以上人口已突破 2 亿，达 2.12 亿，占总人口的 15.5%，65 岁及以上人口 1.37 亿，占总人口的 10.1%，空巢和独居老人近 1 亿。人口平均预期寿命达到 75.3 岁，而北京市户籍居民平均预期寿命已达到 81.81 岁，全国百岁以上人口达到 5.8 万。60 岁以上失能、半失能老年人约 3500 万①，如果有 5% 的老人需要入养老机构，则需 1000 万张养老床位。而目前全国提供住宿的养老服务机构 3.4 万个，养老床位 551.4 万张，收留养老人员 288.7 万人②，供求失衡状况凸显。利用老龄信息数据库管理，及时发现老龄工作中存在的问题，预警高龄老人生活状况，监控老人生活环境安全，既可节约人力、物力和财力，又大大提高管理质量。大数据告诉老龄管理部门，明确各地区空巢、高龄、失

---

① 李立国：2015 年全国老龄办主任会议讲话，《中老年生活》2015 年 4 月 23 日。

② 2014 年国民经济和社会发展统计公报，中华人民共和国国家统计局，2015 年 2 月 26 日国家统计局网站。

能老人家庭的不同需求，及老年人对居家、社区和机构养老模式的需求比例，才能有的放矢进行政策设计。

三、从创立为老服务网站看政策走向

加强网站建设和运营是政策设计的方向。全国老龄工作委员会办公室信息中心依托全国老龄办，与社会力量积极合作，创办信息中心、托老中心、居家养老服务平台、养老实验基地和人才服务中心等，采用统计、监测、信息资料等数据建设功能，致力于发展智能化养老。2014 年 5 月，全国老龄办信息中心与奥维通信公司签订《战略合作框架协议》，整合双方优势资源，依托各级老龄办，在政策支持下，构建老龄现代服务产业链。奥维通信负责项目的投资、工程实施、技术支持、运营和维护等服务，整合政府、社会、企业等各类服务资源，开发老年产品市场，打造虚拟养老平台。老人可进行“私人定制”，只要按动终端上的 SOS 键或者拨打客服热线，就可直接连到“奥维居家养老服务平台”，获得平台提供的紧急救助、居家养老、健康管理、社区生活等多项为老服务①。

——利用网络提高养老服务效率，降低成本。如上海“云家政”将家政服务放到网上，为家政公司提供一套软件技术支撑系统，实现电子商务的运作模式。用户登录 APP，可以选择服务网址、服务时长、服务时间，利用支付宝支付费用。云家政采用费用托管，获得用户同意才会转账给家政公司。向用户提供选择清洁工、钟点工、住家保姆等服务，对家政人员进行身份证、培训证、健康证等核查，开放用户点评功能②。一些有条件的地方探索建立社区医疗智能服务网站，医生可以迅速查阅病历，准确诊断病人的病情，患者也可以随时跟医生在网上交流自己的病情，减少医生出诊的次数。建立客户健康风险管理系统，收集本社区客户的年纪、饮食习惯等状况，开展健康讲座，并且对地区未来发病率进行预警，可以为客户提供更加贴心和个性化的服务。

——利用网络提高老年人整体生活质量。如“优老网”（原中国敬老网），既是为社会提供了解养老行业的一个窗口，也是为中国养老行业提供了解世界的窗口。每年举办“优老国际福祉”养老产业考察，为养老行业从业人员学习世界养老先进经验提

① 参见上海证券报，2014 年 5 月 23 日。

② 参见云家政网站，http：//www. yunjiazheng. com。

供了机会。优老网把养老机构闲置的床位和当地的优秀旅游资源相结合，推出的“异地养老”平台，让老年人足不出户了解热门旅游胜地的住宿情况，并进行预订，给老年人提供了旅游便利条件。优老网每年定期举办“养老产业中国模式”沙龙活动，为养老行业搭建交流互动学习平台。如老年用品，养生保健，老年食疗，老年运动，老年交友，老年服装，老年旅游，老年护理，老年饮食，老年健康，老年再婚，老年生活，老年养鱼养花，老年书法，老年家庭医生，老年电视电影，老年出行指南，老年秧歌等系列信息，满足老年人的多种需求①。

——利用网络求解贫困、疾病、失能、孤寂四大养老难题。如“老年人服务北京网”，由北京市老龄工作委员会办公室与北京网共建，将全市各项养老政策和社会提供的为老服务信息在网站分版块公布。建立北京市老人数据库，包括年龄分布，各区域老人情况等，主动为到龄老人办理老年证，实现养老信息动态化和透明化。编写《老年人服务手册》，在网站发布，揭示老人在退休、独居、丧偶、自理、半自理、失能等不同阶段、不同状态下的生理、心理变化与特点，帮助老人把握生存与发展知识②。

——利用社保网站使养老金的资格认证智能化。从传统每年老年人必须到社保机构见面认证，变为网络常态式认证。过去年龄大、行动不便的老人，尤其是异地安置的老人，需按指定时间到指定地点完成认证，比较烦琐麻烦。利用现代化网络手段，社保系统建立了退休人员数据库，实行手机视频语音认证，老年人对准手机的摄像头说几句话，系统显示手机认证成功。有的社保中心启动人脸识别技术进行网上自助认证，退休人员不必再回到原籍或参保地区进行认证。如海南省推行人脸识别系统，跨省异地认证难题得到解决。不管需要认证的老人身在何处，只要打开一台普通电脑，配上一个摄像头，就可以登录系统轻松完成认证。

综上所述，政策的走向影响国家、企业、社区、家庭，包括个人的目标和行为选择。政策的重要功能是规避风险，提高为老服务质量。在老龄社会中，不论是已进入老年，还是未进入老年，都面临养老、医疗和护理风险。我国经济发展新常态下，是以服务业为主导，以智能化拉动消费为主的发展方式。构建智能化、专业化、职业化政策支持框架，搭建智慧养老平台，破解养医护风险，降低养医护成本，实现老龄智

---

① 参见优老网站，http：//www. jinglao. net。

② 参见老年人服务 - 北京网，http：//shzbj. beijing. cn。

能化管理与养医护管理融为一体的老龄管理总目标，应成为实施“幸福养老工程”的政策走向。

参考文献

[1] 吴玉韶，郭平主编.2010年中国城乡老年人口状况追踪调查数据分析. 中国社会出版社，2014年版.

[2] 吴玉韶主编. 老龄蓝皮书：中国老龄事业发展报告（2013）. 社会科学文献出版社，2013年版.

[3] 吴玉韶，党俊武主编. 老龄蓝皮书：中国老龄产业发展报告（2014）. 社会科学文献出版社，2014年版.

[4] 贾湛，彭剑锋主编. 行政管理学大辞典. 中国社会科学出版社，1989年版.

[5] 程胜利主，社会政策概论. 山东人民出版社，2012年版.

作者简介：

董之鹰，研究员，中国社会科学院。

“互联网+智慧养老”行动：开启积极健康老龄化的新时代

雷祥斌　杜东升　黄秀莲　丛后凯　赵　平

（山东省滕州市老龄办　山东　277500）

摘　要：随着我国经济社会快速发展和计划生育政策深度实施，老年人口数量急剧增长，人口结构呈现出老龄化、高龄化、失能化、空巢化“四化叠加”的新趋势。对此，本文以山东省人口最多的县级市——滕州市为例，组织对20余个部门、单位、医院和21个镇街开展调研，结合老年人对宜居环境、生活照料、健康服务、精神文化等各种需求，从发展“互联网+智慧养老”出发，介绍了滕州信息化产业发展及服务老年人情况，提出了开展智慧养老的对策措施，加快推进现代科技和信息化技术在养老服务中的应用，这对于发展老龄事业和产业、提升老年人生活质量、扎实推动积极健康的老龄化，具有重要的参考价值。

关键词：互联网　智慧养老　开启　积极健康老龄化

一、前言

随着我国经济社会快速发展和计划生育政策深度实施，老年人口数量急剧增长，全社会正面临人类有史以来规模最大、速度最快的银发浪潮。本文立足这一严峻形势，以山东省人口最多的县级市——滕州市为例，组织对20余个部门、单位、医院和21个镇街开展调研，结合老年人对宜居环境、生活照料、健康服务、精神文化等各种需求，从发展“互联网+智慧养老”出发，提出了开展智慧养老的对策措施，推动老龄事业和产业持续健康协调发展。

滕州市位于山东省南部，总面积1485平方千米，总人口169.63万，是全省人口最多的县级市，被省政府列入山东省重点培育的十大城市之一、全省首批信息消费试点市，在2014年全国县域经济基本竞争力百强县中列第18位。目前，滕州共有60岁以上的老年人27.1万，占总人口的16%；其中，80岁以上的老年人3.63万，占总人口的2.1%；在老年人中，农村老人12.1万，留守老人12万，失能、半失能老人15243人，分别占老年人总数的48.8%、48.4%、6.1%，呈现出老龄化、高龄化、失能化、空巢化“四化叠加”的趋势。预计到2020年，60岁以上的老年人口将达到38万，80岁以上的老年人达到9.8万，失能、半失能老人达到2.6万。

二、滕州信息化及服务老年人情况

“十二五”时期，在“数字滕州”建设的强力带动下，信息基础设施建设和为老服务取得明显成效。2013年，滕州被工业和信息化部确定为首批基于云计算电子政务公共平台建设和应用示范试点地区；2014年，滕州基于云计算的电子政务公共服务平台顶层设计方案在北京通过专家评审。

（一）基础设施建设

积极抓好信息基础设施建设，形成了现代化的广播电视网络体系，3G网络实现县域全覆盖，4G网络加快推进。实施了“天网”一、二期工程建设并实现全覆盖，“i－tengzhou”无线网络热点遍布五大广场和部分公共场所。积极实施信息资源整合，市网管中心（信息化服务中心）集中托管卫计等部门业务应用服务器30余台，有力推动了全市通信网络向数字化、智能化、宽带化、集约化方向发展。

（二）为老服务情况

依托中国滕州网等政务网络的服务品牌，加快信息技术在为老服务方面的应用，民政、人社、卫计、妇联、残联、老年体协、老年大学等10余个部门单位相继开通涉老服务，启动“智慧医疗”一期工程建设，建设基层医疗机构信息管理、村级医疗管理、医院管理、老年人健康管理等系统组成的信息化平台，建成后将实现各大医院、镇街卫生院、社区医疗服务中心的医疗信息共享，形成覆盖市、镇街、村居的三级医疗卫生信息服务网络。公众版“天地图·滕州”上线运行，方便老年人查询出行信息；360商会等企业针对城区空巢家庭生活问题，积极与家政公司开展合作，为老年人提供订餐、送餐等家政服务，解决老年人就餐等实际问题；还有不少的老年人使用QQ群、微信等社交软件，实现彼此的交流沟通，等等。

（三）机遇和挑战

1. 发展机遇

（1）传统养老服务急需转型升级。在传统居家养老中，老年人延续了在家的各种生活习惯，但现代家庭成员普遍减少，生活节奏明显加快，年轻人多数忙于工作或事业，老年人不能得到其他家庭成员应有的关心和照顾，有的生病不能及时知晓，外出发生意外时得不到及时回应，一定程度上使居家养老面临较大的现实问题。同时，在养老院等机构养老中，尽管减轻了子女照料的压力，但老年人又渴望得到家庭的温暖，得到心理、精神方面的关爱。可见，新形势下这些养老方式各自存在一些问题，必须加快转型升级，满足老年人的多种需求。

（2）医养融合成为养老发展方向。根据孙金存等撰写的《浅析老年人饮食营养与健康长寿的关系》，以城区为样本，男性、女性高血压患病率分别为25%、26%，2型糖尿病患病率分别为17%、14%，其他慢性病也一定程度存在；有的老年人还患有高血压、糖尿病、冠心病、脑卒中、风湿病、恶性肿瘤和其他退行性疾病等一种或几种慢性病，这就要求未来以医养融合为方向，为老年人提供养老养生、照料护理等综合服务，提高老年人的生命健康水平。

（3）老年人用品市场发展前景广阔。目前，滕州机关及事业单位老年人退休金一般为3000—4000元，企业职工退休金一般为2000—3000元，具有相当的消费能力，但他们的理财方式主要是银行存款储蓄；同时，刚退休的老年人一般出生在新中国成立后，不少人是国家体制及改革的受益者，年轻时追求高品质的生活，对喜爱的商品舍得出钱购买；但是滕州作为县级市，老年人用品市场发育不足，即使在城区和繁华商业区，专业老年人用品商店寥寥无几，有的老年人购买服装、食品、保健品等，必须由子女从淘宝、京东等网上商城挑选购买，既影响了老年人的正常生活，又不利于拉动内需、刺激消费。

（4）养老理念更加睿智开明。伴随城市的发展和对外开放，老年人养老理念发生了深刻变化，特别是一批知识型老年人群体逐步壮大，他们不满足于过去的被动式、指导型养老和束缚式、给予型照护，而是转向主动参与型养老，迫切需要他人尊重自己的意愿，更加关注其医疗保健、社区服务、精神文化、休闲娱乐、住宅环境、生活用品等方面的需求，这就要求必须适应新变化，尽快树立以尊重为先导的服务方式，加快养老机构的去管理化，让他们成为养老的主角，在互动交流和参与活动中尽享天伦之乐。

2. 面对的挑战

滕州与全国情况相似，互联网和智慧养老处于起步阶段，还面临不少挑战：从宏观上看，规划定位不够清晰，滕州的智慧城市建设尽管包含了智慧养老这一环节，但工作刚刚启动，还没有针对老年人医疗、护理、饮食、居住、出行等细化的内容。推进智慧养老政策措施不够明朗，由于国家层面尚未出台推进智慧养老的政策规定，县域推进缺乏宏观政策的鲜明导向，加之没有统一的协调机构，民间资本参与智慧养老的热情和动力不足。智慧养老供需不衔接，“供”上，基本还停留在理论层面，全市没有一家专业智慧养老运营商，民间资本投资养老还面临成本居高不下的困惑；“需”上，广大老年人渴望智慧养老服务，但同样关注服务的性价比，希望得到实实在在的养老服务。从微观上看，涉及老年人的信息平台尚未充分整合，为老服务的政府部门、养老机构之间存在壁垒，各类应用系统数据结构和格式不同，数据接口不标准，缺乏信息共享的统一平台，甚至存在“信息孤岛”现象。数据应用技术落后，无法对采集的信息、数据进行有效的整合和处理，老年人智能终端设备功能少、检测误差大，成为智慧养老进家庭的最大障碍。涉及老年人的信息安全有待强化，特别是物联网信息安全设计方面，必须得到进一步强化和保障。

三、大力实施“互联网+智慧养老”行动，让现代科技和信息化手段最大限度服务老年群体

李克强总理在2015年政府工作报告中，提出“制定‘互联网+’行动计划”和“发展智慧城市”，推动现代科技和信息技术在各领域的应用，这是立足我国现阶段特点、创新和加强社会治理、提升社会公共服务水平的重大举措。老年人作为未来我国快速增长的社会群体，必须抓住这一机遇，充分发挥互联网、物联网等在互联互通、共融共享等方面的优势，大力实施智慧养老行动，为老年人创造健康、安全、愉快、舒适、和谐的生活环境。

（一）扎实推进“三个一（一平台、一热线、一卡通）”建设

智慧城市是指运用信息技术手段整合城市发展中割裂的资源、元素，并进行精细化的管理，可有效解决“城市病”的问题。滕州必须结合正在实施的智慧城市建设，充分利用互联网和信息技术，把老年人和政府、社区、医疗机构、医护人员等紧密联系起来，加快推进“三个一”建设，详见智慧养老及在智慧城市中的应用图。

1. “一平台”：智慧养老云服务综合管理平台

智慧养老云服务综合管理平台是智慧养老的神经中枢。下一步，应在全市范围内积极整合政府资源、社会资源、信息资源，依托互联网、物联网技术，建立枢纽式的

云服务综合管理平台，配套建设市、镇街、村居三级联网统一的养老服务数据库。平台采取模块化设计，具有良好的灵活性和可扩展性，新增业务时不需部署新的管理系统就可随之变化。平台对智慧养老各子系统进行管理，具有家庭服务、紧急求助、医疗保健、安全监控、精神慰藉等内容，网上办理养老机构的设立许可、养老服务补贴、老年人优待证办理等业务，等等。

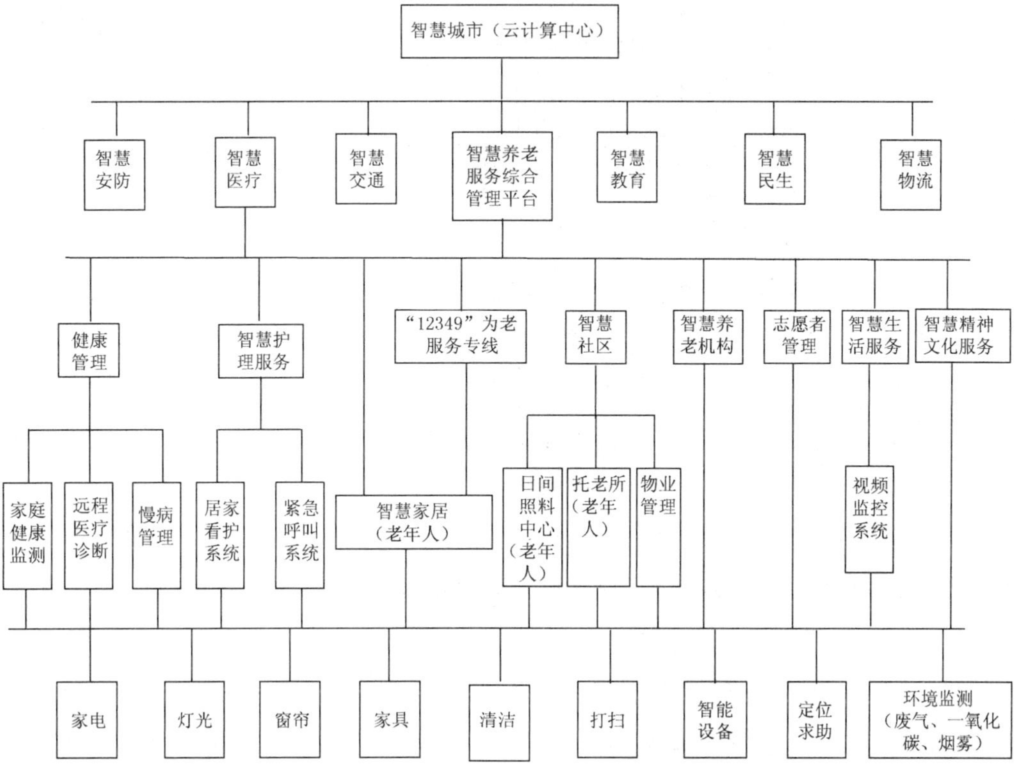

图7-1　智慧养老及在智慧城市中的应用图

2. "一热线"："12349"为老服务热线

突出公益性，启动"12349"为老服务热线建设，积极整合市长公开电话、110、119、120等热线功能，做好与社区居委会、派出所、养老服务机构等单位的衔接，并延伸到每位老年人的子女（或监护人），确保紧急情况及时处理；变被动服务为主动服务，积极开展对空巢、失独等老人的精神慰藉和关怀服务，舒缓老年人心理压力。同时，依托热线建立完善的服务评价标准体系，全面收集老年人对现有各种为老服务的满意度，推动服务质量持续改善。

3. “一卡通”：多种为老服务的统一媒介

借助正在实施的“居民一卡通”，更加融入为老服务元素，集成老年人身份识别、电子凭证、电子支付、便民服务、健康档案等多种功能，未来在全国联网后可实现跨区域、跨机构就医数据交换、费用结算等业务。

（二）分类推进各类养老载体信息化建设

滕州与全国一样，目前建立了以居家养老为基础、社区养老为依托、机构养老为支撑的养老服务体系。下一步，必须紧紧依托这些养老服务载体，进一步强化信息技术的推广应用，努力使为老服务多元化、人性化、高效化，具体包括政府层面的养老服务信息管理、社会层面的（企业）养老服务信息系统、家庭层面的基于地理信息及二维码技术的智慧居家养老。

1. 智慧居家养老

智慧居家养老是以网络远程技术为手段，以信息化、智能化呼叫救助服务为支撑，整合通信网络、智能呼叫、互联网、物联网等科技手段的居家养老服务体系，可为老年人提供生活照料、家政服务、送货上门、紧急救援、康复护理、精神慰藉、休闲娱乐、法律服务等内容。在我国，智能居家养老是对传统居家养老的技术升级，主要是应用传感器、远程监控、生命体征监测等物联网技术，实现对养老信息、健康安全、生活状态等的动态掌握和智能控制，让老年人在家中就可以过上高质量、高效率、高享受的生活。例如，对家庭病床进行管理，掌握患病老人基本生理信息，提出全面、专业、个性化的健康管理解决方案；老年人夜间休息时，可以启动睡眠系统，对老年人体温、血压、脉搏、体重和心电图等健康指标进行监测，维护老年人身体健康；在厨房或相关设施中安装传感器，实时监控家中的水、电、燃气等情况，当出现危险情况或异常情况时会报警提醒注意并处理，如无人响应将定时自动关闭。

2. 智慧社区养老

社区是未来养老的主要场所，是距离家庭最近的养老服务提供者，发挥着承上启下的关键作用。下一步，必须依托智慧社区，进一步强化社区养老的重要作用，大力推进信息化建设，在为社区日间照料中心、托老所等养老机构内的老年人提供饮食就餐、生活照料等服务的基础上，积极拓展上门照料、家政服务、物品配送、挂号预约等多元化的服务；重点加强医疗设施建设，为社区内所有老年人提供紧急救援、远程医疗、生活帮助、主动关怀等服务，努力形成与实体医院相辅相成，日常健康管理的虚拟服务和应急快速上门的实体服务相结合的养老服务体系，着力打造“没有围墙的养老院”。智慧社区可以采取公司化运作的形式，逐步推行老年人定位求助、跌倒自动监测、卧床监测、自助体检、防走失等服务。智慧社区还应包括为居家养老提供的各种服务，但更富有专业性，侧重于“关爱、得体、高效”的照护服务。例如，空巢老人在家中突发中风，只要按下呼叫系统终端，通过系统在社区内日间照料中心或托老所的报警器，电脑显示屏调出老人的姓名、住址、家中的电话，还有其子女、邻居、志愿者和社区保安的电话，确保在第一时间为老年人提供必要的帮助。

3. 智慧养老机构

养老机构由于我国家庭核心成员减少，所起的养老作用将越来越突出，因此承担着医养融合的重任，必须把打造“智能管理，品质养老”作为中心环节，由专业化的养老机构采取公司化运作，实施信息化改造，大幅增加医疗服务的内容，努力实现对老年人实时、全方位的服务。智能养老机构管理系统一般包括基本信息管理、安全管理、健康管理、外出看护管理、便捷服务管理等子系统。例如，老年人可以通过多功能腕表、便携式智能终端和各类专业健康检测设备等信息采集终端，通过与其他智能系统集成实现多系统联动，最终形成多层次、立体化的养老机构智能服务体系；子女、亲属可以实时查看老人衣、食、住、行等信息。

（三）健全完善智慧养老的服务功能

根据功能划分，智能养老应包括医疗服务、生活养老、精神文化、安全应急等系统，共同在智慧养老云服务综合管理平台的管理下统一发挥作用。

1. 医疗服务

突出医疗服务系统在养老服务中的基础地位，明确由资质最高的三级甲等综合医院——市中心人民医院提供技术支持，或管理水平高的专业医疗机构牵头负责，组建由医生、康复师、照护员等组成的专业团队，建立医护应用、呼叫服务、健康监护，远程会诊、慢病管理、家庭护理等系统。通过该系统，可以管理老年人电子健康档案，向居家和社区老年人提供远程医疗服务，向预约或签订协议的老年人提供身体状况监测服务，指导社区开展老年人自助医疗诊断和专业医疗救助服务，定期提供保健、饮食、运动、心理方面的建议，等等。

2. 生活养老

居家养老通过该系统，依托社区日间照料中心或托老所、家庭服务企业，实现服务预订、受理、派单、过程跟踪、质量回访等全程闭环式服务，形成无沟通障碍、无服务死角、无时间盲点“三无”的养老服务模式，让老年人在家就可以享受专业化、亲情化、多元化、智能化的养老服务。例如，针对老年人购物不方便的问题，拓展“互联网＋”养老业务，教会老年人使用智能手机或电脑网上购物，让他们到淘宝网老年专区选购衣服、轮椅等商品，不满意就退款；在专门的老年人网上商城网站，所有商品加装二维码，老年人只需扫一扫商品的二维码与自己的二维码，再输入密码，订单直接生成，既不需要登录，也不需要找各种按钮；利用公众微商服务平台延伸的支付、发红包、打车、订票等链接，购买物美价廉的商品；坚持线上、线下相结合，网上订购、网下实体店提货，让老年人到实体商城转一圈，实现购物与休闲的“双赢”。针对老年人理财不方便的问题，支持鼓励发展老年金融理财业，引导和规范商业银行、保险公司、证券公司等金融机构开发适合老年人的理财、信贷、保险等产品，为老年人理财购物创造条件。

3. 精神文化

主要开展文化休闲、老年旅游、教育培训和文体活动等。例如，创办老年人教育网站，开展老年远程教育，实现优质数字教育资源共享，为老年人提供“时时能学、处处可学、人人皆学、终身可学”的“智慧学习”教育服务。通过公共场所和社区的智慧云亭，向老年人提供生活服务、信息查询、金融服务等多种智慧民生服务，让老年人感受到温馨服务；通过智能电视电话、LED电子显示屏等系统或传媒，广泛播放新闻时事、为老服务信息，使老年人感受更加方便的生活；通过QQ、微信等交友软件，加强老年人之间及与外界的交流沟通，鼓励开展健康有益的活动，适度参与社会工作，在体现人生价值中提升精神生活质量。

4. 安全应急

一方面，在尊重老年人意愿的基础上，通过定位系统和动作探测感应器、离床感应器等终端产品，实现对老年人安全的监控。例如，对患老年痴呆症的老人，可以让老年人佩戴腕表，连接GPS全球定位或GPRS系统，设置安全活动的“围栏”，老年人一旦离开一段距离便会自动报警，通知其子女或监护人；对老年人实施监控，老人一旦摔倒或发生意外，系统便会自动报警求助。另一方面，安装老年人可视对讲系统、指纹智能识别系统，确保系统平台及网络自身安全。

同时，立足精准化、测得好、易使用的要求，支持鼓励企业研发智能养老终端设备，提高质量标准，保障老年人的各类需求信息及时得到响应。

四、实施“互联网＋智慧养老”行动应把握的几个关键环节

启动并实施“互联网＋智慧养老”行动，将加速传统养老服务业的转型，带来传

统养老服务业新的革命，有力提升老年人福祉。我们要适应这一新常态、新趋势，充分发挥市场在配置养老资源中的决定性作用，突出规划引领，把智慧养老列入“十三五”发展规划，列入智慧城市率先实施的重要内容，强化顶层设计，积极整合资源，加强组织协调，重点解决“有钱办事”“有人办事”“有效办事”的问题。

（一）围绕解决“有钱办事”，创新完善多元化的投融资机制

发展“互联网+智慧养老”，资金保障是基础和前提。笔者认为，应坚持多元化投入，创新商业运营模式，把智慧养老框架所有项目分为公益投入、微利运营、盈利运营三大类，灵活采取公建民营、民办公助、补助贴息、政府与社会资本合作（PPP）等形式，引导社会资金投资养老项目，增强发展后劲和活力。一是公益投入保基本。坚持建机制、补短板、兜底线，按照保障老年人基本生活的要求，把智慧养老中的云服务综合管理平台、“12349”为老服务热线、老年人服务“一卡通”定性为公益运营类，政府采取PPP运营模式，通过专业化的公司开展运作，搭建智慧养老的基本框架。二是微利运营优质化。按照政府购买服务、运营商微利、老年居民购买的“1+1+1”模式，选择一批宽带入户的小区，运用物联网技术，依托社会养老服务机构，对居家养老设施进行适老化和信息化改造，加装传感器，建成运营商微利模式的智慧养老示范小区。三是盈利运营产业化。围绕满足具有较高品质养老需求的老年人，积极开展招商引资，重点引进实力强、品牌好、技术水平高的专业化养老服务公司参与智慧养老建设，为老年人提供实时、快捷、高效和人性化、规模化、集约化的养老服务。

（二）围绕解决“有人办事”，调动各方参与智慧养老建设的积极性

发展“互联网+智慧养老”，人才队伍建设是主体和支撑。笔者认为，应以智慧养老建设为抓手，一是充分调动政府及部门、医疗机构、服务商、家庭、个人的积极性，坚持典型示范，带动发展养老和健康产业。政府应以主动担当应对老龄化为己任，建立公开、公平、规范的行业准入制度，并全部向民间资本开放，通过在融资、用地、税费优惠、资金补贴等方面给予民资参与智慧养老的优惠政策，支持鼓励社会力量参与智慧养老建设。二是尽快明确智慧养老的牵头部门，强化职责职能，主抓推进智慧养老的各项工作。三是各涉老企业紧扣老年人需求，积极引进国外先进技术，研发更多更好的老年人产品，满足老年人多样化需求。四是各类为老服务组织和志愿者加强对智慧养老和现代信息技术知识的学习，调整优化知识结构，努力提升智能养老服务的能力和水平。五是各保险机构认真研究和评估智慧养老中存在的潜在风险因素，适时推出涉老保险新产品，推动智慧养老各环节的有效衔接。六是坚持管理与服务并重，完善养老服务业的

政策法规体系和技术标准体系，加强和改进养老服务业的监管，着力营造安全、便利、诚信的服务环境。

（三）围绕解决“有效办事”，加快推进信息化及网络基础设施建设

发展“互联网+智慧养老”，信息化及网络基础设施是载体和桥梁。笔者认为，应加快推进覆盖全市的“i－tengzhou”无线宽带网络、光纤到户、第四代移动通信网和三网融合等新一代信息通信网络建设，特别是明确相关牵头部门，采取统一招标、特许经营（PPP）等形式，统筹推进车站、医院、银行等各类公共场所无线 wifi 全覆盖，并植入物联网技术，提供相关信息服务，例如，当老年游客到达旅游景点，可以为老年人提供旅游天气、养生指数、景点查询、交通状况等信息查询，方便老年人自助旅游；抓好基于云计算的全市综合公共平台建设应用，实施数据服务中心等基础设施建设，为开展“互联网+智慧养老”创造良好的条件。

“互联网+智慧养老”是现代科技发展成果赋予我们这一时代的最大红利。我们必须紧紧抓住这一难得的历史机遇，加快推进“互联网+智慧养老”行动，努力把滕州建成智慧养老的示范城市，全力提升老年人群体的幸福感。

参考文献

［1］于文彬，杜融，肖龙，成博，关新平．老年人宜居环境体系的系统设计与应用．上海交通大学电子信息与电气工程学院，2011 年 6 月．

［2］邓海波，郭晓君，成丽等．关注人性，为老年人创造适宜的居住环境．张家口市建筑设计院，2006 年 2 月．

［3］孙金存，陈长龙等. 浅析老年人饮食营养与健康长寿的关系. 滕州市政府. 2015 年4月.

作者简介：

雷祥斌，滕州市政府调研室综合科长。

杜东生，滕州市卫生和计划生育局研究室主任。

黄秀莲，滕州市老龄办副主任科员。

丛后凯，滕州市政府调研室综合科科员。

赵平，山东昊达化学工业有限公司。

最理想的居家养老社区

——全国智能化养老山西运城实验基地德孝缘居家爱心养老社区调查

崔新杰　张　浩　李太亨

（山西省运城市老龄委　山西　044000）

摘　要：全国智能化养老实验基地山西运城德孝缘居家爱心养老社区项目是一个包括开发、运营、管理、服务为一体的综合性全国一流智能化养老社区。该社区运用高科技手段，提供高标准、全方位、周到细致的各类智能化服务。建设过程中的困难主要是资金严重短缺、各项优惠政策没有完全落实。另外，对智能化养老服务认识不足、缺乏参与的热情也是影响智能化养老事业发展的原因。我们的主要经验，一是做好智能化养老的顶层设计，二是选好试点、培育典型，三是各级政府应制定和出台更为优惠的政策与规定，四是积极推进医养结合养老模式，五是构建智能化社区养老服务平台、打造15分钟“生活圈”和“医疗圈”，六是加大智能化养老服务的资金投入。

关键词：智能化　养老　社区

2013年9月30日，山西运城德孝缘居家爱心养老社区被全国老龄工作委员会办公室信息中心确定为全国智能化养老实验基地。2013年11月30日破土动工，全国老龄办副主任阎青春到场授牌并致辞。山西省老龄委专职副主任王进龙、运城市老龄委常务副主任张呈祥、盐湖区政府副区长董稷强分别讲话，给予了大力支持。两年来，在全国老龄办、山西省老龄委、运城市老龄委、市民政局、盐湖区政府的关怀和支持下，项目进展平稳顺利，开启了运城智能化养老新模式。

一、基本情况

全国智能化养老实验基地山西运城德孝缘居家爱心养老社区项目是一个包括开发、

运营、管理、服务为一体的综合性全国一流智能化养老社区。

（一）项目概况

全国智能化养老实验基地山西运城德孝缘居家爱心养老社区位于运城市盐湖区舜帝陵德孝文化园区学院东路北段，总占地面积200亩，其中一期占地80亩，共建9幢楼，其中一幢是老年活动中心和老年服务中心。其余8幢楼高17层。社区绿化面积高达45%以上，建筑间距满足日照要求。社区以医养结合为突出特点，为老年人打造一个真正意义上的“老有所养、老有所医、老有所依、老有所乐、老有所学和老有所教”的智能化养老社区。社区里包含饮食居住、生活、娱乐、服务、医疗、餐饮、商业、家政、志愿者、涉老社团、物业管理等。项目预计总投资16亿元。

（二）社区周边配套齐全，生活方便

一是交通方便。随着高铁站开通，以及长途汽车站的搬迁，社区交通十分方便。去市内有两路公交车，去外地坐高铁、上高速、乘飞机，去各县（市）都非常便利。二是学校林立。有幼儿园、小学、中学、各类学校，如卫校等专业学校和运城学院，文化氛围十分浓厚，也便于老人后代就学。三是社区周边还有德孝文化小镇、运城最大的体育场、运城市国际会展中心等文化园区，方便老年人参观欣赏，丰富老年人文化生活，提高老年人的文化兴趣和素养。

（三）环境优美、空气新鲜

社区紧靠著名的旅游景点——舜帝陵景区和盐湖区文化园，无工业、无污染、无噪声、无尾气。景区青山绿水、花香鸟语，方便老年人游览、健身和休闲，是最理想的居家养老社区。

二、社区的规划和设想

总体思路是创建一个集开发、管理、运营、服务、医养结合为一体的涵盖老年公寓在内的居家养老社区。关键是运用高科技手段，提供高标准、全方位周到细致的现代化服务，包括餐饮、理疗、康复、医疗、家政、购物、娱乐健身、信息平台等应有尽有的各类智能化服务。

（一）项目一期整体规划和布局

总占地80亩，共建筑9幢楼。1—7号楼为社区居家养老住宅。8号楼为社区医院、康复护理、急救中心、保健按摩及养老公寓。9号楼为综合服务大楼。一个大型地下停车场，两个室外文化广场。作为老年人晨练、唱歌、跳舞、练拳舞剑、唱戏的娱乐场所。

（二）社区智能化养老住宅的设置

运用现代通信与信息技术、计算机网络技术、老年服务行业技术和智能控制技术，为老年人提供安全便捷健康舒适的养老服务。一是房间设施智能化。室内装有适合老年人的智能灯具、智能化门锁。厨房、客厅、卫生间、卧室都安装智能呼叫按钮，供老人需要帮扶时或救助时呼叫使用。客厅还装有智能监控，远在外地的子女可以通过智能监控看到老人的一举一动，必要时可以直接对话。同时装有中央空调、爱心扶手。还有 24 小时保证供电、供热水。二是最大限度地满足日照需求和采光及通风需求。创造户户向阳，通风良好，视野开阔的户内生活环境，满足住宅的均好性及居住的舒适性。

（三）配套设施人性化

每幢楼每个单位的进出口都设有无障碍人行通道，方便老年人行走。都设有一大一小两部电梯，其中一部医用大电梯，可以使身体不方便的人乘担架、轮椅、病床等上下使用。在社区院内建有绿色鹅卵石按摩小道，供社区老人保健使用。

（四）现代化综合性服务大楼

这是一个集管理、服务、餐饮、娱乐、学教为一体的智能化现代服务大楼。一是内设物业管理、小区区委会办公场所，为居住的老人提供高效快捷服务。二是内设志愿者协会、家政服务办公场所，为老年人提供快捷、便利、规范化、个性化的有偿或无偿服务。三是内设老年学学会、老年服务组织联合会、老年大学分校、老年体育协会、老年书画协会、老年艺术团、老年健康协会等涉老社会团体办公场所，组织老年人参与各种文体活动，活跃老年人文体生活。四是内设 500 平方米的健康营养膳食餐厅。由营养师进行营养调配，供老年人用餐，如需要还可以送饭到家。五是内设老年娱乐中心。备有麻将、扑克、象棋、电脑、跳棋等，供老年人娱乐健身。六是内设学教场地，如舞蹈教室、音乐教室、器乐教室、手工编制教室、书画教室、图书馆、健康知识讲座、宗教信仰室、无土栽培等，组织老年人学知识、学文化、学手艺，陶冶情操丰富老人精神生活。

（五）积极践行“医养结合”养老模式，构建完整的医疗助老体系

一是依据老年人的特殊需求，提供针对性的个性化生活照料。最大限度地满足老年人的穿衣、吃饭、如厕、洗澡、室内外活动等日常生活需求。二是免费为老年人体检、建立健康档案，建立社区医院与老年人家庭医疗契约服务关系，开展上门诊视、健康查体、保健咨询等服务。三是设立按摩理疗室、康复护理室。配备相应的康复器

材，开展康复、护理和应急处置工作，帮助老年人恢复生理功能。四是投资 8000 万，建立一个 20000 平方米的急救中心和社区医院，配备 120 救护车，使住户小病不出社区，大病不会耽误。总之，打造 15 分钟医疗圈，提高老年人生活生命质量。

（六）创建社区养老公寓

计划投资 8000 万元，建造一个 20000 平方米的养老公寓。公寓单元面积 45—55 平方米；床位 600 张，社区提供丰富多彩的个性化、规范化服务，满足老年人特殊需求。居住的老年人可以是本社区以外的，也可以是本社区的。特别是本社区的空巢老人，身体不佳，子女顾不上照顾的，可申请调整住到社区养老公寓，由专业人员帮扶。生活不能自理时，可转到康复护理中心，接受全方位的护理养老。社区还将实施临终关怀，打造一条龙养老服务链。

（七）打造老年便民呼叫救助服务信息平台

让社区老年人足不出户选服务。只要通过电话、网络或者智能手机等方式提交服务需求，就会有信息平台工作人员为住户进行安排，服务人员自动上门，让住户在最短时间得到最专业的服务，享受到真正的高效、安全、科学、便捷的贴心服务。一是提供紧急救助服务。社区免费为住户提供救助电话。一旦老人出现身体不适或是其他需要救助的紧急情况时，只需按下红色紧急按键，就会迅速连通老年人救助指挥中心（24 小时有人值守），救助指挥系统在向老年人亲属自动发送急救短信的同时，信息平台工作人员随时监听老年人的状况，并将老年人的状况通过救助系统告知老人家属、社区和相关医疗急救机构，实现多方通话，协调指挥救助，抢救生命。二是打造老年人 15 分钟快捷便利生活帮助圈。信息服务平台是一个为住户老人服务的平台。社区和周边的商户及家政公司签订协议，成为固定的便民服务供应商和服务公司，为老年人提供保质、保量、低于市场价格的廉价优质服务。主要服务内容包括养老服务、家政服务、健康咨询、送水送餐、订票、就医预约、法律维权、心理咨询等。三是提供主动关怀服务。信息服务平台可以选择特定群体发送关怀内容短信，将天气状况、用药提醒、保健护理、疾病预防等项目用语音通知老人，让老人感受到政府和社会的关爱。四是为老年人提供在线健康服务。在线健康服务依据健康档案中的用户健康数据，自动、智能向住户提供预约挂号、健康提醒、实时评估、在线咨询、导医寻药等各种在线健康管理服务。

三、现状、进展、困难与问题

总体讲，基础坚实，进展顺利，困难不小，问题不少。

（一）基础坚实

一是居佳老年服务中心已经创建了居佳养老公寓。这是一个由运城市民政局批准建立的养老机构。有专业护理团队，为老年人提供衣食住行、生活照料、康复护理服务。公寓可接待400位老人入住，二期可接待600位老人入住。设施按三星级酒店配置，室内有独立卫生间、闭路电视、中央空调、24小时热水浴室、紧急呼叫按钮等。二是已创建了居佳公寓酒店。居佳公寓酒店坐落在居佳大厦9—16层，是一个集餐饮、住宿、会议为一体的星级公寓酒店。装有中央空调、监控系统和消防报警喷淋系统；拥有豪华套房、商务电脑房、普通标准房等各类客房160间，总床位360张；拥有4个多功能会议室、棋牌休闲室、智能化的投影幕布、高配音响、无线麦克等设施；拥有具有河东特色的百种小吃和以素食为主的养生营养菜系的餐厅，方便客商、客人生活，满足他们的需求。三是居佳老年服务中心已在风光秀丽、气候宜人的海南文昌建立了老年旅游、疗养基地。居住的客房光线足、通风好、宽敞整洁。内有电视机、电水壶、沙发、藤椅、卫生间、太阳能热水器等。娱乐设施齐全，备有阅览室、羽毛球、象棋、麻将、扑克等棋牌室。公寓设有餐厅，有专门的厨师制作营养丰富且适合老年人特点和口味的饭菜。这是北方老年人“猫冬”的最理想的第二居住地。不仅如此，居住老年服务中心还不定期地组织老年人去风光秀丽的三亚、江南、广西长寿村巴马、东北的冰雪景地参观游览。目前，居佳公寓酒店是全国异地老年旅游的加盟酒店，有接待500余人大型旅游团队的能力，是运城市教育部门指定的接待高（中）考生的酒店，受到南来北往客人的一致好评。总之，这一切为新建的德孝缘居家爱心养老社区的建设打下了坚实的基础。

（二）进展顺利，成效明显

是新建德孝缘居家爱心养老社区于2013年11月30日破土动工、举行奠基仪式。目前9幢楼建设已全面启动，其中2幢楼已封顶，其于7幢楼正在加紧建造中。预计2015年底主体全部完工，2016年6月底交付使用。目前，在居家酒楼第4层，装修两间样板房，受到老年人的普遍赞誉。二是2015年4月13日，德孝缘居家爱心养老社区，以山西德孝缘养老院管理有限公司（企业名称：德孝缘，企业代码：204758）品牌，在上海股权托管交易中心Q版股权报价系统成功挂牌上市，成为山西第一家成功挂牌的养老公司。成功挂牌上市后，就可以通过上海股权托管交易中心这个通往资本市场的桥梁实现顺利融资，增强品牌优势，把“德孝缘”养老服务品牌做强做大做优。三是在医养结合方面，已和相关医疗机构、医院进行联系和洽谈，初具眉目，不久将会达成协议。四是有关构建信息平台的工作正在紧锣密鼓地进行。目前正在和有关部门接触洽谈，很快步入调试阶段。五是关于打造15分钟生活供应圈。目前正和周边商家和已有关系的商户、服务商联系协商，待社区建成后，立即启动服务项目。六是志愿者协会。相关涉老社会团体已做好充分准备，积极响应，明确表态，待社区建成后，立即入住社区，免费为社区老年人提供贴心周到的服务。

（三）面临的困难与问题

最大的困难与问题是资金严重短缺，在一定程度上影响工程的进展和进度。同时，征地、税收、补贴等对涉老机构的优惠政策还没有完全落实到位。还有人们对与智能化养老相关的知识知之甚少，了解不够。渴求的欲望不高，影响智能化养老事业的发展。

四、推进智能化养老基地建设的几点建议

（一）做好智能化养老的顶层设计

传统的养老模式已不适应新形势下的发展需要，依靠科技力量、全面推进智能化养老已成为必然趋势和刻不容缓的任务。智能化养老在安全性、独立性和与外界沟通等方面都具有巨大优势，是我们必须坚持的方向。

做好智能化养老首要的是做好顶层设计。一是政府要站在更高层面上做好制度安排。要明确智能化养老的指导思想、基本原则、发展目标、相关政策及主要任务。二是根据中国养老事业和养老产业的实际，引进外国的先进养老经验，制定出智能化养老的标准、内容和要求。三是要明确相关部门的职责。智能化养老涉及民政、人力资源、社会保障、发改委、老龄委、财政金融等多个部门和多种制度。这就需要在顶层设计中明确各自的职责。我们建议老龄委应是智能化养老的设计者，做好统筹规划、综合协调、督促指导工作。民政部门切实履行监督管理、行业规范、业务指导职责，发改委应将智能化养老服务业纳入经济社会发展规划、专项规划和区域规划，支持养老服务建设。财政部门应建立起科学合理、运行有效、保障有力的养老服务业公共财政投入机制。同时，还要超越部门、超越多个制度，将政府的公共资源、养老保险、老年服务和老年医疗之间进行合理配置，形成齐抓共管、密切配合局面。四是要明确

智能化养老的总体部署、实施步骤、进展程度和时间表。总之，要让广大老年人尽享智能化养老的优质服务。

（二）选好试点，培育典型

榜样的力量是无穷的。全国老龄办信息中心计划在全国建100个智能化养老实验基地，这是推进全国智能化养老事业的重要举措，是关注民生、深得民心的大好事。建议全国老龄委从这些试点中，好中挑好，优中选优，确定一批典型，然后根据智能化养老标准、内容和对全国智能化养老基地的相关要求，重点进行培育。要深入下去，了解情况，总结经验，予以具体指导和帮助，要在资金、用地、税收、财政补贴、人才培养、公益慈善事业支持等方面给予重点扶植和倾斜，这项工作应由全国老龄委牵头，发挥综合协调作用。协调民政部门、发改委部门、财政部门，以及卫生、用地、住房城乡建设、人力资源、商务、税务、金融等部门，及时解决智能化养老基地建设中遇到的困难和问题，给予必要的帮助和支持。在培育好典型的基础上，在全国全面推开，发扬光大。

（三）各级政府应制定和出台更为优惠的政策与规定

国务院于2013年已下发了《关于加快发展养老服务业的若干意见》，明确指出“要大力加强养老机构建设”，并在投融资政策、税费优惠政策、土地供应政策、补贴与支持政策、人才培养和就业政策以及公益慈善组织支持养老服务6个方面给予很大优惠。各级政府要不折不扣坚决贯彻执行，不能有“肠梗阻”，而且应将这些优惠政策与规定细化、量化，更具操作性，将优惠政策落到实处。使公立的特别是私立的养老机构真正感受到政策带来的好处，有条件的省份还应制定和出台更为优惠的政策和规定，特别是要向全国智能化养老试验基地倾斜，推进智能化养老快速健康发展。

（四）积极推进医养结合养老模式

医养结合是智能化养老的主要内容之一。因为人老了，渴望的不仅是温暖如家的生活照料，更需要专业的医疗护理。同时，医养结合还是老年人、医疗机构、养老机构的共同需求。因此，一定要积极探索医养结合的最佳模式。从目前来看，综合专家们的观点，至少有以下几种途径：一是各级医院与养老机构建立对口支援机制，签订合作协议，定期选派名医坐诊并开通危重病人转诊绿色通道。二是支持有条件的养老机构内设医疗机构，满足老年人在养老社区的基本医疗服务和康复护理。三是鼓励医院直办养老机构，解决养老院里看不了病，医院里养不了老的难题。四是加强社区卫生服务中心建设，对社区老年人提供保健咨询、健康指标监测等服务。五是加强专业性老年护理人才的培训，以适应社区和养老机构老年人康复护理的需要。

（五）构建智能化社区养老服务平台，打造15分钟“生活圈”和“医疗圈”

科技助老、科技养老已成为养老服务的新引擎，也是智能化养老的核心内容和题中应有之义。因此，我们必须运用高科技手段，构建集养老服务热线、紧急救助系统、数字网络系统和“一键式”紧急呼叫服务为一体的智能化养老服务平台。社区老年人一个电话就可以很快享受到医疗、康复护理、按摩等医疗护理服务，很快享受到助急、助洁、助餐、助浴等家政服务，很快享受到购买家电、冰箱、米面油等商品的送货上门服务，很快享受到健康咨询、火车票查询等各种应有尽有的贴心服务。总之，让社区老年人足不出户就可以享受到高科技带来的丰富、便捷、快捷的优质服务。

（六）加大智能化养老服务的资金投入

资金严重不足、融资渠道窄是目前智能化养老机构特别是民办养老机构最大的困难和问题，是影响智能化养老服务产业发展的关键瓶颈。因此，加大对智能化养老服务产业的资金投入刻不容缓。综合有识之士的观点，我们建议：一是政府要建立财政资金对智能化养老服务业的长效机制，形成长期、有计划的固定投入。同时，加强政策引导，形成国家集体和个人等多元化投资体系。二是政府通过贷款贴息、项目补贴、补充资本金等方式，加大对各类智能化养老服务机构、社区居家养老服务中心，特别是民办养老机构的支持。要担当资金投入责任主体，要不断提高对养老机构的各种补贴。三是政府要出台相对灵活的贷款政策，加大对民办养老机构的建设和运营的信贷投入和资金支持，对民办养老机构的准入、贷款金额、利率政策等方面给予倾斜。四是要充分发挥银行特别是国家开发银行的融资优势，搭建统贷统还平台，为养老机构特别是民办养老机构提供金融支持，破解养老机构融资难和居民服务网络建设难等问题。五是拓宽融资渠道，积极支持鼓励有条件的民办养老机构上市融资。六是加大地方福利彩票公益金等对民办养老机构的资助力度。国家规定民政部本级彩票公益金和地方各级政府用社会福利事业的彩票公益金要将50%以上用于支持老龄服务业。但是在中央集中的彩票公益金中，可用于民政部分配的比例仅为5%。很明显，该部分的比例有待提高，应该更多地向民办养老机构和为老服务事业倾斜。

作者简介：

崔新杰，山西运城市老龄办主任。

张浩，山西运城市老年学学会原执行会长、教授。

李太亨，山西运城市民政局调研员。

老年宜居城市的建设必须推进居家养老的智能化

刘仁皎

（辽宁省大连市老年学学会　辽宁　116000）

摘　要：经有关机构和专家的调查与论证，我国95%的老年人的养老是倾向于居家养老。然而，居家养老谈何容易？老弱不堪，孤苦伶仃，甚而难以自理，等等。首先，这些情况无不给建设老年宜居城市带来严峻的挑战，也就是说，老年宜居城市的建设必须加快推进居家养老的智能化服务，必须解决老年人养老面临的三大困局。困局之一是老龄人口多，社会压力大；困局之二是机构养老费用高，居家养老人数多；困局之三是现今老人少子化，半数以上空巢化。其次，高科技的发展为居家养老智能化服务增光添彩。高科技发展为老年宜居城市建设带来机遇。大连市中山区青泥洼桥街道开设了“网络课堂”，让老年人接受培训，学会了网上缴费、挂号和微信。最后，老年宜居城市的居家养老智能化服务亟须平衡发展。大连市在这方面也做了一些研究与尝试，但总体来说，居家养老智能化服务的推广参差不齐。有可取的一面，如大连甘井子街道举办了“创建居家养老智能服务平台建设”，为300余名低保人员、残疾人员等办理了智能平台入网手续、免费发放老人机。大连市金州新区马桥子街道开启了“一键通”助老呼叫服务建设。然而，居家养老智能化服务的推广不平衡的原因，可归纳为四个“不到位”——“认识不到位”“重视不到位”“宣传不到位”“资金不到位”。所以，宜居城市建设必须加快推进居家养老智能化服务，这是利国利民利己的好事。

一个国家有一个国家的国情，一个地方有一个地方的风俗，一群人有一群人的生活习惯，而且，这种习惯常常是不可逆转的。那么，针对老年人的养老而言，我国老年人的养老习惯和追求是什么呢？经有关机构和专家的调查与论证，一致认为95%的老年人的养老是倾向于居家养老。其原因正是我们代代相传的一句古话所说的那样："金窝银窝不如自己的老窝。"老了，也还是眷恋自己的家——那一辈子依恋的"港湾"。居家养老几乎成了大多数老人的唯一选择。

然而，居家养老谈何容易？老弱不堪，孤苦伶仃，甚而难以自理，等等。这些情况无不给建设老年宜居城市带来严峻的挑战，也就是说，老年宜居城市的建设必须加快推进居家养老的智能化服务，必须解决老年人养老面临的以下三大困局。

一、老年宜居城市建设必须考虑居家养老面临的困局

困局之一：老龄人口多，社会压力大。据民政部2014年6月17日印发的《2013年社会服务发展统计公报》显示，截至2013年底，我国60岁及以上老年人口20243万，占总人口的14.9%。其中，65岁及以上人口13161万，占总人口的9.7%。这个数量占世界老年人口的1/5还多，占亚洲老年人口的1/2多。今后几十年内，我国老年人口数量将以年均3%以上的速度递增，80岁以上的高龄人口则每年以5%的速度增长。而大连市的老龄化程度高于全国平均值。截至2012年，全市共有60岁以上老年人117万，占户籍总人口的19.82%，也就是说，几乎每5个人中就有1个60岁以上老年人，而且，大连市60岁以上老人每年增长5.26万，增速为4.98%（全国是3%）。我国的老龄化是世界上人口老龄化规模最大、发展速度最快的国家之一。老龄人口多、基数大、增速快，这是我们的国情，也是大连市的实际情况。

困局之二：机构养老费用高，居家养老人数多。据2014年7月21日在京举行的全国老龄办主任会议发布的消息称：截至2013年底，全国各类养老服务机构42475个，拥有床位493.7万张，比上年增长18.9%（每千名老年人拥有养老床位24.4张，比上年增长13.9%），其中社区留宿和日间照料床位64.1万张。年末收留抚养老年人307.4万人，比上年增长5.5%。尽管我们的养老床位发展较快，已达到2.4%，但较之国际社会通行的5%—7%的比例相差仍然很大。更让多数老人无法接受的是，机构养老的费用居高不下，许多老人不敢问津。笔者所居住的小区，老年人多是机关事业单位的退休人员，尽管每月的退休金三四千元，但如果住进养老院，交了费用也是所剩无几。有一对年近80岁的老夫妻，前两年住进社区养老机构，后因涨价，只好回家，求邻里帮忙照看。所以，95%以上的老人选择的是居家养老，其中也不乏迫不得已的成分。

困局之三：现今老人少子化，半数以上空巢化。应该承认，居家养老对于大多数

能够自理的老人来说，不是问题。他们完全可以潇洒自如地度过人生最美好的一段黄金老年期，而对于渐入老态、病态的老年人来说，这种选择势必带来许多困难。有资料显示，人的老龄化大体分两个阶段：一是从退休到开始逐步丧失自理能力的低龄老年阶段；二是身体越来越差，行动越来越困难，病痛越来越多的人生垂暮阶段。这个阶段对子女、对别人、对社会的依赖越来越大。居家养老的困局，多发于这个阶段。这也是人们常说的，人生的多事之秋、多难之秋、多灾之秋。而恰恰就在这样一个人生的多灾多难之时，“屋漏偏遇连阴雨”——许多老年人的少子和空巢问题日显突出。因为他们是计划生育时代独生子女的双亲，他们的家庭是“4+2+1”模式的家庭，面临诸多养老困难和危机应在意料之中。全国老龄工作委员会办公室副主任阎青春认为，现在居家养老有两大难题：一个是少子化难题，另一个就是空巢化难题。前几年，中国老龄科学研究中心对22个城乡老年生活状态的调查显示，全国老年人家庭空巢率达到了49.7%，农村达到38.3%，并且还呈现出快速增长的趋势。对当前身处老龄化社会中的父母和孩子来说，少子化、空巢化、经济压力、精神困扰等因素，无不给养老的前景蒙上了一层厚重的阴影。阎青春解释，高龄意味着老人的健康状况低下，心理机能、生理机能下降，非自理比重大幅度上升，高龄养老也会提出更高的要求。而且，现在老年人失能的比例在上升：城乡老年人日常生活需要护理和照料的比例已经由6.6%上升到9.8%，其中城市上升到9.3%，农村上升到9.9%。少子化、空巢化无疑给老年人度过晚年带来始料不及的障碍。近日，安徽空巢老人去世被狗啃尸的新闻震惊社会。据悉，安徽一位空巢老人长期独居，养了10多条宠物狗。某日，邻居发现老人数日没有出门，家里一向热闹的宠物狗也没了动静，担心出了事，赶紧报警。警察联系了老人在外地上班的女儿，一同到了老人家。事后警方证实，老人已经死了7天。之后，外界传闻老人死了以后，宠物狗因为没有食物，分食了老人的尸体。对此说法，警方未予证实也未予否认。紧接浙江省嘉兴市也发生了一起空巢老人死于家中无人知晓的悲剧。

虽然这些事件仍是个案，但不可否认，它或多或少也折射出居家养老所面临的困局。一位研究养老问题的学者认为，为了让95%以上的居家养老的老人有一个快乐健康的晚年，除了为老人们组织一系列文体娱乐活动，并大力鼓励儿女们常回家看看之外，还应该提倡居家养老智能化，满足老人随时随地、家里家外的生活和救助的需求。

据有关资料显示，西方发达国家对于日益增多的老人群体，在发挥政府职能的同时，更加重视高科技监护设备的应用。让智能化服务系统走进居家养老的千家万户，让空巢老人不再孤独、不再无助，已成为当今社会养老服务的一个新趋势。

这是不是可以说，居家养老在热盼推广智能化服务？

二、高科技的发展为居家养老智能化服务增光添彩

居家养老热盼智能化，高科技发展也带来了居家养老的智能化，为老年的生活带来崭新的变化。当今，随着科技的高速发展，人们的生活越来越便利快捷和丰富多彩。老年人也开始接触高科技产品，如智能手机、智能电视、数码相机、数码摄像机等新事物，许多老人运用网络技术，享受微信时代的全新生活。大连市中山区青泥洼桥街道为了让辖区的空巢老人不空虚、不孤独，开设了“网络课堂”，让街道的老年人接受微信技术的培训，让老人学会了网上缴费、网上挂号，还学会了视频聊天和微信。空巢老人王桂芝在儿子出国以后，整天把自己关在家里，闷闷不乐，郁郁寡欢。青泥洼桥街道了解到老人的境况后，动员她参加了街道的“网络课堂”，学会了网上聊天，和儿子建立了微信联系。从此，她像变了一个人似的，心情愉悦、笑口常开，逢人就乐颠颠地说：“真让人高兴呀，我能和远在日本的儿子聊微信了，能真真切切地见到儿子了。”这个街道的60岁以上的老年人4559人，而像王桂芝这样的空巢孤老将近200人。如今，智能化已使这些老人的生活发生了可喜的变化。更令人刮目相看的是，高科技的智能化养老服务能给老年人带来许多便捷，诸如“智慧呼叫”“智慧医疗”“智慧健身”“智慧教育”等各种智能服务系统使老年人享受到智慧养老的轻松愉快。许多地方通过网络平台服务，让老人获取居家养老网络服务：预约挂号、远程教育、心理咨询、法律帮助、缴纳费用，以及通过云计算实现其他各类个性化服务，并通过各类传感器，使老年人的日常生活处于能被老年服务机构或子女远程监控状态。研究认为，在居家养老服务中引入医护物联网的应用原理，建设居家养老服务物联网监控系统，不但能对居家养老的老人给予关怀照顾，也能节省大量的人力、物力，取得很好的社会效益和经济效益。如果老人在家中摔倒，智能居家养老系统中的地面安全传感器会立即通知医护人员或老人亲属，使老年人能及时得到救助服务；热锅在炉灶上无人看管时，厨房里的传感器会发出警报，一定时间内无人响应，则自动进行清理并关闭燃气；当老年人因饮食不节制、生活不规律而带来各种亚健康隐患时，智能居家养老设备的服务中心也能第一时间发出警报；智能居家养老设备还会按照要求提醒老人准时吃药和平时生活中的应注意的各种健康事项，必要时家庭医生、社区老年养护团

队就会上门进行服务，等等。居家养老走向智能化可以让老人们享受更加贴心的服务，这些智能产品以高科技手段，克服了老人在突发事件时的心情紧张、神志不清、行动不便、电话号码记忆模糊、身边无人带来的求助困难，迅速高效地建立起与亲属、邻里、社会救助机构的互动联络，使老人们的生活更加方便、生命更加安全。

这些人性化的智能养老服务，必将给老年人的居家养老增光添彩。

三、老年宜居城市的居家养老智能化服务亟须平衡发展

居家养老智能化服务在国内的北京、上海、广州、深圳、珠海等一些发达城市已经逐步推广。大连市在这方面也做了一些研究与尝试，并取得了一些经验和成果。但总体来说，居家养老智能化服务的推广参差不齐、尚不平衡，有待于整体推进、快速发展。据媒体爆料，2014 年 4 月大连市甘井子区甘井子街道举办了“创建居家养老智能服务平台建设”的启动仪式，街道先期为 60 名低保人员、95 名残疾人员、80 名退伍老兵和 105 名市级以上劳动模范免费办理了智能平台入网手续，并现场免费发放老人机，从而拉开了街道居家养老智能服务工作的序幕。甘井子街道地处传统的老工业基地，老年人口多，特别是生活困难的老年人众多，60 岁以上的老年人有 23000 多位，占辖区总人口的 23%，其中空巢及生活困难的老人有 980 位。为了破解当前老龄化日益严重情况下居家养老服务难题，甘井子街道探索居家养老智能化服务新模式，联合企业推出居家养老智能服务平台。无独有偶，报载大连市金州新区马桥子街道今年也开启了由信息化平台、“一键通”助老呼叫终端的养老资源服务等模块构成的“暖夕阳”智能居家养老服务系统建设，受到老年人的好评和称赞。“紧急情况按红键，需要服务按绿键。”辖区的老年人说，真是简捷又明了，“一键”叩响智慧居家养老之门。该街道着力解决居家养老工作中信息不对称、服务不及时、需求难满足等难题。“一键通”助老呼叫终端由红色和绿色两个按键组成，“红键”是紧急援助键，当老人生命受到威胁时，按下红键，“一键通”的信息平台便会向 110、119、120 等公共热线和其家人联系，社区服务站也会及时反应，登门开展紧急救助；“绿键”是服务键，老人有需求时，平台会安排义工、志愿者或是其他社会力量，为其提供及时服务。智能化服务破解了居家养老的难题。该街道计划 5 年内，让辖区 40% 的老年居民依托这一平台，享受到智能、便捷、高效的居家养老智能化服务。然而，应该承认，居家养老智能化服务的推广并不平衡，有些地方尚很滞后。究其原因，可归纳为四个“不到位”。

其一是“认识不到位”。认识不到位，首先是有些老年人对自己的认识不到位。老了就是老了，常常是处于“心有余而力不足”的境况。这个时候，干不了的不要强求，需防范的不可大意。如果身边有了智能化的防老、防走失、防突发病的智能装置，那样，生命和生活自然就有了一种保障。而这些，必须是自己认识到位才能使用的。同时，做子女的也应认识到这一点，才能为老人防患于未然。

其二是“重视不到位”。重视不到位，主要体现在各级政府部门所持的态度。自古以来“当官要为民做主”，老年人也是“民”。多为老年人着想，就应尽早加快推进智能化服务。让老年人尽快享受改革开放的成果、享受科技发展带来的智能化服务的成果。当然，做家属的或做子女的也应把这件事重视起来。其实这是双赢之事，因为此事做好了，也解决了晚辈的后顾之忧。

其三是“宣传不到位”。笔者曾随机询问了许多熟人，不少人对智能化养老服务竟然一无所知。可见“宣传不到位”并非耸人听闻。任何事情推广都离不开舆论先行。宣传不到位，怎能做到推而广之呢？前文提到的中山区青泥洼桥街道帮助辖区空巢老人王桂芝走出孤独生活，不也是先拉她出门学了网络课程，知道网络聊天才走出空巢阴影的吗？这就是宣传的力量。

其四是“资金不到位”。老人通常是节俭的，有时还很吝啬，尤其是花到自己身上的钱，更是算了又算。前文曾提到甘井子街道免费为一些够条件的老人办理了智能平台入网手续，还免费发放了老人机。如果不是免费，这些老人会不会买很难说。这就要谈到资金。政府的有关部门理应考虑到资金的资助，子女应考虑到资金的孝敬，老人自己也应做到该花的钱就花。当然，企业也不应该在老人身上赚那些没良心的钱。

综上所述，宜居城市建设必须加快推进居家养老智能化服务，这是大势所趋，是利国利民利己的好事。好事当前，何乐而不为之呢？

作者简介：

刘仁皎，大连日报社科教部原主任、高级记者，大连老年学学会《大连老龄研究》执行主编。